Kerstin Schweighöfer
Dieter Quermann

# Ein Herz bricht selten allein



PIPER

Zu diesem Buch

Die Trennung von einem geliebten Menschen gehört zu den schmerzhaftesten Erfahrungen im Laufe eines Menschenlebens – ist aber gleichzeitig fast schon so normal wie ein Gipsbein oder Kinderkriegen. Allein in Deutschland trennt sich jedes dritte Ehepaar, in Großstädten soll es sogar jedes zweite sein, die Trennung unverheirateter Paare gar nicht mitgerechnet. Trotz dieser scheinbaren Normalität gerät die Welt bei jeder Trennung erneut aus den Fugen. Nicht nur, wer verlassen wird, auch der, der verlässt, leidet und zweifelt, schwimmt in einem Ozean an Selbstvorwürfen: Habe ich das Richtige getan? Gab es wirklich keine Hoffnung mehr, war es tatsächlich das Beste für alle? Hätte ich es verhindern können? Was habe ich falsch gemacht? Meist bleiben diese Fragen unbeantwortet.
Kerstin Schweighöfer und Dieter Quermann zeichnen nach, wie es Betroffenen gelungen ist, Schuldgefühle und Selbstvorwürfe zu verarbeiten, Trennungen zu überwinden und einen Neuanfang zu starten. Gemeinsam machten sie Menschen ausfindig, die schwere Trennungen hinter sich gebracht haben, um von ihnen zu lernen. Entstanden sind dabei ungewöhnlich offene, berührende Porträts.

*Kerstin Schweighöfer*, Jahrgang 1960, besuchte nach ihrem Studium in München und Lyon (Romanistik, Politologie und Kunstgeschichte) die Henri-Nannen-Journalistenschule in Hamburg. Seit 1990 lebt sie als freie Autorin und Auslandskorrespondentin in den Niederlanden und arbeitet vorwiegend für die ARD-Hörfunkanstalten, den *Deutschlandfunk*, das Nachrichtenmagazin *Focus* und das Kunstmagazin *Art*.
*Dieter Quermann*, Jahrgang 1950, geboren und aufgewachsen in Ostwestfalen, arbeitete bis zu seiner Pensionierung 2012 als Kriminalbeamter in Nordrhein-Westfalen. Nachdem er 100 Jahre Leben einer altersblinden hundertjährigen Bekannten vorgelesen hatte, schickten die beiden Kerstin Schweighöfer über den Verlag eine Grußbotschaft. Seit 2017 sind Kerstin und Dieter ein Paar.

Kerstin Schweighöfer
Dieter Quermann

# Ein Herz bricht selten allein

Geschichten von Trennungen und dem Glück danach

PIPER

*Mehr über unsere Autoren und Bücher:*

*www.piper.de*

Von Kerstin Schweighöfer liegen im Piper Verlag vor:
Ein Herz bricht selten allein
100 Jahre Leben
Auf Heineken könn wir uns eineken

FSC
www.fsc.org
MIX
Papier aus verantwortungsvollen Quellen
FSC® C083411

Ungekürzte Taschenbuchausgabe
ISBN 978-3-492-31590-6
Dezember 2020

Umschlaggestaltung: FAVORITBUERO, München
Umschlagabbildung: Jorg Greuel / GettyImages
Satz: Dörlemann Satz, Lemförde
Gesetzt aus der Albertina MT
Druck und Bindung: CPI books GmbH, Leck
Printed in the EU

*Für Susanne, Helga und alle anderen,*
*die mit ihrer Offenheit und ihrem Vertrauen*
*dieses Buch möglich gemacht haben.*
*Vielen Dank!*

Einleitung

# *Welcome to the Club!*

*»Die höchste Form der Hoffnung ist die überwundene Verzweiflung.«*

Albert Camus (1913–1960), französischer Schriftsteller und Philosoph

Liebe Leserin, lieber Leser,

wir gehen davon aus, dass Sie dieses Buch aus gutem Grund in die Hand genommen haben. Vielleicht stecken Sie selbst mitten in einer Trennung. Vielleicht zweifeln Sie noch und sind sich nicht sicher, ob die Trennung unvermeidlich ist. Vielleicht haben Sie die Trennung gerade hinter sich.

Egal, in welchem Stadium Sie sich befinden: Wir wissen, was Sie mit- und durchmachen. Dieter und ich sind Erfahrungsexperten. Und zwar an beiden Fronten: Wir waren nicht nur Opfer, sondern auch Täter. Wir haben verlassen – und sind verlassen worden. Wir wissen, was es heißt, zu enttäuschen und zu verraten, Schmerz zuzufügen und im Stich zu lassen. Genauso gut wissen wir, was es bedeutet, sich verraten zu fühlen, wir kennen die tiefe Verzweiflung und die Leere, wenn das Unerwartete eintritt. Das Gefühl, dass einem der Boden unter den Füßen weggezogen wird. Die Panik und die Angst. Den Schock. Das Gefühl, verrückt geworden zu sein, seine Identität zu verlieren, ohne Narkose amputiert zu werden – und diesen Schmerz regelrecht körperlich zu erfahren. *Love hurts.*

Wir kennen auch die Wut, den tiefen Groll und die heftigen Rachegelüste, die dem Schmerz folgen. Erst recht, wenn sich herausstellt, dass der andere längst in einer Parallelbeziehung lebt und die Demütigung ungeahnte Ausmaße annimmt.

»Das wirst du dein Leben lang bereuen, das wird dich bis ins Grab verfolgen!«, habe ich, Kerstin, bei meiner ersten Trennung meinem Ex zum Abschied gesagt, als er mich nach zwölf Jahren gegen eine andere eintauschte. Eine Art hilfloser Fluch war es, der mir zumindest für den Moment eine gewisse Genugtuung verschaffte. Ein offensichtlich universeller Fluch, denn genau dieselben Worte hörte ich rund fünfzehn Jahre später wieder, als ich diejenige war, die Schluss machte.

Mit den ersten Recherchen zu diesem Buch hatte ich zu diesem Zeitpunkt bereits begonnen. Die Idee war entstanden, als ich mein Buch *100 Jahre Leben* vollendete. Dafür hatte ich Hundertjährige in ganz Europa aufgesucht, um mit ihnen über die großen Themen des Lebens zu sprechen: Liebe und Leiden, Verlust und Tod. Diese uralten Menschen führten mir vor Augen, wie wichtig es im Leben immer wieder ist, die Kraft und den Mut zu finden, loszulassen, nach vorn zu schauen. Das Abschiednehmen war stets zentral in ihren Erzählungen. Aber wie sich dafür rüsten?

Ich beschloss daraufhin, mich ganz dem Phänomen der Trennung zu widmen, einer Erfahrung, die abgesehen von Krankheit und Krieg, Tod und Terror zu den schmerzhaftesten im Laufe eines Menschenlebens gehört – aber die gleichzeitig fast schon so normal geworden ist, dass sie zum Leben dazugehört. Wie Kinderkriegen oder ein Gipsbein. Allein in Deutschland ist inzwischen jedes dritte Ehepaar davon betroffen, denn jede dritte Ehe geht nach durchschnittlich fünfzehn Jahren in die Brüche; in Großstädten soll es sogar jede zweite sein. Die Anzahl der Trennungen nicht verheiratet gewesener Paare gar nicht mitgerechnet.

Ich hatte mich gerade auf die Suche nach Menschen gemacht, die mir zu erzählen bereit waren, wie sie ihre eigenen Trennungen gemeistert hatten. Da wurde ich von dem Thema eingeholt und erlebte meine eigene Trennung.

Und obwohl ich dieses Mal nicht die Verlassene war, sondern diejenige, die verließ, geriet meine Welt ein zweites Mal aus den Fugen. Denn auch der, der verlässt, leidet und zweifelt, ringt mit turmhohen Schuldgefühlen, schwimmt in einem Ozean an Selbstvorwürfen: Habe ich das Richtige getan? Gab es wirklich keine Hoffnung mehr, war es tatsächlich das Beste so? Das Beste für alle? Hätte ich es verhindern können? Und wenn ja – wie? Was habe ich falsch gemacht?

Vor allem das Gefühl, gescheitert zu sein und versagt zu haben, steht riesengroß und unübersehbar im Raum, bei Tätern und Opfern.

Während die Männer zu einsamen Kneipenbesuchern werden und sich am Bierglas festhalten, verkriechen wir Frauen uns am liebsten unter einer Wolldecke in der Sofaecke. Versuchen, den Schmerz mit Unmengen an Weißwein herunterzuspülen. Zerknüllen schluchzend ein nassgeheultes Papiertaschentuch nach dem anderen. Hassen uns, weil wir uns als Versager empfinden, malen uns immer wieder aus, was wir alles hätten sagen und tun müssen, um den Bruch zu vermeiden, die Beziehung zu retten, den Partner zu halten. Hätte ich nur ... Warum habe ich damals nicht ... Denn auch als Opfer plagen uns Schuldgefühle, lassen wir uns von Selbstvorwürfen zermürben. Und während die Augen vom Heulen immer geschwollener werden, die Nase immer röter, gibt uns ein Blick in den Spiegel den Rest: Kein Wunder, dass uns niemand liebt! Wir sind es nicht wert, geliebt zu werden! Sonst wären wir ja nicht verlassen worden.

Die einen strafen sich, indem sie Unmengen an Chips und Schokolade verschlingen, ungeachtet der Waage, ungeachtet der Pickel, die zu sprießen beginnen. Andere kriegen nichts mehr herunter und werden zu Hungerhaken, was sie jahrzehntelang ebenso verbissen wie erfolglos versucht haben.

Manchmal hilft es, sich mit Musik zu betäuben. Dieter hat sich, nachdem seine erste Frau ihn verlassen hatte, in eine winzige Dachwohnung zurückgezogen, die ihm eine Bekannte zur Verfügung gestellt hatte. Um ein Wochenende lang, während der Regen unaufhörlich auf das Dachfenster prasselte, Dire Straits zu hören. Bis zum Anschlag. Abgeschnitten von der Außenwelt. Nur Mark Knopfler und er.

Jahre später war ich es, die sich, gelähmt vom Schmerz der Verlassenen, auf dem Wohnzimmerteppich liegend *Sultans of Swing* reinzog, *Brothers in Arms* und *Your Latest Trick*. Immer und immer wieder. Ebenfalls bis zum Anschlag und zum Leidwesen der Nachbarn.

Wir wissen beide also ganz genau, wie schwarz und tief es ist, das Loch, in das Verlassene gestoßen werden. Und trotzdem sind wir Jahre später zu Tätern geworden und haben einem anderen, einst geliebten Menschen diesen Schmerz und dieses Leid zugefügt.

Kann man das anständig tun? Kann man beim Entlieben fair sein – vielleicht sogar zu Freunden werden?

Wie schafft man es, Verantwortung für »seinen Teil« am Verlauf und Ergebnis dieses Prozesses zu übernehmen? Wann und warum gelingt gar Verzeihen?

Fragen wie diese haben wir für dieses Buch Menschen gestellt, die ihre Trennungen schon bewältigt haben – Männer wie Frauen, Opfer wie Täter. Sie haben Intimstes preisgegeben: Wie man weiterleben kann, wenn man nie erfahren hat, weshalb man verlassen worden ist, wenn es nie ein klärendes Gespräch, nie eine Antwort auf all die brennenden Fragen gegeben hat. Was es bedeutet, gegen eine zwanzig Jahre Jüngere eingetauscht zu werden oder zu entdecken, dass deine Frau dir jahrelang Hörner aufgesetzt hat. Wie man sich fühlt, wenn man einer Frau den Vater ihres soeben geborenen dritten Kindes ausspannt. Und wie man mit der riesengroßen Schuld umgeht, wenn der Verlassene so verzweifelt ist, dass er sich das Leben zu nehmen versucht. Wir fanden sogar ein ehemaliges Ehepaar, das bereit war zu schildern, wieso und wie sie sich trennten. Und wie sie es geschafft haben, Freunde zu werden. Entstanden sind zwei Geschichten aus zwei unterschiedlichen Perspektiven mit zwei Wahrheiten.

Ihnen allen war es wichtig, ihre Erfahrungen weiterzugeben. »Damit Sie aus unseren Fehlern lernen und Ihre Trennung besser durchziehen können«, fasst es Thomas zusammen, ein erfolgreicher Zahnarzt, dessen Traum von der glücklichen Familie platzte, als seine Frau ihn mit den beiden kleinen Kindern verließ. »Damit Sie sehen, dass man manchmal erst viel Schmerz und Leid erfahren muss, um zu wachsen«, sagt Susanne, die ihre kleine Tochter und sich allein durchbringen musste, nachdem sie von der Liebe ihres Lebens verlassen worden war. Und, so betont Frieder, ein zweiundfünfzig Jahre alter Designer: »Damit Sie erkennen, dass einem Dinge nicht einfach bloß widerfahren, sondern dass man sie immer selbst schafft.«

Zusammen mit Männern und Frauen wie Thomas, Susanne und Frieder schildern wir Ihnen in diesem Buch, wie es uns allen gelang, die Opferrolle abzuschütteln und nach vorn zu schauen. Wie wir erkannten, dass sich neue Türen erst dann öffnen, wenn wir die alten ins Schloss fallen lassen.

Was Sie von uns nicht zu hören bekommen, sind Sprüche wie »Vielleicht ist es das Beste so« oder »Kopf hoch, das wird schon wieder«. Wir werden Sie auch nicht mit der Mitteilung zu trösten versuchen, dass so was in den besten Familien vorkommt. Dass sich selbst Brad Pitt und Angelina Joli getrennt haben, Jogi Löw, Heidi Klum, Maybrit Illner, Giovanni di Lorenzo … Nein, wir sagen Ihnen, dass es nicht so schnell wieder gut werden wird. Dass Sie ruhig ab und zu mal zu tief ins Glas schauen, zu viel Chips oder Schokolade in sich reinstopfen dürfen. Wir ziehen Ihnen sogar die Decke über die Schulter und reichen Ihnen, wenn nötig, ein neues Tempotaschentuch. Hauptsache, Sie lassen den Schmerz zu und kämpfen nicht dagegen an. Auch dann nicht, wenn Sie verrückt zu werden und sich selbst nicht mehr zu kennen glauben auf dieser Achterbahnfahrt der Gefühle, die von tiefem Schmerz und Leid über Ohnmacht bis hin zu maßlos großem Zorn, Wut und Groll führt.

Warum? Weil es keine Abkürzungen gibt. Eine Trennung verläuft in Phasen, und jede Phase muss vollständig zurückgelegt werden. Ohne Shortcuts. Sonst erreichen Sie das Ziel nie. Angefangen bei der Phase der Verzweiflung über die der Akzeptanz bis hin zum Neubeginn. Da mussten wir alle durch, und da müssen auch Sie durch. Ein afrikanisches Sprichwort besagt: Das

Gras wächst nicht schneller, wenn man daran zieht. Das ist die schlechte Nachricht.

Die gute Nachricht: Sie sind nicht allein. Sie müssen diese Strecke nicht ohne Beistand bewältigen. Sie sind umgeben von Erfahrungsexperten. Wir begleiten Sie. Von uns erfahren Sie auch, wie wir das Leben nach der Trennung gemeistert haben: den Umgang mit den Kindern, der Umgebung, dem oder der Ex. Wie wir neuen Lebensmut entwickeln und neue Freunde gewinnen konnten. Und, als es so weit war und wir uns neu verliebten: Wie wir zu verhindern versuchen, in die alten Fallen zu tappen. Weil es für die Liebe nicht nur Hochrisiko-, sondern auch Hochsicherheitsfaktoren gibt.

Sie tippen sich beim Gedanken an eine neue Frau oder einen neuen Mann in Ihrem Leben an die Stirn? Sie halten das für völlig utopisch? Glauben Sie uns: Sie werden wieder fliegen. Angst vorm Fallen brauchen Sie ja keine mehr zu haben: Sie sind schon mal gefallen – und wieder aufgestanden. Denn, so singen es auch Marcel Brell und Alin Coen: *Wo die Liebe hinfällt, steht sie wieder auf.*

Warten Sie's ab: Wenn Sie es am allerwenigsten erwarten, streut Fortuna wieder Blumen auf Ihre Wege, dann wird es auch für Sie wieder rote Rosen regnen. Auch darin sind Dieter und ich Erfahrungsexperten. 2016 haben wir uns kennengelernt. Um zu entdecken, dass uns nicht nur die Liebe zu Dire Straits verbindet. Sondern auch die zur Literatur, zum Lesen und zum Schreiben. Das Ergebnis halten Sie gerade in der Hand: unser erstes gemeinsames Buch.

*»Einer Enttäuschung muss immer erst eine Täuschung vorausgegangen sein.«*

(Unbekannt)

# Susanne

## *Die vom siebten Himmel der Liebe Abgestürzte (Die Ent-Täuschte)*

Zwei fröhliche junge Menschen, halbe Kinder noch, die ausgelassen in die Kamera gucken. Er hat den Kopf in den Nacken gelegt und bläst sich ein paar widerspenstige Locken aus der Stirn. Sie schmiegt sich verliebt in seine Halsbeuge, lacht von einem Ohr bis zum anderen. Mit ihren langen hellbraunen Haaren und den dunklen Augenbrauen erinnert sie ein bisschen an Brooke Shields, den Hollywood-Teenagerstar, der 1980 in der *Blauen Lagune* mit Christopher Atkins die Liebe entdeckte. »Mit dem Unterschied, dass wir das nicht halbnackt auf einer einsamen Insel taten, sondern in einer Plattenbausiedlung in Dresden«, stellt Susanne lachend klar und blättert weiter durch das alte Fotoalbum. »Hier, da trage ich eine Latzhose, die waren Anfang der Achtzigerjahre in. Und das hier, das war am Bushäusel, da haben wir uns immer getroffen.«

Versonnen, aber ohne jegliche Wehmut guckt sie sich die Fotos aus ihrer Jugendzeit in der DDR an und fasst die langen Haare im Nacken zusammen. Sie sind immer noch hellbraun. Auch ihr ansteckendes Lachen ist das gleiche geblieben, und ihre Augen blitzen noch genauso unternehmungslustig wie damals – auch wenn inzwischen vierzig Jahre vergangen sind.

Ihre erste große Liebe sei er gewesen, der Tobias, erzählt sie und schiebt das Album zur Seite, um sich noch ein Brötchen zu nehmen. »Groß genug, um zur Liebe des Lebens zu werden. Dachte ich jedenfalls.«

Wir sitzen auf ihrer Terrasse in der Morgensonne beim Brunch und genießen den Blick auf den großen Garten mit den blühenden Obstbäumen. Dieter und ich sind gestern am späten Abend eingetroffen, um ihre Geschichte zu hören – die Geschichte von zwei Königskindern, die getrennt wurden, sich wiederfanden – aber deren Liebe dann doch nicht stark genug war, um für ein ganzes Leben zu halten. So hatte sie uns das am Telefon zusammengefasst. »Wollt ihr bei mir schlafen?« Ihr Haus am Stadtrand von Bayreuth sei groß genug, sie würde uns unten in der Einliegerwohnung einquartieren. Und Christine, eine gemeinsame Freundin aus München, auf dem Sofa im Arbeitszimmer. Christine hat uns miteinander in Kontakt gebracht und wird in ein paar Stunden ebenfalls eintreffen. Wir freuen uns alle auf das Wiedersehen.

»Probiert mal die Erdbeermarmelade, die hab ich selbst gemacht«, sagt Susanne und springt auf, um in die Küche zu gehen: »Ich hab ja auch noch Johannisbeergelee, das hab ich völlig vergessen!« Quirlig ist sie, temperamentvoll, das Stillsitzen fällt ihr schwer.

»Ach ja, die Königskinder«, fährt sie fort, als sie sich mit dem Johannisbeergelee wieder zu uns gesetzt hat. »Weil wir drei Jahre unzertrennlich waren, seine Mutter dann aber einen Ausreiseantrag stellte und Tobias mit in den Westen nahm.« Herzzerreißend sei er gewesen, der Abschied. Fortan hätten sie nicht mehr zueinanderfinden können. »Aber dann gab das Schicksal uns eine zweite Chance«, erzählt sie. Denn fünf Jahre später bekam Tobias für die Beerdigung seines Großvaters erstmals eine Einreisegenehmigung. »Da haben wir uns dann wiedergetroffen.« Sie lässt das Messer sinken, mit dem sie gerade ihre zweite Brötchenhälfte bebuttern wollte: »Ich hätte mit der Handtasche gehen können«, meint sie. »Dabei hatte ich gerade geheiratet.«

Den Falschen, das sei ihr nach diesem Wiedersehen sofort klargeworden. Und deshalb habe sie auch umgehend die Konsequenzen gezogen: »Ich bin zu Tobias in den Westen gegangen.« Für ihn hat sie nicht nur ihren Mann verlassen, sondern auch Eltern und Geschwister. »Niemand konnte damals ahnen, dass kurz darauf die Mauer fallen würde!« Seufzend lässt sie einen großen Löffel Marmelade auf ihr Brötchen fallen. »Ich liebte diesen Mann mit jeder Pore meines Körpers, ich hätte ihn lieben können bis in den Tod. Meine Liebe hätte für ein ganzes Leben gereicht.«

Sie zuckt mit den Schultern. »Tja«, meint sie dann. »Seine war nicht ganz so groß, die hat nicht gereicht.« Sie stockt einen Moment und schaut uns an. »Dreizehn Jahre später war ich es, die verlassen wurde. Er tauschte mich gegen eine andere ein und ließ mich mit unserer kleinen Tochter sitzen.«

Sie sagt es ohne Groll, ohne jegliche Betrübnis. Stellt es einfach nur fest, wie einen Sachverhalt. Und beißt dann genüsslich in ihr Brötchen. Sie ist darüber hinweg, das sieht man ihr an. »Hat ja auch lange genug gedauert«, meint sie und wischt sich die Finger an der fröhlich mit Blumen bedruckten Serviette ab. Furchtbar sei diese Zeit gewesen, ganz, ganz furchtbar, »die schwerste meines Lebens«. Mit Gott und der ganzen Welt habe sie gehadert, mit dem gesamten Universum. Wer nur hatte es zulassen können, dass ihr diese wunderbare, einzigartige Liebe genommen wurde! »Ich wollte nicht mehr leben, ich wäre am liebsten mit dem Auto gegen einen Baum gefahren.«

Stattdessen aber sei das eingetreten, was sie in dieser schwärzesten Periode ihres Lebens nie für möglich gehalten hätte. »Ich habe ein neues Leben geschenkt bekommen, und nicht nur ein neues, sondern sogar ein besseres.« Sie trinkt einen Schluck Kaffee und beginnt dann unvermittelt zu zitieren: »*Niemals kann man sich einen solchen Schmerz wünschen, aber dann muss man erkennen, dass es genau dieser Verlust ist, der einem die Möglichkeit gibt, ein anderer zu werden.*« Sie sagt es, ohne zu stocken, sie muss diesen Satz schon öfter laut vorgetragen haben.

»Das ist Joachim Meyerhoff«, reagiert Dieter umgehend, »aus der *Zweisamkeit der Einzelgänger*!«

»Stimmt.« Susanne lacht mit hochgehobenem Daumen. Sie hat diesen Roman des deutschen Schauspielers ebenfalls gelesen. Durch Verlust ein anderer werden ... »Genauso ist es mir damals auch ergangen.« Aber es habe so furchtbar lange gedauert, bis sie das erkennen konnte. Bis sie über diesen »Berg an Schmerzen«, der sich damals vor ihr aufgetürmt habe, hinweggekommen sei. »Wie gesagt, er war meine große, meine einzige Liebe. Wir kannten uns in- und auswendig, bis hin zu den drei winzigen Leberflecken hinterm linken Ohr. Wir waren noch halbe Kinder, als wir uns verliebten. Vierzehn und fünfzehn Jahre alt!«

Sie beginnt von ihrer Jugend zu erzählen, einer »ganz normalen DDR-Jugend«. Vom Bushäusel, das als Treffpunkt diente, für Ausflüge in die Umgebung. Dann ging es mit dem Moped in die Sächsische Schweiz, »wir Mädels hintendrauf«.

Eines Tages sei auch Tobias mit zwei Freunden am Bushäusel erschienen. Er war ein Jahr älter als sie. »Mit braunen Augen, in denen man versinken konnte«, erinnert sie sich. »Und er hatte frische Lippen, er leckte sich immer über die Oberlippe.« Sehr anziehend. Sportlich sei er auch noch gewesen, ein Schwimmer, mit einem breiten Kreuz. Der obendrein in der Schulband spielte. »Er hat mir gleich gefallen.« Sie gefiel ihm auch, es dauerte nicht lange, und sie wurden ein Paar: »Wir gingen miteinander.«

Sie wohnten in einer typischen DDR-Plattenbausiedlung in Dresden, insgesamt fünf Blocks. »Er wohnte einen Block hinter mir. Mit seiner Mutter. Die hatte sich, als er noch ganz klein war, scheiden lassen und mit seinem Vater keinen Kontakt mehr.« Wenn Susanne auf dem Balkon stand, konnte Tobias ihr von seinem Zimmer aus Zeichen geben. »Und im Sommer rief ich ihm vom Dach aus immer zu.«

Nach der Schule trafen sie sich bei ihm oder bei ihr im Kinderzimmer, machten Hausaufgaben, blödelten herum und hörten Musik. Von DDR-Bands wie Lift, Stern Combo Meißen oder den Kult-Song *Am Fenster* von City. Und dann, nicht zu vergessen, *Über sieben Brücken musst du gehn* von Karat. Aber auch West-Musik: Supertramp, Pink Floyd, Queen, Udo Lindenberg oder *Tausendmal berührt* von Klaus Lage. »Die Platten kauften wir uns in Ungarn oder Tschechien.«

Sobald jemand sturmfreie Bude hatte, wurden Privatpartys organisiert, man trank Apfelwein und tanzte. Bei langsamen Nummern habe Tobias sich immer in ihre Haare geschmiegt: »Ich hatte irgendwann mal so eine komische Dauerwelle, eine halbe eigentlich, nur untenherum Locken.« Sie muss bei der Erinnerung daran auflachen.

Anfangs hätten sie natürlich nur geknutscht und gefummelt.

Aber dann sei es Zeit gewesen, die Liebe zu entdecken. Vor dem ersten Mal seien sie beide ziemlich aufgeregt gewesen. Fünfzehn und sechzehn waren sie. »Ich hatte Angst, es würde wehtun.« Es sei dann aber ziemlich schmerzfrei und unspektakulär ausgefallen. Erneut muss sie auflachen: »Und viel zu kurz. Eh ich mich versah, war's vorbei.« Aber sie befanden sich ja noch in der Lernphase: »Wir haben uns dann jeden Körperteil erschlossen und die Liebe entdeckt.«

Im Sommer darauf durften sie erstmals zusammen in den Urlaub fahren, zum Zelten an einen See. Und zum Geburtstag schenkte sie ihm ein eingerahmtes Foto von sich selbst. Erneut greift sie zum Album und blättert es durch. »Hier, mit weißem Rolli und darüber eine karierte Bluse, das trug man damals. Schaut euch mal die Widmung an!« Wir beugen uns über das Foto. *Ich liebe dich bis in den Tod* hat sie in akkurater Schulmädchenschönschrift mit Filzstift quer über das Foto geschrieben. »Ganz schön kitschig, oder?« Lachend legt sie das Album wieder weg.

Aber, meint sie dann und wird ernst: »Könnt ihr euch vorstellen, wie groß der Schock war, als wir erfahren mussten, dass seine Mutter einen Ausreiseantrag gestellt hatte und ihn mit in den Westen nehmen wollte?« 1981 sei das gewesen, kurz vor seinem achtzehnten Geburtstag. Sie waren inzwischen seit mehr als drei Jahren zusammen. »Die Mutter stellte uns vor vollendete Tatsachen. Die nahm unsere Liebe nicht ernst.«

Susanne versuchte noch, sich mit ihr anzulegen. »Wie können Sie nur über das Leben Ihres Sohnes verfügen!«

»Papperlapapp«, habe die Mutter geantwortet. »Stellt euch nicht so an, ihr seid noch Kinder, ihr findet schnell jemand anders!«

Dabei hätte sie ihrem Sohn doch die Wohnung und den Trabi lassen und regelmäßig Geld schicken können! Und wenn alles schiefgelaufen wäre, hätte Tobias notfalls später nachkommen können: Familiennachzug.

Aber nein, die Mutter habe sich nicht erweichen lassen. »Sie hat Tobias sogar ganz massiv unter Druck gesetzt.« Und Tobias selbst, der sei innerlich zerrissen gewesen: Einerseits habe er natürlich bei Susanne bleiben wollen, andererseits wollte er die Mutter nicht allein ziehen lassen. »Ich merkte dann auch, dass er neugierig war – neugierig auf den Westen. Motorradfahren war sein Leben – und die Motorräder, die es da gab!«

Natürlich hätten sie damals auch darüber nachgedacht, wie es wäre, wenn Susanne mit ihnen in den Westen gehen würde. Aber ihr Vater war ein sogenannter Geheimnisträger, er arbeitete als Geologe an einem Rohstoffinstitut. »Wenn ich gegangen wäre, hätte ich nie mehr Kontakt mit meiner Familie gehabt, der Bruch wäre definitiv gewesen.« Außerdem: Sie war noch minderjährig, es war aussichtslos.

An einem kalten Februarmorgen 1982 war es so weit, ein Samstag. »Meine Eltern kamen mit zum Bahnhof.« Auf dem zugigen Bahnsteig sei die Stasi auf und ab gegangen, mit Einkaufstaschen getarnt. »Todtraurig lagen wir uns in den Armen.« Gleich würde der Zug eintreffen und ihr den Liebsten nehmen, um ihn über Plauen und Hof in den Westen zu bringen, irgendwo nach Unterfranken. »Als es so weit war, mussten unsere Mütter uns auseinanderreißen.« Sie winkte ihm nach, sah noch, wie er den Kopf in der Armbeuge vergrub, dann war er weg. Schluchzend fiel sie ihrer Mutter um den Hals, dann ihrem Vater. Herzzerreißend sei es gewesen: »Über drei Jahre lang waren wir ein Herz und eine Seele, jeden Tag hatten wir uns gesehen.« Und dann so ein Bruch! »Ach, Kind«, hätten ihre Eltern geseufzt und versucht, sie mit denselben Worten wie Tobias' Mutter zu trösten: »Du bist doch noch so jung, du findest einen anderen.«

Aber sie wollte keinen anderen. Und sie würden sich ja bald wiedersehen, das hatten sie alles noch vor seiner Abreise geplant: zwei Monate später, zu Ostern, in Marienbad, einem Kurort in Tschechien. »Der lag ziemlich genau in der Mitte.«

Sie hatten auch alles geregelt, um sich zu schreiben und telefonieren zu können. »Damals in der DDR hatte bei Weitem nicht jeder ein Telefon, das war die Ausnahme, wir hatten zu Hause auch keines.« Aber Susannes große Schwester, die war mit einem Mann verheiratet, dessen Eltern in einem Ort zwanzig Kilometer weg eine Drogerie führten. »Die besaßen ein sogenanntes Geschäftstelefon.« Dort würde Tobias anrufen, das hatten sie so ausgemacht, und zwar genau eine Woche nach seiner Abreise, um acht Uhr abends. »Ich musste mit dem Bus hinfahren. Natürlich war ich viel zu früh da.« Um dann stundenlang warten zu müssen. Denn die Stasi wollte sämtliche Gespräche mit dem Westen abhören, hatte dafür aber nicht genügend Leute. »Deshalb wurden nicht alle Gespräche durchgestellt, dann war halt dauernd besetzt«, erklärt Susanne. »Erst wenn wieder jemand frei war, der mithören konnte, kam man durch.« Für die nächsten Male habe sie sich deshalb immer etwas zum Essen mitgenommen, eine Decke und Lesestoff, um sich die Zeit zu vertreiben. Und jedes Mal, wenn seine Stimme endlich am anderen Ende der Leitung zu hören war, begann ihr Herz wie irre zu klopfen. »Natürlich wussten wir, dass da immer jemand mithörte«, erinnert sie sich lachend. Aber den hätten sie ganz frech gegrüßt: »Hallo, hallo, guten Abend, geht's Ihnen gut?« Um ihm dann nicht weiter Beachtung zu schenken: Sobald klar war, dass es um zwei Verliebte ging, die sich immer wieder voller Sehnsucht ihre Liebe bezeugten, und versicherten, wie sehr sie sich vermissten, hätten die eh weggehört.

In den ersten Telefonaten sei Tobias noch voller Heimweh gewesen: »Er klagte, wie fremd er sich im Westen fühlte. Dass bei den Schulpartys nur Limonade getrunken wurde.« Kinderpartys seien das gewesen, habe er verächtlich geschnaubt und sei sich furchtbar erwachsen vorgekommen. »Wir im Osten hingegen, wir hatten ja schon Wein getrunken. Apfelwein.«

Die Drogerie diente auch als Deckadresse für die Liebesbriefe, die Tobias ihr schickte. »Mit meinem Vater durfte das alles unter keinen Umständen in Verbindung gebracht werden, weil er Geheimnisträger war.« Sie suchte sich dann immer ein Telefon, um in der Drogerie anzurufen und zu fragen, ob ein Brief für sie eingetroffen wäre. Im Bus zurück und auch zu Hause noch habe sie seine Zeilen immer und immer wieder gelesen, obwohl sie sie längst auswendig kannte. »Ich hielt sie mir auch ständig unter die Nase und schnupperte daran.« Denn Tobias schickte parfümierte Briefe, er besprühte sie mit dem teuren Aftershave, das er nun im Westen benutzte. »Mein Gott, war das romantisch!«

Gebannt haben Dieter und ich zugehört. Und wie war das erste Treffen zwei Monate später in Marienbad? Sicher auch sehr romantisch, oder?

»Letztendlich schon«, erzählt Susanne schmunzelnd weiter. »Anfangs waren wir ein bisschen gehemmt.« Tobias kam mit seiner Mutter, die sich in Marienbad mit Freunden aus Dresden treffen wollte. Einem Ehepaar. »Bei denen bin ich im Trabi mitgefahren.« Sie trafen sich im Hotel, wo Tobias' Mutter für sie alle Zimmer gebucht hatte. Tobias trug eine coole Sonnenbrille, »so schicke gab es im Osten nicht«. Die Mutter duftete nach einem teuren Westparfum und er nach dem Rasierwasser, mit dem er die Briefe an sie parfümierte. »Ich war schwer beeindruckt.« Was wirkte er doch cool und lässig, was für ein toller Typ!

»Selbstverständlich sind wir uns in die Arme gefallen.« Aber völlig gebrochen sei das Eis erst, als sie in ihrem Hotelzimmer endlich allein waren. »Da hat er mich hochgehoben und durch den Raum gewirbelt.« Zum Glück hätten die drei anderen sie in Ruhe gelassen, nur gefrühstückt wurde zu fünft. Wunderbare Tage seien das gewesen, mit langen Spaziergängen und vielen Stunden im Hotelbett. Dann liebten sie sich. Und sangen lauthals die alten Lieder, die sie an den gemeinsamen Nachmittagen nach der Schule immer gesungen hatten. »Singen ist eigentlich das falsche Wort«, korrigiert sie sich. »Er hat sie mir immer regelrecht vorgetragen.« Sie hatten auch ein Lieblingslied: *Das war nur ein Moment* von Schauspieler Manfred Krug, dem Hamburger Tatort-Kommissar: »Kennt ihr das?«

Susanne wartet unsere Antwort nicht ab, sondern steht auf und beginnt unvermittelt zu singen: *»Frag mich, warum ist mein Himmel, seit du fort bist, so trüb«*, hebt sie leidenschaftlich an. *»Weil ich dich liebe, liebe, liebe – ein Leben lang!«* Sie schmettert den Refrain regelrecht heraus, mit weit ausgebreiteten Armen, als stünde sie auf einer Bühne. Lachend klatschen wir Beifall.

»Ja, das war unser Lied, das war wie für uns geschrieben«, meint sie und setzt sich wieder. Der Abschied sei natürlich erneut herzzerreißend gewesen. »Wegen der Aussichtslosigkeit unserer Lage, wir hatten ja keine Perspektive. Aber das wollten wir uns damals noch nicht eingestehen.«

Die Intensität ihrer Liebe habe selbst Tobias' Mutter nicht kaltgelassen. »Sie schickte mir regelmäßig Päckchen mit supertollen Klamotten. Ich denke, sie hatte ein schlechtes Gewissen.«

Viermal noch sollten sie sich in den nächsten eineinhalb Jahren treffen – aber ganz tief drinnen wusste Susanne: »Das kann man nicht auf Dauer leben.« Sie merkte, wie sehr Tobias das neue Leben im Westen gefiel, das alte im Osten hatte er längst losgelassen. Und bald, das spürte sie, würde er auch sie loslassen.

Drei Monate vor ihrem letzten Treffen im Sommer 1983 machte er eine Klassenfahrt nach Paris und schickte ihr eine Ansichtskarte.

*Paris ist wunderschön,* schrieb er. *Die Stadt der Liebe.* Und dahinter: *(Stimmt!)*

Sie weiß noch, wie sie beim Lesen stutzte. Okaaaaaaay, dachte sie sich. Und dann: Wieso *Stimmt!*? Merkwürdig.

Kurz darauf, bei ihrem letzten Treffen, bekam sie Gewissheit: »Er redete ständig von Paris und wie toll diese Klassenfahrt doch gewesen sei.« Und er sang immer wieder einen Hit von Trio, einer Band der Neuen Deutschen Welle: *Ich lieb dich nicht, du liebst mich nicht, aha, aha.* Was wollte er ihr damit sagen? Er sang die Lieder ja nicht bloß, er trug sie ihr vor. Ihre feinen Antennen empfingen deutliche Störsignale. »Am letzten Abend hab ich ihn dann einfach gefragt.« Und da habe er es zugegeben: »Ja, ich habe mich verliebt.« In eine Klassenkameradin, eine Apothekertochter. In Paris habe es gefunkt. Weinend sei sie heimgefahren. Sie wusste: Auch sie musste loslassen. Es war aussichtslos, es war vorbei, es gab keine Hoffnung.

Ihre Mutter versuchte sie erneut mit jenen Worten zu trösten, die sie sich schon so oft hatte anhören müssen: »Ach, Kind, das geht vorbei, du bist noch jung, du findest bald einen anderen.«

Den einen Nagel mit dem anderen austreiben – ein altbewährtes Rezept. Und sie würde davon auch nur allzu gern Gebrauch machen. Bloß: Sie fand ihn nicht, diesen anderen Nagel. Der eine habe so gut geküsst wie Tobias, der andere sei so sportlich gewesen wie er, mit dem dritten konnte sie so gut reden wie mit ihm. »Aber niemand hatte alles, niemand war wie er.« Das Gesamtpaket habe sie nirgends auftreiben können. Es blieb bei losen Beziehungen. »Mir hat immer was gefehlt.«

Sie versuchte, ihn zu vergessen, »sich aus dem Herzen zu reißen«, wie sie es nennt. Zog um nach Leipzig, um zu studieren. Konzentrierte sich ganz auf ihre Ausbildung: Heimerziehung für Jugendheime. Mehr als zwei Jahre waren seit der Trennung von Tobias vergangen. Sie hatte gerade ihren einundzwanzigsten Geburtstag gefeiert. »Und dann kam Schumi«, erzählt sie versonnen.

Schumi hieß eigentlich Schumann. Er war ein Jahr älter als Susanne und KFZ-Schlosser, arbeitete aber als Techniker, also als Roadie bei einer Rockband. »Und er war der ordentlichste Mann, den ich je kennengelernt habe.« Die Einzimmerwohnung, in der er lebte, war winzig, gerade einmal siebzehn Quadratmeter groß, »ein Handtuch nur, aber so süß! Und was er da alles hervorzauberte, unglaublich!« Trotzdem habe nie etwas herumgelegen.

Über eine Kommilitonin hatte sie ihn kennengelernt, auf einer Fete im Oktober 1985. Sie fanden sich sofort sympathisch. »Schumi war anders, lustig, immer zu einem Scherz aufgelegt, und er zog Grimassen.« Ein richtiger Entertainer sei er gewesen, groß und hager mit langen schwarzen Haaren bis auf die Schultern. »Er brachte mich zum Lachen. Und er konnte auch über sich selbst lachen.«

Es dauerte nicht lange, und sie pendelte zwischen Leipzig, wo sie immer noch studierte, und Dresden hin und her – hundertzwanzig Kilometer hin, hundertzwanzig zurück. Schumi holte sie freitagabends vom Bahnhof ab und setzte sie montagmorgens wieder in den Zug. Ein guter Typ sei er gewesen, »ein Geber. Lustig und lebendig. Ein Mann, mit dem ich herumalbern konnte und fröhlich war.« Sie besuchten Konzerte, kochten Spaghetti zusammen, gingen zu Trödelmärkten oder Haushaltsauflösungen.

Sie fühlte sich wohl bei ihm. Fast zwei Jahre waren sie nun schon zusammen. Nur das ständige Hin und Her zwischen Dresden und Leipzig begann beide zunehmend zu irritieren. Und nach Abschluss ihrer Ausbildung würden es noch mehr Kilometer werden, fast zweihundert statt hundertzwanzig. Denn Susanne hatte einen sogenannten Absolventenvertrag unterschrieben. Sie würde drei Jahre lang bei der Deutschen Post in Berlin als Erzieherin oder, wie es offiziell hieß, als Inspektorin im Lehrlingswohnheim arbeiten. »Es gab nur drei Möglichkeiten, um aus einem solchen Vertrag rauszukommen«, erklärt sie uns. Erstens gesundheitliche Gründe, zweitens gesellschaftliche wie etwa eine Karriere als FDJ-Sekretär. Und drittens familiäre, zum Beispiel Heiraten. »Dann heiraten wir eben«, habe Schumi gesagt. »Dann können wir auch eine größere Wohnung beantragen.« In der DDR stand einer Person nur ein Zimmer zu, einem Ehepaar hingegen zwei oder sogar drei. »Wär das nicht schön?« Verliebt habe er sie angeguckt und dann gescherzt: »Wir können uns ja wieder scheiden lassen.«

Nachdenklich reibt Susanne mit dem Daumen über den Rand ihrer Kaffeetasse. »Tja, das hat sich dann leider erfüllt.« Sie schweigt einen Moment und greift resolut zu einem der Fotoalben auf dem Tisch. Inzwischen ist es ein ganzer Stapel geworden. »Ich zeig euch ein paar Hochzeitsfotos, schaut!« Wir sehen eine strahlende Braut in einem einfachen weißen Kleid mit Spitzenausschnitt, das sie mit einer roten Schärpe in der Taille zusammengebunden hat. Rührend jung sieht sie mit ihren einundzwanzig Jahren aus. Ihr langes braunes Haar ist straff zum Dutt gebändigt und mit einem Blütenkranz geschmückt. Neben ihr schreitet der sehr viel größere Schumi mit seinen langen dunklen Haaren im schwarzen Gehrock samt Weste, Fliege und roter Rose im Knopfloch. Wie ein Kavalier aus dem neunzehnten Jahrhundert sieht er aus, eine Figur aus einem Roman von Theodor Fontane.

Kurz nach der Hochzeit konnten sie in eine Zweizimmer-Wohnung umziehen: Wohnzimmer, Schlafzimmer, Küche mit Loggia und Speisekammer sowie ein kleines Gärtchen. »Richtig schnuckelig.« Eine Stelle als Erzieherin in einem Lehrlingswohnheim in Dresden hatte Susanne auch bekommen. Rundum glücklich sei sie gewesen. »Mit Schumi hätte ich wahrscheinlich vier Kinder bekommen und wäre eine dicke Mama geworden.« Durchaus auch ein schöner Lebensentwurf. Wenn – ja, wenn nicht eines Tages Tobias vor der Tür gestanden hätte.

Sein Großvater war verstorben, für die Beerdigung hatte Tobias' Mutter sieben Jahre nach der Ausreise erstmals eine Einreisegenehmigung bekommen. Susanne weiß nicht mehr, von wem sie es damals erfahren hatte. Jedenfalls wusste sie, dass Tobias mitkommen würde. »Ich hatte keinen Hintergedanken, ich hatte einfach das Bedürfnis, ihn Schumi vorzustellen. Und Schumi ihm.« Außerdem wollten sie sich damals eine Musikanlage kaufen mit dem Westgeld, das sie zur Hochzeit bekommen hatten. Sie suchten einen Wessi, der sie ihnen besorgen könnte – vielleicht Tobias?

An einem Freitagvormittag im Februar 1989 stand er vor der Tür. Strahlend sah er sie an, mit seinen frischen Lippen und den dunklen Augen, in denen man versinken konnte. Er hatte sich kaum verändert, sah höchstens noch lässiger, noch selbstbewusster aus. Dieser schöne Mund, diese Offenheit: »Wir Ossis waren ja alle verklemmter.«

Aber, so betont sie mit einer abwehrenden Handbewegung, noch war ihre Welt nicht aus den Fugen geraten, noch war sie in Ordnung. »Wir freuten uns über das Wiedersehen, und Schumi war so nett, nachmittags mit Tobias in die Stadt zu gehen, weil ich zum Arbeiten musste.« Unterwegs legten sie einen Kurzbesuch bei Schumis Mutter ein, die sie zum Kaffeetrinken einlud. Und für den Samstag verabredeten sie sich bei einem Cousin von Susanne, der rund zwanzig Kilometer außerhalb von Dresden wohnte. Er gehörte zur alten Clique von Tobias. »Die wollten sich bei der Gelegenheit alle wiedersehen.« Tobias würde Susanne und Schumi in seinem Auto abholen und mitnehmen. Aber dann musste Schumi kurzfristig bei einem Auftritt seiner Band einspringen und absagen. »Da bin ich mit Tobias alleine hingefahren«, erzählt Susanne. »Und bei diesem Cousin haben wir dann den ganzen Tag lang alte Zeiten aufgewärmt.«

Es war schon nach zehn Uhr abends, als Tobias sie zurückbrachte und vor ihrer Wohnung absetzen wollte. Stattdessen aber hätten sie stundenlang weitergeredet. »Man wollte so gar nicht aussteigen.« Sie spürte die ungeheure Anziehungskraft wieder, die er immer auf sie ausgeübt hatte. Er strich ihr übers Haar. »Du bist immer noch so schön«, sagte er. Und dann: »Ich hätte dich nie verlassen dürfen.« Richtig schwindlig sei ihr geworden. Und als er sich dann auch noch zu ihr herüberbeugte und sie küsste, da war es vollends um sie geschehen.

Das sei der berühmte Handtaschenmoment gewesen: »Ich hätte mit der Tasche gehen können.« Sie hatte sich etwas vorgemacht, sie hatte wirklich geglaubt, es sei ihr gelungen, sich ihn aus dem Herzen zu reißen. Aber sie hatte sich bloß arrangiert. »Ich liebte ihn noch immer.«

Sie weiß nicht mehr, wie und wann sie an diesem Abend doch noch aus dem Auto kam. Sie weiß auch nicht mehr, wann sie in dieser Nacht endlich einschlief. Schumi würde erst am nächsten Tag kommen. Sie lag allein im Bett, bewegungslos auf dem Rücken, und starrte durch die Dunkelheit an die Decke. Ihre Gefühle fuhren Achterbahn mit ihr, sie konnte keinen klaren Gedanken fassen. Bis auf einen, und der hing zweifelsfrei im Raum: Ich bin mit dem Falschen verheiratet.

Als Schumi am nächsten Tag zurückkam, versuchte sie, sich nichts anmerken zu lassen. »Aber ich bin rumgelaufen wie Falschgeld.« Am Montag, auf der Arbeit im Lehrlingswohnheim, hielt sie es nicht mehr aus und vertraute sich einer anderen Erzieherin an. »Der hatte ich zuvor von dem geplanten Wiedersehen erzählt, und die war neugierig, wie es gelaufen war.« Die Kollegin habe sich alles angehört, Susanne ausgiebig bedauert, dann aber schulterzuckend den Raum verlassen: »Na ja, DER Zug ist ja wohl abgefahren.«

Susanne blieb allein am Tisch zurück, mit aufgestützten Ellbogen, das Gesicht in den Handflächen vergraben. Sie hatte ja so recht, die Kollegin. Der Zug war abgefahren. Sie begann bitterlich zu weinen, warf ein zerknülltes Papiertaschentuch nach dem anderen in den Papierkorb. Ein Glück, dass keiner hereinkam und sie in diesem Zustand sah!

Dann aber, sie kramte in ihrer Tasche gerade nach einer neuen Packung Taschentücher, richtete sie sich auf einmal mit einem Ruck auf: Wieso eigentlich? Warum sollte der Zug abgefahren sein? Vierundzwanzig Jahre war sie alt, sie hatte ihr Leben noch vor sich. Sie hatte keine Kinder, sie war nur verheiratet. Und Tobias frei, der hatte sich, nachdem die Beziehung mit der Apothekertochter in die Brüche gegangen war, nicht mehr gebunden. Energisch putzte sie sich die Nase. Nein, er brauchte nicht abgefahren zu sein, dieser Zug!

»Er rief noch am selben Tag im Lehrlingswohnheim an.« Sie konnte es kaum fassen, als sie hörte, dass es ihm genauso ergangen war wie ihr.

Schon drei Wochen später trafen sie sich wieder – in Prag, am Denkmal des heiligen Wenzel von Böhmen. Von der »Goldenen Stadt«, hätten sie in diesen drei Tagen nicht viel gesehen, bekennt Susanne schmunzelnd.

Sie schweigt einen Moment und schüttelt leicht den Kopf. »Die Leidenschaftlichkeit dieser Liebe hat mich überwältigt. Es war so unglaublich sinnlich, so erotisch.« Bei Tobias sei sie wie in Trance in einen anderen Geisteszustand geraten. Diese Blicke, diese Berührungen, diese Hingabe: »Wir waren verwoben, wir waren eins.«

Zwischendurch hörten sie im Bett Musik und fütterten sich gegenseitig mit Apfelsinenstückchen. Er sang ihr lauthals die alten vertrauten Lieder vor: »*Weil ich dich liebe, liebe, liebe, ein Leben lang …*« Bis es wieder anfing zu knistern, bis wieder Funken sprühten wie von unzähligen Wunderkerzen. So unglaublich frei habe sie sich gefühlt, frei und scham- und hemmungslos.«

Sie wirft einen Blick auf das aufgeschlagene Fotoalbum und die Bilder ihrer Hochzeit mit Schumi. »So also konnte es auch sein. Das hatte ich vergessen. Denn bei Schumi war das nicht so.« Sie habe ihn geliebt, ganz bestimmt, daran gebe es keinen Zweifel – aber anders. »Es war ohne diese Leidenschaft, ohne dieses Sinnliche, das ich mit Tobias erleben durfte.« Sollte sie darauf fortan verzichten? Nein, das wollte, das konnte sie nicht: »Ich musste es leben.«

Noch in Prag schmiedeten sie Zukunftspläne. Sie würde zu Tobias in den Westen ziehen, nach Bayreuth, wo er Sport und Biologie für das Lehramt studierte und in einer Studentenwohnung lebte. Sie könnte dort leicht einen Job als Erzieherin finden. Ihre Eltern und Geschwister würde sie fortan nur noch in Tschechien oder Ungarn sehen können. Aber wer weiß, vielleicht bekämen sie zur Taufe der Kinder eine Ausreisegenehmigung! Ihr Vater war zwar Geheimnisträger, aber er würde bald pensioniert werden. Dann wäre sowieso alles viel leichter. »Wir mussten zusammen sein!«

Und was war mit Schumi? Hatte sie denn kein schlechtes Gewissen, keine Schuldgefühle? Er tut uns leid, sehr sogar. »Mir hat er auch leidgetan. Es tut mir bis heute unendlich leid, dass ich ihn so verletzt habe«, sagt sie mit einem letzten Blick auf die Hochzeitsfotos und klappt das Album zu. »Aber ich konnte doch nicht mit ihm zusammenbleiben und einen anderen lieben!« Dann hätte sie nicht nur sich selbst belogen, sondern auch Schumi. »Ich will mich jetzt nicht herausreden, aber das wäre auch ihm gegenüber nicht fair gewesen.« So merkwürdig es auch klinge, aber das hätte er nicht verdient. »Ich respektierte und achtete ihn, eben weil ich ihn liebte – wenn auch anders.«

Gleich nach der Rückkehr aus Prag habe sie ihm alles erzählt, noch am selben Abend. »Ich glaub, ich lieb den Tobias noch immer. Was soll ich nur machen?« Es war eine rhetorische Frage, im Prinzip habe sie ihn vor vollendete Tatsachen gestellt. Wie vor den Kopf geschlagen sei er gewesen. »Aber er war mir nicht böse. Ich war ja selbst verzweifelt.« Traurig seien sie gewesen, alle beide, unendlich traurig. »Für ihn brach eine Welt zusammen.« Er wusste: Sie würde, sie konnte nicht bei ihm bleiben.

»Mit meinen Eltern hat er bis heute Kontakt, die kümmerten sich damals rührend um ihn. Aber sie haben mir nicht reingeredet, sie verstanden mich – auch wenn ich mich für ein Leben mit Tobias von ihnen verabschieden musste.«

Schumis Mutter habe den Kontakt mit Susanne abgebrochen. »Die regte sich fürchterlich darüber auf, dass sie diesen Dreckskerl, also Tobias, damals noch zusammen mit ihrem Sohn zum Kaffeetrinken eingeladen hatte.« Mit Susanne wollte sie nichts mehr zu tun haben. »Für sie war ich die Böse. Und das stimmte ja auch.«

Selbst habe sie ihr Handeln damals nur als konsequent empfunden: »Männer machen das so gut wie nie«, glaubt sie zu wissen. »Männer verabschieden sich innerlich und bleiben. Frauen gehen.«

Noch am selben Abend habe sie denn auch ganz konsequent im Schlafzimmer die Matratzen auseinandergeschoben. Und ein paar Tage später die Scheidung eingereicht. Kurz darauf zog sie zu einer Freundin und schlief dort auf dem Sofa. »Ich wollte ihn nicht länger quälen.« Dann ging es Schlag auf Schlag: Keine vier Wochen später waren sie geschieden, die Kosten – vierhundertvierzig Mark – übernahm Susanne. »Obwohl das damals ein halbes Monatsgehalt war. Ich verdiente nur achthundertfünfzig.«

Weitere vier Wochen später, es war inzwischen Mai, stellte sie beim Ministerium für Inneres einen Antrag auf Eheschließung und sofort anschließend einen Ausreiseantrag. »Wir würden erst in der DDR heiraten, und danach würde ich ausreisen.« Beide Anträge wurden innerhalb weniger Monate bewilligt – allerdings noch ohne Datum.

Sie beschlossen, das Warten mit einem Urlaub in Ungarn zu überbrücken – einem sehr denkwürdigen Urlaub an der österreichischen Grenze. »Die Flüchtlingswelle hatte begonnen. Einen kurzen Moment lang haben wir überlegt, ob ich auch flüchten sollte.« Ganz leicht wäre das gegangen, sie hätte sich nur zu Tobias ins Auto setzen müssen. Aber sie wollte ihr neues Leben nicht mit einem Rucksack beginnen, sie wollte auch die Fotoalben mitnehmen, das Geschirr, die Bücher. »Und wir hatten ja schon die Hochzeits- und die Ausreisegenehmigung – wenn auch noch ohne Datum.«

Das wurde gleich nach ihrer Rückkehr aus Ungarn festgelegt, als Susanne wieder in Dresden war und Tobias im Westen. »Ich habe ihm sofort ein Telegramm geschickt«, erzählt sie und greift erneut in den Fotoalbum-Stapel. »Das habe ich natürlich aufgehoben und eingeklebt«, meint sie augenzwinkernd und deutet auf einen schmalen Papierstreifen, der an den Ecken ein bisschen verknittert ist und ein paar Flecken abbekommen hat. *Hochzeit am 23.9. juchu! Ich liebe dich!* lesen wir. Kurz und bündig. »Das wurde per Wort bezahlt, das war ein teurer Spaß.«

Über dem Telegramm prangt das offizielle Hochzeitsfoto: Wieder ist sie ganz in Weiß, aber dieses Mal sportlicher und raffinierter: »Das Brautkleid stammte aus dem Westen. Eine Freundin meiner Schwiegermutter hat es mir geborgt.« Tobias wirkt sehr seriös und männlich in seinem eleganten dunkelgrauen Anzug und dem weißen Hemd mit Krawatte. Und vor den beiden streut der vierjährige Neffe von Susanne Blumen. Eine kleine, aber feine Hochzeit sei es gewesen, nur die Familie. Nach der Feier musste sie ihren frischgebackenen Ehemann allein in den Westen zurückreisen lassen. Selbst durfte sie den Osten erst einen Monat später, am 23. Oktober, verlassen. Bis dahin gab sie das Ostgeld aus, das sie noch besaß, und versuchte, die Angst zu unterdrücken, die sie trotz der großen Sehnsucht erfasst hatte: Angst vor dem Abschied von ihren Eltern und Geschwistern. Und Angst vor dem Westen: »Ich dachte mir manchmal: Oje, wenn das schiefgeht und du arbeitslos wirst, dann endest du als Junkie am Bahnhof!«

Tobias, der sie am 23. Oktober mit dem VW-Bus abholte, konnte darüber nur herzlich lachen. Er lachte auch noch, als sie fassungslos und mit offenem Mund ihren ersten Ikea-Katalog durchblätterte und sich wie ein kleines Kind über ihre ersten Cowboystiefel freute.

Sie musste eine Zusatzausbildung als Erzieherin machen, die alte in der DDR war nicht ausreichend. »Immerhin ging das ruckzuck, ich fand hinterher schnell einen Job als Erzieherin für verhaltensauffällige Jugendliche.«

Und eines Abends, als sie gerade von einer Spätschicht nach Hause gekommen war, rief ihre Schwester an, völlig aufgelöst und aufgeregt: »Ja, hast du denn nichts mitgekriegt?!« Es war der 9. November 1989 – die Mauer war gefallen. »Wahnsinn war das, irre! Was haben wir gejubelt!« 1989 war nicht nur für Susanne und Tobias, sondern auch für Deutschland zum Jahr der Wiedervereinigung geworden! »Meine Familie hat uns dann sofort in Unterfranken besucht.«

Nachdenklich schaut sie über die Balkonbrüstung der Terrasse in den blühenden Garten hinein. Sie habe ihr Glück damals nicht fassen können, Fortuna schien gleich mehrere große Füllhörner auf einmal direkt über ihr ausgekippt zu haben, so habe sich das angefühlt. Fortan konnte sie ihre Familie sehen, so oft sie wollte – und sie lebte ein Leben an der Seite des Mannes, den sie über alles liebte. »Ich schwebte auf Wolke sieben.«

Tobias hatte sein Studium zwar noch nicht abgeschlossen und fuhr nebenbei Taxi. »Aber das fand ich nicht schlimm.« Seine Mutter unterstützte das junge Paar jeden Monat großzügig mit fünfhundert Mark, Tobias verdiente mit dem Taxifahren weitere fünfhundert und sie selbst als Erzieherin tausend. »Ein gutes Auskommen.«

Sie holten die Flitterwochen nach, zwei Wochen auf Kreta. Und sie leisteten sich ein Cabrio. »Darin saß ich immer mit Sonnenbrille und Kopftuch neben ihm und sah aus wie Audrey Hepburn. Das fand er toll.«

Auf Händen getragen habe er sie, dieser Mann, regelrecht verehrt und mit Komplimenten überschüttet. »Was siehst du heute wieder hinreißend aus!«, schwärmte er regelmäßig. Oder: »Ich liebe deine schönen Augen, ich liebe deine wunderbare Haut!« Sie genoss es, so angehimmelt zu werden, schwelgte in seinen Schmeicheleien, bewunderte ihn grenzenlos. »Er war mein Held.«

Heute glaubt sie zu wissen, wieso sie dafür so empfänglich war, warum sie es regelrecht brauchte. »Ich war als Kind und junger Mensch sehr gehemmt und hatte viele Komplexe.« Ihrer eigenen Tochter Pauline habe sie lieber einmal zu viel als zu wenig gesagt, wie sehr sie sie liebe und, um sie mit Selbstbewusstsein vollzupumpen, was für ein toller, was für ein wunderbarer Mensch sie doch sei. »Aber von meinen eigenen Eltern habe ich das nie gehört, von denen bekam ich nie ein Lob.« Nicht, weil sie ihre Tochter nicht liebten – »Ich sollte nicht eingebildet werden«. Wenn Susanne mit guten Noten nach Hause kam, dann gehörte sich das so. »Und wenn ich gut Klavier spielte, dann hieß es: Sie hat ja auch einen guten Klavierlehrer.« Schumi habe ebenfalls kaum ein Lob über seine Lippen gebracht. »Der guckte beim Autofahren allerhöchstens mal kurz rüber und meinte: ›Siehst ganz gut aus heute.‹ Und das war's dann.«

Nun aber lebte sie mit diesem wunderbaren Mann zusammen, der sie anhimmelte und ihr nicht oft genug sagen konnte, wie toll er sie fand. »Neben Tobias mit seiner offenen Art war ich anders drauf.« Ein Freigeist sei er gewesen, der – wo immer er auftauchte – alle in seinen Bann gezogen habe. Charmant, selbstsicher, selbstbewusst. Und – aber das erkannte sie erst im Nachhinein – selbsteingenommen. Sie weiß noch genau, wie er reagierte, als sie beschlossen, eine Familie zu gründen. »Auf unser Kind kann die Welt nicht verzichten«, habe er großspurig verkündet.

Schon ein Jahr später, im Frühling 1992, kam Pauline zur Welt. Wie bei allen Pärchen, die ihr erstes Kind bekommen, änderte sich ihr Leben von Grund auf. »Ich blieb zwei Jahre zu Hause und hielt ihm den Rücken frei.« Dann machte Susanne eine Zusatzausbildung und wurde Leiterin eines Montessori-Kinderhauses. »Ich hatte einen Vollzeitjob. Ich wollte, dass er auch mal was übernimmt und auf das Kind aufpasst.« Ständig habe es deswegen Auseinandersetzungen gegeben. »Es war schwer, ihn einzuspannen.« Auf Wolke sieben schwebten sie schon lange nicht mehr. Sie hätten sich in dieser Zeit auch kaum gesehen: Er hatte sein Studium immer noch nicht abgeschlossen. Wenn er nicht studierte, fuhr er Taxi. »Er kam nachts um drei heim, da schlief ich schon. Und wenn er um elf aufstand, war ich längst weg.«

Damals sei ihre Beziehung ins Ungleichgewicht geraten. »Ich war ihm nicht nur ebenbürtig, ich hatte ihn überholt.« Er hingegen war der ewige Student, und darunter habe er gelitten. »Erst 1997 begann er als Lehrer zu arbeiten, da war Pauline schon fünf.« Für ein neues Gleichgewicht in der Beziehung allerdings habe das nicht gesorgt. »Ich brauchte jemanden, um den Alltag zu meistern. Aber dafür war er ungeeignet.« Die Rolle des verantwortungsvollen Familienvaters habe ihm so gar nicht gelegen: »Das fand er spießig und langweilig.« Vielleicht, mutmaßt sie, weil er nie einen Vater als Vorbild hatte. »Jung und dynamisch wollte er sein, so sah er sich am liebsten.« Er habe sich ständig im Spagat geübt zwischen diesem Selbstbild und der Realität als Ehemann und Familienvater. »Vielleicht war ich in dieser Zeit auch zu sehr Mutter«, gibt sie zu bedenken. »Sex hatten wir kaum noch, mit der Mutter schläft man ja nicht.«

Sie lehnt sich in ihren Gartenstuhl zurück und stemmt die Arme in die Hüften. »Tja, und das Ende vom Lied war dann, dass er seine erste Affäre hatte.« Mit Judith, einer ehemaligen Schulkameradin, die er auf einem Klassentreffen im Herbst wiedergesehen hatte. »Kurz vor Fasching ließ er mich ein Wochenende alleine, angeblich um mit ein paar Kumpels zum Skifahren in die Berge zu fahren.« Stattdessen habe er sich mit Judith getroffen. Susanne erinnert sich noch genau. »Ich nähte Pauline an diesem Wochenende ein Käferkostüm.«

Wie sie hinter die Affäre kam, weiß sie nicht mehr. »Ich glaube, ich habe ihn beim Schreiben eines Liebesbriefes erwischt.« Eines parfümierten Liebesbriefes mit einem besonders kunstvoll entworfenen Briefkopf, wie er sie – das jedenfalls hatte sie bis dahin geglaubt – nur ihr geschickt hatte. »In seinem Arbeitszimmer schwebte noch eine Duftwolke seines Rasierwassers.« Susanne muss bei der Erinnerung daran auflachen: »Inzwischen Égoïste. Von Chanel.«

Entgeistert sei sie gewesen, tief verletzt: Fiel dem nichts anderes ein? Er hatte ihre Liebe kopiert und damit entzaubert. »Sie war nicht mehr exklusiv.« Später habe Tobias das mit den parfümierten Briefen rundweg zugegeben: »Warum denn nicht? Die Masche funktioniert.«

Susanne verdreht die Augen, bevor sie weitererzählt. Irgendwie habe sie rausgekriegt, wo diese Judith wohnte. Und dass sie verheiratet war. »Eines Tages auf der Arbeit habe ich dann kurzentschlossen ihren Mann angerufen.« Sie sieht unseren überraschten Blick. »Ich wollte wissen, woran ich war«, meint sie fast entschuldigend. Nach dem dritten Klingeln ertönte eine Männerstimme am anderen Ende der Leitung. Sie wusste, dass er es war, denn er sagte seinen Namen.

»Ihre Frau geht fremd«, teilte sie ihm mit.

Doch Judiths Ehemann sei völlig ahnungslos gewesen. »Oh, das tut weh, das tut weh«, habe er immer wieder fassungslos gestammelt.

Es war nur eine Frage der Zeit, bis Tobias von diesem Telefongespräch erfuhr. Rasend sei er gewesen, außer sich vor Wut. »Ich verlasse dich! Ich halte das nicht mehr aus. Ich brauche meine Freiheit!«

Er sei dann tatsächlich ausgezogen, habe sich irgendwo in der Stadt ein Zimmer gemietet und mit dieser Judith ein Verhältnis gehabt. »Es dauerte allerdings nicht lange.«

Wenn sie heute an diese erste Affäre zurückdenkt, kommt sie ihr vor wie eine Zeit der Schockstarre. »Ich wollte es nicht wahrhaben, ich war wie gelähmt.« Ihre Eltern boten ihr an, Pauline zu sich zu nehmen. »Ich war total überfordert.« Es war nur ein Spuk, redete sie sich ein, ein Spuk, der bald vorübergehen würde.

Sie flüchtete sich in die Musik, ließ sich über Freunde ein Klavier beschaffen, suchte sich die alten Noten raus und fing wieder an zu spielen. Alte Melodien aus der Schulzeit wie *Adelaide* und *Für Elise* von Beethoven oder Bachs *Wohltemperiertes Klavier*.

Und nicht nur die Musik habe ihr in dieser Zeit Trost geboten. Über das Klavier kam auch ein Mann in ihr Leben, der sie zu trösten wusste: Karl, der ursprüngliche Besitzer des Klaviers. Am 1. Mai stand er vor der Tür, mit einem riesigen Feldblumenstrauß. »Ich wollte mein Klavier besuchen.« Ein paarmal traf sie sich mit ihm, ein loses Verhältnis sei es gewesen, nichts Ernstes.

»Doch als Tobias das spitzkriegte, stand er in der Motorradkluft vor der Tür und beschimpfte Karl als Schwein.« Eine merkwürdige Eifersucht sei das gewesen. »Er kontrollierte auch, ob Karls Auto vor der Tür stand.«

Als sie an einem Sonntagabend nach einem Papa-Wochenende Pauline bei ihm abholte, meinte er niedergeschlagen: »Ich habe einen Fehler gemacht.« Er wollte zurück – er wollte sie zurück! »Karl kennst du erst seit zwei Monaten«, habe er gesagt, »mich fast ein ganzes Leben. Denk an deine Tochter!« Wie könne sie Pauline später erklären, sie habe ihr den Papa genommen!

Nein, so weit wollte sie es nicht kommen lassen. Grenzenlos erleichtert sei sie damals gewesen. Der Spuk war vorbei, sie hatte ihn zurück. Ihre wunderbare, ihre einzigartige Liebe hatte standgehalten. Verdiente nicht jeder eine zweite Chance? »Ich weiß, was ich will«, versicherte er ihr immer wieder. »Du bist doch die Richtige!« In die alte Wohnung allerdings wollte er nicht zurückkehren. »Wir fangen ganz neu an«, sagte er. »Wir bauen uns unser eigenes Haus.«

Sie beschloss, nach vorn zu schauen – auch wenn es Zeit gebraucht habe, bis sie ihm wieder vertraute. Alles auf Anfang. In einem neuen großen Haus.

Alles stand im Zeichen dieses neuen Zuhauses, sie bauten es sich selbst. »Ich sehe mich noch im Cabrio sitzen, wie ich

Zementsäcke zur Baustelle transportierte.« Von ihren Eltern hatte sie fünfzigtausend Mark bekommen, als Barvermögen. »Aber das reichte natürlich bei Weitem nicht aus.« Jeden Pfennig steckten sie in dieses Haus. »Den Euro gab es noch nicht.« Mehr als zwei Jahre dauerte es, bis sie endlich einziehen konnten, im Frühling 2000. »Fertig war es immer noch nicht, aber immerhin bewohnbar.«

Heute weiß sie, dass sie sich mit dem Hausbau eigentlich nur abgelenkt hatten. »Denn kaum waren wir eingezogen, nach nur zwei Monaten begann die zweite Affäre.«

Sie merkte es an Kleinigkeiten. »Er änderte seine Ansichten.« Auf einmal gefielen ihm Tattoos, und er summte die Hits, die den ganzen Tag auf B3 gespielt wurden. »Er stand auf Musik von jungen Leuten.« Auf einmal trug er sein Handy immer bei sich. »Vorher legte er es auf dem Bücherregal ab und vergaß es stundenlang.« Auf einmal bestand er darauf, dass am PC zu Hause jeder sein eigenes Passwort bekam. »Damals hatte noch nicht jeder seinen eigenen Laptop. Wir hatten einen Familien-PC. Mit einem Familienpasswort.«

Einmal saßen sie im Kino, da erschienen die langen, gepflegten Finger der Hauptdarstellerin im Close-up auf der Leinwand. »Schöne Hände sind auch etwas Sinnliches«, habe er gesagt.

Susanne spreizt alle zehn Finger und hält uns ihre Hände vor die Nase: »Ich habe Zupackhände!«

Seltsam fand sie auch, dass er auf einmal kein Cappuccino-Pulver mehr mit in die Schule nahm. »Darauf hatte er immer größten Wert gelegt, er wollte in der Pause seinen eigenen Cappuccino trinken.« Das würde sich nun erübrigen, meinte er, der Cappuccino, den die Sekretärin ihm zubereitete, der sei einfach phantastisch. »Da bin ich hellhörig geworden.« Es gab nämlich zwei Sekretärinnen in der Schule – eine alte und eine junge. »Und die junge, die war neu!«

Sie hieß Tanja, war zwölf Jahre jünger als Tobias, der inzwischen auf die vierzig zuging, blond, zart und zerbrechlich – ein Püppchen, das im Manne sofort sämtliche Beschützerinstinkte geweckt habe. Und nicht nur das. Denn so zierlich Tanja auch sein mochte, bei der Vergabe eines Reizes hatte sich Mutter Natur nicht zurückgehalten und sie ganz besonders verschwenderisch damit ausgestattet – und das war ihr Busen.

Susanne nahm das alles erst einmal zur Kenntnis. Alarm geschlagen hätten ihre Frühwarnsysteme erst, als sie früher als geplant von einer Beerdigung aus Berlin zurückgekehrt war und durch das Küchenfenster beobachtete, wie Tobias von Tanja nach Hause gebracht wurde. Es war das Bergkirchweih-Wochenende, Tobias hatte mit den Kollegen einen Ausflug geplant, »nur die Männer«, hatte er ihr versichert.

»War Tanja denn auch dabei?«, fragte sie ihn verwundert, nachdem er hereingekommen war. »Nein«, habe er sich herausgeredet, »die kam zufällig vorbei und war dann so lieb, uns alle nach Hause zu fahren.« Sie hätten ja alle ziemlich gebechert, die Jungs.

Irgendwie muss sie es geahnt haben, denn kurz darauf hatte sie einen seltsamen Traum, einen doppelten eigentlich: »Ich war drogensüchtig geworden, ein Junkie, und lungerte am Bahnhof herum.« Da entdeckte sie in der Menschenmenge auf dem Bahnsteig Tobias und Tanja, die verstohlen Händchen hielten.« Beim Wachwerden habe sie sich entsetzlich elend gefühlt und Tobias im Badezimmer von dem Traum erzählt. »Du wirst bestimmt nicht drogensüchtig«, meinte er nur. Komische Reaktion. Auf das Händchenhalten ging er nicht ein.

Zutiefst beunruhigt sei sie gewesen. Und wenn das Misstrauen einen gepackt habe, wenn das Vertrauen, das ohnehin schon einmal verletzt worden war, schwinde, wenn die Zweifel alles beherrschend werden – was mache man da? »Man guckt im Handy nach«, meint Susanne und schaut uns erneut etwas schuldbewusst an: »In solchen Situationen kommt nicht das Beste in einem zum Vorschein.«

Eines Morgens, ganz früh, als er noch schlief, suchte sie sein Handy und notierte sich alle Nummern, die sie nicht kannte. »Die habe ich alle angerufen.« Schon bei der dritten Nummer meldete sich eine Frauenstimme: »Hallo, hier ist Tanja, quatsch mir auf die Mailbox.« An einem Mittwochabend um neun hatte Tobias sie angerufen. Was sollte das? Sie schaute im Terminkalender nach: An diesem Mittwoch hatte er einen Betriebsausflug gehabt. Sie lief ins Schlafzimmer, wo er immer noch schlafend im Bett lag, setzte sich auf ihn drauf und schüttelte ihn. »Warum machst du das schon wieder?« Er brauchte einen Moment, um zu sich zu kommen. Dann wurde er böse: »Bist du verrückt geworden?« Da sei nichts – ja, er habe Tanja an diesem Abend in der Tat angerufen, aber nur, weil er seine Schlüssel in der Schule vergessen hätte. Sie sei dann so hilfsbereit gewesen, sie für ihn zu holen. Als Sekretärin besaß sie ja einen Schlüssel für das Schulgebäude.

»Ich beschloss, ihm zu glauben, ich wollte ihm ja so gerne glauben.« Aber ihre Alarmglocken verstummten nicht mehr. Im Sommer fuhr er ein paar Tage für ein Motorradrennen nach Tschechien. »Wir rufen uns nicht an, das wird zu teuer«, meinte er vor der Abreise. Susanne blieb allein mit dem Kind zu Hause zurück. Und mit ihren Zweifeln, ihrem Misstrauen und der Angst. Sie rief bei Tanja an, und zwar ohne ihre eigene Nummer zu unterdrücken. Keiner nahm ab. »Aber kurz darauf rief Tobias an, obwohl wir ja abgesprochen hatten, nicht zu telefonieren.« Wollte er kontrollieren, ob die Luft rein war? Wahrscheinlich hatte Tanja ihn angerufen und gesagt: »Oje, deine Frau hat angerufen!« Möglicherweise waren sie sogar zusammen, als Tanjas Handy klingelte und beide Susannes Nummer auf dem Display erkannten.

Die Alarmglocken begannen immer schriller zu läuten. »Dann rief ich Tanjas Kollegin an, die ältere Sekretärin. Die mochte mich sehr.« Sie war gerade von ihrem Mann verlassen worden. »Entschuldige, Sybille, dass ich dich störe. Ich wollte dich etwas fragen …«, begann sie.

Doch Sybille habe sie sofort unterbrochen: »Ich weiß schon, was du fragen willst.«

»Oh, bitte nicht!«

»Oh doch. Das pfeifen Lehrer und Schüler von den Dächern.« Eine Schande sei das gewesen, auf dem Betriebsausflug. Da hätten die beiden eng aneinandergeschmiegt nebeneinandergesessen, er hätte den Arm um sie gelegt. Dabei hatte er zu Hause doch Frau und Kind. »Aber keiner sagte was«, empörte sich Sybille.

»Um Gottes willen«, entgegnete Susanne fast flüsternd. Die ganze Schule wusste es, nur sie, die Ehefrau, nicht! »Was mach ich nur?«

Sie stellte ihm die Koffer vor die Tür und versperrte die Haustür von innen. Nach seiner Rückkehr aus Tschechien habe er gegen die Tür gehämmert und gebrüllt: »Das ist auch mein Haus!« Nach einer Weile ließ sie ihn herein und versuchte, ein halbwegs vernünftiges Gespräch mit ihm zu führen. »Da erfuhr ich dann Stück für Stück, was los war und was er an ihr so anziehend fand.«

Von einer Affäre könne keine Rede sein, beteuerte er. Da wäre nichts, da könne auch nichts sein. Tanja hätte überhaupt kein Interesse an Sex. »Sie ist vergewaltigt worden.« Das hätte sie ihm anvertraut. Er müsste sich um sie kümmern, sie hätte dieses Trauma noch nicht bewältigt.

»Du hast eine Tochter und eine Frau, um die du dich kümmern musst«, konterte Susanne. Sollte sie dieser Geschichte etwa Glauben schenken? Sie zweifelte.

»Da hast du recht«, entgegnete er. »Aber deswegen brauche ich Tanja doch nicht im Stich zu lassen.« Sie bräuchte ihn jetzt.

»Dann lade sie bei uns zum Essen ein, dann kümmern wir uns gemeinsam um sie.« Susanne hatte beschlossen, sich den angeblichen Feind ganz einfach ins Haus zu holen, dann würde sie schon merken, woran sie war.

»Doch das wollte Tobias unter keinen Umständen.«

An diesem Abend habe sie gemerkt: So was Kleines, Bedürftiges, das zog ihn an. »Ich hingegen war ihm zu stark geworden.« Unmittelbar nach ihrer Einreise in den Westen sei sie auch noch klein und hilfsbedürftig gewesen. »Aber nun waren wir auf Augenhöhe. Und eigentlich wollte er keine Frau auf Augenhöhe.«

Aber was sollte sie ihm denn vorwerfen? Dass er sich in eine andere verliebt hatte? Ein sexuelles Verhältnis hatten sie ja angeblich nicht. Aber wenn sie ansonsten das volle Programm durchzogen, sich küssten, streichelten, zärtlich zueinander waren und wer weiß was sonst noch anstellten: War das nicht auch Betrug? Ging er deshalb weniger fremd? Versuchte er sich da nicht rauszureden wie Bill Clinton, der allen Ernstes behauptet hatte, er hätte mit Monica Lewinsky keinen Sex gehabt: »I did not have sexual relations with that woman!«

Ein seltsam diffuser Zustand sei das gewesen. »In den Schulferien war alles normal, aber sobald die Schule wieder begann, war er verändert.« Dann saßen sie beim Frühstück oder abends bei einem Glas Wein auf dem Balkon, und plötzlich traf eine SMS von ihr ein. Oder er erwähnte sie beiläufig. »Sie war präsent.« Der Appetit sei ihr vergangen. Wie habe es Prinzessin Diana einst so schön auf den Punkt gebracht? »Drei sind in einer Ehe einer zu viel.« Auch Tobias und sie seien auf einmal zu dritt gewesen.

Susanne merkte, wie er ihr entglitt, wie er sich von ihr abwandte und immer mehr in den Bann der anderen geriet. »Er vergötterte nicht mehr mich, er vergötterte Tanja.« Kein Wunder, an ihr gab es ja auch nichts mehr zum Vergöttern, sie war in die Rolle der misstrauischen, eifersüchtigen Ehefrau gerutscht. Wann hatten sie zum letzten Mal zusammen gelacht und Spaß gehabt?

Es gelang ihr, ihn zu einer Paartherapie zu überreden, aber es blieb bei einer einzigen Sitzung. »Lieben Sie Ihre Frau noch?«, fragte die Therapeutin.

»Ja, aber anders«, antwortete er.

Auf der Rückfahrt im Auto habe sie nur noch geheult. »Das mach ich nicht länger mit!«, habe er geschimpft und mit der flachen Hand aufs Lenkrad geschlagen. Die Therapeutin in ihren Birkenstockschuhen sei ihm sowieso ein Gräuel gewesen.

Fortan schlief sie unten im Gästezimmer. »Ich dachte, der vermisst mich, der holt mich zurück.« Doch er vermisste sie nicht, er fand es gut so, er hatte seine Ruhe. Um ungestört mit Tanja zu simsen oder auch ihr Liebesbriefe zu schreiben. »Natürlich parfümierte, das war ja seine Masche.« In diesem Falle Tommy Hilfiger. »Auf diese Marke stand sie.«

Susanne muss tief durchatmen. Es habe sie zermürbt. Er konnte ihr lange erzählen, dass da sexuell nichts laufen würde.

»Aber wenn du von deinem Partner so infrage gestellt wirst, wenn du deinem eigenen Gefühl nicht mehr trauen kannst, wenn du merkst, du bist nicht mehr die Nummer eins …« Sie erinnert sich noch, wie sie eines Abends am Bügelbrett stand und sich dachte: »Ich bügle dem die Unterhosen, damit er sie vor einer anderen ausziehen kann.« Nein, es war nicht mehr auszuhalten, und sie wollte es auch nicht mehr aushalten. Dieses Gefühl der Machtlosigkeit. Nichts tun zu können, es hinnehmen zu müssen …

Aber halt: Eines gab es, das sie tun konnte. Sie würde den Stier bei den Hörnern packen. »Ich habe Tanja aufgesucht.«

Sie wusste ungefähr, wo sie wohnte, und sie entdeckte ihr Auto vor dem Haus. Tanja selbst machte die Tür auf, sie dachte, es wäre der Postbote.

»Ach, herrje«, sagte sie nur und ließ Susanne nicht herein, obwohl es sehr kalt an diesem Novembermorgen war.

»Können wir uns unterhalten?«, fragte Susanne.

Irgendwie hoffte sie, Tanja würde sagen: »Um Gottes willen, es tut mir leid, ich weiß, Ihr Mann himmelt mich an und umschwärmt mich – aber ich will nichts von ihm, ich kann nichts dafür!«

Doch das sagte Tanja nicht. Stattdessen senkte sie ertappt und schuldbewusst den Blick. Susanne merkte, dass diese Frau sehr wohl etwas von ihrem Mann wollte.

»Wie ernst ist es?«, fragte sie.

»Das kann ich Ihnen nicht sagen. So gut kennen wir uns nicht. Wir hatten kaum die Gelegenheit, zusammen zu sein.«

Das wurde ja immer schlimmer! Sie waren auch solche Königskinder, die nicht zueinanderfanden. Das würde sie ändern, sie sollten es probieren!

»Ich will eurer Liebe nicht im Weg stehen«, antwortete Susanne. »Wollen Sie mit meinem Mann in den Urlaub fahren? Wollen Sie eine Zeitlang in meinem Haus wohnen?«

Doch Tanja habe nur mit dem Kopf geschüttelt und die Tür zugeschlagen.

Dieter und ich haben mit offenem Mund zugehört. Wow, das war ja ein starker Auftritt! »Ich wollte endlich Klarheit haben«, erläutert Susanne. »So konnte das nicht weitergehen.«

Kurz darauf habe sich Tanja dann tatsächlich das Haus angesehen. »Während ich in Köln auf Fortbildung war. Die Nachbarn haben es mir erzählt.« Aber Tobias sei kein Wort über die Lippen gekommen, obwohl er natürlich längst von ihrem Besuch bei Tanja wissen musste.

Der diffuse Zustand hielt an. Da hat sie auch ihn zur Rede gestellt, eines Abends nach den Acht-Uhr-Nachrichten.

»Du liebst eine andere, du musst dich entscheiden.«

Er saß auf dem Sofa, blätterte durch die Programmzeitschrift und ging nicht darauf ein.

»Wie stellst du dir das vor?«, fuhr sie fort. »Soll das einfach so weitergehen?«

Er sah kurz auf. »Warum nicht? Ich halte es einfach aus.«

Sie starrte ihn an. Fassungslos.

»Mit mir braucht es niemand auszuhalten«, sagte sie dann.

Sie standen am Scheideweg, darüber war sie sich bewusst. Sie ging einen Schritt auf ihn zu, stellte sich vor ihn. »Wenn du sie liebst und nicht von ihr lassen kannst – dann gib mir jetzt deine Hand. Dann trennen wir uns.«

Da sei er aufgestanden und habe ihr seine Hand gegeben.

Susanne verstummt und legt die Hände in den Schoß. Da sei sie nach dreiundzwanzig Jahren vorbei gewesen, ihre wunderbare, ihre einzigartige Liebe. »Denn das war sie für mich trotz allem immer noch, dieses Idealbild konnte und wollte ich nicht loslassen.«

Einen Moment lang schweigen wir alle drei. Nur das Zwitschern der Vögel im Garten ist zu hören. Susanne wirft einen Blick auf die Fotoalben, die über dem Frühstückstisch verteilt zwischen Butterdose, Marmeladengläsern und Brötchenkrümeln liegen. *Im Abschied liegt die Geburt der Erinnerung.* Dalí soll das angeblich einmal gesagt haben.

Sie wusste: Nun musste sie sich ihn wirklich aus dem Herzen reißen. Diesen Mann, den sie mit jeder Pore ihres Körpers geliebt hatte. Diesen Mann, für den sie das Land gewechselt, Familie und Freunde zurückgelassen hatte. Und nun hatte er sie mit der kleinen Tochter sitzengelassen und gegen eine andere eingetauscht. »Wenn er gestorben wäre, hätte ich wenigstens um ihn trauern können.«

In gut zwei Jahren würde sie vierzig werden. Was hatte das Leben ihr noch groß zu bieten? Alles, was nun noch kommen würde, davon war sie überzeugt, konnte nur ein Abklatsch des Gewesenen sein.

So leidenschaftlich, wie sie geliebt hatte, litt sie nun auch. Manchmal lief sie einfach in den Wald, um ihren Schmerz laut herauszuschreien. Ein Wanderer habe sich einmal fast zu Tode erschrocken, als er diesen Schmerzensschrei hörte.

Sie fing an zu joggen, versuchte, sich den Schmerz aus dem Leib zu rennen, bis sie nach Luft schnappen musste. Es tat ihr gut, ihren Körper wie einen Motor auf Hochtouren zum Laufen zu bringen, nur noch das Pumpen ihres Herzens zu hören und alles andere auszublenden.

Sie meldete sich für einen Yoga-Kurs an, begann, Tarotkarten zu legen, und suchte eine Auraleserin auf. »Sie müssen lernen zu nehmen«, bekam sie von ihr zu hören. »Sonst ziehen Sie nur Nehmer und Nichtgeber an, sonst lernen Sie nie einen Mann kennen, der ein Geber ist.«

Aber sie wollte ja überhaupt keinen anderen Mann kennenlernen, daran war in diesem Stadium nicht zu denken! Das mit dem Geben und Nehmen allerdings stimmte sie nachdenklich: Sie tat sich schwer im Nehmen, erst recht, wenn sie dafür nichts zurückgeben konnte, da hatte die Auraleserin schon recht gehabt. Es fiel ihr viel leichter zu geben. Und in ihrem Freundeskreis, so musste sie entdecken, befanden sich nur Nehmer. »Da habe ich beschlossen, mir einen neuen aufzubauen.«

Das sei weniger schwer gewesen, als sie erwartet hatte. Susanne hatte viele neue Kontakte, denn nur wenige Wochen nach dem Auszug von Tobias aus dem gemeinsamen Haus hatte sie sich einer evangelisch-freikirchlichen Gemeinde angeschlossen. Gläubig sei sie immer gewesen, aber in dieser schweren Zeit habe sie den Glauben neu entdeckt. »Du wirst immer haben, was du brauchst« – dieses Motto habe sie als unglaublich tröstend erfahren. »Manchmal ließ ich mich von den anderen einfach umbeten, das war sehr wohltuend.« Dann stellten sich Gemeindemitglieder um sie herum und beteten für sie. Manchmal hätten sie Susanne auch einfach nur in den Arm genommen, »dann braucht es keine Worte«.

In der Kirchengemeinde habe sie auch einen Rat bekommen, wie sie den Berg an Schmerzen, der vor ihr lag, bewältigen konnte: In den starken Phasen, wenn es ihr einigermaßen gutging, sollte sie zurückblicken und das Geschehene beweinen, den Schmerz zulassen und damit einen Eimer füllen. Diesen Eimer würde sie dann leeren und in der nächsten starken Phase wieder mit ihrem

Schmerz füllen. So konnte sie den Schmerzensberg nach und nach, Eimer für Eimer, abtragen.

Aber nicht nur den Schmerz galt es zu bewältigen, auch das Alleinsein. Die Tatsache, dass es kein »Wir« mehr gab. Dass sie auf sich gestellt war und fortan alles allein würde tun müssen. Sich ohne Begleitung in ein Restaurant oder ein Café zu begeben, »das schaffte ich nicht«. Aber sich allein ins Kino zu setzen, das ging. Sie traute sich sogar zu, mit Pauline in den Urlaub zu fahren – »allerdings mit einem befreundeten Ehepaar«.

Aber wie sie dann mit der kleinen Tochter auf dem Campingplatz stand, vor ihr auf dem Boden Zeltplane, Stangen und Heringe, und dann mitansehen musste, wie neben ihr das Ehepaar gemeinsam wie ein eingespieltes Team sein Zelt aufbaute – da fühlte sie, verlassen wie sie war, die Einsamkeit wie tausend Messerstiche. »Ich dachte, ich geb mir die Kugel.«

Es war nicht das erste Mal, dass sie sich wünschte, sie wäre tot. »Einmal auf der Autobahn habe ich Vollgas gegeben, Tempo hundertachtzig. Und mir gedacht: Wenn du jetzt das Steuer nach rechts ziehst …«

Aber sie hat es nicht nach rechts gezogen. Denn sie war ja nicht allein mit ihrem Leid, sie hatte ein Kind, und dieses Kind hatte auch seinen Schmerz. »Pauline verkroch sich in ihrem Zimmer und wollte nicht mehr herauskommen.« Asthma und Migräneanfälle habe sie bekommen. »Sie war neun oder zehn. Bleich mit Augenringen. Das hat mir das Herz gebrochen.«

Nach dem Auszug von Tobias hatte sie zunächst die Hoffnung gehegt, sie könnten wenigstens Eltern bleiben. »Aber er hatte überhaupt kein Verständnis für meine Sorgen.« Stattdessen habe er als »Verlasser« den Verlassenen das Leben schwergemacht. Obwohl er als Lehrer viele Ferientage hatte, dachte er nicht daran,

Pauline in den Sommer- oder Osterferien mal für ein paar Tage zu sich zu nehmen. Es blieb bei jedem zweiten Wochenende, dann holte er sie freitagabends ab und brachte sie sonntagabends zurück. Manchmal fuhr Tanja mit dem Cabrio vor, um Pauline abzuholen. »Das gab mir jedes Mal einen Stich.« Susanne sah sie abbrausen und dachte sich: »Die machen jetzt auf Familie – und ich habe nichts.«

Tobias habe auch keine Anstalten gemacht, ihr zu helfen, als die Therme im Haus kaputtging. »Da hatte ich sechs Wochen lang kein warmes Wasser und musste es kochen.« Das Haus fing ohnehin an, sie zu überfordern. Vieles war immer noch nicht fertig, fiel aus oder ging kaputt. »Nach einem halben Jahr wurde mir das alles zu viel, da bin ich ausgezogen.«

Worauf Tobias mit Tanja umgehend eingezogen sei, die beiden würden bis heute dort wohnen. »Dabei wollten wir das Haus eigentlich verkaufen, das hatten wir so abgesprochen.« Die fünfzigtausend Mark an Barvermögen, die sie damals über ihre Eltern beisteuern konnte, wird sie wohl nie wiedersehen. »Eine große Ungerechtigkeit.«

Tobias habe sie auch sonst finanziell im Stich gelassen, das habe sie als verantwortungslos empfunden. »Ich ging in dieser Zeit so oft wie möglich zum Blutspenden, um rumzukommen.« Tobias habe nur für das Kind Unterhalt gezahlt, dreihundertvierundsechzig Euro im Monat, nicht aber für sie. »Dabei verdiente er zweitausendsechshundert Euro netto.« Sie hingegen nur tausendfünfhundert. »Und davon gingen dann sechshundert für die Miete ab.«

Sie hatte für sich und Pauline eine Dreizimmerwohnung weit draußen auf einem ehemaligen Bauernhof gemietet. »Das hätten wir uns in der Stadt nicht leisten können.« Eine der besten Entscheidungen ihres Lebens sei das gewesen: »Denn auf diesem Bauernhof habe ich wieder zu mir selbst gefunden. Dort bin ich eine andere geworden.« Was sie in dieser Zeit gelernt habe, davon profitiere sie noch heute.

Auf dem abgeschiedenen Gehöft lebte neben der Vermieterin noch eine weitere Frau mit zwei Kindern, die ebenfalls geschieden war. Mit ihnen freundete sich Susanne schnell an: »Denen konnte ich bei einem Glas Wein mein Herz ausschütten.«

Im Blumen- und Gemüsegärtchen hinter der Scheune entdeckte sie, dass sie einen grünen Daumen hat, und wurde zur leidenschaftlichen Hobbygärtnerin. Und abends saß sie oft vor ihrem Fenster auf der Bank und genoss den Sonnenuntergang. »Es war am Waldrand, da kamen immer ein paar Rehe.« Auch Pauline sei dort draußen wieder aufgeblüht. »Und obwohl ich anfangs noch ein Wrack war, habe ich trotz allem oder vielleicht gerade deswegen eine Housewarming-Party gegeben.« Mehr als dreißig Leute kamen. »Und die meinten alle mich!«

Kurz darauf machte sie erstmals seit Jahren wieder richtig Urlaub, in Caorle an der Adria, mit der Kirchengemeinde. »Ich brauchte nur so viel zu zahlen, wie ich konnte.« Die Kinder wurden tagsüber versorgt, sie konnte sich erholen. »In diesem Urlaub habe ich Christine kennengelernt, die war auch frisch geschieden und mit ihrem kleinen Sohn da.« Sie stockt – Christine, wo bleibt die eigentlich? Susanne greift zu ihrem Handy. Wir haben ihr bereits seit Stunden zugehört, völlig die Zeit vergessen und nicht gemerkt, dass Christine in der Zwischenzeit zwei WhatsApp-Nachrichten geschickt hat. Susanne guckt auf die Uhr. »In einer halben Stunde ist sie da! Und sie hat daran gedacht, die Bücher mitzubringen, die ich ihr beim letzten Mal geliehen habe.«

Sie lese immer noch viel, aber damals, auf dem Bauernhof, da habe sie ganze Bücherstapel regelrecht verschlungen, einen nach dem anderen. Nicht nur Romane wie die von Joachim Meyerhoff, auch viele Ratgeber, darunter den Titel *Warum hast du mir das angetan – Untreue als Chance* von Hans Jellouschek. »Weil ich das Geschehene begreifen, verstehen und einordnen wollte.«

Sie konnte sich endlich eingestehen, dass sie doch nicht ganz so wunderbar und einzigartig gewesen ist, ihre große Liebe. Dass sie sich selbst getäuscht, einer Illusion hingegeben hatte – und nun ent-täuscht wurde. Sie erkannte, dass sie immer die Tüchtige sein wollte und Tobias der Held, der es bei schönen Worten beließ und zu dem aufgesehen werden musste. »Seine Sprache der Liebe war eine andere«, erläutert sie. »Für mich ist es Liebe, für jemanden zu sorgen, ihn zu bekochen, das Haus schön einzurichten.« Tobias hingegen habe seine Liebe über schöne Worte offenbart. »Ich aber wollte Hilfe und keine schönen Worte. Bei mir konnte er nicht mehr der Held sein.« Wenn Tobias sie mit zwei schweren Einkaufstaschen die Treppe heraufkommen sah, dann habe er sie ihr nicht etwa abgenommen, oh nein, stattdessen sagte er: »Was hast du doch schöne große Augen!« Kein Wunder bei der schweren Last, ereifert sich Susanne. »Sie sind mir bestimmt fast herausgequollen!«

Sie erkannte auch, wie sehr sie sich von seinem Wohlwollen und seinen Komplimenten abhängig gemacht hatte. Dass sie sich hatte kleinhalten lassen. Damit er sich groß fühlen konnte. Wenn sie eine Frage stellte, weil sie etwas nicht wusste, habe er oft gemeint: »Sei froh, dass das keiner gehört hat, du hättest dich blamiert.« Und ans Steuer habe er sie nur gelassen, wenn er selbst zu viel getrunken hatte. Ansonsten sagte er: ›Rutsch rüber, wir wollen doch ankommen!‹«

Sie musste sich auch eingestehen, wie wichtig ihnen beiden

der schöne Schein gewesen war, »welche Flachheit ich lebte«. Deswegen hatte sie sich mit Sonnenbrille und Kopftuch ins Cabrio gesetzt. Sie sollte und wollte neben ihm so aussehen wie Audrey Hepburn. Dann konnte er sich so vorkommen wie Gregory Peck oder Rex Harrison. Dass ihre Nachfolgerin Tanja nun mit Baseballcap über den langen Haaren im Cabrio sitze, liege daran, dass Audrey Hepburn längst out sei. »Sie setzt sich die Kappe natürlich verkehrt herum auf.« Wie Rihanna oder Victoria Justice.

Susanne muss seufzen. Das Cabrio, das große neue Haus, das nie fertiggeworden ist, ihr Ehemann, der so cool und lässig sein wollte, sie selbst mit ihren teuren Sonnenbrillen: »Das war alles nur Schein, ein Abklatsch.« Das biedere Leben hingegen, das sie nun auf dem Bauernhof führte, das sei viel authentischer gewesen. »Das war echt.«

Noch mehr Einsichten verschaffte ihr eine Therapeutin der Caritas: »Ich habe sie regelmäßig aufgesucht. Vor allem am Anfang hat mir das sehr geholfen.« Wenn es ihr ganz schlechtging, wusste sie: In drei Tagen war es wieder so weit, sie würde Hilfe bekommen. »Daran hab ich mich festgeklammert wie an einen Strohhalm.«

Eine Sitzung wurde zum Schlüsselerlebnis. »Was machen Sie eigentlich nur für sich selbst?«, fragte die Therapeutin. Susanne fiel nichts ein, und diese Erkenntnis sei erschütternd gewesen. »Nach langem Nachdenken kam ich auf die Badewanne, ich lege mich gerne zur Entspannung in die Wanne, aber dazu war ich seit ewigen Zeiten auch nicht mehr gekommen.« Sie war immer nur für die anderen da, für sich selbst nie.

An einem Freitagnachmittag sei das gewesen. Sie hatte ein langes einsames Wochenende vor sich, denn Pauline war bei ihrem

Vater. Als Susanne von der Therapeutin heimkam, beschloss sie, etwas zu tun, was sie noch nie getan hatte: »Ich kochte nur für mich selbst. Drei Gänge.« Als Hauptspeise schwarze Spaghetti mit Garnelen und rosa Pfeffer. »Das Rühren und Kochen, das war so sinnlich!« Das Essen zelebrierte sie regelrecht, mit Musik und Kerzen, dem Silberbesteck und ihrem besten Porzellan. »Nur für mich ganz allein.« Sie verwöhnte sich selbst, das würde sie nun regelmäßig tun.

»Deshalb habe ich mich zu Weihnachten mit einem Ring beschenkt.« Ein Silberring mit einem drei Zentimeter großen Türkis. »Von den Hopi-Indianern, ein ganz besonderes Stück.« Zweihundertfünfzig Euro habe er gekostet. In Raten hat sie ihn abbezahlt, mit dem »Blutgeld«, wie sie es nennt, das sie fürs Blutspenden bekam. »Die letzte Rate zahlte ich drei Tage vor Weihnachten. Dann habe ich mir den Ring schön einpacken lassen und am Heiligabend ausgepackt.« Es war das zweite Weihnachtsfest ohne Tobias. Das erste sei eine Katastrophe gewesen. Nur Pauline und sie, heulend unterm Weihnachtsbaum. Für das zweite Mal hatte sie deshalb eine Freundin eingeladen. »Sie kam mit dem Braten in der Auflaufform, ich holte sie am Bahnhof ab.« Erst gingen sie zum Kindertheater, dann spielten sie vierhändig Klavier, dann fand die Bescherung statt. Ein wunderschöner Abend sei das gewesen.

Langsam, ganz langsam habe sie wieder zu sich selbst gefunden, ein neues Selbstbewusstsein entwickelt und eine neue Eigenliebe. Sie hatte unabhängig vom Wohlwollen anderer eine Daseinsberechtigung!

Das habe ihr geholfen, die Kränkung zu verarbeiten, die ihre Mutter ihr zufügte. Tobias und Tanja wären ja nun schon eine ganze Weile zusammen, meinte die Mutter eines Tages spitz. »Sie scheint wohl doch die Bessere zu sein.« Die eigene Mutter! Susanne war zutiefst verletzt. Aber, so erkannte sie: »Tanja ist nicht die Bessere, sie ist nur besser für ihn.«

Auch die kleinen Gemeinheiten von Tobias prallten an ihr ab. Die Scheidung lief, immer wieder kam es zu Reibereien – wegen des Geldes, wegen des Hauses, wegen Pauline. Einmal warf er ihr vor, überhaupt kein Verständnis für Tanja zu haben, schließlich wäre sie vergewaltigt worden. Und dann habe er etwas wirklich Ungeheuerliches gesagt und Susanne voller Verachtung angeschaut: »Das kann dir nie passieren!«

Sie sieht unseren entsetzten Blick. Ja, das sei wirklich unfassbar gewesen. Aber es beweise einmal mehr, dass sie ihm viel zu stark geworden war. Dass er fast schon Angst vor ihrer Stärke gehabt haben müsse und sie mit diesen geschmacklosen Worten kleinzuhalten versucht habe. Weil er eine Frau auf Augenhöhe nicht ertragen konnte.

Mehr als zwei Jahre waren seit der Trennung inzwischen vergangen. Vor ihrem vierzigsten Geburtstag hatte sie keine Angst mehr. Sie feierte ihn ganz groß auf dem Bauernhof. Fast fünfzig Leute kamen, jeder brachte etwas zu essen mit, in der Scheune spielte eine Band. Bis drei Uhr nachts wurde gefeiert. »Dann brachte ich sie überall zum Schlafen unter.« Ein paar in der Scheune, ein paar auf der Wiese im Zelt, ein paar bei ihr in der Wohnung. Sie war gerade dabei, die letzten Fackeln im Garten zu löschen, als sie merkte, dass sie sich ausgeschlossen hatte. Der Schlüssel steckte innen, sie wollte niemanden wecken. Es war eine laue Sommernacht. Sie legte sich in die Hängematte und guckte in den Sternenhimmel. »Da entdeckte ich, dass ich wieder glücklich war.« Auch ohne Tobias, ohne Cabrio, ohne Haus und ohne Geld. »Ich hatte wieder ein Leben. Und so viele Freunde!«

Es war eine Form des Glücks, die sie noch nicht kannte: authentisch zu sein. »Ich war glücklich, weil ich echt war. Das macht frei.«

Susanne steht auf und wirft einen Blick über den Frühstückstisch, die Brötchenkrümel, Eierschalen, Tassen mit Resten kalten Kaffees und marmeladenbeschmierten Teller. Eine lange Geschichte ist es gewesen, die sie uns da erzählt hat. Von den Königskindern, die sich zwar wiederfinden konnten, aber dann doch nicht zusammengeblieben sind. »Zeit für eine Flasche Sekt«, findet sie. »Christine kann jeden Moment kommen.« Wir helfen ihr, den Tisch abzuräumen und das schmutzige Geschirr in die Spülmaschine zu räumen. »Christine war bei meinem vierzigsten Geburtstag übrigens auch mit dabei«, erzählt sie, als sie die Sektgläser aus der Vitrine holt. »Und Schumi ist aus Dresden angereist, da wohnt er noch immer.«

Richtig – Schumi! Wie ist es dem denn ergangen? »Der hat eine ganz liebe Frau gefunden und wieder geheiratet.« Auch zur Geburt von Pauline habe er sie besucht, um zu gratulieren. Aber da hätte er noch unter der Trennung von ihr gelitten. »Du hast mich nicht geliebt, du hast mich nie geliebt«, habe er ihr beim Abschied vorgeworfen. »Da habe ich ihm endlich den Brief geschrieben, den ich ihm schon so lange schreiben wollte«, erklärt Susanne, als wir uns mit Sektgläsern, Flasche und Kühler wieder auf die Terrasse begeben. Um ihm nochmals zu erklären, dass sie auch ihn wirklich geliebt habe, aber anders. Dass es so viele verschiedene Formen der Liebe gebe. »Wir schreiben uns immer noch zum Geburtstag. Wir sind uns gut.« Aber seitdem er wiederverheiratet ist, besucht sie ihn nicht mehr, wenn sie in Dresden ist. Seine Frau, so hat sie gehört, wolle das nicht.

»Ich lasse ihm sein Leben«, meint Susanne, als unter uns der weiße Kleinwagen von Christine vors Garagentor fährt. Wir winken ihr von der Terrasse aus zu, mit einem großen Hallo wird sie empfangen. Alle freuen sich sehr über das Wiedersehen.

»Mit Christine habe ich mich nach meinem vierzigsten Geburtstag auf die Suche nach einem neuen Mann gemacht«, erzählt Susanne, als wir auf die Freundschaft und das Leben angestoßen haben. »Im Internet, auf einer Dating-Site.« Die hundertachtzig Euro, die das kostete, hätten ihre Eltern ihr geschenkt. »Weißt du noch, was wir für einen Spaß hatten, als wir unsere Profile machten?«, fragt sie ihre Münchner Freundin.

Erstaunt schaue ich Christine an. Das hat sie mir nie erzählt! »Du auf einer Dating-Site?«

»Ja, aber ich habe die Suche schnell wieder eingestellt«, antwortet Christine lachend. »Das war nichts für mich – viel zu anstrengend!«

Susanne hingegen hatte damals gerade ein Buch gelesen, in dem einem geraten wurde, das Durchwinken zu lernen. Bleiben Sie anspruchsvoll, hieß es da. Winken Sie neunundneunzig durch – der Hundertste ist es dann.

Hat sie tatsächlich neunundneunzig Männer durchgewinkt? Lachend schüttelt Susanne den Kopf. »Ach, i wo!« Fünfunddreißig seien es gewesen, in einem Dreivierteljahr.

»Du hast immer wieder darüber geklagt, dass nichts Gescheites dabei war«, erinnert sich Christine. »Bis ich dir dann geraten habe, dein Profil zu ändern.«

»Stimmt.« Susanne kichert. »Weil ich anfangs nur Männer über eins achtzig kennenlernen wollte.«

»Was suchst du dir denn so 'n großen Mann?«, habe Christine wissen wollen.

»Na, weil ich zu ihm hochschauen will!«, entgegnete Susanne – und sei sich noch im selben Moment darüber klargeworden, was sie da gerade Idiotisches von sich gegeben hatte. Sie suchte doch keinen *Mister Big* wie Carrie in der Fernsehserie *Sex and the City*! Nein, sie suchte *Mister Good* – einen Mann, der ihr ins Herz schaute, einen Mann auf Augenhöhe.

»Wir haben das dann in eins siebzig geändert«, erzählt Susanne und lacht erneut.

»Sonst hättest du Robert nie kennengelernt«, fügt Christine hinzu.

»Ja, der ist ja nur eins siebzig groß!«

Dieter und ich haben sehr neugierig zugehört. Und wann, so wollen wir wissen, ist Robert auf der Bildfläche erschienen? Als Letzter, also als Nummer fünfunddreißig?

»Nein, der war schon Nummer neun«, erzählt Susanne. »Aber ich habe auch ihn durchgewinkt.« Kein Mann zum Verlieben, fand sie, auch wenn das erste Treffen eigentlich sehr nett verlaufen sei. Er habe auch gar nicht schlecht ausgesehen, sportlich, offen, ein herzliches Lachen, ein Jahr älter als sie, ebenfalls geschieden und Bauingenieur. »Aber Robert ließ sich nicht durchwinken.«

Sie hatte ihn schon so gut wie vergessen, als er sich zu ihrer großen Überraschung ein paar Wochen später ein zweites Mal meldete. Wieder war es sehr nett, und sie fühlte sich wohl in seiner Gegenwart. Aber da war kein »Wow!«, da knisterte nichts, da sprühten keine Wunderkerzen.

»Mein Gott, Susanne«, habe Christine geschimpft. »Suchst du wieder das ganz große Spektakel? Du stehst dir selbst im Weg! Willst du etwa wieder einen selbstverliebten Macho, der dir den Akku leerzieht?«

Nein, das wollte sie natürlich nicht. Da habe sie beschlossen, Robert eine Chance zu geben. »Wir trafen uns regelmäßig für Veranstaltungen, gingen aus, essen oder ins Kino.« Ein richtig guter Freund sei er geworden, der oft über Nacht blieb, weil er sie nach Hause brachte und sie so abgelegen auf dem Bauernhof lebte. »Aber er schlief immer auf dem Sofa.« Er habe keine Annäherungsversuche gemacht, auch nicht an jenem Sommerabend, als sie in ein Feld fuhren, Fenster und Schiebedach öffneten, die Rückenlehnen nach hinten klappten und in den Himmel guckten. »Nanu, warum küsst der mich nicht?«, habe sie sich gewundert.

Dann jedoch, sie kannten sich inzwischen mehr als ein halbes Jahr, sprachen sie eines Abends über Reisen und beugten sich über eine Landkarte, die sie auf dem Wohnzimmertisch ausgebreitet hatten. »Da waren wir uns ganz nahe. Und da hat er mich dann endlich geküsst.«

*Zoom* habe es gemacht, wie in *Tausendmal berührt*. Es fing an zu knistern, die Wunderkerzen sprühten Funken. Das ganz große Spektakel – sie erlebte es ein zweites Mal. »Wir sind regelrecht übereinander hergefallen«, erzählt sie uns schmunzelnd. »Bombastisch war das!«

Trotzdem ließ sie zunächst Vorsicht walten, zweifelte, ob sie eine neue feste Beziehung eingehen sollte. Sie hatte Angst, sich auf ihn einzulassen. Das änderte sich erst, als sie ein verlängertes Skiwochenende in Davos verbringen wollten. Pauline sollte eigentlich beim Vater sein, bekam aber einen Migräneanfall und wollte die Mutter nicht weggehen lassen. »Sie hat den Kurzurlaub blockiert, ich wollte ihn schon abblasen.« Doch dann sagte Robert: »Wir nehmen sie ganz einfach mit.« Im Hotelzimmer ließ er den beiden das große Doppelbett und schlief auf dem

Sofa. »Er war so großzügig, so gutherzig«, erzählt Susanne. »Er hat es uns so schön gemacht.« Die vielen liebevollen Gesten – das kannte sie nicht. »Ich hab so über diesen Mann gestaunt.«

Aber nach Davos habe er sich auf einmal zurückgezogen. Sie merkte, »oh, er fehlt mir! Wenn ich den gehen lasse – will ich das wirklich?« Sie erinnerte sich an ihre Freundinnen: »Susanne, du stehst dir selbst im Weg!« Und an die Auraleserin, die ihr gesagt hatte: »Lerne zu nehmen, erkenne die Geber!« Und dieser Mann, der gab, der tat ihr gut. Warum hörte sie nicht auf ihr Gefühl, warum wollte sie das nicht annehmen?

Ein paar Wochen später machte sie das, was er bisher immer getan hatte. Sie rief ihn an, bemühte sich um ihn. Denn nun war sie sich sicher: »Den Mann will ich.« Für Robert sei das sehr wichtig gewesen, denn bisher hatte er immer die Initiative ergriffen. »Da wurden wir ein Paar.«

Seine Wohnung behielt er, aber er war immer häufiger bei ihr auf dem Hof. Sie räumte ihm im Schrank ein Fach frei. Zunächst bestand sie darauf, mindestens einen Abend pro Woche für sich zu haben: um allein zu sein, um mit ihren Freundinnen zu telefonieren. Aber dann merkte sie, dass sie gar nicht allein sein wollte und dass sie ihre Freundinnen auch anrufen konnte, wenn Robert da war. »Mit ihm fühle ich mich frei.«

Pauline, inzwischen fünfzehn Jahre alt, habe diese Entwicklung mit Argusaugen beobachtet. Sie regte sich tierisch darüber auf, dass Robert ihr Waschbecken benutzte, wenn sie noch schlief oder bereits in der Schule war.

»Wohnt der jetzt hier?«, fragte sie eines Tages misstrauisch.

»Nee, wieso?«

»Der ist doch jeden Tag da.«

Susanne merkte, dass sie es versäumt hatte, die Tochter miteinzubeziehen. »Was hältst du denn von dem?«, hätte sie fragen sollen, anstatt sie mehr oder weniger vor vollendete Tatsachen zu stellen. »Pauline war ja die Krönung der Liebe zwischen Tobias und mir, sozusagen das Sahnehäubchen.« Ihren Vater hatte sie verloren – und nun fürchtete sie, auch ihre Mutter zu verlieren. Obendrein sei sie damals in der Pubertät gewesen. »Beim Papa am Telefon war sie zuckersüß und spielte das brave kleine Mädchen, zu mir war sie motzig.«

Zwei Jahre später zog Pauline zum Vater. »Das war sehr schwer für mich. Aber ich ließ sie ziehen.« Tobias habe sich einverstanden erklärt, aber als Erstes die Finanzen regeln wollen. Wie das denn dann mit dem Unterhalt wäre? Er wollte nichts mehr zahlen, im Gegenteil, er wollte von Susanne Unterhalt für Pauline bekommen. »Weißt du was?«, habe Robert gesagt. »Dann ziehe ich offiziell zu dir und zahle dir Miete – und mit dem Geld kannst du dann Tobias bezahlen.«

Heute habe sie mit ihrer Tochter ein wunderbares Verhältnis, manchmal wie zwei Freundinnen. »Ich bin so froh, dass sich das wieder aufgebaut hat.« Und auch Robert und Pauline würden sich wunderbar verstehen. Bester Beweis: der Pokal, den sie ihm vor ein paar Jahren zum Vatertag schenkte. »Für den besten Stiefvater der Welt« stand darauf. Weil er für sie sorge und ein zupackender Typ sei. Weil er immer die Ruhe bewahre, auch wenn Pauline beim Einparken einen Blechschaden verursache und völlig aufgelöst anrufe.

»Tobias hat in solchen Situationen immer geschimpft und sich fürchterlich aufgeregt«, erzählt Susanne. Mit ihm habe sie heute so gut wie keinen Kontakt mehr. Und wenn sie sich zufällig über den Weg laufen, dann schaue er weg. »Vor Kurzem sind wir uns beim Zahnarzt begegnet, wir haben immer noch denselben.«

Mit einem strahlenden Lachen sei er hereingekommen, »aber dann sah er mich, und seine Züge versteinerten.«

Er sei ihr immer noch böse und mache sie schlecht, was sie bis heute nicht verstehen kann. Er war es doch gewesen, der sie sitzengelassen und gegen eine andere eingetauscht hatte. »Ich denke, dass er mit sich selbst noch nicht im Reinen ist. Dass er sich die eigenen Fehler nicht eingestehen will.« Deshalb müsse sie für ihn die Schuldige bleiben, das lenke ab.

Neulich habe er zu seiner Tochter gesagt: »Ich weiß nicht, ob ich zu deiner Hochzeit kommen würde, wenn ich da deine Mutter treffen würde.« Pauline sei fassungslos gewesen. »Was?! Wenn ich heirate, Papa, wirst du doch wohl einen Tag deine Exfrau ertragen können!«

Susanne schüttelt den Kopf und trinkt einen Schluck Sekt. »Vergeben braucht man nur einmal, Groll muss man jedes Mal wieder aktivieren.« Sie hat beschlossen, auf die Vergangenheit wie auf einen Freund zu gucken.

Auch Tanja gegenüber hege sie keinen Groll mehr, im Gegenteil, sagt sie, und es klingt aufrichtig: »Manchmal tut sie mir leid.« Einen glücklichen Eindruck jedenfalls mache sie nicht. Sie lebe in dem großen Haus, das einmal Susannes Zuhause gewesen ist, und sei dick geworden. Statt Kleidergröße sechsunddreißig trage sie nun vierundvierzig/sechsundvierzig. Eine traurige Frau, die ihre Träume nicht habe leben können.

Tobias habe sich nie wirklich für sie entschieden. »Er hat sie nicht geheiratet, und ich weiß, dass sie gerne geheiratet hätte.« Sie hätten keine Kinder bekommen, obwohl sich Tanja immer Kinder gewünscht habe. »Sie darf sich noch nicht einmal mehr einen Hund halten, obwohl sie vor ihm immer Hunde hatte. Nein«, betont Susanne und stellt ihr Sektglas ab, »ich bin froh, dass nicht ich in diesem Haus auf dem Sofa sitze und ein Dasein als Schattenfrau führe.«

Sie habe ihre Jugendliebe geheiratet und von ihm ein Kind bekommen, sie hätte ihn lieben können bis in den Tod. »Ich hätte mir einen Arm abgehackt, um ihn halten zu können.« Aber, so weiß sie heute, »an der Seite dieses Mannes hätte ich nie zu mir selbst finden können, der hat mich gehemmt.«

Robert hingegen, der lasse sie frei. »Ich muss mir seine Liebe nicht verdienen.« Er halte sie nicht klein, sondern traue ihr Dinge zu. »Ich wusste nicht, dass ich so viel kann.« Ein Mann auf Augenhöhe, der ihr ins Herz schaue, bodenständig, ein Geber. »Er spart nicht an mir.« Tobias habe ihr immer eine Szene gemacht, wenn sie sich mal ein neues T-Shirt gekauft hatte. »Für ihn und sein Motorrad war immer genug Geld da, für mich nicht.«

Sie zieht den schlichten, schönen Silberring vom Ringfinger ihrer rechten Hand und zeigt uns die Inschrift: *Was wir sind, sind wir zusammen.* Im September 2013 haben sie geheiratet, in Italien, an einem kleinen See. »Nur wir zwei.« Die Trauzeugen haben sie vor Ort angeheuert. Und einen Fotografen. Der begleitete sie im Boot auf die kleine Insel, wo sie auf der Terrasse eines urigen Restaurants ihr Jawort feierten. Als die anderen Gäste merkten, dass da ein Brautpaar saß, begannen alle zu klatschen und ließen sie hochleben. »*Auguri, auguri!*« Der Mann am Nebentisch habe ganz spontan eine Flasche Prosecco für sie bestellt. Ein wunderschöner, intimer Hochzeitstag sei das gewesen! Wieder fühlte sie sich, als hätte Fortuna mehrere Füllhörner auf einmal über ihnen ausgeschüttet.

Aber, sagt sie: »Ich bin achtsamer geworden, ich wache über unsere Herzenswärme.« Auch wenn dazu Auseinandersetzungen nötig sind. »Die schaffen Klarheit und Nähe.« Dann könne man sich wieder die Hände reichen. Das sei viel besser, als Dinge unter den Teppich zu kehren und die Konfrontation zu scheuen.

Sie habe auch gelernt, mit den Macken des anderen zu leben und nicht zu versuchen, ihn zu ändern: »Robert ist ein Chaot, ich bin viel strukturierter. Der kauft in aller Seelenruhe eine vierte Zange, weil er die drei, die er schon hat, nicht finden kann.« Aber was soll sie sich darüber aufregen? »Es ist viel besser, Absprachen zu machen und Dinge zu regeln, anstatt jahrelang leidensbereit zu sein.« In seinem Büro, in der Garage und im Keller, so haben sie deshalb vereinbart, lässt sie ihn sein Chaos leben, im Rest des Hauses sorgt sie für Ordnung.

»In einer Partnerschaft hat der eine immer Seiten, von denen der andere sich wünschte, dass er sie nicht hätte.« Aber das sei nicht schlimm. Sie zum Beispiel interessiere sich sehr für Spiritualität: »Damit kann Robert nun wirklich überhaupt nichts anfangen. Aber er lässt mich.« Denn, und auch diese Einsicht hat sie gewonnen, man muss nicht ALLES mit dem Partner teilen wollen.

Irgendwann nach der Trennung von Tobias habe ihre Mutter zu ihr gesagt: »Du hast auch deinen Anteil!« Zunächst war sie tödlich beleidigt, dann hat sie erkannt: »Ich wollte Tobias in allen Lebenssituationen dabeihaben. Eben weil ich ihn so sehr liebte. Ich habe ihn völlig beschlagnahmt. Das muss ihn erdrückt haben.« Nicht umsonst habe er einmal zu ihr gesagt: »Ich will nicht der gläserne Mann für dich sein.«

Deshalb geht sie heute mit einer Freundin ins Theater, mit der kann sie hinterher auch noch stundenlang ratschen. »Wieso soll ich Robert ins Theater schleppen, wenn ich von vornherein weiß, dass er im zweiten Akt einschläft, weil er wieder mal so viel Stress hat? Dann ärgere ich mich nur über ihn.« Und Robert müsse auch nicht unbedingt mit zum Joggen. »Ich bin inzwischen beim Laufen sowieso lieber alleine mit mir und der Natur«, erzählt sie, als wir einen Schlüssel in der Haustür hören und Robert hereinkommt. Er hat bis jetzt auf einer Baustelle nach dem Rechten geschaut.

»Na endlich, mein Schatz! Wir haben dich schon vermisst.« Robert geht zuerst auf seine Frau zu und gibt ihr einen Kuss, bevor er uns begrüßt. Wie es sich gehört, finden wir – und ihn sofort sympathisch.

»Bitte sehr: mein Mann auf Augenhöhe!« Susanne lacht und steht auf, um zu beweisen, dass sie sich auch rein physisch direkt in die Augen schauen können, denn die beiden sind ziemlich genau gleich groß.

Unternehmungslustig klatscht sie in die Hände. »Ich habe ein Nudelgericht vorbereitet, aber das können wir auch morgen essen. Wie wär's, wenn wir noch in die Stadt gingen? Ich fahre!« Sie schenkt uns noch ein Glas Sekt ein und sich selbst demonstrativ einen Sprudel.

»Oh gerne!«, rufen Christine und ich wie aus einem Munde, ich kenne Bayreuth noch nicht.

Dieter und Robert hingegen wechseln einen schnellen wissenden Blick.

»Was ist denn los?«

»Heute Abend findet das Champions-League-Finale statt. Real Madrid gegen Liverpool.« Wieder gucken sich die beiden Männer vielsagend an.

Christine zögert, sie ist ein großer Fußballfan. Aber gut, die Bayern sind ja schon ausgeschieden. »Ich komme mit«, sagt sie dann.

»Habt es gut!«, rufen uns die Männer nach.

Und das haben wir: erst bei einem kleinen Stadtbummel, dann beim Griechen und zum Schluss in einer urigen Kneipe. Wir haben uns viel zu erzählen, ich habe Christine so lange nicht gesehen – und an diesem Tag, da bin ich mir ziemlich sicher, eine neue Freundin hinzugewonnen.

Und die Männer? Die halten uns per WhatsApp auf dem Laufenden. Real Madrid hat drei zu eins gewonnen. »Die haben es bestimmt auch gut«, meint Susanne. Wie gesagt: Man muss nicht immer alles teilen.

Sie zupft den Ober am Ärmel, der gerade an unserem Tisch vorbeigehen will und schenkt ihm ihr strahlendes Lächeln. »Noch zwei Wein, bitte! Und ein Mineralwasser.«

## *Wie Susanne aus der Krise kam*

An der Einzigartigkeit ihrer Liebe zu Tobias war Susanne lange Zeit nicht zu zweifeln bereit. Bis sie erkennen musste, dass sie sich etwas vorgemacht hatte. Und ent-täuscht wurde. Sie dachte, ihr Leben wäre vorbei. Stattdessen hat sie ein neues begonnen, ist durch Verlust eine andere geworden. Sie hat leidenschaftlich geliebt – und leidenschaftlich gelitten. Aber nicht passiv die Hände in den Schoß gelegt, sondern alle Register gezogen, um den »Berg an Schmerzen«, der sich vor ihr auftürmte, zu bewältigen. Es sind nicht alle so stark wie sie. Aber dennoch kann Susanne für viele Vorbild sein – und ihr Beispiel hilfreich.

## *Was Susanne geholfen hat*

- **Geh in eine Psychotherapie:** Die Sitzungen gaben mir Halt. Wenn es mir schlechtging, wusste ich, nächste Woche habe ich wieder einen Termin.
- **Sprich mit Freundinnen und schütte dein Herz aus:** Ich wollte nichts mehr in mich hineinfressen.
- **Such die tröstende Kraft der Natur:** Ich lief in den Wald, um meinen Schmerz herauszuschreien. Ich zog aufs Land, wurde zur begeisterten Hobbygärtnerin, ich lernte es, alleine auf der Bank vor meinem Fenster zu sitzen und die Sonnenuntergänge zu genießen.
- **Bewege dich und mach Sport:** Ich merkte, wie gut es mir tat, wenn ich mich beim Joggen ganz auf meinen Körper konzentrieren und meinen Schmerz herausrennen konnte. Oder wenn ich bei Yoga-Übungen meine Mitte neu finden und stabilisieren konnte.
- **Lies Bücher zu »deinem Thema«:** Um das Geschehene begreifen, einordnen und verstehen zu können, habe ich ganze Bücherstapel verschlungen, zum Beispiel Joachim Meyerhoff: *Die Zweisamkeit der Einzelgänger* oder Hans Jellouschek: *Warum hast du mir das angetan – Untreue als Chance.*
- **Entdecke den Glauben neu und werde Mitglied einer Kirchengemeinde:** Ich erfuhr dort eine wunderbare Nähe und konnte mir einen neuen Freundeskreis aufbauen. Ich ließ mich von fremden Menschen liebevoll umarmen und umbeten und lernte, wie ich meinen Schmerz symbolisch in einen Schmerzeimer füllen und diesen Eimer immer wieder leeren konnte, sodass der Berg an Schmerzen, der

sich vor mir auftürmte, jedes Mal ein bisschen kleiner wurde.

- **Lass dich auf Spirituelles ein:** Ich habe zum Beispiel eine Auraleserin aufgesucht und mir Tarotkarten legen lassen.
- **Verwöhn dich selbst:** Ich habe mir zu Weihnachten einen Ring geschenkt, in den ich mich verguckt hatte – auch wenn ich ihn in Raten abstottern musste. Ich bekochte mich selbst liebevoll, setzte mich ganz allein an den Tisch und zelebrierte das Essen mit Silberbesteck, Kerzen, Musik und meinem besten Porzellan.
- **Konfrontiere dich mit deinem neuen Dasein als Single und mit dem Alleinsein:** Ich ging allein ins Kino und fuhr allein in den Urlaub, so schwer mir das auch fiel.
- **Feier Weihnachten mit Freunden:** Ich fühlte mich wie so viele Frischgetrennte zunächst mutterseelenallein auf der Welt. Aber es gibt so viele Menschen, denen es genauso geht! Man muss sich nur etwas umschauen. Deshalb lud ich am Heiligabend eine Freundin ein, mit der ich fröhlich sein konnte, und stellte ein Weihnachtsprogramm auf mit Kindertheater, vierhändigem Klavierspiel und einem Festmenü.
- **Feier das Leben, selbst wenn dir zum Heulen ist:** Nach meinem Umzug aufs Land gab ich eine große Housewarming-Party. Und auch meinen vierzigsten Geburtstag feierte ich im großen Stil mit vielen Freunden, Live-Musik und Tanz.
- **Sei mutig, öffne dich und spring wieder ins Leben:** Irgendwann war ich so weit und konnte im Internet nach einem neuen Mann suchen. So lernte ich meinen jetzigen Ehemann kennen.

*»Leben ist, was uns zustößt, wenn wir uns etwas ganz anderes vorgenommen haben.«*

John Lennon (1940–1980),
Britischer Popmusiker, Komponist
und Friedensaktivist

~

# Thomas

## *Der den Schuss nicht hörte*
## *(Der Ahnungslose)*

Die Sprechstundenhilfe empfängt uns mit einem strahlenden Lächeln. »Der Herr Doktor kommt sofort!«, versichert sie. »Wollens derweil vielleicht einen Kaffee?« Auch ihr Bayerisch ist umwerfend charmant. Dieter und ich folgen ihr um die Ecke zu einem langen Tisch mit Thermoskanne und Kaffeetassen. Und wähnen uns auf einmal nicht mehr in einer Zahnarztpraxis in Fürstenfeldbruck, sondern tausend Kilometer weiter nördlich am Nordseestrand. Die Wand hinter dem Tisch ist mit einer riesigen Fototapete überzogen. Dünengras, Sonne, Sand und See. Maßstab eins zu eins. Ein Strand zum Reinlaufen. Fehlt nur noch das Rauschen der Wellen.

»Könnte Sylt sein«, mutmaßt Dieter und will uns gerade einen Kaffee einschenken, da kommt Thomas um die Ecke – groß, sportlich, dynamisch. In seinen dunklen, kurz geschnittenen Haaren blitzen silberne Strähnen auf. Höchst attraktiv für seine fünfundfünfzig Jahre, das muss man ihm lassen. Kein Gramm zu viel. Ich sehe, wie Dieter ihn mustert, und höre die stumme Frage: Wie macht der das?

»Stimmt, das ist Sylt, da verbringen wir gerne unseren Sommerurlaub«, bestätigt Thomas und schenkt uns ein jugendlich-verschmitztes Lachen. Der weiße Arztkittel unterstreicht perfekt seinen gebräunten Teint. Als er ihn ablegt und schwungvoll über eine Stuhllehne wirft, fallen mir seine gepflegten Hände auf.

»Soll ich euch erst mal die Praxis zeigen?«, fragt er gutgelaunt und wartet die Antwort gar nicht erst ab. Vom Sylter Nordseestrand führt er uns am Empfang vorbei in das mit Designledersesseln gestylte Wartezimmer und dann in die diversen Behandlungsräume. Wir erfahren etwas über den neuesten Intra-Oral-Scanner, das erst kürzlich erweiterte Prophylaxe-Angebot, sein tolles Team und die Organisation der Praxis ohne Wartezeiten. Schade, dass Fürstenfeldbruck so weit entfernt im tiefen deutschen Süden liegt. Sonst würden wir den Zahnarzt wechseln. Kein Zweifel, Thomas ist stolz. Selbstsicher wirkt er, erfolgsverwöhnt. Völlig tiefenentspannt.

Und dieser Mann will verlassen worden sein? Dieser Mann hat sich, wie er uns am Telefon erzählte, als »absoluter Versager« gefühlt? Als »Loser, der es nicht hingekriegt hat«? Völlig verstört sei er damals gewesen, nachdem Babs mit den beiden kleinen Kindern ausgezogen war. Orientierungslos, mutlos, zutiefst verletzt. »Es war das Schlimmste, was mir bislang in meinem Leben widerfahren ist, diese Trennung«, sagt er nüchtern, als wir wieder auf die Sylter Kaffee-Ecke zusteuern. Eine klaffende Wunde habe sie geschlagen, groß und blutend.

Dieter und ich wechseln einen Blick, wir denken dasselbe: Was bringt eine Frau dazu, das Leben an der Seite eines solchen

Mannes aufzugeben? Und das mit zwei Kindern, die damals gerade einmal vier und sechs Jahre alt waren? Was hat sie dazu getrieben, was hat er getan, um sie zu diesem Schritt zu veranlassen?

»Tja«, seufzt Thomas und zeigt wieder sein jugendlich-verschmitztes Lachen, dieses Mal wirkt es ein bisschen schief, wie aus der Bahn gefallen. Nachdenklich schenkt er uns eine Tasse Kaffee ein und setzt sich. »Ich hab den Schuss nicht gehört«, meint er dann. »Ich hab viel zu spät erkannt, was los war.« Nämlich, dass sie längst losgelassen hatte. Dass es zu spät war.

»Jetzt bin ich dran!« Diese vier Worte hätten den Anfang vom Ende ihrer Ehe eingeläutet. »Wir hatten gerade unseren siebten Hochzeitstag gefeiert. Der Klassiker«, meint er und erinnert an den Hollywoodfilm mit Marilyn Monroe. »Die Kinder waren aus dem Gröbsten heraus, meine Frau kam wieder dazu, an sich selbst zu denken.« Sie wollte wieder studieren und schlug deshalb einen Rollentausch vor: Fortan sollte er sich um den Haushalt und die Kinder kümmern. »Erst sollte ich nur noch halbtags arbeiten, dann forderte sie sogar, dass ich die Praxis ganz schließe.«

Thomas schüttelt den Kopf und betrachtet die halbvolle Kaffeetasse in seinen Händen, als wäre sie ein wertvoller Kunstgegenstand. Bis heute kann er nicht nachvollziehen, wie sich seine Exfrau das damals vorgestellt hatte. »Von was hätten wir denn leben sollen? Das hätte uns finanziell total ruiniert.« Er war damals gerade erst dabei, die Praxis aufzubauen. »Wir steckten bis über die Ohren in Schulden!« Auch wegen des Zweitautos und der neuen Gucci-Tasche, die Babs dennoch unbedingt haben wollte. Wegen der Wochenenden in Paris und Mailand, die sie sich trotz allem leisteten. »Wir wollten viel zu früh demonstrieren, dass wir dazugehörten. Dass wir es zu etwas gebracht hatten.« Freunde und Kollegen wunderten sich, kamen aus dem Staunen nicht heraus: »Wie macht ihr das? Könnt ihr euch das überhaupt leisten?« Doch solche Bemerkungen quittierte das junge Ehepaar nur mit einem überlegenen Lächeln. Das Motto eines befreundeten Zahnarztes sei auch ihr Motto gewesen: »Wir leben über unsere Verhältnisse, aber lange noch nicht standesgemäß«, pflegte der im Scherz zu sagen. »Genauso lebten wir auch«, erinnert sich Thomas. »Über unsere Verhältnisse, aber noch lange nicht standesgemäß.« Vielleicht, sinniert er, wollte er auch den großzügigen Mann spielen, der seiner Frau jeden Wunsch von den Augen ablas. »Ich konnte nicht Nein sagen, ich wollte ihr etwas bieten«, erzählt er. »Babs hatte ja so ihre Ansprüche, sie war Luxus gewöhnt.«

Kennengelernt hatten sie sich 1989 in Bonn, während seines Zahnmedizinstudiums. Er war sechsundzwanzig, Babs fünf Jahre jünger. »Es muss Oktober oder November gewesen sein, denn es war sehr kalt an diesem Abend.« Freunde hatten sie zusammengebracht. »Ihre beste Freundin ging mit meinem besten Freund. Sie lockten uns in die Falle.« So hieß der Laden tatsächlich, eine kleine, aber feine Bonner Bar und Diskothek.

Thomas hatte gerade eine Beziehung mit einer Kommilitonin beendet und sich wieder auf den Singlemarkt begeben. Und Babs kam gerade aus Paris zurück, wo sie ein paar Monate Literatur studiert hatte. An der Sorbonne. Thomas war beeindruckt. Nicht nur, weil sie so lange Beine und so lange blonde Haare wie Claudia Schiffer hatte. Auch weil sie einen Hauch von *savoir-vivre* von der Seine an den Rhein brachte. Hohe schwarze Stiefel hatte sie an diesem Abend an, einen schmalen Minirock, dazu Trenchcoat und eine freche rote Baskenmütze. Souverän wirkte sie, kosmopolitisch. Wie eine Frau von Welt. »Außerdem war sie gut drauf und fröhlich. Positiv eingestellt.« Das alles gefiel ihm. Sehr sogar. »Wie soll ich sagen? Sie passte in … wie heißt es doch gleich?«

»Sie passte in dein Beuteschema?«, hilft ihm Dieter weiter.

»Ja, genau. Sie passte in mein Beuteschema.«

Beide nicken vielsagend. Männersprache.

Jedenfalls war Thomas' Jagdinstinkt geweckt. Draußen fielen die ersten Schneeflocken, drinnen wurde getanzt. Zu *The Look* von Roxette, Madonnas *Like a Prayer* und *In the Air Tonight* von Phil Collins. Immer wieder suchte er ihren Blick. Sie hielt dem seinen stand, jedes Mal ein bisschen zu lange. Sodass er wusste: »Ich gefalle ihr auch.« Sonst aber sei an diesem Abend nichts passiert, »noch nicht einmal ein Kuss«.

Zu dem kam es ein paar Wochen später, als sie sich auf einer Silvesterparty wiedertrafen. An diesem 31. Dezember 1989 wurden sie ein Paar. Während in Berlin die erste gesamtdeutsche Neujahrsfeier am Brandenburger Tor bejubelt wurde, hat es in Bonn zwischen Babs und Thomas, wie er es nennt »geschnackelt«.

War es die große Liebe? Thomas zögert nicht. »Klar!« Für ihn habe es damals keine Zweifel gegeben. Mit dieser Frau wollte er sein weiteres Leben verbringen, mit dieser Frau würde er eine Familie gründen. »Das war immer mein Ziel. Ich bin ein Familienmensch.« Und egal, wo sie zusammen auftauchten, der gutaussehende angehende Zahnarzt und die blonde, elegant gekleidete Literaturstudentin: Da kommt das Traumpaar, hieß es. »Wir galten als *perfect match.*« Seufzend lehnt sich Thomas in seinem Stuhl zurück. »Es schien ja auch wirklich alles zu passen. So was hatte ich zuvor noch nie erlebt!« Auch der soziale Hintergrund habe gestimmt. »Paartherapeuten betonen ja immer, wie wichtig das für eine stabile Beziehung sei.« Beide kamen aus gutsituierten

Verhältnissen, Thomas aus dem schicken Münchner Süden, genauer gesagt aus Grünwald, Babs aus dem schicken Düsseldorfer Süden – nahe Schloss Benrath, da wo der Rhein eine besonders romantische Schleife macht. »Es war also nicht so, dass ich im Begriff war, in eine reiche Familie einzuheiraten«, stellt Thomas klar, als seine Sprechstundenhilfe um die Ecke lugt, die mit dem umwerfenden Lächeln. »Ich hab alles erledigt, Herr Doktor. Bis morgen.«

»Servus, Veronika!«

»Servus, die Herrschaften!«

Einen wichtigen Unterschied allerdings habe es gegeben, fährt Thomas fort. Und zwar in Sachen Erziehung: »Babs und ihre Schwester wurden nach Strich und Faden verwöhnt. Die hatten vollkommenen Freischuss.« Ganz egal, was sie sich wünschten, der Vater, ein erfolgreicher Kunsthändler, habe immer bereitwillig das Portemonnaie gezückt. »Kein Problem, mein Schatz, ich zahl dir das.« So auch das knallrote Golf-Cabrio, mit dem Babs bei ihrem ersten Treffen in Bonn anrückte, passend zur Baskenmütze. »Was heute der Mini ist, war damals das Golf-Cabrio. Mit dem fuhren die gutaussehenden Mädels in Düsseldorf die Kö rauf und runter.«

Thomas und seine Brüder hingegen wurden von klein auf darauf trainiert, dass es im Leben nichts umsonst gibt. »Bevor uns ein Wunsch erfüllt wurde, mussten wir immer erst selbst etwas dafür leisten.« Zwar bekam auch er sein erstes Auto von den Eltern, das schon. Und sie zahlten auch den größten Teil des Zelturlaubs, den er mit Freunden an der französischen Atlantikküste plante. »Aber vorher musste ich meinen Teil dazu beisteuern und mir für ein paar Wochen einen Ferienjob besorgen.«

Natürlich fiel ihm auf, dass das bei Babs und ihrer Schwester ganz anders war, ziemlich schnell sogar. »Aber das erschien mir damals nicht so wichtig.« Warum sollte es ihm anders ergehen als den meisten Frischverliebten? Kleine Störfaktoren werden in diesem Stadium der Verliebtheit großzügig übersehen, die will man nicht wahrhaben. Obwohl man trotz aller Schmetterlinge im Bauch gerade am Anfang eigentlich ganz besonders gut hinschauen und solche Dinge unter die Lupe legen sollte, findet Thomas. »Aber im Nachhinein ist man halt immer schlauer.«

Er zögert einen Moment, spielt immer noch mit der inzwischen leeren Kaffeetasse in seinen Händen. »Das klingt jetzt ein bisschen böse«, hebt er dann an. »Aber später habe ich mir manchmal gedacht: Die hat sich als Tochter aus gutem Hause einen angehenden Zahnarzt geangelt.« Er stellt die Kaffeetasse ab und macht eine Bewegung, als würde er ein Gewehr laden: »Angelegt, geschossen, getroffen, nach Hause gebracht.«

Aber damals war er es, der sich wie ein stolzer Jäger vorkam. Sein Beutezug war erfolgreich verlaufen, es war ihm gelungen, diese schöne und selbstbewusste, diese dem Leben gegenüber so positiv eingestellte Frau zu erobern, und nun schwebte er mit ihr auf Wolke sieben.

Es dauerte nicht lange, und sie zogen zusammen, in eine kleine, gemütliche Dachwohnung in Bonn. Die Zielstrebigkeit, mit der er sein Studium durchzog, beeindruckte Babs. Von französischer Literatur wollte sie bald nichts mehr wissen, sie war angezündet von der Idee, so wie Thomas Medizin zu studieren. Ihr Numerus clausus reichte dafür zwar nicht, aber ihr Vater half ihr, sich erfolgreich in einen Studienplatz einzuklagen. Um ihren zukünftigen Berufsalltag schon mal kennenzulernen, nahm sie bis dahin einen Job in einer Zahnarztpraxis an, bei einem Bekannten ihres Vaters. Dafür musste sie zwar dreimal pro

Woche jeden Morgen eine Stunde von Bonn nach Düsseldorf fahren und abends wieder zurück. Aber das machte nichts. Sie war glücklich, und er war glücklich, dass sie glücklich war. Sie lernten, liebten und lebten zusammen. In Bonn, unterm Dach.

Doch dann an einem Samstagmorgen, Thomas hatte bereits eine gute Assistenzarztstelle gefunden, kam Babs verstört aus dem Badezimmer. »Ich bin schwanger«, teilte sie ihm mit. Eine klassische Szene sei das gewesen, erzählt Thomas. »Den Schwangerschaftstest hielt sie noch in der Hand.«

Er sieht unsere fragenden Blicke. »Nein«, stellt er umgehend klar. »Ein Unglück war es nicht – auch wenn wir es nicht wirklich geplant hatten. Insgeheim haben wir es drauf ankommen lassen. So nach dem Motto: Wenn's knallt, dann knallt's. Dann ist das so. Und wenn nicht, ist es auch gut.«

Aber dass es schon zwei Monate nach dem Absetzen der Pille »knallen« würde, damit hatte keiner der beiden gerechnet. »Klar, erst mal ist da schon ein Schreck. Aber nur kurz, dann habe ich mich gefreut. Ich wollte ja immer Kinder!«

Babs habe sich damit etwas schwerer getan. Denn für sie bedeutete die Schwangerschaft das vorläufige Ende ihres Medizinstudiums. Sie war gerade im Anatomiekurs, und den durfte sie wegen gesundheitlicher Gefahren beim Umgang mit Leichen nun nicht mehr fortsetzen.

Hat ihre Beziehung schon damals die ersten, kaum merklichen Haarrisse bekommen?

Thomas geht nicht auf die Frage ein. Er sieht über unsere Köpfe hinweg, den Blick ins Leere gerichtet. »Anfang 1994 war das«, erzählt er, und ein Lächeln überzieht sein Gesicht. »Ein Wahnsinnsjahr! 1994 bin ich innerhalb von vier Monaten erst Ehemann geworden, dann Vater, und zum Schluss habe ich auch noch meine eigene Praxis gegründet.« Er schlägt mit der flachen Hand mehrmals auf den Tisch. »Die hier!« Wieder klingt Stolz in seiner Stimme.

Also haben sie Bonn und die Dachwohnung verlassen? »Genau. Die wäre mit dem Baby sowieso viel zu klein geworden. Wir sind nach Bayern gezogen.« Seine Eltern hatten in Fürstenfeldbruck eine geräumige Eigentumswohnung gekauft, hundertfünfundfünfzig Quadratmeter groß, vier Zimmer mit Garten: »Einfach ideal, die konnten wir günstig mieten.« Ideal auch der Mehrzweckbau mit Büros, Arztpraxen und Läden, der, wie sein Vater gehört hatte, am Stadtrand von Fürstenfeldbruck gebaut werden sollte. Da würde sich sein Sohn als Zahnarzt niederlassen können. »Zuvor haben wir in Bonn noch schnell geheiratet«, erzählt Thomas. Standesamtlich, ohne viel Tamtam. »Das Kind sollte ehelich geboren werden, das war mein Anspruch.«

Natürlich war er sich darüber bewusst, dass Babs der Abschied vom Rheinland viel schwerer fallen würde als ihm, dem gebürtigen Münchner. Dass sie Düsseldorf vermissen und sich in der bayerischen Provinz zunächst recht einsam fühlen würde. »Aber sie fand zum Glück schnell Anschluss, bald hatte sie sogar eine richtige Busenfreundin.«

Irmgard hieß sie und stand Babs während der Schwangerschaft mit Rat und Tat zur Seite, denn Irmgard war selbst zweifache Mutter und darüber hinaus die Gattin von Babs' Gynäkologen. Thomas kannte ihn nur flüchtig. »Sie wohnten einen Steinwurf entfernt.« Irmgard war knapp zehn Jahre älter und fuhr einen Lamborghini. Unzertrennlich seien sie gewesen, die beiden Frauen; wann immer es nur ging, steckten sie die Köpfe zusammen. Manchmal sei es ihm ein bisschen zu viel geworden. »Da kam ich müde nach Hause – und wer saß auf dem Sofa? Irmgard!«

Irmgard war es auch, die Babs ins Krankenhaus brachte, als – drei Wochen zu früh – die Wehen einsetzten. Mit dem Lamborghini. Gerade noch rechtzeitig. Kurz darauf an diesem nebligen Novembervormittag erblickte Luisa das Licht der Welt – komplikationslos und kerngesund. Nach zwei Stunden traf auch der frischgebackene Vater im Krankenhaus ein, überglücklich und völlig hingerissen von dem kleinen Häufchen Leben, das ihm in die Arme gelegt wurde. »Schneller ging es nicht. Ich musste einem meiner ersten Patienten erst noch eine Krone aufsetzen.«

Schließlich hatte er die Praxis gerade erst einen Monat zuvor eröffnet. Mit einem Kaltstart, wie es im Fachjargon heißt. »Ich war froh über jeden Patienten!« Heute würde er sich das nicht mehr antun. Denn Kaltstart, das hieß buchstäblich bei null anfangen. Thomas kannte niemanden in Fürstenfeldbruck, und niemand kannte ihn. Spärlich tröpfelten die Patienten herein. Im Telefonbuch stand er noch nicht, und Werbung als Zahnarzt durfte man damals noch nicht machen. Aber der Kredit war aufgenommen, die Sprechstundenhilfe eingestellt, die Kosten liefen. Es gab kein Zurück. Es gab nur eins: nach vorn schauen.

Während Thomas versuchte, die Praxis zum Laufen zu bringen, kümmerte sich Babs zu Hause um Luisa und den Haushalt. Wie Millionen andere Frauen auch hielt sie ihrem Mann beruflich den Rücken frei. Hundemüde waren sie abends, aber trotzdem zuversichtlich und optimistisch. Sie zogen an einem Strang. Noch. Sobald es ging, das hatten sie abgesprochen, würde Babs ihr Studium wieder aufnehmen. Das war ihr ein Herzenswunsch, sie wollte mehr als Zahnarztgattin und Mutter sein. Ein Jahr nach der Geburt von Luisa schrieb sie sich wieder an der Uni ein, diesmal in München. »Es sind von Fürstenfeldbruck aus ja nur rund vierzig Kilometer, das ging schon.«

Aber dann, das Sommersemester war gerade angelaufen, wurde Babs zum zweiten Mal schwanger. Anfang 1997 bekam Luisa, die gerade ihren zweiten Geburtstag gefeiert hatte, ein Schwesterchen. »Nach Célines Geburt war es mit dem Studium dann ganz vorbei«, sagt Thomas und steht auf, um sich eine Flasche Sprudel aus dem Kühlschrank zu holen. »Das hat sie dann abgebrochen. Irgendwie ging das nicht mehr, mit zwei Kindern.«

Wir können ihm nicht ganz folgen. Er muss unseren leicht verständnislosen Blick bemerkt haben, denn er beeilt sich zu betonen: »Na ja, Luisa sollte keinesfalls ein Einzelkind bleiben, wir wollten schon ein zweites.«

Aber wenn ihr das Studium so wichtig war: Wieso ist sie dann wieder schwanger geworden? Hatten sie nicht aufgepasst? Es wieder drauf ankommen lassen? Oder wusste sie einfach nicht genau, was sie wollte?

Entschieden schüttelt er den Kopf. »Nein, ein Unglück war es auch dieses Mal nicht – im Gegenteil.« Er muss kurz auflachen: »Ich erinnere mich noch genau an die Nacht, in der Céline gezeugt wurde.« Wie jeden ersten Freitag im Monat hatte er seinen Kartenabend mit Freunden, Doppelkopf. »Wir spielen heute noch, in derselben Zusammenstellung. Aber damals ging das bis morgens um eins oder halb zwei, das würde die Seniorentruppe heute ganz bestimmt nicht mehr überleben.«

Normalerweise schlief Babs schon, wenn er von diesen Abenden heimkehrte. Nicht so in dieser Nacht: Sie war noch wach, das wunderte ihn. Und sie verführte ihn. Auch das wunderte ihn. »Aber klar, logo, ist doch schön, wenn du wider Erwarten gegen halb zwei Uhr morgens von deiner Frau noch überfallen wirst. Da leistet man keinen Widerstand.« In dieser Nacht sei Céline entstanden, alle Vorzeichen standen auf Volltreffer.

»Frauen wissen ja ganz genau, wann was geht und wann nicht.« Für ihn steht zweifelsfrei fest: »Sie hat es ganz bewusst geplant, dieses zweite Kind!«

Aber dann, Dieter und ich fragen es fast gleichzeitig, kann sie es doch nicht so ernst gemeint haben mit dem Studium? Oder vertraute sie ganz einfach darauf, es auch mit zwei kleinen Kindern zu schaffen? Hoffte, dass ihr Mann ihr helfen und kürzertreten würde?

»Ich weiß es nicht«, antwortet Thomas und stockt einen Moment. »Ich glaube, Babs hat nie so ganz genau gewusst, was sie eigentlich wollte.« Sein Blick gleitet erneut über die Sylter Fototapete und wird träumerisch. »Es war eine unglaublich schöne Zeit damals, als die Kinder noch so klein waren«, beginnt er dann zu erzählen. Aus dem Traumpaar war eine Bilderbuchfamilie geworden. So wie er es sich immer vorgestellt hatte: »Von Freunden und Bekannten wurden wir bewundert, wenn nicht beneidet.« So wie auf jener rauschenden Geburtstagsfeier am Tegernsee, zu der einer seiner besten Freunde geladen hatte: Max, ein erfolgreicher Unternehmer aus Grünwald, der fünfzig wurde.

Plötzlich richtet sich Thomas in seinem Stuhl auf und sieht Dieter an: »Sag mal, den kennst du doch auch! Warst du nicht auch auf dieser Feier?«

»Stimmt«, antwortet Dieter. »Da haben wir uns kennengelernt.« Thomas habe in seinem hellen Sommeranzug ausgesehen wie Robert Redford als der große Gatsby. »Und deine Frau trug so wie Mia Farrow einen Hut mit einer riesigen Krempe.«

»Dass du das noch so genau weißt!« Thomas schlägt vor Begeisterung die Hände zusammen. »Und die Kinder, die hatten wir in weiße Spitzenkleidchen gesteckt. Die waren so niedlich, zum Fressen süß. Die Leute überschlugen sich vor Begeisterung!«

Stolz wie Bolle sei er auf seine junge Familie gewesen. Und auf die Praxis, die endlich zu laufen begann. Gut, manchmal kam er spät nach Hause, erst nach elf Uhr abends. Aber, er beteuert es fast: »Ich habe alles getan, um das Familienleben nicht unter dem Job leiden zu lassen. Ich war kein Workaholic.« Oft habe er es trotz allem geschafft, seinen Töchtern vor dem Einschlafen noch eine Gutenachtgeschichte vorzulesen, das war ihm wichtig. »Manchmal war ich so müde, dass ich schon nach sechs Seiten einschlief, noch vor den Mädchen!« Auch die Urlaube mit der Familie waren ihm heilig, zweimal im Jahr leisteten sie sich zwei Wochen in einem exklusiven Familienclub – im Winter zum Skifahren, im Sommer am Strand. Dann stand er mit Buggys, unzähligen Koffern und Taschen am Flughafen. Babs sei immer gestresst gewesen, mal mehr, mal weniger. Und mindestens eines der Kinder war quengelig. Aber ihm habe das nichts ausgemacht. »Ich hab das jedes Mal genossen. Wie gesagt, ich bin ein echter Familienmensch.«

Auch in seiner Ehe, wieder beteuert er es regelrecht, habe alles gestimmt: »Es war nicht so wie bei vielen anderen Paaren, dass wir uns nicht mehr anfassten. Wir hatten nach wie vor Sex – guten Sex!« Wann immer möglich, gingen sie abends gemeinsam ins Bett, genossen die Nähe. »Ich liebe dich«, versicherten sie sich vor dem Einschlafen. »Ich dich auch!« Egal ob körperlich, geistig oder seelisch: »Eigentlich war sie super, unsere Ehe!«

Die Frage hängt unausgesprochen im Raum: Wenn sie so super war, die Ehe, warum hat Babs dann den Stecker gezogen? Thomas seufzt. »Heute weiß ich, dass meine Frau das anders gesehen haben muss. Ich hatte alles, was ich wollte. Für mich war es genug. Für sie nicht.«

Spätestens nach der Geburt des zweiten Kindes müsse sich bei

Babs eine immer größer werdende Unzufriedenheit eingeschlichen haben. Eine Unzufriedenheit, die sich weder durch Cluburlaube noch durch guten Sex vertreiben ließ. Eine Unzufriedenheit, die er anfangs nicht wahrgenommen hatte und später nicht wahrhaben wollte. »Mein Frühwarnsystem hat komplett versagt.« Das sei vielleicht sein größter Fehler gewesen, »dass ich das erst übersehen und dann unterschätzt habe. Dass ich das einfach nicht ernst genug nahm.«

Und so fiel er aus allen Wolken, an jenem Abend kurz nach ihrem siebten Hochzeitstag, als sie jene vier Worte sagte, die den Anfang vom Ende ihrer Ehe markierten: »Jetzt bin ich dran.« Sie hatten gut gegessen, die Mädchen schliefen, er hatte gerade eine Flasche Wein aus dem Keller geholt. »Ich habe dir die ganzen Jahre den Rücken freigehalten«, fuhr Babs fort. »Du konntest dich verwirklichen, das möchte ich jetzt auch.« Sie wollte wieder studieren, dieses Mal Architektur. »Und dieses Mal werde ich das durchziehen.« Es klang wie eine Drohung. »Ich brauch das jetzt«, sagte Babs. »Und deshalb musst du die Praxis halbtags schließen, denn jetzt bist du es, der auf die Kinder aufpassen wird.«

Er ließ die Weinflasche sinken, die er gerade entkorken wollte, und schaute sie entgeistert an, mit offenem Mund. »Das ist doch völlig utopisch, wie stellst du dir das denn vor?«, konterte er. Sie konnten nicht zurückschrauben, ausgeschlossen. Das sei finanziell nicht drin gewesen. »Nach zwei, drei Jahren, wenn der Kontokorrent am Limit ist, dann muss alles irgendwie Geld bringen, dann bleibst du, wenn nötig, bis Mitternacht in der Praxis. Aber du machst sie doch nicht einen halben Tag zu!«

Erstmals, seitdem wir miteinander sprechen, hat er die Ruhe verloren und sich aufgeregt. Thomas atmet tief durch. »Ich hab dann versucht, das über die Kinderbetreuung zu lösen.«

Er wollte ja auch, dass sie Erfüllung fand, dass sie wieder glücklich und zufrieden war. Aber nicht auf Kosten der Praxis, das war keine Option. »Ganztagskindergarten« lautete das Zauberwort. Jedenfalls für ihn. Auf diese Weise würde er das zurechtbiegen. »Ich bin ein Optimist, ich denke immer: Irgendwie kriegen wir das wieder hin.« So wie Boris Becker in seinen besten Zeiten, mit seinen »Big Points« in scheinbar aussichtslosen Situationen. »Wie er es doch immer wieder geschafft hat zurückzukommen, obwohl er im Tiebreak hintenlag!« Thomas, selbst ein begeisterter Tennisspieler, kommt fast ins Schwärmen.

Zunächst schien auch tatsächlich alles wieder ins Lot zu kommen: Babs begann als Vorbereitung auf ihr Architekturstudium eine Schreinerlehre. Sie blühte auf, war motiviert, wie ausgewechselt, traf sich oft mit ihren Freundinnen. Er nahm es erleichtert zur Kenntnis. Allerdings stand der Lamborghini von Irmgard, der Gynäkologen-Gattin, nun noch öfter vor ihrem Haus, wenn er abends aus der Praxis heimkam. Diese Entwicklung gefiel ihm gar nicht. »Irmgard kannte keine Geldsorgen, die lebte in Saus und Braus und fuhr in ihrem Lamborghini durch die Gegend, während meine Frau noch immer in ihrem alten Golf saß.« Er hatte einfach Angst, dass da Begehrlichkeiten geweckt wurden. Dass sie wieder unzufrieden werden würde. Weil er ihr nicht genug bieten konnte.

Vielleicht zögerte er deshalb trotz aller Geldsorgen nicht allzu lange, als Max, der erfolgreiche Unternehmer aus Grünwald, ihn im Frühjahr 2000 zu seiner Hochzeitsreise einlud. Max heiratete zum zweiten Mal, und seine engsten Freunde sollten nicht nur bei der standesamtlichen Trauung mit dabei sein, sondern auch bei der anschließenden Luxuskreuzfahrt auf der MS Europa: Zehn Tage lang wollte das Brautpaar mit ihnen übers Mittelmeer kreuzen, von Cannes und Monte Carlo nach Sorrent, Malta, Tunis und von dort aus über Mallorca nach Barcelona.

»Habt ihr Lust mitzufahren?«, fragte Max. Klar hatten sie die. Thomas fühlte sich geschmeichelt, zum illustren Kreis der Geladenen zu zählen. Obwohl von einer wirklichen Einladung keine Rede sein konnte. Natürlich zahlte das frischgebackene Ehepaar an Bord so manche Runde, aber buchen mussten die Gäste die Reise schon selbst. »Zwanzigtausend Mark hat uns das gekostet«, erzählt Thomas. Der Euro musste noch eingeführt werden. »Woher ich damals das Geld genommen habe, weiß ich nicht mehr genau.« Da war ein Vorschuss von der KZV, der Kassenzahnärztlichen Vereinigung, »aber eigentlich konnten wir uns das gar nicht leisten«. Wieder einmal kamen Kollegen, die gleichzeitig mit ihm als Zahnarzt gestartet waren, aus dem Staunen nicht mehr heraus: »Hör mal, wir fahren irgendwohin zelten, und du fährst auf der MS Europa! Wie geht das?« Und ein älterer Kollege, der zu den Kreuzfahrtgästen zählte, meinte: »In deinem Alter bin ich noch mit einem Campingwagen rumgezuckelt.«

Thomas hält einen Moment inne, dann lacht er auf. »Vielleicht hatte ich einfach zu viel Testosteron in der Hose.« Es habe schon etwas von Harakiri gehabt, der rituellen japanischen Selbsttötung. »Aber bereut habe ich diesen Schritt nie, ich würde ihn jederzeit wieder gehen.«

Nicht nur, weil er und Babs es genossen, dazuzugehören und von allen bewundert zu werden: das Traumpaar auf dem Traumschiff. Nein, es habe sich langfristig auch geschäftlich gelohnt. »Ich konnte mir in diesen zehn Tagen an Bord als Zahnarzt einen Namen machen. Viele der damaligen Passagiere sind noch heute meine Patienten.«

Wieder muss er kurz auflachen: »Im Nachhinein gibt es noch

einen dritten Grund, weshalb diese Reise eine gute Entscheidung war.« Denn dadurch verringerte sich vier Jahre später bei der Scheidung der Vermögensausgleich: »Diese zwanzigtausend Mark jedenfalls, die waren weg.«

Doch dass er und Babs sich jemals trennen würden, daran dachte er damals nicht im Traum. Nach der Kreuzfahrt ging der Alltag weiter: Praxis, Schreinerlehre, Kinder, Haushalt. Und Irmgard. Mit der traf sich Babs nun täglich. Aber, so habe sie ihm versichert: »Irmgard braucht mich jetzt als Freundin ganz besonders, in ihrer Ehe kriselt es.« Babs hielt ihn über alle Entwicklungen en détail auf dem Laufenden, und so hörte Thomas ein paar Wochen später, dass Irmgard alles vorbereitete, um die Scheidung einzureichen. Genauer gesagt, sie leitete alles in die Wege, um sich dadurch finanziell nicht zu verschlechtern und mehr als nur ihren Lamborghini behalten zu können. »Die zog wirklich alle Register, um ihren Mann auszunehmen und fertigzumachen«, erinnert er sich und muss noch im Nachhinein den Kopf schütteln: »Die drehte hinter dem Rücken ihres Noch-Ehemannes Dinge, wo ich nur sagen konnte: Mannomann!« Doch er hatte Babs ja versprechen müssen, das vertraulich zu behandeln. Außerdem hatte er anderes um die Ohren und hörte nur halb hin. »Aber eigentlich hätte ich den armen Kerl warnen müssen.«

Und, weitaus wichtiger: Eigentlich hätte ihm das selbst auch eine Warnung sein sollen. »Aber wenn du abends fix und fertig von der Praxis heimkommst«, er muss erneut tief durchatmen, »ich hab einfach nicht geschnallt, dass meine eigene Frau ähnlich unterwegs war.« Später sei ihm dann ein Licht nach dem anderen aufgegangen. Heute ist er sich sicher: Babs hat sich von dieser Irmgard anstecken lassen. »Das war eine Art kollektiver Scheidungswahn, in dem die sich befanden. Die haben gemeinsam Pläne geschmiedet, wie sich wo das meiste für sie herausholen ließ.« Und plötzlich sei auch alles ganz schnell gegangen, Schlag auf Schlag: »Letztendlich war Babs schneller von mir als Irmgard von ihrem Gynäkologen geschieden!«

Ein paar Monate nach der Kreuzfahrt fing es an, als sie ihm eröffnete, sie werde fortan im Wohnzimmer auf der Couch schlafen. »Ohne Vorwarnung, von jetzt auf gleich.« Natürlich habe er das seltsam gefunden, »aber gut, irgendwie dachte ich mir, sie kann nicht richtig schlafen oder so.« Als das Bett an seiner Seite nach drei Wochen immer noch leer war, stellte er sie zur Rede. Da verkündete sie ganz ruhig: »Ich möchte mich von dir trennen.«

Thomas kann ein leichtes Stöhnen nicht unterdrücken, seine rechte Hand umschließt die Sprudelflasche. »Ich dachte, ich bin im verkehrten Film.« Wie? Was? Hatte er richtig gehört? Sie konnte unmöglich meinen, was sie da gerade gesagt hatte. »Meine erste Reaktion war totale Ablehnung. Ich redete mir ein: Das ignorierst du jetzt. Sie ist vielleicht schlecht drauf oder was auch immer.« Wie so oft in seinem Leben versuchte er, sich selbst Mut zuzusprechen. »Komm, das kriegste wieder hingebogen.« Alles wird gut.

Aber dieses Mal ließ sich nichts mehr hinbiegen. Zwei Wochen später zog Babs mit den Kindern aus. Sie hatte eine kleine Mietwohnung in München gefunden, auch das von jetzt auf gleich. Ein Stockwerk tiefer sollte drei Monate später Irmgard einziehen. »Das geht nicht von heute auf morgen, die zwei Frauen müssen das alles lang im Voraus geplant und geregelt haben. Um mich dann vor vollendete Tatsachen zu stellen.«

Er wird ihn nie vergessen, den Spätnachmittag, als sie mit Hilfe ein paar Bekannter in einem großen Lieferwagen zurückkam und die Möbel abholte. Den großen Wohnzimmerschrank, den sie mit in die Ehe gebracht hatte, ein paar Bilder, die Einrichtung der beiden Kinderzimmer. Und den großen Küchentisch, den sie während ihres Praktikums in der Schreinerei selbst gebaut hatte. »Wir hatten alles ganz sachlich und ruhig aufgeteilt, ohne Streit. Aber wenn du zugucken musst, wie ein Teil nach dem anderen rausgetragen wird … Das war schon eine harte Nummer.« Er blieb allein in der hundertfünfundfünfzig Quadratmeter großen und fast leeren Wohnung zurück, hörte noch, wie draußen der Kies knirschte, als der Lieferwagen wieder abfuhr. Dann Stille, drückende, bleierne Stille. Er setzte sich auf das Sofa und starrte auf die verschwommenen Linien und Streifen, die Bilderrahmen und Möbel an den hellen Wänden hinterlassen hatten. Langsam dämmerte es ihm: Dieses Mal würde es nicht mehr gut werden, diesen Tiebreak würde er verlieren. Sie meinte es so, sie hatte ihn verlassen. Mit den Kindern. Sein Traum vom Familienleben war geplatzt. »Sie hatte ihn mir genommen.«

An diesem Abend, in der verwaisten Wohnung, griff er zur Weinflasche und betrank sich. Um den Schmerz zu betäuben, den Schock zu lindern. Um nichts zu hören, nichts zu sehen. »Und um zu weinen«, sagt er und schaut uns kurz an, erst Dieter, dann mich. Auf einmal wirkt er sehr verletzlich. Wir haben ihm gebannt zugehört, wir sind gerührt und erstaunt zugleich über seine Offenherzigkeit. Dass er sich so preisgeben kann.

»Es war das einzige Mal, dass ich um meine gescheiterte Ehe geweint habe«, sagt er. »Und das erste und letzte Mal, dass ich mich deswegen betrank.« Der Kater am nächsten Morgen habe sich zwar in Grenzen gehalten, aber er wusste, »das ist nicht der richtige Weg«. Er musste einen klaren Kopf bewahren, seine Sinne beisammenhalten. Einen Rosenkrieg anzuzetteln, auch das wurde ihm an diesem Morgen klar, war ebenfalls keine gute

Entscheidung. Das hatte er bei einem Kollegen gesehen. Das würde nur Nerven kosten. Und viel Geld. Geld, das er nicht hatte. »Am allerschlimmsten aber ist es für die Kinder.« Schon allein deswegen kam ein Rosenkrieg nicht infrage.

Auch nicht, als er feststellte, dass Babs kurz vor dem Auszug das gemeinsame Konto abgeräumt hatte. »Da waren, glaube ich, sechs- oder siebentausend Mark drauf.« Er merkte es viel zu spät. »Da stehst du dann und hast keine Handhabe. Gemeinschaftliches Konto, gemeinschaftlich weg. Da kann jeder reingreifen, wie er will.«

Frau weg, Kinder weg, Geld weg. Vollkommen hilflos sei er sich vorgekommen, wie gelähmt. Und »hundealleine«. Am liebsten hätte er Tag und Nacht durchgearbeitet. Um abends nicht in die dunkle Wohnung kommen zu müssen. Früher hatte er, wenn er den Schlüssel in die Wohnungstür steckte, die Stimmen der Kinder gehört, Babs war meistens in der Küche zugange, es roch nach Abendessen, das Radio lief oder der Fernseher. Alles verstummt, alles weg. Wie ein Film, der gerissen war. Nun war die Wohnung leblos, tot. Es roch auch ganz anders als früher.

In den ersten Tagen und Wochen nach der Trennung lief er, wenn er nach Hause kam, durch den dunklen Flur zum Wohnzimmerfenster und guckte raus in den Garten. Warum nur, warum? Warum hatte sie den Stecker gezogen aus ihrem gemeinsamen Leben? Sie hatten es doch gut zusammen gehabt! Er grübelte und grübelte, bis er Kopfweh bekam. Gab es wirklich keinen Ausweg mehr, kein Zurück? Sie musste ihn doch auch vermissen! Mehr als zehn Jahre waren sie abends zusammen ins Bett gegangen und morgens zusammen aufgestanden. Und nun hatte sie ihn abgelegt wie einen Mantel, den sie nicht mehr brauchte, nein, den sie nicht mehr wollte, dessen sie überdrüssig geworden war. Nein, mehr als das, es war noch schlimmer, noch entwürdigender: Sie hatte ihn nicht abgelegt, sie hatte ihn entsorgt. Wie einen Sack Müll. Weg damit. Wie nur hatte sie ihm das antun können? Was in aller Welt hatte er falschgemacht, um es zu verdienen, so behandelt zu werden? Unvorstellbar klein und wertlos sei er sich damals vorgekommen. Nutzlos, ausrangiert. Ein Schwächling war er, eine Niete, ein Nichts: »Du wirst so was von unselbstbewusst!«

Er erkannte sich nicht wieder. Was nur war aus ihm geworden? Wo war der optimistische Mann geblieben, der er einmal gewesen war – fröhlich, tatkräftig, immer gut drauf und bereit, die Ärmel aufzurollen? Nun hatte er das Gefühl, Spielball einer riesigen Woge geworden zu sein, die ihn überrollt und mitgerissen hatte, die ihn nicht losließ und immer wieder unter Wasser zog, während er verzweifelt nach Luft schnappte. Wann endlich würde sie ihn freilassen, ausspucken und an den Strand spülen? Was musste er tun, um wieder normal atmen, denken, wenigstens einen klaren Gedanken fassen zu können?

Er versuchte, sich auf die vielen Fortbildungskurse zu besinnen, die er gemacht hatte: Kommunikation, Verkaufsgespräche, Problemlösungsprozesse. Und auf die goldenen Grundregeln, die er da gelernt hatte. Besonders auf eine: »Wenn das Pferd tot ist, steig ab!« lautete sie. Aber das Pferd konnte doch unmöglich tot sein! Man musste es behandeln, man musste es kurieren!

In dieser Phase kapselte er sich völlig von der Außenwelt ab, sprach ausschließlich mit sich selbst: »Eigentlich waren wir zu dritt«, schmunzelt er: »Wie heißt es doch gleich? *Me, myself and I.*« Er begann, das Internet nach Fachliteratur abzugrasen: Therapien zur Trennungsbewältigung, Steuer-, Erb-, Scheidungsrecht. Nächtelang saß er vorm Computer. Er wollte wissen, was ihn erwartete. »Damals war das Internet noch extrem langsam, das kann man sich heute gar nicht mehr vorstellen, Stunden extra hat das gekostet.«

Er erfuhr, dass eine Trennung immer in Phasen verläuft: erst Schock und Verleugnen, dann Wut, Akzeptanz und Trauer. Und vor der Neuorientierung der endgültige Abschied, das Loslassen, der Schnitt. Wie bei einer Nabelschnur, die durchtrennt wird.

Aber so weit war er noch lange nicht. Wie sollte er ihn jemals bewältigen, den steinigen, holprigen Weg durch dieses endlos scheinende Jammertal? Irgendwo mussten sie verdammt noch mal doch geblieben sein, seine Stärken! Was hatte er früher denn gemacht, wenn er glaubte, dass es nicht weiterging? Richtig, er griff zu Bleistift und Papier und fing an, einen Aktionsplan aufzustellen. Wie kriegst du das wieder hin? Was musst du jetzt tun? Was solltest du nicht tun, weil es dir schadet? »Das mache ich noch heute so, das ist eine meiner Stärken, und das hat mir auch damals geholfen«, erzählt er und erklärt: »Ich bin ein Kopfmensch, ich gehe die Dinge schematisch an. Ich war schon immer unheimlich gerastert.«

Und so setzte er sich eines Abends mit Bleistift und einem Blatt Papier an den neuen Küchentisch, den er sich angeschafft hatte, und baute sich ganz sachlich ein, wie er es nennt, Konstrukt: Wie komme ich wieder über Wasser? Und, wenn mir das gelungen ist: Wie komme ich aus dem Wasser raus? Welche Hürden muss ich zuerst nehmen?

Eines begriff er an diesem Abend recht schnell: Er musste raus aus der Opferrolle. »Ich hatte in meinem Bekanntenkreis genug Scheidungen miterlebt – und Männer, die an Selbstmitleid kaputtgegangen sind.« Irgendwie musste er sein Leben wieder in die Hand nehmen, genauer gesagt das, was davon übriggeblieben war. Irgendwie musste er es schaffen, sich wieder nach vorn zu pushen. So wie im Tennis. Diesen Tiebreak durfte er nicht verlieren.

Sich jemandem anvertrauen, das wollte er nicht. Den Eltern nicht, um sie zu schonen. Den Freunden nicht, um sich selbst zu schonen. »In diesem Stadium wollte ich noch den schönen Schein wahren.« Weil er sich schämte. Weil er immer noch hoffte. Die Hoffnung stirbt bekanntlich immer erst ganz zum Schluss.

Hilfe von außen konnte also nur von weit weg kommen – je weiter, desto besser. »Das Kuriose ist, dass es durchaus Freunde gäbe, die prädestiniert wären, dir zu helfen. Menschen, die es gut mit dir meinen. Aber die willst du nicht anquatschen.« Weil er nicht als Depp dastehen wollte. Weil er sie nicht zumüllen wollte: »Das kann man ihnen doch nicht antun, den ganzen Müll da abzuladen.«

An diesem strategischen Küchentischabend traf er die Entscheidung, mit einem flüchtigen Bekannten vom Tennisclub Kontakt aufzunehmen, von dem er wusste, dass er gerade eine Scheidung hinter sich hatte. Simon hieß er. Bei Simon konnte er sich als Loser outen, Simon würde er sein Herz ausschütten können. Denn Simon war weit genug weg, ihre Leben hatten so gut wie keine Schnittstellen. Es gab niemanden, dem Simon sagen würde: »Weißt du schon, dass Babs Thomas verlassen hat?« oder »Stell dir vor, der Thomas ist von seiner Frau verlassen worden!« Die Leute würden nicht anfangen zu tratschen, es würde sich nicht wie ein Lauffeuer verbreiten und heißen: »Eh, der Thomas ist völlig durch den Wind, momentan solltest du lieber nicht in seine Praxis gehen, der bohrt dir noch in die Backe!«

Unter einem Vorwand rief er Simon an und bat um einen Termin. Sie trafen sich nachmittags um drei in Simons Büro und verließen es gegen zehn Uhr abends wieder. Thomas konnte sich alles von der Seele reden. Den Schmerz und auch den Frust, »den unheimlich großen Frust«. Obendrein half Simon ihm dabei, ganz praktische Dinge zu regeln: Worauf muss ich jetzt besonders achten? Welcher Scheidungsanwalt ist zu empfehlen?

Von Simon erfuhr er auch, wie sich gemeinschaftliche Konten damals am besten vor Noch-Ehefrauen schützen ließen. »Wenn sie schläft, suchst du ihr Portemonnaie, dann gehst du mit einem Magneten mal kurz über die Kredit- und EC-Karten – das wirkt.«

Für Thomas sei das zwar keine Option mehr gewesen, Babs war ja schon weg. »Aber ich konnte weiteren Schaden zum Glück über meinen Banker verhindern, mit dem ich gut befreundet war.« Der habe für einen technischen Fehler gesorgt, sodass sämtliche gemeinsamen Kredit- und EC-Karten plötzlich funktionsuntüchtig waren. »Legal war das natürlich nicht. Aber es ging ja ums Überleben.«

Den Tipp mit dem Magneten, den gab er dann noch einem Leidensgenossen ganz besonderer Art, den das Schicksal ihm beschert hatte: dem Noch-Ehemann von Irmgard. Demjenigen, der eigentlich als Erster hätte dran glauben sollen, der dann aber wider Erwarten erst gut drei Monate nach Thomas von seiner Frau verlassen wurde und allein in der gemeinsamen Villa in Fürstenfeldbruck zurückblieb, nachdem Irmgard in ihrem Lamborghini nach München zu Babs abgebraust war.

»Wie ich damals mit Ralf in Kontakt kam, weiß ich nicht mehr«, erzählt er. »Jedenfalls stand der damals auch noch unter Schock, wollte sich ebenfalls niemandem anvertrauen und hat dann bei mir Rat gesucht.« Zwei Männer im besten Alter, von ihren Frauen verlassen, in ihrer Existenz bedroht. »Wir telefonierten zigmal, um zu wissen, wie es dem anderen ging.« Und sie trafen sich regelmäßig zum Essen oder in der Kneipe, wo sein neuer Kumpel jedes Mal viel zu viel trank. »Der gefiel sich in der Opferrolle, der wollte nicht rauskommen.« Anfangs versuchte Thomas noch, ihn eines Besseren zu belehren, irgendwann sei es ihm dann egal gewesen: »Hauptsache, ich saß nicht allein zu Hause.«

Denn noch immer waren sie schrecklich, die langen einsamen Abende in der leeren Wohnung. Dann fing das Grübeln wieder an, dann kamen die Selbstvorwürfe: War er vielleicht doch der Workaholic gewesen, der nur an die Praxis dachte? Hatte er nicht nur Babs sträflich vernachlässigt, sondern auch die Kinder? Mit einer Extratasse Kaffee am Abend wäre er beim Vorlesen vielleicht nicht schon nach sechs Seiten eingeschlafen, sondern erst nach acht. Hätte er Babs und ihre Unzufriedenheit nur ernster genommen! Hätte er nur besser zugehört und mehr Interesse gezeigt, als sie sich von Irmgard anstecken ließ und die eigene Scheidung vorzubereiten begann! Hätte, hätte, hätte! Wäre sie dann geblieben?

»Sie muss wohl irgendwann aufgehort haben, mich zu lieben«, meint er. Vielleicht habe sie ihn sowieso immer weniger geliebt als er sie. »Aber das weiß ich nicht, das kann ich nicht sagen. Ich jedenfalls habe sie geliebt, das weiß ich.«

Einmal noch, nach Monaten, sei es zu einer Aussprache gekommen. Wieder blieben sie beide ganz ruhig, ganz sachlich. Keiner schimpfte oder brüllte. Er wollte wissen, was nun eigentlich genau zum Ende ihrer Ehe geführt hätte. »Aber sie sagte nichts Konkretes. Sie meinte nur, dass sie mit der Gesamtsituation nicht mehr einverstanden gewesen sei.« Wieder muss er kurz auflachen. »So wie im *Schuh des Manitu*. Kennt ihr den Film?« Apachenhäuptling Michael Bully Herbig hängt zusammen mit seinem Blutsbruder am Marterpfahl, als der ihn fragt, warum er denn so schlecht drauf sei. »Weil ich mit der Gesamtsituation nicht einverstanden bin«, lautet seine Antwort. So sei es auch mit Babs gewesen: »Sie war mit der Gesamtsituation nicht einverstanden.«

Natürlich habe er nachgehakt und gefragt, ob es denn etwas gebe, was er tun könne, um daran etwas zu ändern. »Ja«, antwortete sie. »Aber dazu müsstest du die Praxis ganz schließen.« Dann wäre sie – vielleicht – bereit zurückzukommen. »Natürlich war das keine Option, das wusste sie selbst allzu gut.« Babs' Entschluss stand fest. Es gab kein Zurück. Sie wollte gar nicht zurück. Und die Praxis, so Thomas, »die muss sie regelrecht gehasst haben«.

An diesem Abend starb die Hoffnung. »Das Pferd war tot, ich musste absteigen.« Nun machten sich nicht mehr nur Hilflosigkeit und Schmerz in ihm breit, ein neues Gefühl war hinzugekommen: das der Trauer, einer tiefen Trauer. Als ob jemand gestorben war, der ihm sehr nahestand. Es hatte ja auch einen Todesfall gegeben: Seine Ehe war gestorben, seine Liebe, sein gesamtes bisheriges Leben. Draußen begannen die Krokusse und Osterglocken zu blühen, die Tage wurden länger, der Frühling lag in der Luft. Aber selbst das erfüllte ihn mit Wehmut, auch das tat weh. So wie eigentlich alles. In dieser Phase sei er nach Praxisschluss oft ziellos durch die Gegend gefahren oder zu Fuß durch die Straßen gestreift.

Es war ein solcher Abend Anfang April, als ihn der Hunger überfiel. Der Kühlschrank zu Hause war ziemlich leer, zum Einkaufen hatte er keine Lust. Spontan beschloss er, sich in ein Restaurant zu begeben, in das er bis vor Kurzem oft gegangen war, mit Kollegen, Freunden oder mit Babs. Der Laden war wie immer rappelvoll, er konnte gerade noch einen kleinen Tisch ergattern. Verstohlen beobachtete er die anderen Gäste. Überall saßen kleine Gruppen. Und Pärchen, vor allem Pärchen. Sie aßen, tranken, erzählten sich lachend ihre Geschichten. Überhaupt sah er in der letzten Zeit überall Pärchen, die Welt schien nur aus Pärchen zu bestehen, glücklichen Pärchen. Früher war ihm das gar nicht so aufgefallen. Pärchen, die sich verliebt in die Augen schauten, Händchen hielten und sich küssten. Er hingegen hatte niemanden mehr. So war das jetzt. Damit hatte er sich abzufinden. Thomas bestellte sich ein Wasser und Nudeln mit Lachs. Auf einmal hatte er das Gefühl, von allen angestarrt zu werden. Da saß er, der Loser. Guckt euch das arme Schwein nur an! Der macht schon ein Gesicht, als hätte ihn die Frau sitzengelassen! Stand es nicht auch in großen Neonbuchstaben auf seine Stirn geschrieben? »Ich wurde verlassen!«

Der Schweiß brach ihm aus, Panik überfiel ihn. Am liebsten wäre er aufgesprungen und hätte gesagt: »Das Wasser zahl ich, dann geh ich wieder.« Stattdessen blieb er stocksteif sitzen. Handys waren damals noch kein unverzichtbarer Bestandteil des Lebens. Ein Buch oder eine Zeitschrift hatte er nicht bei sich. »Mir blieb nur die Speisekarte, die lernte ich an diesem Abend auswendig.« Grausam sei das gewesen. Als die Nudeln endlich kamen, aß er in Rekordzeit seinen Teller leer, zahlte und flüchtete regelrecht aus dem Lokal.

Er hätte sich am liebsten übergeben, so miserabel fühlte er sich. An diesem Abend saß er noch länger als sonst im Dunklen am Küchentisch. Er schämte sich. So weit war es also mit ihm gekommen: dass er sich noch nicht einmal mehr allein in ein Restaurant traute! Das konnte so nicht weitergehen, das durfte nicht noch einmal geschehen. Er musste raus aus diesem Jammertal!

Entschlossen knipste er das Licht an, um einen seiner Aktionspläne aufzustellen. Er hatte schon Papier und Bleistift vor sich, doch er brauchte es gar nicht erst lange aufzuschreiben. Stattdessen griff er zu seinem Terminkalender und dann zum Telefon. Um im selben Restaurant anzurufen, das er nicht lange zuvor fluchtartig verlassen hatte, und dort einen Tisch zu reservieren. »Wenn's geht, am Fenster bitte. Ja, nur für eine Person.«

Eine Woche später saß er wieder dort. Ganz vorn. Für alle sichtbar, auch für die Passanten draußen auf der Straße. Freundlich nickte er den Gästen an den Nebentischen zu. Dann ließ er sich bedienen: Antipasti-Teller, ein Nudelzwischengericht, der Fisch vom Tag als Hauptspeise. Dazu jeweils den passenden Wein, ausgesucht vom Sommelier. Zum Abschluss Tiramisu und dann einen Espresso. »Ich bestellte sogar noch einen zweiten.« Dieses Mal konnte es ihm nicht lange genug dauern.

Als Thomas an diesem Abend das Restaurant verließ, war er so richtig stolz auf sich. Er hatte durchgehalten! Er hatte sich befreit von der Vorstellung, dass alle anderen ihn beobachteten und über ihn tuschelten. Wahrscheinlich hatten die Leute überhaupt keinen Gedanken daran verschwendet, weshalb er allein am Tisch saß, vermutlich war es den meisten noch nicht einmal aufgefallen. Es war so unglaublich gut, dieses Gefühl! Am liebsten hätte er die geballte Faust in die Luft gestreckt und »Yes!« gerufen. Solche Hürden galt es fortan zu nehmen, davon musste er sich öfter überzeugen. »Hey, das schaffst du! Das lässt du dir nicht nehmen.«

Die nächste Hürde nahm er schon kurz darauf, als er beschloss, allein in den Urlaub zu fahren. Fuerteventura. Singleclub. Kontaktbörse Nummer eins. Keine alten Leute, keine Kinder. »Ich musste mich öffnen, ich musste raus. Das Glück kommt ja in den seltensten Fällen einfach so vorbei, man muss schon selbst aktiv werden und ihm eine Chance geben.« Aber diese Herausforderung sei noch größer gewesen als der Solo-Act im Restaurant. »Das war eine Art Mutprobe, ihr glaubt gar nicht, wie schwer mir das gefallen ist!« Da stand er allein am Flughafen, er, der Familienmensch, der es geliebt hatte, Vater und Ehemann zu sein. Es gab keine Buggys mehr, die er nach der Landung vom Band nehmen musste, keine Kinder, die es zu beaufsichtigen galt. Einsam wartete er zwischen den anderen Passagieren auf seinen Koffer. Niemand, der ihn kannte, niemand, der ihn ansprach. Was hatte er hier eigentlich verloren? Was wollte er auf dieser Insel? Sollte er nicht lieber den ersten Flieger zurück nach Hause nehmen? Aber – er lacht – es sei wirklich so: »Immer, wenn man denkt, es geht nicht mehr, kommt von irgendwo ein Lichtlein her!«

In diesem Falle ein dreifaches: Er fand Anschluss bei drei Männern, die ihn unter ihre Fittiche nahmen. »Vielleicht hatten sie einfach nur Mitleid mit mir.« So nach dem Motto: Komm, dem müssen wir jetzt mal unter die Arme greifen. »Jedenfalls waren das meine Therapeuten«, erinnert er sich grinsend. Er hatte es ja verlernt, zu flirten und fremde Frauen anzusprechen. »Ich hatte keinen einzigen Anmachspruch mehr parat, noch nicht mal einen dummen.«

Was sich bald ändern sollte: Seine drei Therapeuten halfen ihm, Courage zu entwickeln, und zeigten ihm, wie man an der Bar am besten mit fremden Frauen ins Gespräch kam. »Die haben mir das echt wieder beigebracht. Die waren gut drauf, die wussten, wie man mit Frauen umgeht. Als Ehemann und Vater hatte ich damit ja schon fast abgeschlossen.« Die drei hätten auch mehrmals versucht, ihn abends beim Tanzen zu verkuppeln –

einmal sogar mit Naddel: »Na, die Ex von Dieter Bohlen, die war auch da. Nadja Abd el Farragh.« Das habe er dann aber abgelehnt, »die war nicht mein Typ«.

Ein richtig guter Urlaub sei das geworden. »Ratzfatz«, erzählt Thomas, waren er und seine Therapiegruppe im »Freizeitstress«: um drei am Pool, um fünf an der Bar, um sieben im Restaurant, um zehn in der Disko. Er erkannte, dass viele Menschen im Club unterwegs waren, denen es ging wie ihm. »Die stehen genauso hilflos an der Bar, gucken dich an und wissen auch nicht, wie sie dich anquatschen sollen.« Nach diesen Tagen auf Fuerteventura sei er wieder lebensfähig gewesen. »Ich kam therapiert zurück, ich hatte neuen Mut. Ohne die drei Jungs wär das schwieriger gewesen. Die haben mir echt gezeigt, wie das Leben geht.«

Nach diesem zehntägigen »Trainingslager« auf Fuerteventura fielen ihm auch die Konfrontationen mit Babs leichter. »Ich hatte ja jedes zweite Wochenende die Kinder.« Freitagabend holte er sie in München ab, Sonntagabend brachte er sie wieder zurück. Oft saßen dann Verwandte oder gemeinsame Freunde bei Babs auf dem Sofa. Er fühlte sich total unsicher, und dafür hasste er sich. »Da kommst du dann rein vor versammelter Freundschaftsgruppe und stehst einfach doof da. Sagst hallohallo, packst die Taschen und verschwindest mit den Kindern wieder. Da habe ich mich selbst nicht richtig gemocht.« Fast ein Jahr habe es gedauert, bis er damit umgehen konnte und diese »Übergabe«, wie er es nennt, glatt verlaufen sei.

Vor den Kindern musste er sich regelmäßig auf die Zunge beißen. So manches Mal habe er vor Wut über Babs gekocht. Weil gerade wieder ein Schreiben von ihrem Scheidungsanwalt eingetroffen war und sie ihn auszunehmen versuchte, die geldgierige blöde Kuh! Weil sie die Kinder vorzugsweise in den abgeranztesten Klamotten zu ihm schickte und er samstagvormittags mit ihnen zum Einkaufen gehen musste, um sie neu einzukleiden, weil er mit ihnen so nicht rumlaufen wollte. Dann lag ihm auf der Zunge: »Daran ist eure Mutter schuld! Die ist dafür verantwortlich, dass ihr so rumrennt.«

Aber kein Wort kam über seine Lippen. »Irgendwie ist es uns beiden gelungen, die Kinder da rauszuhalten. Mir kam auch nie zu Ohren, dass Babs mich vor den Kindern schlechtgemacht hätte.« Das habe sich ausgezahlt, betont Thomas. »Dadurch haben wir beide bis heute ein Superverhältnis zu den Kindern.«

Es wäre sowieso zwecklos gewesen, den anderen zu kritisieren oder gar zu versuchen, ihn schlechtzumachen. »Die Kinder ließen sich nicht beeinflussen, die ließen nichts auf ihre Mutter kommen. Die waren so was von loyal! Die hätten sich nie nur für Mama oder nur für Papa entschieden.«

Und nicht nur loyal seien sie gewesen, sondern auch »so was von abgeklärt«. Thomas muss noch im Nachhinein darüber staunen. »Ich hab anfangs versucht, die Scheidung rosig zu reden, die waren ja noch so klein, vier und sechs Jahre alt.« Ja, die Mama wohnt jetzt woanders als der Papa, aber wir vertragen uns noch immer, und der Papa ist nicht wirklich weg …

»Aber die haben das durchschaut, die haben sich nichts vormachen lassen.« So klein sie auch waren, Luisa und Céline hätten die Lage ganz klar eingeschätzt: Mama und Papa hatten sich getrennt, die ließen sich nun scheiden. So wie die Eltern von Julia, die in der Schule neben Luisa saß. »Viele Eltern neigen dazu, ihre Kinder in dieser Hinsicht zu unterschätzen«, glaubt Thomas. Am besten sei es, mit ihnen Klartext zu reden. Ganz sachlich. Und, wie gesagt, ohne dabei den Groll oder die Wut auf den oder die Ex herauszulassen, »so schwer einem das auch fällt«.

Auch er habe mit »Rachegelüsten ohne Ende« gerungen, auch er schwor sich so manches Mal: »Boah, die machste fertig.« Wie oft habe er im Auto gesessen, die Kinder hinten in ihren Sitzen, und gedacht: »Denen zeigst du mal, dass Papa der Richtige ist und Mama die Doofe.« Aber er beließ es dabei, seine Wut herauszulassen, wenn er allein war. Da habe er dann auch mal gebrüllt, mit der Faust auf den Tisch geschlagen, einmal sogar einen Kaffeebecher an die Wandfliesen in der Küche geschmettert. Einen, aus dem Babs gern getrunken und den sie vergessen hatte. »Aber alles andere bringt nichts.«

Wieder einmal halfen ihm die Fortbildungskurse, die er absolviert hatte. Lass die emotionale Schiene weg! Hilft es dir, wenn du dich aufregst, weil dir einer die Vorfahrt genommen hat? Bringt dich das weiter? Nein. »Du ärgerst dich nur über dich selbst, dass du dich ärgerst«, sagt Thomas. »Dem anderen geht's wunderbar dabei, der sitzt am Steuer und freut sich über das schöne Wetter. Und du hast einen Puls von noch was und kriegst Herzrasen.« Dadurch mache man sich nur selbst krank. Nein, fortan würde er sich nicht mehr tierisch über Babs aufregen, denn er wollte nicht krank werden. »Das hätte sie nicht verdient.«

Er war doch gerade dabei, sein Leben vorsichtig wieder in die Hand zu nehmen. Er konnte wieder Pläne schmieden und sich auf etwas freuen. So wie auf die New-York-Reise Mitte September 2001, mit Kollegen für einen Kongress. Am 15. September sollten sie abfliegen, ein Samstag. »Wir waren im Hilton Hotel gegenüber den Twin Towers untergebracht, wir hatten für den Sonntag sogar einen Brunch oben in den Twin Towers gebucht.« Doch dann, vier Tage zuvor, einem Dienstag, er war gerade beim Bäcker, da fragte ihn die Bäckersfrau: »Hoabn'S scho g'hört?«

Islamistische Terroristen hatten zwei Flugzeuge in die Türme des World Trade Centers gelenkt und eines ins Pentagon. Fast dreitausend Menschen sollten an diesem »Nine-Eleven«, diesem 11. September 2001, ums Leben kommen. Ein terroristischer Massenmord. »Meine Kollegen und ich, wir waren ganz schön fertig mit den Nerven«, sagt Thomas. »Und da wurden natürlich alle Flüge für die nächsten Tage annulliert, auch der unsrige.«

Was sollte er nun tun? Die Reise war geplant, die Praxis zu. »Eine ganze Woche allein zu Hause, das hätte ich damals noch nicht geschafft.« Als er bei einem seiner Streifzüge durch die Stadt am Schaufenster eines Reisebüros vorbeikam, wusste er es: Er würde einen weiteren Urlaub in einem Singleclub buchen, wo, das war ihm egal. Es wurde Çamyuva an der türkischen Riviera. »Mit Müh und Not hab ich noch einen Platz ergattert, aber auch nur deswegen, weil ein anderer in letzter Minute abgesprungen ist.«

Sonst hätte sein Leben einen anderen Lauf genommen, meint er und lacht sein verschmitzt-jugendliches Lächeln. »Ich war zur richtigen Zeit am richtigen Ort.« Wie gesagt: Man müsse dem Glück halt auf die Sprünge helfen. »Wenn du nicht rausgehst, kannst du auch kein Glück haben.« Und rausgehen, das konnte er ja inzwischen, das hatte er mit seinem ersten Singleurlaub auf Fuerteventura bewiesen, er war erfahrungserprobt.

Schon am Flughafen suchte er Kontakt zu zwei alleinreisenden Frauen, zwei Freundinnen, wie sich herausstellte. Als er sie nach der Landung im Bus wiedertraf, setzte er sich zu ihnen und knüpfte an das Gespräch am Flughafen an. Gleich am ersten Abend landeten sie zusammen an der Bar. Die eine Frau war die Tochter des Ärztekammerpräsidenten, das weiß er noch genau. Die hatte sich in ihn verguckt, musste jedoch zu ihrem Leidwesen feststellen, dass Thomas ihre Freundin sehr viel interessanter fand. Sie verabredeten sich für den nächsten Tag zum Dinner. »Man wird da ja immer zu einem Achtertisch geführt«, erklärt er. »Ich kam mit den zwei Frauen an und saß dann als einziger Mann mit sieben Frauen am Tisch.« Augen allerdings hatte er nur für Corinna, die Freundin der Ärztekammerpräsidententochter. Sie war groß, blond, schlank, mit einem frechen Kurzhaarschnitt und saß rechts neben ihm. Die anderen sechs Menschen am Tisch existierten an diesem Abend für die beiden nicht mehr. »Mit denen haben wir kaum ein Wort gewechselt. Es war, als ob wir allein auf der Welt waren.«

Da habe es dann wieder »geschnackelt«, erzählt er lachend. So wie damals in Bonn. Mit dem Unterschied, dass er nun gut zwölf Jahre älter war und kein unbeschriebenes Blatt mehr, sondern zweifacher Vater und so gut wie geschieden. Das Leben hatte ihn sozusagen einmal gut durchgeschüttelt.

Auch Corinna hatte gerade eine Trennung hinter sich. Sie lebte in Berlin und arbeitete dort für eine Unternehmensberatungsfirma, die sie nach London entsandt hatte: Montag in aller Herrgottsfrühe nahm sie den ersten Flug nach London, freitagabends kam sie mit der letzten Maschine zurück nach Berlin.

Corinna, so entdeckte er schnell, war nicht nur genauso sportlich wie er, sondern auch so strukturiert, so stabil. Sie wusste genau, was sie wollte, und stand mit beiden Beinen fest im Leben.

Noch während dieser sechs gemeinsamen Tage im Club wurde beiden klar, dass es ihnen ernst war. Das war nicht bloß ein Urlaubsflirt, das war mehr. »Und ich wollte ja auch wieder eine feste Beziehung, ich bin kein Einzelgänger, dafür bin ich nicht geschaffen.«

Aber wie sollte das praktisch gehen – sie in Berlin und London, er in Fürstenfeldbruck? War das nicht völlig utopisch? »Ich hab mich ja anfangs noch nicht einmal getraut, von Fürstenfeldbruck zu sprechen, ich sagte, ich käme aus München.«

Doch er musste schnell Farbe bekennen, denn Corinna wollte ihn besuchen. »Da hat sie schon ganz schön geschluckt, dass sie in der bayerischen Provinz landete und nicht in München.« Trotzdem war sie ein Jahr später bereit, Berlin für ihn zu verlassen. »Ein großer Liebesbeweis«, findet Thomas noch heute. Seitdem fliege Corinna montagmorgens vom Münchner Flughafen nach London und freitagabends wieder zurück. »Wir sind seit fünfzehn Jahren sozusagen dauerverlobt.« Er lacht und schenkt uns allen noch ein Glas Sprudel ein.

Nur ein Jahr nach dem Auszug von Babs hatte er eine neue, seine große Liebe gefunden. »Dafür bin ich bis heute sehr dankbar«, sagt er schlicht. So viel Glück habe nicht jeder. »Aber ich habe ihm ja auch eine Chance gegeben, dem Glück, ich bin rausgegangen«, betont er. Gut, dass ihm seine Eltern schon als Kind eingetrichtert hätten: Es gibt nichts umsonst im Leben, du musst schon selbst etwas dafür tun.

Thomas wirft einen Blick auf die große Wanduhr über dem Tisch. Es ist schon fast acht, wir haben die Zeit völlig vergessen. Dieter und ich brennen darauf, zu erfahren, wie es weitergegangen ist – mit Corinna, den Kindern, mit Babs. Aber wir müssen uns gedulden. »Habt ihr denn keinen Hunger?«, fragt Thomas und greift zum Handy. »Mein Lieblingsitaliener?« Es klingt wie eine Frage, aber er tippt die Nummer bereits ein. »Ja, den Tisch am Fenster«, sagt er und zwinkert uns fröhlich zu. »Drei Personen.«

Sie seien nicht leicht gewesen, die ersten Jahre als Patchwork-Familie, erzählt er beim ersten Glas Wein und einer Platte herrlicher italienischer Vorspeisen weiter. Er konnte die Vergangenheit ja nicht hinter sich lassen wie ein Buch, das man schließt. Fertig. Aus. Vorbei. Er hatte schließlich zwei Kinder in die Welt gesetzt. Zwei Kinder, mit denen sie jedes zweite Wochenende teilten. »Wir hatten dadurch kaum Zeit für uns, wir führten ja eine Wochenendbeziehung.« Wenn Corinna an diesen Freitagabenden aus London nach Hause kam, waren die Kinder schon da. »Uns blieb dann nur der Sonntagabend zu zweit, aber der war kurz, weil sie montagmorgens schon wieder um fünf raus zum Flughafen musste.«

Aber das hätten sie in Kauf genommen, daran habe sich nichts ändern lassen, das sei nun mal so gewesen. »Mit der Eifersucht meiner Ältesten taten wir uns da schon schwerer«, seufzt er und nimmt einen Schluck Wein.

Wem gehörte der Papi jetzt? Wem stand er näher, wer bekam mehr Aufmerksamkeit? Luisa, damals sieben Jahre alt, drängte sich, wann immer es ging, zwischen ihn und Corinna. Sie wollte am Tisch neben ihrem Vater sitzen, und zwar nicht sie auf der einen und Corinna auf der anderen Seite – nein, sie wollte zwischen ihnen sitzen. Und sie griff auch sofort nach seiner Hand, wenn sie in der Stadt unterwegs waren, noch bevor Corinna dazu kam. Manchmal, beim Einkaufsbummel oder Spazierengehen, hatte er eine Tochter an der einen und die andere an der anderen Hand, während Corinna versuchte, neben ihnen zu gehen, oder, notgedrungen, einen Meter vor ihnen lief oder einen hinter ihnen. »Hallohallo«, habe sie einmal gesagt, »ich bin deine Partnerin, nicht deine Töchter!«

Sie habe schon einiges weggesteckt in dieser Zeit, »das rechne ich ihr hoch an«, sagt Thomas und tupft sich mit der Serviette den Mundwinkel sauber.

Noch mehr Stress gab es, als die Kinder in die Pubertät kamen.

»Einmal hat Luisa Corinna angelogen, da ist die hochgegangen.« Zu wem sollte er jetzt halten? Er übte sich im Spagat, versuchte, es allen dreien recht zu machen. »Aber Blut ist nun mal dicker als Wasser.« Er konnte ja in Konfliktsituationen mit seinen Töchtern nicht einfach die Tür hinter sich zuschlagen und sagen: »Ihr könnt mich mal.« Mit dem Partner könne man das machen, mit den Kindern nicht.

»Trotzdem sind wir von Anfang an zu viert in den Urlaub gefahren«, erzählt er weiter. Einmal im Sommer, einmal im Winter. Zunächst dachten sie daran, eine Ferienwohnung zu mieten. »Aber diesen Gedanken haben wir schnell wieder aufgegeben, das hätte unsere Beziehung nicht verkraftet.« Nein, die Urlaubsform, die auch dieses Mal Rettung bot, seien erneut Clubferien gewesen. Nach dem Single- wieder der Familienclub: »Da hatten wir alle vier unser eigenes Programm.« Tagsüber fuhr jeder in seiner eigenen Leistungsklasse Ski, um fünf gingen die Kids in den Kinderclub und Corinna und er in die Sauna, dann ließ man den Abend ausklingen. Zu viert in einer Ferienwohnung, da ist er sich ganz sicher, »wären wir als getrennte Leute zurückgekommen«.

Schwer sei es für Corinna auch gewesen, das Verhalten von Babs zu akzeptieren. Sie fand es ungeheuerlich, dass Thomas die Kinder samstags neu einkleiden musste, weil sie freitagabends in den ältesten Klamotten bei ihnen erschienen waren. »Anfangs hatten wir den Plan, die neuen Sachen einfach bei uns zu lassen, aber das ging nicht, die Kinder waren ja stolz auf das neue T-Shirt, die wollten damit am Montag in der Schule erscheinen.«

Einmal habe Babs die Kinder auch völlig unangemessen gekleidet in den Winterurlaub geschickt. »Da erschienen die mit Flipflops am Flughafen – keine dicken Schuhe, nichts!«, erzählt

Thomas, als das Hauptgericht eintrifft, dreimal Tagliatelle mit Meeresfrüchten. »Das müsst ihr euch mal vorstellen – für den Skiurlaub!« Corinna sei ausgeflippt, »die hat sich tierisch aufgeregt«.

Und dann sei da auch noch die Scheidung gewesen. »Das zog und zog sich hin. Das hat gedauert ohne Ende.« Erst vier Jahre nach dem Auszug von Babs konnte er auch formell einen Punkt hinter seine Ehe setzen. »Die Gerichte sind völlig überlastet, eine Scheidung ist ja kein Strafverfahren, wo es gilt, einen hinter Gitter zu bringen. Das hat keine Priorität.«

Viel schlimmer aber als das Warten sei das »Pingpongspiel« der Anwälte gewesen und die wechselnden Gefühlsbäder, denen er dadurch ausgesetzt war: »Du denkst: Juhu, ich hab's geschafft. Und dann kommt der Brief von der Gegenseite, und das Herz rutscht dir in die Hose. Oh Gott, wenn das passiert, dann bist du pleite.«

An Babs habe das gar nicht so sehr gelegen, weiß er im Nachhinein. »Sie hatte es nicht darauf angelegt, mich auszunehmen. So bösartig war sie nicht. Das sind die Anwälte, die schaukeln das hoch.«

Thomas weiß auch, wie das damals zwischen Babs und ihrer Anwältin vor sich gegangen sein muss. Er legt Löffel und Gabel zur Seite und beginnt lebhaft gestikulierend einen Dialog zum Besten zu geben.

»Anwältin: ›Da holen wir 'ne halbe Million raus, ganz locker.‹

Babs: ›Aber mein Mann hat doch gar keine halbe Million!‹

Anwältin: ›Die finden wir schon!‹

Babs: ›Ja, gut, okay.‹

Anwältin: ›Dann unterschreiben Sie mal hier!‹«

So habe das damals eine Eigendynamik bekommen, meint er

und rollt sich eine neue Portion Tagliatelle auf die Gabel. »Obwohl wir das beide gar nicht so wollten.«

Zum Glück sei dann aber trotzdem alles glimpflich abgelaufen und er gut aus der Scheidung herausgekommen. »Rein wirtschaftlich gesehen hatte ich Massel, dass es so früh passiert ist und die Praxis noch so jung war. Ihr Wert wird ja ideell berechnet.« Er kennt einen älteren Kollegen in Straubing, der musste die Praxis verkaufen, um seiner Exfrau die Hälfte des Praxiswerts ausbezahlen zu können. »Ich hatte nach der Scheidung zwar auch Schulden ohne Ende, aber irgendwie konnte ich mich über Wasser halten. Irgendwie hab ich das geschafft.« Irgendwie hätten sie alle es geschafft: Corinna und er, die Kinder. Und auch Babs.

Denn egal, ob Kindergeburtstage, Schulfeste, die Kommunion von Céline und Luisa: »Wir konnten das immer ziemlich unverkrampft gemeinsam feiern.« Er zieht ein Foto seiner beiden Töchter aus der Brieftasche und zeigt uns zwei strahlende, gutaussehende junge Frauen »Das war auf dem Abi-Abschlussball von Céline.« Sie saßen alle gemeinsam an einem Tisch – die Töchter, Corinna und er, Babs und ihr neuer Partner. Ein lockerer Abend sei das gewesen, an dem viel gesprochen und gelacht wurde, auch über die eigenen Schulzeiten. »Hinterher haben die uns sogar noch zu einem Glas Wein bei sich zu Hause eingeladen, aber Corinna fand das verzichtbar.«

Freunde sind sie also nicht geworden? »Nein, aber das muss ja auch nicht sein«, lautet seine Antwort. »Das Wichtigste ist, dass wir uns nie aus dem Weg zu gehen brauchten. Dass wir eine sachliche, vernünftige Art fanden, miteinander umzugehen. Und dass wir uns respektiert haben.«

Mit einem versonnenen Lächeln steckt er das Foto von Céline

und Luisa zurück in die Brieftasche. Auf seine Töchter ist er immer noch »stolz wie Bolle«, das ist ihm anzusehen. »Die machen ihren Weg. Läuft alles rund«, meint er, als wir den Nachtisch bestellen: Pannacotta mit Rhabarber-Erdbeer-Kompott.

Wie blickt er nach all den Jahren auf seine Ehe mit Babs zurück? Der Abend, als sie ihm eröffnete, dass sie sich trennen wollte? Der Nachmittag, als die Möbel abgeholt wurden, die langen einsamen Abende am Küchentisch … Tut es noch weh, wenn er daran zurückdenkt?

Entschieden schüttelt Thomas den Kopf. »Nein, ich habe dieses Kapitel, auch wenn es das bislang schwerste meines Lebens war, gut abschließen können.« Eine Narbe ist geblieben, aber die einst so klaffende Wunde gut verheilt. Und inzwischen hat er auch Abstand genug, um einordnen zu können, wieso seine Ehe scheiterte und welche Rolle er selbst dabei gespielt hat. »Zu drei Fünftel lag es an Babs' Drang, sich selbst zu verwirklichen«, beginnt er zu analysieren. Sie habe ja auch sehr viel mehr zurückstecken müssen und für die Familie aufgegeben als er, das müsse man fairerweise zugeben. »Ich wollte das damals nicht wahrhaben, ich habe, wie gesagt, den Schuss nicht gehört.« Zu einem weiteren Fünftel habe es an Irmgard gelegen, der Busenfreundin, von deren Scheidungswahn Babs sich habe anstecken lassen. Und zum letzten Fünftel an den finanziellen Verhältnissen. »Sie lebte nicht standesgemäß. Ich konnte ihr nicht genug bieten.«

Und wie geht es Babs jetzt? Wir sind neugierig. Hat sie sich verwirklichen können und ihr Studium abgeschlossen? Arbeitet sie nun als Architektin?

»I wo!«, entgegnet Thomas. »Babs hat es geschafft, noch nie für Geld arbeiten zu müssen. Sie hat noch nie eine Lohnsteuerkarte gehabt.« Corinna kriege darüber immer die Krise. Er sagt es erstaunlich emotionslos. Das Architekturstudium habe sie recht schnell nach der Trennung abgebrochen, um BWL zu studieren. »Aber auch das ist nichts geworden. Derzeit studiert sie Kunstgeschichte, wo sie vielleicht mal einen Abschluss macht, wann auch immer.« Er erzählt ohne Häme, ohne Schadenfreude, stellt einfach nur fest.

»Aber ich glaube, sie ist glücklich mit ihrem neuen Partner.« Den habe sie so wie er recht schnell nach der Trennung gefunden. Ein Unternehmer, ebenfalls geschieden, ebenfalls zwei Kinder. »Sie packt in seiner Firma mit an.« Er ist froh darüber, dass sie schnell wieder in geordneten Verhältnissen lebte und finanziell nicht abrutschte: »Wegen der Kinder.«

Und was ist mit ihren Ansprüchen? Hat sie es denn finanziell jetzt besser als mit ihm? Nachdenklich schiebt Thomas den Teller mit einem kleinen Rest Pannacotta zur Seite. Schlecht jedenfalls könne es ihnen nicht gehen, meint er dann. »Er ist für seine Firma ständig in der Weltgeschichte unterwegs und muss sich auf Messen präsentieren. Babs begleitet ihn oft, dann steigen sie in guten Hotels ab.« Und die Handtaschen, die sie trage, der Schmuck, die Klamotten – »da stehen Namen drauf, die man so auf der Maximilianstraße kennt«. Und die seien alle echt. »Sagt jedenfalls Corinna. Frauen erkennen ja, was echt ist und was nicht.«

Früher sei ihm das schon auch wichtig gewesen, solche Statussymbole, räumt er ein. Viel zu schnell habe er damals aller Welt beweisen wollen, dass er es zu etwas gebracht hatte. Und darüber die Beziehung, auch das muss er sich heute eingestehen, vernachlässigt. »Ich bin kein Egoist, aber das war damals schon egoistisch, da habe ich zu viel an mich selbst und meine Karriere gedacht.« Kein Wunder, dass Babs die Praxis am Schluss gehasst haben muss.

Welche Dinge sind wichtig im Leben, worauf kommt es wirklich an? Nach der Scheidung habe er viel über solche Fragen nachgedacht. Und deshalb gehe er jetzt mehr auf den Partner ein, höre genauer hin, versuche, nichts mehr unter den Teppich zu fegen oder zu ignorieren. »Ich passe einfach besser auf, ich bin wachsamer geworden. Wir nehmen uns auch ganz bewusst Zeit füreinander, Corinna und ich.«

Es gehe gut, schon seit mehr als fünfzehn Jahren gehe es gut. Auch wenn alles ganz anders gelaufen sei, als er es sich vorgestellt hatte. Aber, meint Thomas lachend: Wie habe es John Lennon einst so schön auf den Punkt gebracht? *Life is what happens to you while you're busy making other plans* – »Leben ist, was uns zustößt, wenn wir uns etwas ganz anderes vorgenommen haben.«

Kein Zweifel, der Mann, der uns gegenübersitzt, ist mit sich selbst im Einklang und zufrieden. Er liebt das Leben, das er führt. »Wisst ihr«, meint er, als der Ober uns die Rechnung bringt. »Irgendwann im Leben musst du ankommen. Corinna und ich, wir sind uns einander sicher.«

Draußen vor der Tür nehmen wir Abschied. Es ist ein sternenklarer Abend. »Meldet euch, wenn ihr noch Fragen habt«, ruft uns Thomas zu, bevor er sich auf den Nachhauseweg macht. Wir begeben uns in die entgegengesetzte Richtung zu unserem Hotel.

In den darauffolgenden Monaten halten wir Kontakt. Dann wird es eine Zeitlang still. Bis Dieter eines Tages per WhatsApp ein Foto von Thomas bekommt.

»Stell dir vor, Corinna und Thomas haben geheiratet!«, ruft er nach oben.

»Wann? Wo?« Überrascht komme ich die Treppe runter.

»Hier, schau!«

Ich sehe ein elegant gekleidetes Hochzeitspaar, das gegen

einen blitzeblauen Himmel auf uns herablächelt – Thomas im Frack, Corinna im hellen verspielten Sommerkleid.

»Wieso stehen die so hoch oben? Wo ist das denn aufgenommen?«

»Na, guck doch genauer hin!«

Ich kann es nicht fassen, denn ich erkenne die Brücke eines Kreuzfahrtschiffes – nicht irgendeines Kreuzfahrtschiffes, oh nein! Er hat es sich nicht nehmen lassen, der Unverbesserliche – er hat doch tatsächlich auf der MS Europa geheiratet.

## *Wie Thomas aus der Krise kam*

Für viele von uns kam die Trennung völlig unerwartet, wie aus heiterem Himmel. Dabei gibt es fast immer Signale, die wir jedoch nicht beachten. Entweder weil wir nicht genau hinhören oder -sehen. Oder weil wir sie einfach nicht wahrhaben wollen. Das war auch bei Thomas so. Erst wollte er die Unzufriedenheit von Babs nicht wahrhaben, dann nahm er sie nicht ernst genug. Es gelang beiden nicht, zum Kern der Dinge vorzudringen, sprich: die Ursache dieser Unzufriedenheit festzustellen. Stattdessen blieb es bei Symptombekämpfung. Die Trennung erlebte er als große Überraschung, er war der Ahnungslose, der, wie er es nennt, »den Schuss nicht gehört hat«.

Vieles in dieser schwersten Phase seines Lebens hat er mit sich selbst ausgemacht. Als Kopfmensch und Kämpfernatur ist es ihm vielleicht leichtergefallen, die Trennung zu bewältigen, als Bauchmenschen oder weniger starken Persönlichkeiten. Trotzdem – oder vielleicht sogar gerade deswegen – könnten seine Erfahrungen auch anderen von Nutzen sein. Hier sind sie:

## *Was Thomas geholfen hat*

- **Versinke nicht in Selbstmitleid:** Ich wollte kein Opfer sein, und deshalb habe ich es geschafft, die Opferrolle abzulegen. Selbstmitleid macht einen auf Dauer nur kaputt.
- **Hadere nicht mit dem Schicksal:** Ich habe die Realität akzeptiert und mich relativ schnell damit abgefunden, verlassen worden zu sein. So konnte ich mein Leben wieder in die Hand nehmen.
- **Erkenne deine Feinde:** Ich habe keinen Trost im Alkohol oder anderen Süchten gesucht.
- **Besinne dich auf deine Stärken:** Als ich ganz unten war, habe ich mich auf mich selbst konzentriert und daran erinnert, dass ich irgendwann einmal auch Stärken hatte. Wo waren die geblieben? Ich konnte sie finden und aktivieren, sie haben mir wie ein Anker Halt geboten.
- **Behalte den Überblick:** Ich habe all meine Probleme und Befürchtungen in einer Liste erfasst und aufgeschrieben, was ich ganz konkret zu ihrer Lösung tun muss bzw. was ich besser bleiben lassen sollte. Und das habe ich dann auch getan bzw. sein gelassen.
- **Informiere dich:** Ich wollte wissen, was in rechtlichen, steuerlichen und finanziellen Dingen auf mich zukommt. Deshalb habe ich mich umfassend informiert, sodass ich wusste, was es zu regeln gab und wo ich aufpassen musste. Schließlich ging es um meine Existenz!
- **Suche passende Ansprechpartner, denen du dein Herz ausschütten kannst:** Ich wollte keine engen Freunde oder meine Familie mit meinen Sorgen behelligen. Ich habe bei

einem weiter entfernten, trennungserfahrenen Bekannten Frust abgelassen, Rat und Hilfe gesucht.

- **Versuche, negative Emotionen in den Griff zu bekommen:** Meistens ist es mir gelungen, sie zu vermeiden bzw. zu kontrollieren. Das wollte ich insbesondere dort, wo es um unsere Kinder ging. Ärger, Wut und Rachegelüste konnte ich letztlich erfolgreich verdrängen. Ich wusste, dass mich das nur krankmachen würde. Auch deswegen ist es Babs und mir gelungen, einen »Rosenkrieg« zu vermeiden.
- **Halte die Kinder raus:** Babs und ich haben unsere beiden Töchter aus den Auseinandersetzungen herausgehalten und negative Bemerkungen über den Expartner heruntergeschluckt. Kinder bleiben nämlich loyal. Sowohl ihrer Mutter als auch ihrem Vater gegenüber.
- **Gewöhne dich in Etappen an dein neues Leben:** Ich habe mein neues Dasein als Single Schritt für Schritt gemeistert. Erst lernte ich es, allein in einem Restaurant essen zu gehen, wo ich mich demonstrativ an einen Fenstertisch setzte und mich fürstlich bedienen ließ. Dann fuhr ich erstmals allein in den Urlaub, und zwar in einen Singleclub. Denn da ist man umgeben von Gleichgesinnten. Dort habe ich gelernt, wieder zu leben und zu flirten.
- **Gib dem Glück eine Chance:** Ich habe mich nicht dauerhaft eingeigelt, sondern irgendwann wieder geöffnet. Das Glück kommt selten von allein vorbei!
- **Lerne aus deinen Fehlern:** Als ich genug Abstand hatte, habe ich versucht, zu Einsichten zu kommen und aus meinen Fehlern zu lernen. It takes two to tango, auch bei einer Trennung. Sie kommt nie aus dem Nichts. Und sie ist nie schwarzweiß.

*»Wenn man ein Wozu des Lebens hat, erträgt man jedes Wie.«*

Friedrich Nietzsche (1844–1900), deutscher Philosoph

~

# Linda

## *Die einer anderen den Mann ausspannte (Das Luder)*

Sie war neu in unserem Viertel. Ich hatte sie ein paarmal von Weitem gesehen und flüchtig gegrüßt – einmal beim Joggen am Strand, ein anderes Mal beim Einkaufen auf der Frederik-Hendrik-Laan, einer der beliebtesten Ladenstraßen von Den Haag. Mit ihr gesprochen hatte ich nie, aber umso mehr über sie gehört: Sie war die Frau, die zwei Familien zerstört hatte. Ein Luder, eine Bitch, die sich einen dreifachen Familienvater geangelt hatte.

»Stell dir vor, sie hatte ein Foto von ihm in der Zeitung gesehen und konnte dann nicht mehr von ihm lassen«, raunte mir eine Nachbarin zu, die gerade ihr Trottoir fegte und ganz offensichtlich bestens informiert war. Sie habe ihn nach dem Anblick des Zeitungsfotos einfach nicht mehr aus ihrem »System« herausbekommen. »So hat sie das formuliert«, erläuterte mir die Nachbarin. »Und dann rief sie so lange bei seiner Sekretärin an, bis die mürbe war und sie durchstellte.« Die Nachbarin ließ sich jedes Wort auf der Zunge zergehen, als seien es lauter kleine Leckerbissen. *Ongelooflijk* sei das, wirklich unglaublich: »Und für diesen Mann hat sie dann ihren eigenen verlassen. Obwohl sie selbst zwei kleine Kinder hatte.«

Nun wohnten sie ein paar Straßen weiter, als Patchworkfamilie in einem großen Haus mit vielen Zimmern. Unter der Woche waren sie zu viert, mit ihren beiden Töchtern, und jedes zweite Wochenende zu siebt, denn dann waren seine drei Söhne bei ihnen. Das erfuhr ich von einer anderen Nachbarin im Supermarkt vor dem Tiefkühlregal. »Kein Wunder, dass er sich von ihr hat angeln lassen«, meinte die und seufzte abgrundtief: »Er hatte damals ja gerade sein drittes Kind bekommen.« Windeln, schlaflose Nächte, Stillen, sexueller Notstand … »Da ist der Widerstand der Männer nicht sehr groß«, glaubte diese Nachbarin zu wissen und holte sich kopfschüttelnd ein Päckchen Tiefkühlspinat aus dem Regal. »Da sollte ein Mann besser nicht in Versuchung gebracht werden!«

In diesem Falle hieß die Versuchung Linda. Mitte dreißig war sie damals, groß, schlank, brünett und extrem attraktiv. Was sie sich geleistet hatte, verbreitete sich einem Lauffeuer gleich in unserem Viertel. Eine Liebesgeschichte, aber eine hässliche. Eine auf Kosten anderer.

Jahre später, als Dieter und ich mit diesem Buchprojekt begannen, habe ich mich wieder an sie erinnert. Ob sie wohl bereit war, mir ihre Seite der Geschichte zu erzählen? Wie man damit fertigwird, gleich zwei Familien zerstört zu haben? Als Luder zu gelten, das skrupellos, nur auf das eigene Glück bedacht, einen Mann aus seiner Familie reißt? Hatte sie überhaupt Schuldgefühle – und wenn ja: Wie ist sie mit ihnen fertiggeworden? Ich hatte so viele Fragen. Ich war begierig darauf, die Seite der »Täterin« zu hören, die Seite einer Frau, die nicht nur verlassen hatte, sondern – glaubte man dem Klatsch – dabei scheinbar auch über Leichen gegangen war.

»Stell dir vor, sie macht mit«, rufe ich überrascht, als sie auf meine WhatsApp reagiert und tatsächlich zugesagt hat.

»Wer macht mit?«, fragt Dieter, der gerade an seinem Schreibtisch sitzt und liest.

»Na, Linda – das Luder! Die Bitch!«

Ein paar Tage später stehen wir mitten im Amsterdamer Grachtengürtel vor einem dieser schmalen hohen denkmalgeschützten Backsteinhäuser mit weiß umrandeten Fenstern und Giebeln, wie sie für Holland so typisch sind. Hier wohnt sie inzwischen, ganz oben unterm Dach, immer noch mit Marcel, ihrem zweiten Mann. Die fünf Kinder sind alle über zwanzig und längst flügge geworden. Ein Glück, dass der Altbau mit einem Lift aufwarten kann, denn holländische Treppen verdienen eher die Bezeichnung Leiter.

Als die Wohnungstür aufgeht, steht uns eine charmante Frau mit dunklem Lockenkopf gegenüber, lässig und geschmackvoll gekleidet. Auf ihrer Nase tanzen unzählige fröhliche Sommersprossen. Sie ist mittlerweile um die fünfzig, aber immer noch groß, schlank und extrem attraktiv. Ich sehe, wie Dieter sie anerkennend mustert, mit jenem Blick, wie er für Männer typisch ist. Ich höre auch den stummen Pfiff, den er ausstößt: Booh, sieht die gut aus! Aber Linda ist nicht nur extrem attraktiv, sondern, wie wir sehr schnell merken, auch ausgesprochen herzlich, offen und lebendig. Kurzum: Die Bitch ist uns sofort sympathisch.

»*Koffie, thee?*«, fragt sie, als sie uns durch das große helle Wohnzimmer mit den hohen Fenstern führt, die einen grandiosen Blick auf die Gracht unter uns bieten. »Oder lieber gleich *een glaasje witte wijn?*«

Wir beschließen, erst mal mit Kaffee zu beginnen, und schauen uns neugierig um, während Linda in der Küche verschwindet. Auf den tiefliegenden, weißgestrichenen Fensterbänken stehen viele Bilderrahmen, vor allem Fotos von den Kindern, als die noch klein waren. Auf einem sind sie alle sieben zu sehen, an Deck einer Segelyacht. Lachend schaut Linda zu, wie Marcel dabei ist, die Sturmfock zu reffen, umringt von einer Kinderschar, die ihm tatkräftig dabei zu helfen versucht.

»Die drei Jongens sind von Marcel«, erklärt Linda, als sie mit einem vollbeladenen Tablett aus der Küche zurückkommt. Sie hätten alle drei das weizenblonde Haar ihres Vaters geerbt. Und die beiden Meisjes mit dem dunkelbraunen Lockenkopf, die seien von ihr, die stammen aus ihrer ersten Ehe mit Hans.

»Soll ich da vielleicht beginnen? Bei meiner ersten Ehe?«, fragt sie und öffnet mit einem leichten Fußtritt die nur angelehnte Tür, die nach draußen auf die Dachterrasse führt. Dieter und ich kommen gerade noch dazu zu nicken, dann können wir erst mal nur staunen: Was für eine wunderschöne grüne Oase hat sie sich hier oben eingerichtet! Und wie groß dieses Refugium ist! Zwischen großen Pflanzenkübeln mit Palmen und blühendem Oleander stehen einladende Liegen und Korbsessel, darüber spannt sich ein riesiges weißes Sonnensegel. Man könnte sich im tiefen Süden wähnen und nicht hoch über der verwinkelten Giebeldachlandschaft der Amsterdamer Altstadt!

Ich steuere umgehend auf die rot-weiß gemusterte Hollywoodschaukel in der Ecke zu. Genauso eine hatten meine Eltern auch. Auf der habe ich als Kind stundenlang gesessen. Linda stellt das Tablett ab und erzählt prompt: »Mit so einer Schaukel bin ich aufgewachsen, die musste ich einfach noch einmal haben.«

Sie setzt sich neben mich, und nachdem Dieter die Kaffeebecher verteilt hat und wir sanft hin und her schaukeln, beginnt sie von ihrer ersten Ehe mit Hans zu erzählen.

Auf dem Tennisplatz hatte sie ihn kennengelernt, mit sechsundzwanzig. Er war der Freund eines Mannes, mit dem ihre beste Freundin gerade heftigst flirtete. »Davon ließen wir uns anstecken.« Hans war drei Jahre älter und Dozent an der Universität von Amsterdam, Linda arbeitete als Stewardess bei der KLM. Sein ruhiges, ausgeglichenes Wesen sprach sie an. »Ich fühlte mich wohl in seiner Gesellschaft.« Gutgelaunt und humorvoll sei er gewesen. Und liebevoll. Bald war sie sich sicher: »Das ist der Mann, mit dem ich alt werden und Kinder bekommen möchte.«

Schon ein Jahr später zogen sie zusammen, nach eineinhalb Jahren heirateten sie, »da war ich schon schwanger«, und nach zwei Jahren wurde ihre erste Tochter Anouk geboren. Nun waren sie zu dritt. Wie in den Niederlanden üblich, bekam Linda in den ersten Wochen nach der Geburt Unterstützung von einer Fachkraft, die ihr beim Versorgen des Neugeborenen half. Und schon gleich beim zweiten Besuch stellte diese sogenannte Kraamzorg fest: »Wie ich sehe, haben Sie nicht nur ein Kind, sondern zwei.«

Damit habe diese fremde Frau den Nagel auf den Kopf getroffen, erzählt Linda mit einem kleinen Seufzer. Eigentlich hatte sie es schon wenige Monate nach dem Zusammenziehen festgestellt. Hans lebte in seiner eigenen Welt, im Vollzug des Alltags war er völlig unbeholfen, das überließ er seiner Frau. Auch die Erziehung der Kinder. »Nie zeigte er Initiative, immer musste ich den Karren ziehen und alles regeln.« Zu allem habe er Ja und Amen gesagt und sich damit einverstanden erklärt – Hauptsache, er hatte seine Ruhe und konnte sich seinen Büchern widmen. »Immer war ich die treibende Kraft. Irgendwann kam ich mir vor wie eine Anhängerkupplung.«

Es gelang ihr auch nicht, zu ihm durchzudringen, ihn wirklich zu erreichen und echten Kontakt herzustellen. »Irgendwie fehlte die Tiefe, ich suchte immer nach etwas, das er mir nicht geben konnte.« Im Nachhinein weiß sie, wie sehr sie ihn dadurch regelmäßig unter Druck gesetzt und für Stress gesorgt hat. »Ich wollte ihn irgendwie in Bewegung bringen.« Aber da kam nichts – nichts Inspirierendes, nichts Kreatives, keinerlei Impulse. »Wenn das so weitergeht«, dachte sie manchmal, wenn sie in den Spiegel schaute, »dann bin ich mit vierzig eine alte Frau.« Eine tiefe Traurigkeit begann sich in ihr breitzumachen, sie fühlte sich immer einsamer, obwohl sie nicht allein war. »Und die Einsamkeit zu zweit, die ist ja viel furchtbarer!«

Dennoch versuchte sie, sich zusammenzureißen und das Beste daraus zu machen. »Was soll das, Linda«, ermahnte sie sich selbst. »Du hast ein prächtiges Kind und einen prächtigen Mann, stell dich nicht so an – sei zufrieden! *Count your blessings!*« Und was konnte sie ihm denn konkret vorwerfen? Er war liebevoll, er hörte ihr zu, er war da – wenn auch nie wirklich. »Weil er nie richtig bei der Sache war.«

Sie beschloss, alle negativen Gedanken zu verdrängen, und konzentrierte sich ganz auf die Familie. Nach einer Fehlgeburt wurde sie ein drittes Mal schwanger. Da kam eines Vormittags ihre beste Freundin vorbei und legte den Volkskrant auf den Küchentisch, eine Tageszeitung, die für die Niederländer ungefähr das ist, was die Süddeutsche Zeitung für die Deutschen. Die Freundin tippte mit dem Finger auf ein großes Foto, das auf der Titelseite prangte. »Den kennst du doch, oder?«

Und ob sie den kannte! »Es war Marcel«, erzählt Linda lächelnd, worauf wir sie überrascht ansehen: Das war also das berühmte Foto, von dem mir die Nachbarin damals erzählt hatte! Wir hatten angenommen, er sei ein Fremder für sie gewesen – der Mann, den sie daraufhin nicht mehr aus ihrem »System« herausbekommen konnte!

»Aber nein«, stellt Linda lachend klar. »Ich kannte ihn nur allzu gut.« Mit einundzwanzig hatte sie ihn kennengelernt, fünf Jahre vor Hans. »Wir hatten eine kurze, aber eine sehr, sehr leidenschaftliche Beziehung.«

Sie hatte damals gerade angefangen, als Stewardess zu arbeiten, und ihn auf einem Linienflug nach Boston kennengelernt. »Er hatte ein paar Monate zuvor sein BWL-Studium abgeschlossen und seine erste Stelle bei einem Global Player angetreten.« Ein unglaublicher Yuppie sei er gewesen, ein cooler Großstadtjunge mit Hang zum Luxus. »Schon damals hatte er ein Faible für italienische Schuhe und Maßanzüge.« Gut hätten sie ihm gestanden, blendend habe er darin ausgeschaut, groß und schlank, wie er war, mit den strahlenden blauen Augen und den weizenblonden Locken, dazu die vom Segeln tiefgebräunte Haut …

»Wow, was für ein Mann!«, dachte sie, als sie sich zu ihm herabbeugte, um ihn zu fragen, was er trinken wolle. »Was für ein Mann für mich!« Amor habe seinen gesamten Köcher leergeschossen, und seine Pfeile trafen nicht nur Linda, sondern auch Marcel mitten ins Herz: »Wir fingen beide Feuer.«

Aber so leidenschaftlich die Beziehung auch gewesen sei: »Marcel wollte sich noch nicht binden. Er hatte nur seine Karriere im Kopf.« Sie hingegen wollte wissen, woran sie war. »Aber da bewegte sich nichts.« Er habe noch nicht einmal mit ihr zusammenziehen wollen. »Nach einem Jahr habe ich die Beziehung deshalb beendet. Auch wenn das sehr wehgetan hat.« Er sei nach links abgebogen und sie nach rechts.

Zunächst hielten sie Kontakt, ganz verlieren wollte sie ihn nicht. Bald gab es eine andere Frau in seinem Leben, das wusste sie. Aber das konnte nichts Ernstes sein. Er wollte sich ja noch nicht binden. »Doch nach drei Monaten erzählte er mir bei einem Treffen freudestrahlend, dass er über beide Ohren verliebt wäre und bald heiraten würde.« Da habe sie beschlossen, den Kontakt ganz abzubrechen und nach vorn zu schauen.

Sie hatte ihn schon so gut wie vergessen, tief in ihrer Erinnerung vergraben, als die Freundin sie an jenem Vormittag auf das Foto in der Tageszeitung aufmerksam machte. Er hatte tatsächlich Karriere gemacht, er war Manager eines großen Unternehmens geworden.

»Du rufst ihn doch jetzt nicht etwa an?«, fragte die Freundin und nahm ihr die quengelige Anouk ab, die ihrer hochschwangeren Mutter auf den Schoss klettern wollte. »Natürlich nicht«, antwortete Linda. Sie hatte andere Sorgen, in wenigen Wochen würde sie ihr zweites Kind bekommen, dabei nahm Anouk, die Älteste, sie mit ihren drei Jahren bereits voll und ganz in Anspruch. Wie würde das erst mit zwei Kindern werden!

»Aber«, meint Linda und gibt der Hollywoodschaukel einen leichten Schubs, »die Tür hatte sich einen Spalt aufgetan.«

Dass sie das Zimmer, in das diese Tür führte, jemals betreten würde, daran habe sie damals noch nicht einmal im Traum gedacht. Obwohl sie sich in der zweiten Schwangerschaft noch einsamer fühlte als während der ersten. Denn erneut zeigte Hans keinerlei Anteilnahme oder Interesse – geradeso, als wäre es nicht sein Kind, das sie unter dem Herzen trug. »Ich kam mir vor wie eine Leihmutter.« Im Nachhinein weiß sie, dass sie als Paar nichts wirklich hatten teilen können, noch nicht einmal die Geburt der Kinder. »Da war kein echtes Band, da war keine Herzensnähe. Er ließ mich nicht zu.« Wenn sie ihn darauf ansprach, nickte er zwar verständnisvoll. »Ich verstehe, was du meinst.« Aber wirklich begriffen habe er nichts. Er konnte oder wollte es nicht wahrhaben. Geändert jedenfalls habe sich nichts. »Es kostete mich so viel Energie, ich war die Tankstelle, aber selbst konnte ich nirgendwo tanken.«

Mehrmals dachte sie daran, ihre Koffer zu packen und ihn mit den Kindern zu verlassen. Aber konnte sie ihm das antun? Konnte sie das ihren Kindern antun? Wie würde ihr Leben dann aussehen? Nein, das war keine Option, das war ausgeschlossen. »Seitenweise habe ich damals in meinem Tagebuch immer wieder alles durchgespielt. Um immer wieder zu dem Schluss zu kommen, dass es für alle das Beste war, wenn ich bliebe.«

Sie reicht uns den Teller mit den Keksen, die in den Niederlanden immer zum *Kopje Koffie* geboten werden, und beteuert dann fast: »Marcel und das Zeitungsfoto hatte ich längst wieder vergessen.«

Doch dann wurde er breiter, der Spalt der Tür, die sich geöffnet hatte. Mehr als ein Jahr später, ihr zweites Töchterchen Amber hatte gerade seinen ersten Geburtstag gefeiert, entdeckte sie erneut ein Foto von ihm in der Zeitung, diesmal im *NRC Handelsblad*, der Abendzeitung, die sie und Hans abonniert hatten. »Und dieses zweite Mal habe ich ihn nicht mehr vergessen können. Dauernd musste ich an ihn denken. Er war in meinem System.«

Hans wusste, dass sie vor ihm mit Marcel eine Beziehung gehabt hatte. Sie hatte ihm bereits das erste Zeitungsfoto gezeigt, und sie machte ihn nun auch auf das zweite aufmerksam. »Er ist schon wieder in der Zeitung, Hans«, sagte sie. »Der Mann, mit dem ich vor dir ein Jahr lang etwas hatte.«

Es war nach den Acht-Uhr-Nachrichten, Hans saß in seinem Lieblingssessel im Wohnzimmer und las das *NRC Handelsblad*.

»Oh, ja?«, meinte er nur und las weiter.

»Ja, schau mal im Wirtschaftsteil.«

Er brummte etwas Unverständliches. Sie ließ sich neben ihm auf der Sessellehne nieder. Eine Weile schwiegen sie alle beide, dann sagte sie: »Ich muss dauernd an ihn denken, Hans. Ich kriege ihn nicht mehr aus meinem System heraus.«

Da habe er die Zeitung sinken lassen. »Das liegt daran, dass du das damals nicht wirklich abgerundet hast, *lieverd*«, meinte er. »Schau ihm in die Augen. Schließ es ab.«

»Du meinst, ich soll mich mit ihm treffen?«

»Das scheint mir das Beste«, sagte Hans und verschwand wieder hinter seiner Zeitung.

Gleich am nächsten Morgen versuchte sie ihn anzurufen. Es gelang ihr, bis zu seiner Sekretärin vorzudringen.

»Wer sind Sie?«, wollte die wissen und fragte: »Ist es geschäftlich oder privat?«

»Oh, es ist absolut nicht geschäftlich«, antwortete Linda.

»Dann können Sie's vergessen, dafür hat er keine Zeit«, sagte die Sekretärin und legte auf.

Ernüchtert guckte Linda auf ihr Telefon. Sie fühlte sich wie ein kleines Kind, dem eine Lektion erteilt worden war. »Okay, das war's dann«, sagte sie sich. »Einen Versuch ist es wert gewesen.«

Doch am nächsten Morgen beim Wachwerden dachte sie: »Das wär ja noch schöner! Mit wem ich rede und mit wem nicht, das entscheide immer noch ich. Das werden wir ja sehen!«

Entschlossen griff sie zum Telefon und nahm einen zweiten Anlauf. »Bitte notieren Sie sich meine Telefonnummer und legen Sie ihm einen Zettel hin, dass Linda angerufen hat«, teilte sie der Sekretärin bestimmend mit, und dann war sie es, die auflegte.

Vergnügt lehnt sich Linda in der Hollywoodschaukel zurück und lässt ihr glasklares helles Lachen ertönen. »Ihr werdet es nicht glauben, aber keine fünf Minuten später klingelte mein Telefon!«

Es war Marcel.

»Linda«, sagte er. »Wie schön! Das ist lange her.«

Sie erfuhr, dass er gerade zum dritten Mal Vater geworden war, wieder ein Junge. Und sie entdeckten, dass sie beide in Den Haag wohnten. Ein paar Tage später trafen sie sich in der Mittagspause und bummelten zusammen durch die Stadt. Marcel habe immer noch sehr gut ausgesehen, erzählt sie, aber er wirkte ein bisschen müde und überarbeitet. Und er rauchte eine Zigarette nach der anderen. »Ein echter Workaholic«, dachte sie sich. Einer, der gerade besonders viel Stress hatte, weil ihm zu Hause ein Säugling den Schlaf raubte. »Aber ich hatte den Eindruck, dass er glücklich war mit seinen drei Kindern.«

Sie dachte nach diesem Treffen nicht mehr weiter an ihn. »Ich kam auch gar nicht dazu«, erzählt sie. »Wir hatten gerade einen Umzug hinter uns. Nach der Geburt von Amber brauchten wir ein größeres Zuhause.«

Zwei Monate später – sie saß immer noch zwischen den Umzugskartons, packte aus und räumte ein – meldete er sich wieder. »Sollen wir uns zum Abendessen verabreden?«, fragte er.

Sie sagte zu. Warum auch nicht? Ihr Mann hatte ja nichts dagegen. Wie schon beim ersten Mal verschwieg sie ihm nichts und hielt ihn auf dem Laufenden: »Hans, morgen Abend treffe ich mich wieder mit Marcel.«

»Prima, *lieverd*«, antwortete er und beugte sich wieder über seine Aufzeichnungen, um das nächste Seminar vorzubereiten. »*Doe dat!* Du musst das abrunden.«

Diese Worte dürfte er später unendlich bereut haben, meint Linda. Seufzend steht sie auf und zupft ein paar verblühte Blüten aus dem Oleanderstrauch. »Er wusste, welch leidenschaftliche Beziehung ich mit Marcel hatte. Aber er sah die Gefahr nicht.« Weil er wieder einmal nicht richtig hingehört hatte. Weil er nicht bei der Sache war. »So wie er eigentlich nie richtig bei der Sache gewesen ist. Das war ja unser Hauptproblem! Er war nie richtig da, er lebte in seiner eigenen Welt.«

Denn bei diesem zweiten Treffen mit Marcel ging die Tür ganz auf und gab den Blick auf das neue Zimmer frei. Hinein wagte sie sich zwar noch nicht. Aber immerhin auf die Schwelle.

Marcel hatte einen Tisch in einem Strandrestaurant in Scheveningen reserviert. Er sah noch müder, noch überarbeiteter aus als beim ersten Mal. Kaum hatten sie sich gesetzt, fingen sie an zu reden. Sie redeten und redeten und vergaßen über das Reden fast das Essen. Kein Smalltalk wie beim ersten Mal, nein. Sie erzählten sich ihr Leben, wie es ihnen ergangen war, wie sie sich fühlten. Eine Art Bestandsaufnahme sei es gewesen, offen, ehrlich, nichts beschönigend. Sie erfuhr, wie einsam und allein auch er sich in seiner Ehe fühlte. Dass auch da schon lange kein echter Kontakt mehr war. Dass er schon nach zwei Jahren gemerkt hatte, dass er mit Yvonne eigentlich nicht glücklich war, dass sie nicht wirklich zueinanderpassten. Aber er hatte sich für diese Frau entschieden und mit ihr Kinder bekommen und folgte deshalb konsequent dem eingeschlagenen Weg weiter. Weil er sich nicht aus der Verantwortung stehlen wollte. Weil es sich so gehörte. Wer A sagt, muss auch B sagen. Auch wenn er und Yvonne sich schon lange nichts mehr zu sagen hatten. Auch wenn er sich mehr und mehr auf seine Arbeit konzentrierte, sich regelrecht in die Arbeit flüchtete. »Die Einsamkeit zu Hause ist einfach unerträglich – trotz der drei Kinder!« Er seufzte und trank mit einem großen Schluck sein Weinglas leer.

Linda sah ihm zu, wie er zum Weinkühler griff, um ihnen beiden ein neues Glas einzuschenken. Zehn Jahre war es her, dass sie sich getrennt hatten. Aber da war sofort wieder diese große Nähe, diese Vertrautheit. Es fühlte sich an, als wäre sie nach Hause gekommen. Und sie wusste: So fühlte er es auch.

Nach dem Essen machten sie einen langen Strandspaziergang. Barfuß, einen Schuh in der rechten, den anderen in der linken Hand, liefen sie nebeneinander durch das Wasser, genossen es, den Sand und die kleinen Muschelschalen zu spüren, die mit dem Wasser zwischen ihren Zehen hindurchströmten. In der Luft lag das Kreischen der Möwen, die über ihnen ihre Kreise zogen. Und am Horizont sank die Sonne wie eine glühende Apfelsine ins Meer. Ein Bilderbuchsonnenuntergang sei es gewesen, fast zu kitschig, um wahr zu sein.

Bald schon hielten sie die Schuhe in nur noch einer Hand, um sich die andere reichen zu können. Und als Linda stehen blieb, um Marcel auf einen einsamen Kitesurfer aufmerksam zu machen, der mit besonders halsbrecherischen Sprüngen auf den Wellen tanzte, da habe er die Schuhe in den Sand fallen lassen, sie an sich herangezogen und geküsst.

»Wir nennen ihn noch heute den Mittsommernachtskuss«, erinnert sie sich lächelnd. »Es war einer, der bis in die Zehenspitzen ging.«

Als sie sich wieder voneinander lösten, ergriff er ihre beiden Hände und sagte: »Werde meine Frau!« Es sei im einfach herausgerutscht. Erschrocken hätten sie sich angestarrt. Wusste er, was er da gerade gesagt hatte? Sie hatten sich beide ein Leben aufgebaut, ein Leben mit einem anderen. Und es ging nicht nur um sie beide und ihre Partner, die sie verlassen würden, es ging auch um die Kinder, die sie in die Welt gesetzt hatten. Das konnten, das durften sie nicht tun, sieben andere Menschen ins Unglück stürzen, zwei Familien zerstören. Das war unmöglich, ausgeschlossen, tabu.

Auf den Gedanken, eine Affäre zu beginnen, kamen sie gar nicht erst. Es war keine Spielerei, es war ihnen ernst. Das sei bereits nach diesem einen ersten Kuss ganz klar gewesen. Entweder oder. Alles oder nichts.

Der Weg zurück zum Auto sei ein Wechselbad der Gefühle gewesen. Immer wieder fielen sie sich wie von einem Magneten angezogen in die Arme, blieben festumschlungen stehen, wussten: »Das ist es, wir sind angekommen.« Dann wieder hielten sie beim Weitergehen einen Meter Abstand zwischen sich, waren hilflos und verwirrt, fühlten sich wie in einer Falle, aus der es keinen Ausweg gab: »Nein, das können, das dürfen wir nicht tun.« Eines aber habe unumstößlich festgestanden: »Die Flamme brannte wieder.«

Sie weiß noch genau, wie sie an diesem Abend nach Hause kam. Hans saß immer noch am Schreibtisch hinter seinem PC, zwischen Bücherstapeln.

»Da bist du ja wieder, *lieverd*«, meinte er und schaute kurz auf: »Wie war's?«

Sie beschloss, auch dieses Mal mit offenen Karten zu spielen. Vielleicht wollte sie ihn auch provozieren, endlich in Bewegung bringen. Von dem Kuss erzählte sie nichts. Aber sie sagte, dass es *fijn* gewesen sein, also schön. Sehr schön sogar. *Heel fijn*. Eigentlich zu schön. *Te fijn*.

Jeder andere hätte zumindest gestutzt und gesagt: »Wie – schön? Zu schön?? Wie meinst du das? Hast du dich etwa verliebt? Liebst du ihn noch immer?«

Nicht so Hans. Der sei wie immer nicht bei der Sache gewesen, habe nur halb zugehört – und auch diesen deutlichen Warnschuss überhört.

Sie weiß nicht mehr, wie genau er reagierte, was er entgegnete. Es muss wohl etwas wie »Dann ist es ja gut, Schatz« oder auch einfach nur »Prima!« gewesen sein. Worauf er sich wieder über seine Notizen beugte. Typisch Hans eben.

Sie blieb noch eine ganze Weile vor seinem Schreibtisch stehen. Ohne ein Wort zu sagen, schaute sie ihm bei der Arbeit zu. Es interessierte ihn nicht. Sie interessierte ihn nicht. Wie oft hatte sie in den letzten drei Jahren in Gedanken ihre Koffer gepackt, um ihn zu verlassen, aber immer wieder auf dem Absatz kehrtgemacht! Um der Familie willen. Auf das, was ihr Herz ihr sagte, hatte sie nie gehört. Sie hatte den Karren gezogen, für alle gesorgt, alles geregelt und versucht, aus ihrer Ehe das Beste zu machen. Und wenn sie tieftraurig vor Einsamkeit war, dann ermahnte sie sich selbst: »Stell dich nicht an! *Count your blessings!*« Weil sie die Hoffnung nicht aufgeben wollte. Die Dinge würden sich ändern. Er würde sich ändern.

Aber es hatte sich nichts geändert. Sie führte ein Leben, das sie eigentlich nicht führen wollte. Warum tat sie sich das an? Wo sie nun doch wusste, wie anders es sein konnte. Wie gut es sein konnte.

An diesem Abend, in diesem Moment am Schreibtisch wusste sie, dass sie ihn verlassen würde, ganz tief drinnen hatte sie den Entschluss gefasst. Aber es sollte noch drei Monate dauern, bis sie den Mut aufbrachte, es ihm zu sagen. Drei Monate voller

Zweifel, Ängste und Gewissensbisse. »Marcel ist es nicht anders ergangen.«

Zwei- oder dreimal habe sie ihn in dieser Zeit getroffen. »Und wir haben sehr oft miteinander telefoniert.« Das Ziel stand immer klarer vor ihren Augen. Es war an jenem Abend am Strand nicht der Wein gewesen und auch nicht der Sonnenuntergang – nein, was sie verband, war Liebe, »wahre Liebe«, sagt sie und scheut keine pathetischen Worte: »Wahrhaftig wahre Liebe!« Sie konnte ihn erreichen, er ließ sie zu: »Da war echter Kontakt, echte Herzensnähe.« Zur Demonstration verhakt sie die geschlossenen Finger ihrer Hände vor ihrer Brust und zieht kräftig an ihnen, als ginge es um zwei Karabinerhaken, die fest und sicher miteinander verbunden waren. Klick!

»Ich war wieder ich selbst, ich hatte das Gefühl, als ob ich wieder zu leben begonnen hatte.« Rund und richtig fühlte es sich an. Mit einem entwaffnenden Lächeln schaut sie uns an. »Wenn einem das geschieht, dann ist das so ein Geschenk! Das kann man nicht einfach weggeben. Das muss man leben.«

Ich muss an Susanne aus Dresden denken, die von ihrer Jugendliebe getrennt wurde, weil er mit seiner Mutter in den Westen ausreiste. Wenn eine Liebe nicht wirklich beendet ist, wenn sie nur abgebrochen wird, wenn der Zufall oder auch das Schicksal, je nachdem, woran man glauben will, für ein Wiedersehen sorgt und wenn man sich dann in einer Beziehung befindet, in der kein echter Kontakt da ist, keine echte Verbundenheit, in der man nicht der Mensch sein kann, der man ist – ja, dann lässt sich die Liebe ganz offensichtlich nicht auf den zweiten Platz zurückdrängen, dann überwindet sie alle Ängste und Skrupel und geht aus diesem Gefecht zwischen Herz und Verstand als Sieger hervor.

Dieter muss dieselben Gedankengänge gehabt haben wie ich, denn er beginnt, Linda von Susanne zu erzählen und zitiert dann eines der schönsten Gedichte des 1988 verstorbenen österreichischen Lyrikers und Essayisten Erich Fried, der genau diesen Konflikt in so wunderbaren Worten auf den Punkt zu bringen wusste: »*Es ist nichts als Schmerz, sagt die Angst. Es ist aussichtslos, sagt die Einsicht. Es ist, was es ist, sagt die Liebe.*«

Lächelnd übernehme ich die nächste Strophe, denn wir beide kennen das Gedicht auswendig: »*Es ist leichtsinnig, sagt die Vorsicht. Es ist unmöglich, sagt die Erfahrung. Es ist, was es ist, sagt die Liebe.*«

Linda hat andächtig gelauscht, das Gedicht gefällt ihr sehr. Sie und Susanne sind der lebende Beweis für die Gültigkeit dieser Worte. Mit dem wichtigen Unterschied, dass die Liebe von Linda und Marcel gehalten hat, sie sind immer noch zusammen, nach mehr als zwanzig Jahren. Vielleicht weil sie älter waren und bereits Eltern. Bei ihnen ging es gleich um zwei Familien, die auseinandergerissen werden würden. »Deshalb haben wir uns mit unserer Entscheidung auch so schwergetan.«

Sie wussten, sie würden sieben Menschen großen Schmerz zufügen, allen voran ihren Noch-Ehepartnern, das würde sich nicht vermeiden lassen, darum kamen sie nicht herum. Aber ließ sich das nicht wenigstens möglichst rücksichtsvoll tun? Möglichst ehrlich, sauber und fair? »Deshalb haben wir in dieser Zeit auch nicht miteinander geschlafen – Küssen ja, aber Sex nein«, erzählt Linda. »Wir wollten erst das Alte anständig beenden, um das Neue ordentlich beginnen zu können. Ich wollte in den Spiegel schauen können.«

Aber ob das Hans und Yvonne damals wirklich geholfen hat, ob das ihren Schmerz in irgendeiner Form lindern konnte, das bezweifelt sie heute. Sie schliefen ja auch mit ihren Partnern schon lange nicht mehr. Und nun waren sie im Begriff, ihnen den Teppich unter den Füßen wegzuziehen, für beide würde eine Welt zusammenbrechen. Sie hatten sich sicher an ihrer Seite gewähnt, sie waren zufrieden mit dem Leben, das sie führten, ihnen hatte es gereicht. Sie waren ahnungslos. Und nun würden Marcel und sie diese beiden Leben wie mit einer Abrissbirne in hunderttausende kleine Bruchstücke zerlegen.

»Ich sehe Hans noch in seinem Sessel im Wohnzimmer sitzen, die Kinder waren oben im Spielzimmer.« Fassungslos sei er gewesen, schockiert, er wusste nicht, wie ihm geschah. »Du lässt mich für einen anderen sitzen!« In den ersten Tagen habe er überhaupt nicht begriffen, nicht begreifen wollen, was sie ihm da gesagt hatte. »Dann aber brach die Hölle los.« Er habe sie mit Vorwürfen überschüttet, immer wieder an ihr Gewissen appelliert. »Du bist eine Egoistin, du denkst nur an dein eigenes Glück! Und dafür opferst du nicht nur deinen Mann, sondern auch deine Kinder!«

Als er merkte, dass er sie nicht von ihrem Entschluss abbringen konnte, wurde er aggressiv: »Erstmals hatte ich Angst vor ihm, er war nicht wiederzuerkennen.« Sie ging ihm aus dem Weg, vermied die Konfrontation, versuchte, die Lage nicht eskalieren zu lassen. Als er feststellte, dass er auch mit seiner Aggressivität nichts bewirken konnte, mobilisierte er sämtliche Freunde, Bekannte und die Familie. »Die saßen dann bei uns auf dem Sofa und fielen über mich her, sobald ich heimkam.« Wie nur konnte sie ihm das antun? Hatte sie die Besinnung verloren? War sie verrückt geworden? »Manchmal hatte ich das Gefühl, die hätten mich am liebsten in eine geschlossene Anstalt gesperrt.« Um sie mit ein paar Spritzen zu kurieren. Damit sie wieder die Alte und alles wieder normal werden würde.

»Er war unerträglich, der Druck, der damals auf mich ausgeübt wurde.«

Monate habe es gedauert, bis Hans fähig war, die Trennung als Tatsache zu akzeptieren. Er versprach auszuziehen. Die Kinder sollten möglichst wenig unter der Scheidung leiden und in der alten Umgebung bei der Mutter bleiben, er würde sie jedes zweite Wochenende zu sich nehmen.

Aber die Zeit verstrich, und Hans machte keine Anstalten, sich eine neue Wohnung zu suchen. Sie übte sich in Geduld, wollte ihm Zeit geben – Zeit, den Schmerz und die Wut und die Trauer zu verarbeiten. »Ich hatte ja einen riesigen Vorsprung, ich hatte mich in den letzten drei Jahren immer wieder mit unserer Beziehung befasst – und mit dem Gedanken, ihn zu verlassen.« Wenn eine Trennung ein Langstreckenlauf wäre, dann hatte sie bereits mehr als die Hälfte der Strecke hinter sich. »Hans hingegen befand sich immer noch in den Startblöcken.«

Das gemeinsame Schlafzimmer hatte sie längst verlassen und war in das winzige Dachzimmer auf dem Speicher umgezogen, wo sie auf einer Campingliege schlief. Schrecklich einsam seien sie gewesen, die Nächte da oben unter dem Dach. Oft lag sie im Dunkeln auf dem Rücken und hörte klassische Musik. Vor allem den *Kanon in D-Dur* des deutschen Barockmusikers Johann Pachelbel. Wieder und wieder erfüllte der Klang der Violinen das kleine Dachzimmer. »Das habe ich als unendlich tröstend erfahren.«

Mit Marcel hatte sie in dieser Zeit vor allem telefonisch Kontakt, »dann sprachen wir uns Mut zu«. Gesehen aber hätten sie sich kaum: »Er zog seine eigene Trennung durch.« Und dabei sei es ihm nicht viel anders ergangen als ihr. »Auch bei ihm war die Hölle losgebrochen.«

Zur Bewältigung der Trennung hätten er und Yvonne Hilfe bei einem Psychotherapeuten gesucht. »Aber sie gefiel sich in der klassischen Rolle der verlassenen Ehefrau, sie wollte nicht einsehen, was sie selbst zum Scheitern ihrer Ehe beigetragen hatte.« Er war der Täter und sie das Opfer – an diesem Schwarzweißbild habe Yvonne jahrelang hartnäckig festgehalten.

Wirklich geliebt haben konnte sie ihn nicht, glaubt Linda. Als Marcel ihr mitgeteilt hatte, dass er sich von ihr trennen würde, da habe sie nicht etwa gerufen: »Aber ich liebe dich doch! Wie kannst du mich verlassen, du bist die Liebe meines Lebens!« Nein, sie habe sich ausschließlich um ihr materielles Wohlergehen Sorgen gemacht. »Und was passiert jetzt mit dem Haus und mit meinem Auto?«, habe sie als Allererstes gefragt. Und dann: »Wie soll ich jetzt finanziell über die Runden kommen?« Sie habe nicht um den Mann, sondern um Geld und Status gekämpft. »Marcel war die Versicherung, die weglief.« Das habe es ihm nur leichter gemacht, sich von ihr zu trennen.

»Yvonne hat auch bestimmt dreimal bei mir angerufen, um mich fertigzumachen«, erzählt Linda. Dann musste sie sich als Luder beschimpfen lassen. »Was denkst du, wer du bist? Bilde dir bloß nichts ein!«, habe Yvonne gebrüllt. »Das wird nichts, der läuft nur seinem Schwanz hinterher, es geht ihm nur um den Sex!«

Dabei hätten sie zu diesem Zeitpunkt noch gar nicht miteinander geschlafen! Sie habe auch bei diesen Telefongesprächen versucht, die Ruhe zu bewahren und Verständnis aufzubringen. »Natürlich war es furchtbar, was ich ihr angetan hatte. Ich hatte ihr den Mann genommen.« Aber, so stellt sie umgehend klar: »Ich war nicht der Grund, ich war der Anlass!«

Das habe sie auch Yvonne jedes Mal klarzumachen versucht.

»Ich begreife, dass du wütend bist. Aber ich bin nicht das Problem – das Problem ist deine Ehe!«

Geholfen habe es nichts, seufzt Linda. »Sie machte es sich zur Lebensaufgabe, uns zu terrorisieren. Wann und wo es nur ging, hat sie versucht, uns schlechtzumachen und anzuschwärzen.« In der Familie, bei Freunden und Kollegen, selbst noch bei flüchtigen Bekannten: »Überall verspritzte sie ihr Gift.« Über Jahre hinweg sei das so gegangen. Und es habe gewirkt, dieses Gift. »Viele Freunde und Bekannte wandten sich von uns ab, die haben wir verloren.«

Und nicht nur Yvonnes Gift machte ihnen zu schaffen, auch der Klatsch. Natürlich sprach es sich wie ein Lauffeuer herum, was sie und Marcel zu tun gewagt hatten. »Hast du schon gehört …?« Entrüstet, entsetzt oder betroffen. »Es hat ja auch etwas sehr Konfrontierendes, jeder fängt an, darüber nachzudenken, ob ihm oder ihr das auch passieren könnte.« Und die, die ebenfalls in lieblosen, erkalteten Beziehungen steckten, sich aber nicht trauen auszubrechen – die würden dann sehr oft am lautesten schimpfen und am schnellsten verurteilen.

Nachdenklich wischt Linda ein paar Kekskrümel vom Terrassentisch. »Die Leute legen so viel Wert auf eine klare Rollenverteilung!« Das habe sie damals sehr überrascht. »Wer verlässt, ist der Täter, wer verlassen wird, das Opfer.« Auch wenn die Wirklichkeit bei Weitem nicht so simpel sei. »Aber so will es die Umgebung haben«, sagt Linda, während ich etwas ertappt und schuldbewusst den Blick senke. Sie hat ja so recht.

»Immer und überall ging sofort das Getuschel los«, erinnert sie sich. Egal, ob sie zu Elternabenden in der Schule erschien oder samstagnachmittags bei Hockeyspielen der Kinder am Spielfeldrand. Manche hätten weggeschaut, andere ihr Blicke zugeworfen, die mehr sagten als alle Worte. Ein Spießrutenlaufen sei das jedes Mal gewesen. Sie hat es einfach ertragen. Hocherhobenen Hauptes. »Das ist das Beste.« Allen, die sich in einer ähnlichen Situation wie sie damals befinden, kann sie nur raten: »Betrachte es als Preis, den du zahlen musst, weil du es bist, der sich trennen will. Warte, bis der Sturm sich legt. Halte den Rücken gerade und akzeptiere die Rolle des Täters.« Auch wenn es noch so ungerecht sei und nicht der Wirklichkeit entspreche. Auch wenn es noch so viel Kraft koste.

Und woher hat sie damals diese Kraft genommen?

Wieder verschränkt sie mit geschlossenen Fingern die Hände vor der Brust und zieht an ihnen, als wären es zwei Karabinerhaken. »Wenn man ein klares Ziel vor Augen hat«, erläutert sie mit einem Lächeln, »wenn man weiß, wofür man kämpft – dann erträgt man nahezu alles!«

Sie mochten die ganze Welt gegen sich haben, aber alles Gift der Erde, alle Gehässigkeiten und bösen Worte – ihrer Liebe konnten sie nichts anhaben. »Darauf haben wir uns immer wieder besonnen. Das war eine unerschöpfliche Kraftquelle.«

Sie wusste, was sie wollte. Und deshalb habe sie damals, als Hans nach Monaten immer noch keinerlei Anstalten machte auszuziehen, letztendlich ein ganz besonders schweres Geschütz aufgefahren. »Ich habe ihn per richterlichen Beschluss aus dem Haus setzen lassen.« Man sieht ihr an, dass sie nicht stolz darauf ist. »Eine schwere Entscheidung war das.« Hans habe neulich noch zu ihr gesagt: »Weißt du, Linda, das war das Allerschlimmste!«

Aber die Situation zu Hause sei einfach unhaltbar gewesen, mehr als ein halbes Jahr war inzwischen verstrichen, und er dachte nicht daran, sich eine andere Wohnung zu suchen. Er habe es einfach ignoriert und stummen Widerstand geleistet. Wie ein Hund, der die Hinterbeine in den Boden stemmt und stehen bleibt, als wäre er festgenagelt, auch wenn noch so heftig an seiner Leine gezogen wird. »Mir blieb keine andere Wahl.«

Sie weiß noch, wie groß die Erleichterung war, als sie mit den beiden Kindern endlich allein im Haus war. »Um materielle Dinge haben wir nicht gestritten, er konnte alles mitnehmen.« Die Kinder sollten es ja auch einigermaßen gut haben, wenn sie fortan jedes zweite Wochenende bei ihm waren.

Herzzerreißend sei das anfangs gewesen. »Dann wollten sie sonntagabends nicht zurück zu mir, weil sie den Papa nicht verlassen wollten. Oder freitagabends nicht mit zu ihm, weil sie bei der Mama bleiben wollten.« Drei und fünf Jahre seien sie alt gewesen. »Ich sehe noch, wie Hans – unbeholfen, wie er war – sie an ihren kleinen Ärmchen ins Auto gezogen hat.« Ihr Mutterherz blutete. Aber sie ließ ihn gewähren. Er sollte der Vater bleiben, in dieser Hinsicht wollte sie ihn nicht ins Abseits drängen. Deshalb hat sie ihn auch ab und zu zum Abendessen eingeladen. Und umgehend angerufen oder ihm eine SMS geschickt, wenn die Kinder ihn vermissten: »Hans, du wirst gebraucht! Anouk kann nicht einschlafen, sie will ihren Papa sehen. Kommst du bitte noch schnell vorbei?« Er wohnte ja nur um die Ecke. »Ich habe ihn auch mit allem, was die Kinder betraf, auf dem Laufenden gehalten.« Wenn sie zum Zahnarzt mussten, gute oder schlechte Noten nach Hause brachten oder sich beim Spielen das Knie aufgeschlagen hatten. Und sie half ihm auch auf die Sprünge, wenn es darum ging, Lob oder Trost zu spenden, weil er selbst ja kaum die Initiative ergriff: »Hans, Amber hat in Mathe eine Eins. Ruf sie mal an.«

Alles, um den Kindern den Vater zu erhalten – und dem Vater

die Kinder. Dadurch brachte sie ihn letztendlich so weit, dass er erkannte: »Das mit Linda und mir ist vorbei, aber die Familie gibt es weiterhin.«

Ein extrem schwieriger Balanceakt sei es gewesen, erinnert sie sich. Denn zu weit durfte sie die Tür nicht öffnen. »Da musste ich sehr wachsam sein.« Er war ja immer noch dabei, seinen Schmerz zu bewältigen, die klaffende Wunde, die sie geschlagen hatte, war noch lange nicht geheilt. Und sie wusste: Sie konnte ihm dabei nicht helfen, sie war die falsche Adresse. Wenn es jemanden gab, der das nicht tun sollte, dann sie – der ehemalige Partner, die Person, die den Schmerz verursacht hatte. Auch wenn der Drang, ihm zu helfen und ihn zu trösten, riesengroß war. Aber da musste sie hart bleiben – hart sich selbst und hart Hans gegenüber. »Wenn ich die Tür weiter aufgemacht hätte, wäre er mir wieder wie ein Kind an der Brust gehangen.«

Nein, er musste mit seinem Schmerz ohne sie fertigwerden. Dieses Päckchen konnte sie ihm nicht abnehmen. Das musste er allein tragen. »Ich bin mir bewusst, was ich ihm angetan habe, ich habe ihm die schlimmste Zeit seines Lebens beschert. Das habe ich verursacht, für diesen Schmerz trage ich die Verantwortung. »Aber«, betont sie und hebt den Zeigefinger: »Ich bin nicht dafür verantwortlich, wie er mit diesem Schmerz umgeht! Wie sein weiteres Leben aussieht und ob er es sich kaputtmacht oder nicht – das entscheidet einzig und allein er.«

Sie muss tief durchatmen. Ja, das klinge hart, meint sie dann. Aber je schneller das erkannt werde, desto besser sei es: für die Verlassenen, um aus der Opferrolle herauszufinden, für die »Verlasser«, um nicht in die Schuldfalle zu tappen und in Schuldgefühlen unterzugehen. »Mit denen versucht die Außenwelt einen sowieso vollzupumpen.« Dabei gehe es nicht um Schuld, sondern vielmehr um Verantwortung, betont sie: »Man muss die Verantwortung für sein Handeln übernehmen. Aber wie ich schon sagte: Wie der andere damit dann umgeht, das ist seine Sache.«

Ein Jahr lang sei sie mit den Kindern allein in dem einst gemeinsam mit Hans bewohnten Haus geblieben. »Um Abschied vom alten Leben zu nehmen und es abzurunden.« Auch sie habe Zeit gebraucht. Marcel kam ein- oder zweimal die Woche vorbei. Nachdem die Kinder sich an ihn gewöhnt hatten, blieb er manchmal auch über Nacht. Er hatte sich so wie Hans ebenfalls eine andere Wohnung gesucht und Yvonne und die drei Söhne in dem großen Haus gelassen, in dem sie damals wohnten. »Es sprach sich schnell herum, dass er wieder zu haben war«, erinnert sie sich schmunzelnd. Die Frauen hätten vor seiner Tür regelrecht Schlange gestanden. »Er war ja eine gute Partie und sah blendend aus.«

Natürlich schliefen sie längst miteinander. Ganz wunderbar sei das gewesen, gleich beim ersten Mal. »Auf dem Rücksitz seines Autos«, erinnert sie sich und muss ein bisschen kichern. »Da haben wir es dann noch öfter getan. Und am Strand in den Dünen.« Sie lächelt versonnen. Bei echtem Kontakt, bei echter Herzensnähe sei eben auch der Sex einfach umwerfend! So herrlich frei und schamlos! Einfach lekker!

Lachend klatscht sie in die Hände und steht auf. »Zeit für ein *glaasje wijn*! Oder wartet, ich weiß noch was Besseres!«, sagt sie. Wir sehen ihr nach, wie sie in der Küche verschwindet, hören die Kühlschranktür und dann das Knallen eines Korkens. Mit einer Flasche Prosecco kommt sie zurück auf die Dachterrasse.

»Nach einem Jahr sind wir dann zusammengezogen«, erzählt sie weiter. Fortan kamen seine drei Söhne jedes zweite Wochenende zu ihnen. Ein Glück, dass sich die Kinder alle fünf auf Anhieb gut vertragen hätten! »Wir hätten damals am liebsten sofort geheiratet.« Die Kinder sollten merkten: Es war ihnen ernst mit ihrer Liebe, das war keine Spielerei.

Aber sie mussten sich gedulden, die Scheidung zog sich hin. Nicht wegen Hans, der habe letztendlich akzeptiert, dass sie ihn verlassen hatte, und sich schnell mit mehreren Affären getröstet. Sie sah ihn regelmäßig beim Bringen oder Abholen der Kinder. Natürlich konnte es nicht ausbleiben, dass Marcel ihm dabei so manches Mal über den Weg lief. Sie grüßten sich nur kurz, beschränkten es auf das Allernotwendigste. Eines Abends aber, als Hans die Kinder zurückbrachte und sie selbst nicht da war, da habe Marcel gesagt: »Meinst du nicht, es ist Zeit, dass wir ein Bier zusammen trinken?« Seitdem würden die beiden Männer gut miteinander auskommen, das Eis war gebrochen.

Yvonne hingegen hatte einen Rosenkrieg angezettelt. Und das, obwohl Marcel sehr großzügig gewesen sei. Er hatte ihr und den drei Kindern ein neues Haus gekauft und war auch bereit, mehr Unterhalt zu zahlen, als er musste. »Unterm Strich blieb Yvonne mehr als uns.« Aber verbittert, wie sie war, habe Yvonne über ihren Anwalt immer wieder versucht, noch mehr herauszuholen und ihrem Exmann und dessen neuer Partnerin das Leben schwerzumachen.

Zwei Jahre lebten Linda und Marcel bereits zusammen, aber dann, im Sommer 2000, war es endlich so weit: »Wir waren beide offiziell geschieden und konnten heiraten!« Und das taten sie im ganz großen Stil, in einem Luxushotel am Nordseestrand. »Ich hätte das nicht unbedingt gebraucht, aber Marcel wollte ein Statement setzen«, erzählt Linda und schenkt uns allen ein Glas Prosecco ein. Nie mehr in ihrem Leben und auch nie zuvor habe sie mit so viel Überzeugung Ja gesagt!

Das Brautpaar ließ sich zusammen mit seinen Kindern in einem königsblauen Oldtimer vorfahren. Die Kinder waren im Alter zwischen drei und acht Jahren und alle fünf schneeweiß gekleidet, die beiden Mädchen mit Blumenkränzen im Haar. Zum Empfang und zum Essen kamen um die sechzig Gäste, zur Party am Abend mit Livemusik über hundert. Ein Bilderbuchsommertag sei es gewesen, mit erneut einem Bilderbuchsonnenuntergang. »Die großen Flügeltüren zum Meer hin standen wagenweit offen, die Leute konnten vom Hotel zum Strand runterlaufen.« Linda hatte ihre dunkle Lockenmähne hochgesteckt und trug ein brokatbesticktes schulterfreies Bustier in Eisblau und Champagner, dazu tagsüber einen knielangen champagnerfarbenen Rock mit einer kleinen Schleppe. »Abends habe ich den hellen kurzen Rock dann gegen einen enganliegenden langen in Eisblau eingetauscht. Wartet mal, jetzt muss ich euch doch ein Foto zeigen.« Sie verschwindet im Wohnzimmer, wo sie im Sekretär kramt und dann mit einem Foto zurückkommt, auf dem das Brautpaar eng aneinandergeschmiegt tanzt und sich tief in die Augen schaut. Das hochgesteckte Haar, das wundervolle Brokatbustier – sie sieht hinreißend aus! Beide sehen sie hinreißend aus.

Doch so märchenhaft die Hochzeit gewesen sein mochte – der Alltag sei hart gewesen. »Marcel wurde immer noch von großen Schuldgefühlen geplagt, wegen seiner Kinder. Er warf sich vor, sie im Stich gelassen zu haben.«

Sie waren inzwischen in das größere Haus umgezogen, »ihr wisst schon, in dem Viertel, in dem du auch gelebt hast, Kerstin«. Es gab genug Platz für alle sieben, alles war neu und schick eingerichtet. Linda erfüllte sich einen Herzenswunsch und begann eine sechsjährige Ausbildung zur Heilpraktikerin. Alles schien sich zu normalisieren.

Aber Marcel sei oft abends müde von der Arbeit heimgekommen, dann sah er ihre beiden Töchter am Abendbrottisch sitzen und seine drei Jungs nicht. Sie fehlten ihm, machtlos habe er sich gefühlt und traurig. Und das wiederum machte ihn unwirsch, ungehalten und ungerecht. »Das meint er nicht so«, habe sie ihren Töchtern immer zu erklären versucht. »Er ist nicht böse, er ist nur traurig, weil er seine eigenen Kinder vermisst.«

Manchmal sei die Spannung im Haus zum Schneiden gewesen. »Ich habe meine zwei Kinder bestimmt nicht vorgezogen, ich behandelte sie alle gleich, ich gab mein Bestes.« Aber das Beste war für seine drei Kinder nicht gut genug. Sie brauchten ganz besonders viel Verständnis, ganz besonders viel Nachsicht – kurzum: eine Sonderbehandlung. Denn, so klagte er: »Sie haben es ja auch sehr viel schwerer als deine Kinder!«

Aber sie und Hans hatten ja auch keinen Rosenkrieg angezettelt. Und wer leidet bei einem Rosenkrieg am meisten? Richtig – die Kinder!

Was hätten sie sich in dieser Zeit oft gestritten! Mehrmals habe er die Haustür hinter sich zugeknallt und im Hotel übernachtet. »Einmal hat er mir sogar die Koffer vor die Tür gestellt«, erzählt Linda kopfschüttelnd.

Aber immer sei es ihnen gelungen, sich wieder zusammenzuraufen, sich auf das zu besinnen, was sie verband, wofür sie das alles auf sich genommen hatten: ihre Liebe.

Die habe sie auch vor dem Gift geschützt, das Yvonne nach wie vor verspritzte. »Die hat noch jahrelang einen Psychotherapeuten nach dem anderen verschlissen.« Linda seufzt. Weil sie nirgendwo Bestätigung für ihr Weltbild gefunden habe. Sie sah sich immer noch als die arme verlassene Frau, die Opfer eines rücksichtslosen Egoisten geworden war – nein, mehr noch: eines kaltherzigen, skrupellosen Narzissten der übelsten Sorte. »Sie hat sich ja noch nicht einmal gescheut, die Kinder mit ihrem Gift zu infizieren!«

Ihr selbst und Hans sei es immerhin gelungen, die Kinder aus ihren Scheidungsstreitereien herauszuhalten. »Wir haben den anderen nie schlechtgemacht. Und wir waren sehr offen zu ihnen, wir haben nichts unter den Teppich gekehrt und uns unsere Fehler eingestanden.« Ihre Mutter habe einmal zu ihr gesagt: »Ihr seid viel zu offen, Linda! Das verkraften die Kinder nicht.« Aber sie habe sich gedacht: »Wenn die fähig sind, diese Frage zu stellen, dann sind sie auch reif für die Antwort.«

Ganz anders Yvonne: Die habe nichts zugegeben, die habe auch nicht besänftigt oder beschwichtigt, sondern, im Gegenteil, aufgehetzt, manipuliert und Intrigen gesponnen, wo es nur ging. »Es war der reinste Terror!« Eines sonntagabends, als Marcel krank war, musste Linda seine drei Söhne zur Mutter zurückbringen. »Sie hat die Kinder ins Haus gezerrt und mir die Tür vor der Nase zugeschlagen.«

Da habe nur eines geholfen: tief durchatmen, sich in Gelassenheit üben und den Kindern gegenüber liebevoll bleiben. Um behutsam und vorsichtig zu versuchen, Dinge zu entzerren und zu berichtigen. Ohne dabei in dieselbe Falle zu tappen wie deren Mutter, also ohne diese anzuschwärzen und schlechtzumachen. Alles mit dem großen Ziel, zu demonstrieren, dass sie als Familie zusammengehörten. Auch das sei ein Balanceakt gewesen. »Deshalb sind wir auch immer zu siebt in den Urlaub gefahren.«

Im Nachhinein weiß sie: Es war alles eine Frage von Zeit und Geduld. Irgendwann begann Yvonnes Gift sich als unwirksam zu erweisen. Die Kinder wurden immer größer – und immun:

»Das ist deine Seite, Mama«, habe Marcels Zweitältester eines Tages zu seiner Mutter gesagt. »Jetzt fahre ich zu Papa und höre mir seine Seite an.«

Auch Freunde und Familienangehörige wurden einsichtig. Marcels Tante, die den Kontakt zu ihm anfangs ganz abgebrochen hatte, habe ihm vor ein paar Jahren recht gegeben: »Du hättest diese Frau nie heiraten dürfen.« Und Marcels Schwester, die Linda zunächst als Ehebrecherin verteufelt habe, zähle nun zu ihren besten Freundinnen.

»Es brauchte die Mentalität eines Langstreckenläufers«, meint sie. »Aber letztendlich hatten wir den längeren Atem.«

Frieden gegeben habe Yvonne erst nach zwölf Jahren. So lange muss einer der Expartner in den Niederlanden nach einer Scheidung dem anderen Unterhalt zahlen. »Yvonne ist dann noch mal vor Gericht gezogen, weil sie das nicht akzeptieren wollte.« Aber der Richter habe ihr gesagt: »Nun reicht es.«

Seitdem hätten sie Ruhe vor ihr. »Sie hat inzwischen auch einen neuen Partner gefunden, sie wird geliebt, das hilft auch enorm.« Kontakt hätten sie so gut wie keinen mehr. »Aber wenn wir uns auf Familienfeiern begegnen, dann kommen wir durch eine Tür.«

Hans hingegen, den sieht sie noch regelmäßig. »Der ist inzwischen neu verheiratet.« Glücklich. Mit einer Frau, die besser zu ihm passe, weil sie ihn nicht dauernd so unter Druck setze, wie sie es getan hatte. Ihr selbst wäre eine solche Beziehung zu oberflächlich. Aber ihm tue sie gut, für ihn sei sie genau das Richtige.

»Auf eine gewisse Art und Weise liebe ich ihn noch immer«, bekennt sie. Sie würden sich mit Respekt behandeln. »Und wenn einer den anderen braucht, sind wir füreinander da.« Das sei selbstverständlich. So wie neulich, als Hans umzog. Auch Marcel habe mit angepackt. Und wenn ihr Exmann in der Nähe sei, schaue er oft kurz herein.

»Heute Abend kommt er zum Essen. Wir wollen grillen.« Sie schaut uns an: »Wollt ihr nicht bleiben? Dann könnt ihr die beiden Männer auch gleich kennenlernen.« Wir bleiben nur allzu gern. »Oh, gezellig!«, ruft sie und greift zum Handy, um ihrem Mann eine Nachricht zu schicken: Der habe versprochen, die Einkäufe zu erledigen, der müsse jetzt noch ein bisschen mehr einkaufen: »Lieber Fisch als Fleisch, oder? Und Gemüse!«

Vor allem Hans müsse leichte Kost zu sich nehmen, der habe vor ein paar Wochen wegen Herzproblemen ins Krankenhaus eingeliefert werden müssen. Ein Glück, dass er alles gut überstanden habe! »Unsere Töchter und ich standen als Erstes an seinem Bett.« Die Familie, meint sie lächelnd, die sei eben nach wie vor intakt – die sei nur größer geworden. Anouk, ihre Älteste, habe das neulich so schön formuliert. »Mama, letztendlich hat uns das alles reicher gemacht«, habe sie gesagt. »Ich habe drei Brüder dazubekommen und einen Vater!« Worte, die ihr unendlich guttaten.

»Wir versuchen auch immer noch, einmal im Jahr zu siebt zu verreisen«, erzählt sie und hält einen Moment inne. »Na ja, eigentlich sind wir nur noch zu sechst«, korrigiert sie sich dann seufzend. Marcels ältester Sohn habe den Kontakt zu ihnen abgebrochen. Nach den zwölf Jahren, als die Unterhaltszahlungen an Yvonne stoppten. »Er wirft seinem Vater vor, die Familie im Stich gelassen zu haben.« Nach so vielen Jahren. Ausgerechnet der Älteste, der doch am schnellsten Einsicht in beide Seiten bekommen hätte! »Vielleicht liegt es auch an seinem komplizierten Charakter«, mutmaßt sie. Er habe das Studium, das sein Vater ihm zahlte, abgebrochen und versuche sich nun als Künstler, bislang ziemlich erfolglos. »Er ist unfähig, sich ein Leben aufzubauen, er steht sich selbst im Weg.« Sie hat die Hoffnung nicht aufgegeben, dass sich das wieder einrenkt. »Ich bin ein Erzoptimist!« Aber, so seufzt sie: Das sei der dunkle Schatten, die große Traurigkeit im Leben von Marcel.

»Es hat eben alles seinen Preis. Auch wir mussten einen zahlen.«

Nachdenklich stellt sie das Hochzeitsfoto, das das Brautpaar engumschlungen beim Tanzen zeigt, gegen die inzwischen leere Proseccoflasche und betrachtet es versonnen.

Der Weg, den sie zusammen zurückgelegt haben, sei so viel länger, so viel steiniger gewesen, als sie gedacht hatten. »Aber wir haben es geschafft«, sagt sie. »Es war es alles wert. Trotz allem.« Fast zwanzig Jahre sind sie jetzt verheiratet, »und es geht uns so gut wie nie zuvor«. Die Kinder sind alle aus dem Haus. »Wir hatten noch nie so viel Zeit füreinander.«

Dieter rutscht auf die Stuhlkante vor. »Wie macht ihr das?«, will er wissen. Wie hält man eine Liebe frisch? Sie zu finden, ist eine Sache – sie am Leben zu erhalten, eine andere.

Linda muss kurz auflachen. »Das ist harte Arbeit!« Sie überlegt einen Moment. Ganz wichtig sei es, dem anderen Freiraum zu lassen, meint sie dann. »Marcel und ich haben bei Weitem nicht nur gemeinsame Freunde.« Er habe die seinen, sie die ihren. Er gehe nach wie vor in seiner Arbeit als Manager auf, sie in der ihren als Heilpraktikerin. »Ich habe eine kleine Praxis gleich um die Ecke.« Damit habe sie sich einen Traum erfüllt.

Aber diesen Freiraum, betont sie, den könne man dem anderen nur gewähren, wenn echter Kontakt da sei. »Das ist das Wesentlichste, darum geht es im Grunde genommen immer.« Ein ganz banales Beispiel: Wenn Marcel schlechtgelaunt nach Hause komme und sich über irgendeine Lappalie aufrege, dann nütze es nichts, wenn sie ihn genauso angifte wie er sie. Nein, sehr viel besser sei es, Spiegelverhalten zu vermeiden und das Warum zu ergründen: herauszufinden, weshalb er so schlecht drauf sei. »Damit es wieder klick macht und der Kontakt da ist.« Erneut verhakt sie die Hände wie zwei Karabiner.

Und wenn es klick gemacht habe, wenn echte Nähe entstanden sei, dann könne man einander auch loslassen und vertrauen. »Deshalb merke ich es auch sofort, wenn etwas nicht stimmt – wenn Gefahr droht.«

Würde sie es merken, wenn eine andere Frau versuchte, ihr Marcel auszuspannen?

»Oh, ja! Sofort!«, entgegnet sie umgehend. Sie schweigt einen Moment. »Am Anfang war ich furchtbar eifersüchtig«, gibt sie dann zu. »Weil Marcel den ganzen Tag von attraktiven Frauen umgeben ist!« Eine schöner und intelligenter als die andere, in enganliegenden sexy Kostümen, auf hohen Pumps mit endlos langen Beinen …

Aber, wenden wir ein, sie ist doch selbst auch höchst attraktiv. »Die Männer schauen dir nach!«, rufe ich und werfe Dieter einen vielsagenden Blick zu. Linda lacht laut auf. »Das kann schon sein, aber ich bin so ein Schaf, ich merke das nicht.« Ihre Freundinnen müssten sie immer darauf hinweisen: »›Hast du gesehen, wie der dich gemustert hat?‹ – ›Nee, wieso? Wer? Wo?‹«

Marcel hingegen, der genieße die Gesellschaft schöner Frauen. »Der fängt auch sofort an zu flirten und merkt nicht, dass es vielen Frauen um weitaus mehr als einen Flirt geht.« Sie erinnert daran, wie die Frauen regelrecht vor seiner Tür Schlange standen, nachdem er Yvonne verlassen hatte und ein Jahr allein lebte. »Das hat mich schon verunsichert«, gibt sie zu. »Damit konnte ich total nicht umgehen.«

Natürlich habe sie damals erkannt, dass ihre Eifersucht etwas mit ihrem Selbstwertgefühl zu tun hatte. »Daran habe ich gearbeitet, das habe ich zu stärken versucht.«

Aber sie wollte auch, dass Marcel begriff, was in ihr vorging. »Was hast du denn? Das ist doch harmlos. Ich liebe nur dich«, pflegte er zu sagen und ließ sie quasi am ausgestreckten Arm verhungern. Bis sie ihn endlich so weit hatte, dass er zugab: »Ja, wenn es dich nicht gäbe, würde ich mit der ins Bett gehen.« Unendlich erleichtert sei sie damals gewesen. Weil er ehrlich war. Weil es nicht mehr unausgesprochen im Raum hing. Wenn es sie nicht gäbe, würde er … Aber es gab und gibt sie ja! »Ich hatte zu ihm durchdringen können, wir hatten Kontakt.« Es hatte wieder klick gemacht!

»Ja«, sagt sie und trinkt den letzten Schluck Prosecco aus ihrem Sektglas. »Leicht ist es fürwahr nicht. Aber es lohnt sich.«

Denn mit Marcel hat sie eine Beziehung, wie sie sie sich immer gewünscht hat: eine mit Tiefe und echter Herzensnähe. Er sei ihr Seelenverwandter, der ihr Impulse und Einsichten verschaffe, sie in Bewegung bringe und wachsen lasse. »Und umgekehrt«, sagt sie mit Nachdruck. »Er macht mich zu einer besseren Ausgabe meiner selbst – und ich ihn.« Kann man sich mehr wünschen?

Sie strahlt und lacht ihr entwaffnendes, helles, glasklares Lachen. Man sieht ihr an, wie glücklich sie ist. Dann steht sie entschlossen auf. Gleich kommen Marcel und Hans. »Dieter, hilfst du mir mal mit dem Grill?«

Ich schaue den beiden zu, wie sie sich in die andere Ecke der Dachterrasse begeben. Dann gucke ich am Sonnensegel vorbei in den hohen holländischen Himmel, der sich bereits orangerot zu färben beginnt. Sieht ganz nach einem Bilderbuchsonnenuntergang aus. Nicht über der Nordsee, sondern mitten in

Amsterdam, hinter den Dächern des Grachtengürtels. Auch höchst romantisch.

## *Wie Linda aus der Krise kam*

Linda hat lange mit sich gerungen – aber letztendlich auf die Stimme ihres Herzens gehört. Den Mut, sich aus ihrer lieblosen, oberflächlichen Ehe mit Hans zu befreien, fand sie erst, nachdem Marcel wieder in ihr Leben getreten war. Wie so oft bei Trennungen brauchte es einen Dritten als Katalysator.

Kann man ihr vorwerfen, dass sie sich für ihr eigenes Glück entschieden hat? Hätte sie es bleiben lassen sollen, weil es sich nicht gehört? Weil man so etwas nicht tut? Weil man den eigenen Mann nicht sitzenlässt und gegen einen anderen eintauscht? Weil man einer anderen Frau nicht den Mann ausspannt – schon gleich gar nicht, wenn Kinder im Spiel sind?

Lindas Beispiel zeigt, wie schnell die Außenwelt wertet, urteilt und verurteilt. Dabei ist das Leben nie schwarzweiß, in der Regel dominieren die Grautöne. Auch bei Trennungen gibt es nicht nur Täter und Opfer.

Linda ist es gelungen, ein gutes Verhältnis zu ihrem Exmann zu halten. Und dieser hat die Trennung so gut bewältigt, dass er mit seinem Nachfolger heute sogar ab und zu ein Bier trinken kann – obwohl ihn Linda einst wegen dieses Mannes verlassen hat.

Was mit Sicherheit darauf zurückzuführen ist, dass Linda versucht hat, sich möglichst fair und anständig zu trennen – und die Kinder, deren Wohlergehen ihr über alles geht, dabei weitgehend zu schützen und zu schonen. Was es dazu brauchte, waren vor allem Geduld, Verständnis – und immer wieder Nachsicht.

## *Was Linda geholfen hat*

- **Beende das Alte zivilisiert, um das Neue anständig beginnen zu können:** Marcel und mir war klar, dass wir unseren Ehepartnern großen Schmerz zufügen würden. Deshalb wollten wir möglichst rücksichtsvoll, ehrlich, sauber und fair sein.
- **Gib deinem Expartner Zeit:** Wer sich trennt, hat in der Regel einen großen Vorsprung. Der Verlassene braucht Zeit, sehr viel Zeit, um Schmerz, Enttäuschung, Wut und Trauer zu bewältigen. Marcel und ich haben uns in Geduld geübt.
- **Kämpfe für dein Ziel:** Die Ablehnung, das Getuschel, das Spießrutenlaufen waren der Preis, den wir zahlen mussten. Ich habe das alles mit geradem Rücken und hocherhobenen Hauptes ertragen. Ich habe meine Rolle als vermeintliche Täterin, als »die Böse«, akzeptiert. Denn mein Ziel war meine Kraftquelle.
- **Lass die Leute reden und warte, bis der Sturm sich gelegt hat:** Die Außenwelt will es leicht haben, für sie gibt es nur Täter und Opfer und kaum Zwischentöne. Je schneller man das erkennt, desto besser. Auch ich hatte anfangs das Bedürfnis, dieses Bild zu korrigieren, den Leuten zu sagen: »Ja, aber so war es doch gar nicht …« Aber das hat in diesem Stadium keinen Sinn. Erst später ist Zeit für Nuancen und Grautöne.
- **Tappe nicht in die Schuldfalle, die so gern von anderen aufgestellt wird, allen voran vom Expartner:** Sehr geholfen hat mir die Erkenntnis, dass ich zwar für den Schmerz

verantwortlich war, den ich meinem Exehemann zugefügt habe, aber nicht dafür, wie er mit diesem Schmerz umgeht. Dafür ist jeder selbst verantwortlich! Wenn er sich gehen- oder hängenlässt, zu viel trinkt oder raucht, sich selbst zugrunde richtet – dann ist das SEINE Entscheidung. Damit habe ich nichts zu tun. Dadurch konnte ich verhindern, dass nicht angebrachte Schuldgefühle mich erdrückten.

- **Versuch als Täterin nicht zu trösten oder gar zu heilen**: Oft hatte ich das Bedürfnis, meinen Expartner zu trösten oder ihm zu helfen. Aber wenn er bei jemandem in dieser Hinsicht an der komplett falschen Adresse war, dann bei mir. Davor musste ich sowohl ihn als auch mich selbst schützen, für diese Rolle war ich absolut ungeeignet, dafür musste er sich andere suchen.
- **Sag deinen Kindern immer die Wahrheit und halte sie aus den Scheidungsstreitereien heraus**: Wir haben sie in unseren Neuanfang einbezogen und versucht, ihnen klarzumachen, dass ihre Eltern sich zwar getrennt hatten, aber dass nur die Ehe kaputtgegangen war, nicht die Familie. Die Kinder wussten, dass es die Familie weiterhin geben würde, wenn auch in anderer Form.
- **Übe dich in Geduld, Verständnis und Nachsicht**: Wir haben es geschafft, Marcel und ich sind glücklich zusammen. Aber es hat sehr viel länger gedauert als erwartet. Selbst wenn wir dachten, wir räumen allem und allen bereits sehr viel Zeit ein, selbst wenn wir davon ausgingen, dass es furchtbar lange dauern würde: Es hat immer NOCH länger gedauert.

*»Nicht dass du mich belogst,*
*sondern dass ich dir nicht mehr glaube,*
*hat mich erschüttert.«*

Friedrich Nietzsche (1844–1900),
deutscher Philosoph

~

# *Helga*

## *Die gegen eine Jüngere Eingetauschte*
## *(Der Klassiker)*

Er hatte um ein Treffen auf neutralem Boden gebeten. Alle ihre Warnsysteme schlugen Alarm. Aus dem Trainingslager war er längst zurückgekehrt, das wusste sie. Aber dieses Mal hatte er sich nicht bei ihr gemeldet. Sie hatten sich lediglich auf der Straße von Weitem gesehen und flüchtig gegrüßt. Dann kam der Anruf. Auf neutralem Boden …

Als sie das Handy weglegte, merkte sie, dass sie zitterte. Sie hatte Angst. Eineinhalb Jahre lang hatte sie gehofft. Ja, sie wusste, er wollte sich scheiden lassen. Den Tag und wie er ihr das mitgeteilt hatte, würde sie nie im Leben vergessen. Er hatte noch nicht einmal den Mumm gehabt, es ihr selbst zu sagen, er hatte seinen Anwalt vorgeschoben. Was für ein Feigling! Ein Feigling, den sie trotz allem nach wie vor liebte. Frühling, Sommer, Herbst und Winter … Siebzehn Monate waren seitdem vergangen. Siebzehn Monate, in denen sie alles getan hatte, um ihn zu halten und die Ehe zu retten. Obwohl er inzwischen ausgezogen war. Aber sie hatten ja Kontakt gehalten. Sich wie Frischverliebte zum Rendezvous getroffen. Als wären sie Anfang zwanzig und nicht dreimal so alt. Alle Zeichen standen auf Neuanfang. Gerade weil sie nicht mehr Anfang zwanzig waren, sondern dreimal so alt. Weil sie mehr hinter sich als vor sich hatten. Siebenunddreißig gemeinsame Jahre, in denen sie Freud und Leid geteilt und drei Söhne bekommen hatten, die ihnen inzwischen sechs Enkelkinder beschert hatten.

»Das alles konnte man doch nicht einfach wegwerfen«, sagt Helga, eine mollige fröhliche Frau in Leggings und Schlabberpulli. Die fünfundsechzig Jahre sieht man ihr nicht an, die Haare sind kastanienbraun gefärbt. »Grau kann immer noch. Später!« Sie schmunzelt. Wir sitzen in ihrer gemütlichen Wohnküche auf der Eckbank. Zwischen uns schnurrt Moritz, ein prachtvoller getigerter Kater. Auf dem Tisch steht ein Rhabarberkuchen, den sie extra für uns gebacken hat. Das große Küchenfenster gibt den Blick frei auf eine blühende Montafoner Maiwiese voller Butterblumen und Löwenzahn. Auf dem Fensterbrett stehen unzählige Nippesfiguren und Trockenblumensträuße, dazwischen Bilderrahmen mit Fotos von den Kindern und Enkelkindern. Auch die Regalbretter über der Eckbank und ein Teil der Küchenanrichte sind regelrecht übersät damit. Helga ist unseren Blicken gefolgt. »Über diese Dekosachen hat er sich am Schluss ganz fürchterlich aufgeregt«, erzählt sie und verdreht ihre dunklen Kulleraugen hinter der modischen Brille. Auberginefarbene Fassung. Steht ihr gut. »Dabei war ich schon immer so, ich umgeb mich halt gern mit solchen Dingen.«

Aber davon sei er jetzt ja erlöst. »Die Pia ist eher minimalistisch eingestellt«, sagt sie und schneidet den Rhabarberkuchen an. Pia ist ihre Nachfolgerin und fünfundzwanzig Jahre jünger. »Sie könnte seine Tochter sein.« Und Pias drei Kinder seine Enkelkinder. »Auf dem Spielplatz muss er sich schon mal als Opa anreden lassen. Sahne?«

Sie sagt es mit einem kleinen bisschen Genugtuung, mit einem klitzekleinen Spritzer Gift. Ist ja auch verständlich, wenn man nach fast vier Jahrzehnten Ehe gegen eine so viel Jüngere eingetauscht wurde. Aber, betont sie, als sie uns die Kuchenteller reicht: »Es tut nicht mehr weh, ich habe ein neues Leben angefangen – ein besseres Leben. Das geht auch mit sechzig noch. Auch wenn ich das anfangs nicht für möglich gehalten hätte.«

Wie denn auch, ihr Leben – das war der Ernst! Mit vierundzwanzig hatte sie ihn kennengelernt, in Kempten, auf einer Fete. Sie spürte seinen Blick in ihrem Rücken, und als sie sich umdrehte, schauten sie sich lange in die Augen. »Es war Liebe auf den ersten Blick.« 1977 war das, Ernst war Maurer, zwei Jahre jünger als sie und hatte grade seinen zweiundzwanzigsten Geburtstag gefeiert. Groß war er, sportlich. Und, so stellte sie noch am selben Abend fest, er konnte gut tanzen. »Die Pia, die war damals noch nicht einmal auf der Welt.«

Schon ein Jahr später haben sie geheiratet und schnell hintereinander drei Buben bekommen. Ernst hatte in der Ehe das Sagen, er bestimmte alles. Eine klassische Ehe hätten sie geführt, meint Helga und verbessert sich sofort: »Nein, eine altmodische war es.« Das Konto lief auf seinen Namen, sie bekam Haushaltsgeld. Ihm zuliebe zog sie keine Hosen mehr an, denn, so pflegte er zu sagen: »Eine richtige Frau trägt einen Rock.« Er sah es auch nicht gern, wenn sie sich ohne ihn mit anderen Frauen treffen oder ausgehen wollte. »Er hielt mich zu Hause.« Einmal wollte sie sich im Dorf einem Frauenverein anschließen. »Aber das sind doch alles nur frustrierte Hausfrauen«, fand er, »da hast du nichts zu suchen.«

Sie fügte sich, sie war ja so erzogen worden. Und sie hatte auch weiß Gott Besseres zu tun und alle Hände voll mit den drei Kindern und dem Haushalt. Denn das war ihre Sache, da mischte er sich nicht ein. »Es waren schöne Jahre«, sagt sie und schiebt die Fernbedienung, die zu dem kleinen Zweitfernseher in der Ecke gehört, beiseite, um die Ellbogen auf dem Tisch aufstützen zu können. »Wir hatten es gut zusammen.«

Im Sommer installierten sie den Dachgepäckträger auf ihrem flaschengrünen Ford Taunus und bepackten das Auto mit Koffern und Taschen. Dann ging's los, zum Zelten mit den Kindern an die Adria. »Zweimal sind wir auch in die entgegengesetzte Richtung gefahren, an die Nordsee, nach Holland.« Sie kamen gut über die Runden, Helga arbeitete nebenbei als Putzfrau und Altenpflegerin. »Es war immer genug Arbeit da.«

Durch dick und dünn seien sie gegangen, hätten stets zusammengehalten, einander getröstet und unterstützt. So wie in den ersten Jahren ihrer Ehe, als sie zwei Fehlgeburten erlitt: »Einmal waren es Zwillinge.« Oder 2006, während der Fußball-WM, als Italien Weltmeister wurde. »Da bekam ich furchtbare Bauchschmerzen.« Der Hausarzt hielt es für eine Blasenentzündung, aber es war eine Bauchhöhlenvereiterung. Was sich allerdings erst herausstellte, nachdem Ernst nachts den Notarzt gerufen hatte und Helga mit Blaulicht ins Krankenhaus gebracht worden war. Totaloperation. Gebärmutter, Eierstöcke – »alles musste raus«.

Am schwersten aber hätten sie es gehabt, als Felix, der Älteste, an Leukämie erkrankte. »Er hatte gerade seinen vierten Geburtstag gefeiert.« Was hat sie damals gebetet und um das Leben ihres

Sohnes gebangt! Glück und Erleichterung waren grenzenlos, als feststand, dass der Blutkrebs besiegt worden war. »Der Arzt sagte damals, Felix müsse nun regelmäßig Sport treiben, zur Stärkung seines Körpers. Deshalb sollten wir uns eine Sportart suchen.«

Fortan stand das Familienleben im Zeichen des Schwimmsports, denn sie wurden Mitglied im Schwimmverein, alle fünf. »Obwohl das für mich eigentlich nichts war«, sagt Helga mit einem kleinen Lachen. Nach wie vor sei sie eine miserable Schwimmerin und alles andere als eine Wasserratte. »Aber der Ernst, der wurde richtig fanatisch, der hat sich dann zum Schwimmtrainer ausbilden lassen und stand zum Schluss viermal die Woche abends am Beckenrand.« An den Wochenenden waren sie oft alle fünf bei Wettkämpfen mit dabei. »Ich begleitete ihn auch zu den Lehrgängen.« Und statt der Zelturlaube fuhr die ganze Familie im Sommer meistens mit ins Trainingslager nach Portugal oder Spanien. »Der Verein war sehr aktiv. Wir organisierten viele Ausflüge, und im Winter fuhren wir oft zusammen zum Skifahren.«

Rund und reich sei das Familienleben gewesen, die Jahre flogen vorbei, die Söhne wurden flügge und zogen aus. »Bis auf Felix, der zog mit seiner Frau unten in die Einliegerwohnung.«

Helga fand eine Festanstellung in einem Privathaushalt, wo sie halbtags als Haushälterin arbeiten konnte. »Ich hatte ja jetzt mehr Zeit.« Aber wenn Ernst gegen fünf von der Arbeit heimkam, standen nach wie vor Kaffee und Kuchen für ihn bereit, anschließend verschwand er im Schwimmbad zum Training. Sie gewöhnte sich daran, allein zu Abend zu essen – die Kinder waren ja aus dem Haus. Sie wärmte für Ernst das Essen auf, wenn er gegen zehn Uhr vom Training zurückkam. »Ich saß dann meistens im Wohnzimmer vor dem Fernseher«, erzählt sie. »Und dann ließ ich auch nicht alles stehen und liegen, nur weil er endlich nach Hause gekommen war. Dann wollte ich den Krimi oder die Show, die ich mir gerade anguckte, schon zu Ende sehen.« Es sei denn, es wurde grade ein Fußballspiel übertragen. Sie weist auf die Fernbedienung, die am Tischende liegt. »Die hat er mir dann abgenommen und angefangen zu zappen. Das hat mich ganz schön genervt.« Aber sie fügte sich, so wie immer.

Inzwischen hatte Ernst im Schwimmverein den Vorsitz im Vorstand übernommen. »Ohne ihn ging im Verein nichts mehr, davon war er überzeugt.« Noch mehr als zuvor wurde ihr Leben vom Schwimmsport bestimmt. »Alle Termine mussten drum herumgelegt werden.« Oder verschoben. So wie der Zahnarzttermin, den er vergessen hatte: »Dann rief er an, und dann musste ich die Praxis anrufen und absagen.« Dauernd sei das so gegangen. »Früher schafften wir es, ab und zu noch ins Kino oder zum Tanzen zu gehen, aber dafür war nun keine Zeit mehr.« Auch gemeinsame Urlaube fanden nicht mehr statt, sie fuhren nur noch mit dem Club in die Sommer- oder Winterferien. »Immerhin gönnten wir uns über Weihnachten und Silvester immer einen Wellnessurlaub in einem schönen Hotel, nur wir zwei.« Aber was sind acht oder zehn von dreihundertfünfundsechzig Tagen im Jahr! »Im Nachhinein muss ich schon sagen, dass der Sport uns viel genommen hat.«

Aber das habe sie damals nicht so wahrgenommen. Und sie wollte ja auch nicht die herumzickende Ehefrau sein, die dauernd nörgelte und an allem etwas auszusetzen hatte. »Wir lebten einfach weiter.« Im Großen und Ganzen habe ja auch alles gestimmt – sogar das Sexleben: »Wir hatten auch nach dreißig Jahren noch mehrmals die Woche Sex.« Manchmal sogar täglich:

»Weißt«, habe sie dem Ernst oft gesagt, »wir liegen weit über dem Durchschnitt.«

Beide waren inzwischen Mitte fünfzig. Selbst habe sie mit dem Älterwerden keine Probleme gehabt. Anders ihr Mann. Ein paarmal wurde sie von den anderen Vereinsmitgliedern im Schwimmclub darauf angesprochen. »Du, der Ernst, der tut sich schon schwer mit dem Älterwerden, gell?« Weil er so oft damit prahlte, wie gut er noch in Schuss wäre. Weil er sich immer nur an Jüngeren gemessen habe. »Er war ja auch wirklich gut in Schuss, er hatte eine Bombenkondition. Und er hat immer sehr auf seine Figur geachtet.« Um ihn herum hätten sich die Männer in seinem Alter gehenlassen und einen Bauch bekommen. »Wie das halt so ist«, meint Helga und nimmt sich augenzwinkernd noch ein Stück Rhabarberkuchen. »Ich hab auch ein paar Pfunde zugelegt, die ich nicht mehr loswerde.« Sie sagt es achselzuckend. Dem Ernst aber sei das ein Gräuel gewesen: »Das wollte er auf gar keinen Fall, Übergewicht.« Graue Haare auch nicht. Irgendwann sei so ein neues Tönungsshampoo für Männer auf den Markt gekommen. »So eins, das die grauen Haare abdeckt. Das musste ich ihm dann besorgen«, erzählt sie, als eine WhatsApp-Nachricht eintrudelt. Sie guckt auf ihr Handy. »Ah, das ist die Mona, mit der gehe ich heute Abend ins Kino.«

Im Nachhinein, meint sie und legt das Handy wieder weg, glaubt sie schon, dass ihr Mann da in einer Art von Midlifecrisis gesteckt hat. Eitlen Menschen falle es ja schwerer, den körperlichen Verfall zu akzeptieren. »Und eitel ist er schon, der Ernst.«

Aber auch darüber habe sie sich damals keine Sorgen gemacht. Und sich nichts weiter dabei gedacht. »Wir Frauen färben uns die Haare ja auch.« Außerdem: Er hatte ja seinen Sport und damit keine Zeit, auf dumme Gedanken zu kommen. »Der Schwimmclub und die Familie waren sein Leben.« Nein, der habe nicht aussteigen oder ausbrechen wollen, der Ernst! Der sei zufrieden mit seinem Dasein gewesen.

Bis der Verein eine neue Schatzmeisterin bekam. »Dreimal dürft ihr raten, wer das war!«

Wir gucken sie fragend an. »Pia?«

»Pia!«

2011 sei das gewesen. »Pia lebte mit ihrem Mann Herbert und den drei Kindern einen Ort weiter«, erzählt Helga. Die Familie sei irgendwo aus dem Norden gekommen – »aus Frankfurt, glaub ich« – und habe sich dann hier in der Gegend niedergelassen. Alle fünf seien sofort Mitglied im Schwimmverein geworden. »Die beiden ältesten Töchter, die waren auch richtig gut. Die hatten Talent.«

Es dauerte nicht lange, und Pia und Helga waren gut befreundet. Sie trafen sich oft im Schwimmclub und tranken auf der Terrasse manchmal einen Kaffee zusammen oder ein Glas Wein. »Wir wurden bei denen auch immer zu den Kindergeburtstagen eingeladen.« Helga passte so manches Mal auf Pias Töchter auf, wenn die zu einem Termin musste. »Einmal fuhr ich sie zu einem Bewerbungsgespräch nach Bludenz, sie hatte sich dort beim Arbeitsamt um eine Teilzeitstelle beworben und die dann auch bekommen.«

Pia war groß und schlank mit einem braunen Kurzhaarschnitt und im Gegensatz zu Helga ziemlich sportlich und eine gute Schwimmerin. »Aber ich sah in ihr keine Gefahr oder eine Bedrohung.« Woher denn auch! Pia war ja verheiratet. Außerdem hätte sie Helgas Schwiegertochter sein können. Manchmal kam sich Helga auch vor wie eine Mutter oder jedenfalls eine ältere Freundin, die einer Jüngeren mit Rat und Tat zur Seite stand. »Ich hatte ja selbst drei Kinder großgezogen, ich wusste, was das bedeutete!« Und was den Ernst betraf: »Pia war absolut nicht sein Typ.« Erstens trug sie dauernd Hosen, zweitens habe sie die auch im übertragenen Sinne angehabt. »Also, ich kann euch sagen, wie die ihren Herbert manchmal vor allen Leuten rumkommandiert hat!« Der Ernst habe das einmal miterlebt und dann nur kopfschüttelnd gemeint: »Also mit mir bräuchte die das nur einmal zu machen.«

Nein, ihr Mann konnte sich unmöglich in die Pia vergucken, ausgeschlossen. Da sei sie sich damals ganz sicher gewesen. Der konzentrierte sich auf seinen Sport. Und auf seine Familie. Sonst hätte er sich als Weihnachtsgeschenk 2012 für den nächsten Sommer doch nie einen Familienurlaub samt Enkelkindern auf Mallorca einfallen lassen! Sonst hätte er doch nie mit Helga Pläne für den gemeinsamen Lebensabend geschmiedet! »Ich sollte möglichst schnell in Rente gehen, und auch er wollte, so früh es nur ging, aufhören zu arbeiten. Und dann wollten wir zusammen viele Reisen machen und im Süden überwintern.« Das jedenfalls sei der Plan gewesen. Und wer solche Pläne mache, der gedenke doch nicht, sich zu trennen.

»Tja«, seufzt Helga und verscheucht Kater Moritz, der auf den Tisch gesprungen ist, um die Nase an den Rhabarberkuchen zu halten. »So kann man sich irren.«

Kurz nachdem Ernst als Weihnachtsgeschenk für die ganze Familie den nächsten Sommerurlaub auf Mallorca gebucht hatte, im Herbst 2012, müsse das mit Pia angefangen haben. »Auf einmal konnte ich ihm nichts mehr recht machen. Er begann, alles an mir zu kritisieren, wirklich alles.« Ihre Sammelleidenschaft und der Nippes auf Fensterbänken und Regalen gingen ihm plötzlich fürchterlich auf die Nerven. Er warf ihr vor, zu viel Geld auszugeben. »Du glaubst wohl, das wächst auf den Bäumen«, schimpfte er, als sie sich nach Urzeiten wieder einmal ein neues Kleid geleistet hatte. »Dabei hatte er viel mehr Klamotten als ich, bloß zog er die nie an, weil er ständig im Trainingsanzug am Beckenrand stand.« Er sei schon immer ein schlechter Beifahrer gewesen, der ständig meckerte und kritisierte, wenn sie am Steuer saß. Aber nun ließ er kein gutes Haar mehr an ihrem Fahrstil. Sogar der Sex mit ihr sei ihm auf einmal nicht mehr gut genug gewesen: »Du bist auch nicht mehr das, was du mal warst.«

Noch mehr kränkte es sie, dass er sie im Schwimmclub bei Wettkämpfen auf einmal nicht mehr mit dabeihaben wollte.

»Alle Plätze im Auto sind besetzt«, bekam sie zu hören.

»Dann lass die andren doch in ihren eigenen Autos fahren!«, wandte sie einmal ein.

»Unsinn, das ist Benzinverschwendung.«

Einmal fand sie am nächsten Tag einen Kindersitz im Auto vor, sie erkannte ihn sofort, es war der von Pias jüngster Tochter. »Da wusste ich, dass es Pia und ihre drei Kinder waren, die er im Auto mitgenommen hatte.« Also nicht nur die beiden Ältesten, die bei Turnieren ja fast immer mit dabei waren und zu den besten Schwimmerinnen im Club gehörten. Nein, auch die Mutter und die kleine Schwester.

»Warum muss denn da gleich die ganze Familie mitfahren?«, stellte sie ihren Mann zur Rede.

»Weil die Töchter wollen, dass die Mutter mit dabei ist«, antwortete er. Das sei doch wichtig bei Wettkämpfen. Für die Bestform. »Und die Kleine, die konnten wir ja nicht allein zu Hause lassen, der Herbert war unterwegs.«

Die eigentliche Botschaft aber sei eine andere gewesen: Er wollte lieber mit der Pia zum Turnier fahren als mit ihr. Pia war ihm wichtiger geworden als die eigene Frau. Sie war tief verletzt und fühlte sich ausgeschlossen.

Pia. Pia. Pia. Bald konnte sie den Namen nicht mehr hören. In der letzten Zeit traf er sich dauernd mit ihr, angeblich rein geschäftlich, zum Wohle des Vereins. Auch darauf sprach sie ihn an. »Jetzt spiel bloß nicht die misstrauische Ehefrau«, habe er geantwortet. »Wir haben viel zu besprechen und müssen die Finanzen regeln. Du weißt doch, dass sie im Vorstand die Schatzmeisterin ist.«

Gerne hätte sie Pia selbst darauf angesprochen. Oder Pias Mann, den Herbert. Aber sie traute sich nicht. »Ich wollte mich nicht lächerlich machen.« Womöglich bildete sie sich das ja alles nur ein. Hoffentlich bildete sie sich das alles nur ein.

Denn Pia verhielt sich wie immer, sie gab sich herzlich und grüßte freundlich. Eine Tasse Kaffee oder einen Wein allerdings hatten sie schon lange nicht mehr zusammen getrunken, seltsam. Sie rief auch nicht mehr an. Zufall? Oder versuchte Pia, Helga zu meiden?

Eines Nachmittags – sie stand auf dem Markt, wo immer der letzte Klatsch ausgetauscht wurde – da raunte ihr die Obstverkäuferin zu: »Hast du's schon gehört, die Pia lässt sich scheiden! Der Herbert ist schon vor Wochen ausgezogen.«

Die Pia war also frei, womöglich hatte sie sich wegen Ernst von ihrem Mann getrennt. Nein, ausgeschlossen, es durfte, es konnte nicht wahr sein! Ihr Ernst mit einer Frau, die seine Tochter sein könnte. Einer Frau, die drei Mädchen hatte. Wo er doch selbst nie Mädchen haben wollte und froh über seine drei Buben war. Weil er Mädchen für viel schwieriger hielt. Weil die einem in der Pubertät nichts als Probleme bescheren würden.

Sie kannte sich selbst nicht mehr. Was war nur mit ihr los,

dass sie auf einmal so misstrauisch geworden war und überall Gespenster sah! Sie versuchte, die bösen Gedanken zu vertreiben wie ein paar lästige Insekten.

Es wurde Weihnachten. Heiligabend feierten sie wie immer mit den Söhnen, für den zweiten Weihnachtsfeiertag hatte Helga ihre Eltern eingeladen. Auch das wie immer. Da trudelte per SMS eine Einladung zum Kindergeburtstag bei Pia ein. Eine ihrer Töchter hat am 26. Dezember Geburtstag. Es gäbe Kaffee und Kuchen, ob Helga und Ernst auch kommen wollten. Merkwürdig. Gewöhnlich feierten sie diesen Kindergeburtstag nach den Festtagen, irgendwann im Januar. »Ist doch egal, mach dir doch nicht so viele Gedanken«, habe der Ernst gesagt. »Ich geh da in jedem Falle kurz hin, ich seh deine Eltern dann später noch.« Sie ließ ihn ziehen, sie konnte ja nicht weg, sie wartete auf ihre Eltern. Ob Pia das wusste? Ob das mit dem Kindergeburtstag nur ein Vorwand war, eine dreiste Lüge, um ein weihnachtliches Schäferstündchen mit ihrem Ernst zu verbringen? Denn Pias Töchter, die konnten über Weihnachten bei ihrem Vater sein, der war ja inzwischen ausgezogen. Wer weiß. Jedenfalls sei der Ernst erst ganz spät am Abend wieder zu Hause erschienen. Als seine Schwiegereltern längst weg waren.

Es wurde Februar. Helga freute sich auf den Faschingsball in der Dorfhalle, mit Tanz und Aufführungen. Wie immer würden sie und Ernst gemeinsam hingehen, das hatte Tradition, sie waren beide Mitglied im Narrenverein. Dieses Mal würde sie als Carmen gehen und er als Torero. Aber Ernst ließ sie zum ersten Mal in all den Jahren allein losziehen. »Ich komm später nach.«

Doch er kam nicht mehr nach. Sie versuchte, sich allein zu amüsieren, tanzte und sang in der Menge mit, scheinbar ausgelassen. Dabei war ihr zum Heulen. Die Band hatte gerade *An*

*Tagen wie diesen* von den Toten Hosen gespielt, sie stand an der Bar, um sich ein neues Bier zu holen, da sprach Fritz, ein Bekannter vom Schwimmclub, sie an: »Sag mal, stimmt des, was die Leut' sagen?«

Helga ahnte Böses.

»Was sagen die Leut' denn?«

»Dass der Ernst eine Freundin hat. Stimmt des?«

Sie fühlte sich, als hätte sie einen Faustschlag in den Magen bekommen.

Fritz beugte sich näher zu ihr, als wollte er ihr ein Geheimnis ins Ohr flüstern: »Hat der vielleicht was mit der Pia?«

Sie ging auf Abstand, richtete sich kerzengerade auf. »Wie kommst du denn darauf«, konterte sie mit gespielter Entrüstung. »So ein Schmarrn!«

»Ich hätt's mir auch nicht vorstellen können«, meinte Fritz. Sie glaubte eine Spur von Erleichterung in seiner Stimme zu hören. »Ihr seid doch schon so lang z'am! Helga und Ernst, Ernst und Helga. Ihr macht's doch noch immer einen so verliebten Eindruck!«

Sie musste sich zusammenreißen, niemand durfte ihr etwas anmerken. Aber ihr war schlecht, speiübel, fast hätte sie sich übergeben. Helga und Ernst, Ernst und Helga. Er hatte ja so recht, der Fritz: Sie galten als Vorzeigeehepaar, sie waren so etwas wie eine Institution – nicht nur im Dorf, auch in der weiten Umgebung. Unvorstellbar, dass da jemand dazwischenkommen könnte! Um sie herum hatten sich die Leute scheiden lassen, aber Helga und Ernst, die waren nach vierzig Jahren immer noch glücklich verheiratet. Die würden niemals auseinandergehen.

Hatte sie Fritz überzeugen können? Womöglich war es so, dass es alle schon seit Monaten wussten und sich den Mund über sie zerrissen? Alle – nur die Ehefrau nicht? »Stell dir vor, der Ernst betrügt seine Helga! Der hat was mit der Pia!«

Sie kam sich vor wie in einem schlechten Film, einem schlechten Horrorfilm. Aus den lästigen Insekten, die sich nicht hatten vertreiben lassen, war ein riesengroßer Schwarm geworden, der sie hässlich umsurrte. Wann würde sie endlich aus diesem Albtraum erwachen und wieder klar denken, klar sehen können? Wann war endlich wieder alles normal?

Aber ohne Grund fingen die Leute doch nicht an zu reden! Ohne Feuer kein Rauch. Erneut suchte sie die Konfrontation, stellte ihren Mann zur Rede, gleich am nächsten Tag. Wo er denn gewesen sei, die ganze Nacht. »Die Leute reden!«

Doch Ernst stritt alles ab und benutzte dabei dieselben Worte wie sie: »So ein Schmarrn! Wie kommst du denn darauf?« Sie wüsste doch, wie sie seien, die Leut': »Lass sie reden.«

Seufzend steht Helga auf, um das große Küchenfenster zu öffnen. Es ist ein warmer Frühsommertag geworden, eine angenehme Brise weht durch die Küche und lässt die selbstgehäkelten weißen Spitzenbordüren, mit denen sie die Regalbretter geschmückt hat, leicht im Wind tänzeln. Sie lehnt sich an die Spüle und verschränkt die Arme vor der Brust.

»Ein paar Tage später ging das dann plötzlich mit dem Anwalt los«, erzählt sie weiter. »Er wollte unbedingt einen Termin bei einem Anwalt machen.«

»Wieso denn das?«, fragte sie.

»Weil es in unserer Ehe nicht mehr rundläuft«, erwiderte er. »Wir müssen einiges regeln.«

»Ja, dann sollten wir lieber zu einem Therapeuten gehen, aber doch nicht zum Anwalt!«

»Nein, ich will zu einem Anwalt.«

Er bestand darauf. Sie versuchte, ihm das auszureden, stellte sich quer. Aber er ließ nicht locker. Irgendwann habe sie dann, wie so oft in ihrer Ehe, nachgegeben. »Weil ich meine Ruhe haben wollte.«

Und so saßen sie eines Vormittags im Februar 2013 nebeneinander im Warteraum einer Anwaltskanzlei. Ihr Mann wurde als Erster hereingerufen. Der Anwalt müsse noch etwas mit ihm alleine besprechen, wurde ihr mitgeteilt. Sie wartete draußen. Endlose dreißig Minuten lang. Dann wurde sie hereingerufen. Sie setzte sich neben ihren Mann, die Handtasche auf dem Schoß. Vorher strich sie sich das Kleid glatt. Fragend schaute sie den Anwalt an, der ihnen gegenübersaß, dann ihren Mann, dann wieder den Anwalt. Niemand sagte etwas. Dann räusperte sich der Anwalt und teilte ihr mit: »Ihr Mann möchte sich scheiden lassen.«

Sie vernahm die Worte wie durch einen Nebel. Sie hatte sie gehört, aber nicht begriffen. »Ihr Mann möchte sich scheiden lassen.« Wieder schaute sie Ernst an, dann den Anwalt, dann wieder Ernst. »Ich bin aus allen Wolken gefallen, ich dachte, ich bin im verkehrten Film.« Ganz still sei es im Raum gewesen. »Dann hielt ich es nicht mehr aus. Ich bin aufgestanden und rausgelaufen.«

Hatte sie gehofft, er würde ihr hinterherlaufen und sagen, dass es alles nur ein Missverständnis war? Vielleicht. »Ich traf ihn erst wieder, als er von der Arbeit kam und sich zum Training umzog.« Sie hatte wie immer den Kaffeetisch gedeckt, mit Apfelkuchen, den sie zuvor noch gebacken hatte. »Wir müssen reden«, sagte sie, als er sich gesetzt hatte.

»Jetzt nicht, ich hab keine Zeit, ich muss zum Training«, habe er mit vollem Mund geantwortet.

Als er abends zurückkam, saß sie vor dem Fernseher. »Wir wollten doch reden«, sagte er.

»Jetzt kann ICH nicht«, antwortete sie, ohne den Blick vom Bildschirm abzuwenden. »Ich will diesen Film zu Ende sehen.« Anschließend habe er schon geschlafen.

Nachdenklich schaut sie aus dem Fenster auf die Frühlingswiese. Aus der Ferne schallt schwach das Läuten der Kuhglocken zu uns herein. »Eigentlich haben wir nie mehr über diesen Termin beim Anwalt gesprochen, der Ernst dachte wohl, er hätte seinen Standpunkt damit deutlich gemacht.« Er wollte nicht mehr, er wollte sie nicht mehr, und deshalb würden sie sich nun trennen, Punkt aus. Er hatte das, was er sich selbst nicht zu sagen traute, von einem anderen aussprechen lassen. Was für ein Feigling, was für ein Schlappschwanz. Was für eine Memme!

»Aber den Mut, mich danach immer wieder daran zu erinnern, dass ich nun ausziehen müsste, den hatte er schon!« Alle paar Wochen habe er sie ermahnt, sich endlich ein anderes Dach über dem Kopf zu suchen. »Hast du schon was gefunden? Hast du dir die Inserate im Wochenblättle angesehen?«

Sie hörte es sich an, versuchte sich an den grauenhaften Gedanken zu gewöhnen, dass er sie aus ihrem gemeinsamen Zuhause vertreiben wollte, aus diesem Haus, das sie sich gemeinsam gebaut, für das sie jeden Pfennig umgedreht, in das sie jede freie Minute investiert hatten, um möglichst viel selbst zu machen und zu sparen. Es war auch ihre Zeit gewesen, ihre Energie, ihr Geld! Und dieses Mal fügte sie sich nicht. Irgendetwas in ihr begann zu rebellieren. Nein, das wäre ja noch schöner. »Das ist auch mein Haus!«, sagte sie ihm eines Tages. »Du bist derjenige, der sich trennen will. Dann bist du es auch, der hier auszieht und sich etwas Neues suchen muss.«

Fortan war das Thema vom Tisch, es wurde nicht mehr darüber geredet. Es wurde überhaupt nicht mehr geredet, nur das Allernötigste. »Wir haben uns eingemauert.«

Ihren sechzigsten Geburtstag feierten sie bescheiden, im kleinen Kreis. Nur mit den Kindern und den Enkeln und ihren Eltern. Kein großes Fest, wie sie es eigentlich geplant hatten. Das habe der Ernst unangebracht gefunden: »Weil unsere Ehe ja nicht mehr rundlief.«

Sie wusste immer noch nicht, ob er nun wirklich eine andere hatte und ob diese andere Pia war. Sie sprach ihn nicht mehr darauf an, er würde ja doch wie immer alles abstreiten. Aber sie fing an, ihm nachzuspionieren und in seinen Sachen nach Beweisen zu suchen. »Das hatte ich in all den Jahren noch nie getan.« Irgendwie sei das Schlechteste in ihr zum Vorschein gekommen.

An sein Handy sei sie nicht herangekommen, das habe er nicht aus den Augen gelassen. »Aber einmal fand ich ein Kondom in seinem Portemonnaie«, erzählt sie und schaut uns an, als könne sie es immer noch nicht fassen: »Ein Kondom! Ich frage euch: Was macht ein Kondom im Portemonnaie eines verheirateten Mannes?!«

Sie habe mit einer Stecknadel ein paar Löcher hineingepikst und es wieder zurückgesteckt. Helga erzählt es uns verschämt, wie ein Schulmädchen, das rote Ohren bekommt. Aber man sieht ihr an, wie gut ihr das damals getan hat, dieser kleine Rachefeldzug.

»Vielleicht lag es dann ja an diesem ramponierten Kondom, dass er sich was geholt hat«, meint sie und verdreht die dunklen Kulleraugen hinter der modischen Brille. Das müsse man sich mal vorstellen, da komme der doch tatsächlich eines Morgens aus dem Bad und fragte: »Sag mal, juckt's dich auch so?«

»Nein, wieso?«

»Mich juckt's, und es brennt. Wir müssen zum Arzt.«

»Ich muss nicht zum Arzt, ich hab nichts.«

»Doch. Das müssen wir behandeln lassen.«

Sie hätten sich dann auch tatsächlich behandeln lassen, aber nach ein paar Wochen sei das Brennen und Jucken zurückgekommen: »Der Depp, der hätte natürlich auch die Pia oder in jedem Falle die Frau, mit der er mich betrog, behandeln lassen müssen! Stattdessen hat er sich erneut angesteckt bei ihr.«

Natürlich hat sie ihn gefragt, wo er sich das denn geholt habe. »Auf einem Baustellenklo«, habe er geantwortet.

Ein Glück, dass sie sich selbst damals nichts bei ihm geholt hatte! Denn sie schliefen ja nach wie vor miteinander, wenn auch nicht mehr so oft wie früher. Mag sein, dass es für ihn nur Gewohnheit war, weil sie ja sozusagen griffbereit neben ihm lag. Für sie war es ein Zeichen dafür, dass wenigstens etwas in ihrer Ehe noch so war wie früher, wenigstens einigermaßen. Dass sie sich alles nur einbildete. Dass es Hirngespinste waren. »Bei den meisten Paaren fängt das Ende der Beziehung ja damit an, dass sie nicht mehr miteinander schlafen«, sagt sie, als ihr Handy klingelt. »Bitte entschuldigt, ich muss da ran.«

Es ist jemand vom Frauenclub, so können wir mithören, und es geht um einen Trödelmarkt, der in zwei Wochen stattfinden soll.

»Da gibt's noch so viel zu regeln, ich weiß gar nicht, wie wir das schaffen sollen«, stöhnt sie, als sie das Gespräch beendet hat.

»Wo waren wir stehengeblieben? Ach ja, 2013, der Sommer.« Und der Familienurlaub auf Mallorca, den Ernst im Herbst zuvor als Weihnachtsgeschenk gebucht hatte. »Der war ja schon bezahlt, den haben wir auch gemacht.« Aber ihr Mann habe sich in diesen zehn Tagen oft zurückgezogen und dauernd auf sein Handy geguckt. Kein Wunder, dass auch die drei Söhne bald merkten, dass da etwas nicht mehr stimmte. »Mama, der Papa will nichts mehr von dir«, sagte ihr Felix, der Älteste, eines Abends und appellierte an ihren Stolz: »Wie der mit dir umgeht! Lass dich nicht so erniedrigen!«

Aber wie konnte sie ihn verlassen, diesen Mann, mit dem sie fast vierzig Jahre lang Freud und Leid geteilt hatte, diesen Mann, der zu ihrem Leben gehörte, der ihr Leben war?

»Ich habe dann noch versucht, ihn zu einer Paartherapie zu bewegen und zu einem Tanzkurs.« Diskofox-Figuren, einmal die Woche, jeden Freitag zwei Stunden lang von acht bis zehn. Weil der Freitag ja sein freier Abend war. »Und weil wir früher so gerne und so gut zusammen getanzt haben.« Der Tanzkurs, so hoffte sie, würde die Beziehung wieder aufblühen lassen, er könnte die Liebe neu entfachen.

»Aber schon nach dem ersten Mal hatte er keine Lust mehr, das würde ihm alles zu viel werden.« Sie hat den Kurs dann allein fortgesetzt, mit einem fremden Tanzpartner, dessen Frau nach einem Mal ebenfalls genug hatte.

Auch mit der Paartherapie scheiterte sie. »Er streikte nach der ersten Sitzung.« Einer denkwürdigen Sitzung, das schon. Ihr Mann habe nicht viel gesagt, aber das, was er sagte, bereitete ihr schlaflose Nächte: »Er behauptete, er sei nur in den ersten Jahren unserer Ehe glücklich gewesen.«

Und was war mit dem Rest? Ist der etwa eine einzige große Lüge gewesen? Hatte er es dreißig Jahre lang mit ihr nur ausgehalten? Warum in aller Welt hat er nie etwas gesagt? Er konnte doch unmöglich dreißig Jahre lang unglücklich gewesen sein, das hätte sie gemerkt! Was nur war in ihn gefahren? Es würde vorübergehen, es würde ganz bestimmt bald vorübergehen, dann war er wieder normal, dann war er wieder ihr alter Ernst.

Wenn sie an diese Wochen und Monate zurückdenkt, kommen sie ihr vor wie die Ruhe vor dem Sturm. Sie hatte so viele Fragen, sie hätte es am liebsten herausgeschrien: »Was ist passiert? Warum liebst du mich nicht mehr? Sag doch endlich, dass da eine andere ist! Was hat sie, was ich nicht habe?«

Aber sie blieb stumm, ängstlich darauf bedacht, jede Eskalation, jede Bewegung zu vermeiden und die Ruhe zu bewahren. Als befände sich neben ihr eine tickende Bombe, die jeden Moment hochgehen könnte.

Helga deutet auf den Haufen Altpapier, der in der Ecke hinter der Küchentür liegt, gleich unter dem kleinen Fernseher. Ganz oben liegt das örtliche Wochenblatt. »Das les ich immer von A bis Z.« Wer geheiratet oder Nachwuchs bekommen hat, die Todesfälle, wann der nächste Flohmarkt stattfindet. »Einfach, um informiert zu sein. Ich les auch sämtliche Inserate.« Und so entdeckte sie eines Tages eine Telefonnummer, die ihr bekannt vorkam: »Es war die von Ernst! Er suchte eine Wohnung.« Ihr Mann trug sich mit dem Gedanken auszuziehen – und sie musste es aus der Zeitung erfahren. Sie wurde vor vollendete Tatsachen gestellt. Wieder hatte er nicht den Mumm gehabt, sie direkt damit zu konfrontieren. »Kurz vor Weihnachten ist er dann tatsächlich ausgezogen.« Zwei, drei Tage zuvor habe er sie darüber informiert. Kurz und sachlich. Wenigstens habe er ihr die meisten Möbel gelassen, auch das große Ehebett, in dem sie Jahrzehnte zusammen geschlafen hatten.

Was er ihr ebenfalls ließ, war die Hoffnung. Denn, so versicherte er ihr beim Abschied: »Das ist nur eine räumliche

Trennung, wir müssen sehen, ob wir wieder zusammenfinden können.«

Weihnachten verbrachte sie erstmals seit fast vierzig Jahren ohne ihn. Den Heiligen Abend feierte sie unten in der Einliegerwohnung bei ihrem ältesten Sohn, am ersten Weihnachtsfeiertag kamen die anderen beiden Söhne mit ihren Familien, am zweiten wie immer ihre Eltern.

»Aber gleich im Januar sind wir wieder zusammen zum Tanzen gegangen.« Sie gingen auch ins Kino und machten lange Waldspaziergänge.

Romantisch sei es gewesen, so als hätten sie sich gerade erst kennengelernt. Manchmal blieb er über Nacht bei ihr, oder sie kam zu ihm in seine neue Wohnung. Dann liebten sie sich. Wie immer. Und doch anders – neu, spannender. Als würden sie sich neu entdecken. »Ich hab dran geglaubt!« Es war nicht aus, sie hatten lediglich auf die Reset-Taste gedrückt. Die Ehe würde halten, sie würden neu anfangen.

Manches allerdings kam ihr seltsam vor. Einmal auf einem Tanzball, da wurden von allen Pärchen Fotos gemacht, der Ernst aber habe partout nicht zusammen mit ihr aufs Foto gewollt. Und wenn sie zu ihm kam, dann forderte er sie immer auf, ihr Auto nicht direkt vor seiner Tür zu parken. Heute ist sie überzeugt davon: Die Nachbarn sollten nicht wissen, dass sie bei ihm übernachtete. Damit die Frau, deren Auto an den anderen Abenden vor seiner Tür stand, es nicht erfuhr: Pia.

Siebzehn Monate waren inzwischen seit dem Termin beim Anwalt vergangen. Ernst begann wie jedes Jahr für das Sommertrainingslager zu packen. Fünfzehn Tage in Südspanien, fünfzehn Tage, an denen sie nichts von ihm hörte, keine SMS, keine WhatsApp – nichts.

Auch nach seiner Rückkehr meldete er sich nicht. Bis sie sich beim Einkaufen über den Weg liefen und aus der Ferne im Vorbeigehen flüchtig grüßten. »Ein paar Tage später meldete er sich dann telefonisch und wollte ein Treffen auf neutralem Boden.«

Irgendwas stimmte nicht, das wusste sie.

»Schon am nächsten Abend haben wir uns dann getroffen.« Vielleicht hat sie ganz tief drinnen schon gewusst, dass sie an diesem Tag ihre Ehe beerdigen würde, denn als neutralen Treffpunkt schlug sie den Dorffriedhof vor. »Genauer gesagt, den Parkplatz vor dem Friedhof.«

Helga kam zu Fuß, Ernst mit dem Auto. Sie waren ganz allein auf dem Parkplatz. Die letzten Strahlen der Abendsonne fielen durch die hohen Birkenbäume, die bereits anfingen, Blätter zu verlieren. Der Herbst lag in der Luft, aber es war noch warm. Im hohen Gras am Parkplatzrand zirpten Grillen. Ernst kam ohne Umschweife zur Sache. »Ich habe lange nachgedacht in Spanien, wir finden nicht mehr zusammen. Ich will die Scheidung.«

Sie reagierte gefasst. Es waren die Worte, die sie am meisten gefürchtet hatte, aber sie hatte sie erwartet.

»Es ist wegen einer anderen Frau, stimmt's?«

»Nein, da ist keine andere Frau.«

»Gib es endlich zu, du hast eine Freundin!«

»Nein, ich habe keine Freundin!«

»Doch, ich weiß es. Gib es zu. Gib es endlich zu!«

Sie forderte es wieder und wieder. Bis er es schließlich zugab:

»Ja, ich liebe eine andere.«

»Pia.« Sie fragte es nicht, sie stellte es fest.

Er nickte: »Ja, es ist Pia.«

Sie guckte ihn lange an, ganz lange. Die Gedanken wirbelten

durch ihren Kopf. Wie die Teile eines Puzzlespiels, die jemand in die Luft geworfen hatte, die dann aber alle auf der richtigen Stelle landeten und ein Bild formten: Er hatte sie hingehalten, er hatte sie belogen und betrogen und ihr falsche Hoffnungen gemacht. Sie hatte in seinen Armen gelegen, in seinem Bett, wo vor und nach ihr eine andere gelegen hatte, die er ebenfalls gestreichelt und geküsst und geliebt hatte. Eine Jüngere, Schlankere, an der noch alles fest und straff war. Die vielleicht gezweifelt und es zwischendurch beendet hatte. Dann hätte er mit dem Spatz in der Hand, also mit ihr, vorliebgenommen. Um nicht ganz ohne Frau zu sein. Dann hätte er es weiterhin mit ihr ausgehalten und sie ertragen. Oder war es so, dass er selbst gezweifelt hatte und sich so lange aller beider Frauen sicher sein wollte? Egal, Tatsache blieb, dass er sie sich nur warmgehalten hatte.

Sie kam sich so schäbig und schmutzig vor, so benutzt und gebraucht und erniedrigt. Aber er selbst war ja auch benutzt und gebraucht. Wollte sie einen gebrauchten, benutzten Mann, der es seit Monaten mit einer anderen getrieben hatte? Nein, einen abgelegten Mann, den wollte sie nicht. Sie hatte ihren Ehemann verloren, aber nicht ihren Stolz.

»In diesem Moment habe ich den Schalter umgelegt«, erzählt Helga. Der Weg zurück war abgeschnitten. Selbst wenn er zurückkommen würde: Sie hätte ihn nicht mehr haben wollen. Sie würde ihm nie mehr Glauben schenken können. Es war endgültig, es war aus.

An alle in ähnlichen Situationen kann sie nur appellieren: »Besinnt euch auf euren Stolz.« Wenn ausgerechnet der Mensch, auf den man am meisten gebaut und dem man vertraut habe, einen erniedrige und entwürdige und einem keinen Respekt mehr entgegenbringe, dann scheine es zwar, als habe man alles verloren.

»Aber ihr habt immer noch euren Stolz. Lasst euch den nicht auch noch nehmen.«

Hocherhobenen Hauptes habe sie damals den einsamen Parkplatz verlassen. »Ich ließ ihn einfach stehen.«

An diesem Abend weinte sie sich unten bei ihrem Sohn und der Schwiegertochter aus. Wann sie im Bett lag, weiß sie nicht mehr. Schlafen konnte sie ohnehin nicht. Das Bett neben ihr war leer. Nie mehr würde er an ihrer Seite liegen. Nie mehr würden sie sich lieben, miteinander essen, reden, lachen oder tanzen. Er hatte sie gegen eine fünfundzwanzig Jahre Jüngere eingetauscht, die besser reden, tanzen, lachen und wahrscheinlich auch besser lieben konnte als sie, weil ihr Körper viel schöner, straffer und erregender war als der ihre. Es war endgültig, alles war aus und vorbei – und ihr Leben ein einziger großer Haufen Trümmer.

»Ich hab mir dann die Katzen ins Bett geholt«, erzählt sie. »Damals hatte ich noch zwei.« Die allerschlimmste Zeit sei das gewesen. Mit dreißig oder vierzig und auch noch mit fünfzig könne man sich irgendwann, wenn der größte Schmerz vorbei ist, sehr viel leichter aufraffen und sagen: »Komm, reiß dich zusammen, das Karussell des Lebens dreht sich weiter, spring wieder auf.« Aber mit sechzig? »Ich glaubte damals, dass nicht nur meine Ehe mit Ernst vorbei war, sondern auch mein Leben. Ich sah keine Perspektiven mehr.« Das bisschen Leben, das ihr noch bleiben würde, erschien ihr wertlos und nicht lebenswert. »Mama, du hast doch noch uns und deine Enkelkinder«, hätten ihre Söhne wiederholt zu ihr gesagt. Aber das habe in diesem Stadium ihren Schmerz nicht lindern können. Sie war alt, es war zu Ende.

Dann hörte sie von einer Selbsthilfegruppe im Nachbarort. »Das wurde vom diakonischen Werk organisiert, für Geschiedene und getrennt Lebende.« Dieser Gruppe hat sie sich angeschlossen – eine goldrichtige Entscheidung. »Ich merkte, dass ich nicht allein auf weiter Flur war, sondern dass es andere Frauen gab, die genau dasselbe durchmachten wie ich.« Das könne sie nur allen Trennungsgeschädigten empfehlen. »Das hat mir enorm geholfen, auch wenn ich mir anfangs bei jedem Treffen die Augen ausgeweint habe.«

Aber warum dauerte es so unendlich lange, bis der Schmerz endlich nachließ, das Gefühl, in ein bodenloses schwarzes Loch gefallen zu sein? Einmal beim Autofahren auf einer schnurgeraden Landstraße mit Bäumen rechts und links, da drückte sie voll aufs Gaspedal und dachte: »Du brauchst das Steuer nur ein kleines bisschen nach rechts zu ziehen, und dann ist es vorbei.«

Doch sie zog das Steuer nicht nach rechts. Stattdessen wurde sie wütend: »Dann hätte er ja meine Rente bekommen.« Das kleine bisschen Rente, das sie sich aufgebaut hatte. Und das gönnte sie ihm nicht, keinen Cent sollte er von ihr geschenkt bekommen.

Wirkliche Freunde, die sie hätten unterstützen und auffangen können, hatte sie damals nicht. »Der Ernst hat es ja nicht gerne gesehen, dass ich meine eigenen Freundinnen hatte.« Nie und nimmer würde sie sich das heute von einem Mann gefallen lassen. »Auch das kann ich anderen Frauen nur raten: Baut euch euren eigenen Freundeskreis auf.«

Von den wenigen Freunden und Bekannten, die damals als Helfer infrage gekommen wären, wurde sie im Stich gelassen. »Das waren alles Pärchen, und für die Frauen in diesen Pärchen war ich als alleinstehende Frau auf einmal zur Bedrohung geworden.« Auch ihr fester Tanzpartner, den sie beim Diskofox-Kurs kennengelernt hatte, weil Ernst damals abgesprungen war, teilte ihr wenige Monate nach der Trennung mit: »Es tut mir leid, du musst dir einen anderen Tanzpartner suchen, meine Frau sieht das jetzt nicht mehr so gerne, dass ich weiterhin mit dir tanze.«

Aber aufgegeben hat sie deswegen nicht. »Da bin ich halt alleine zum Tanzen gegangen. Und auch ohne Begleitung ins Kino. Auch wenn ich mich anfangs regelrecht dazu zwingen musste.« Sie wusste, dass sie darum fortan nicht mehr herumkommen würde. »Ich war alleine. Und deshalb musste ich lernen, Dinge alleine zu tun.«

Aber was sie nicht für möglich gehalten hatte, trat ein: Ihre Lebensgeister und ihre Lebenslust wurden wieder geweckt. Beim Tanzen und Ausgehen und auch über das Internet und Zeitungsannoncen lernte sie neue Leute kennen. Es gelang ihr, sich zum ersten Mal in ihrem Leben einen kleinen, aber treuen Kreis aus Freunden aufzubauen, mit denen sie intensiv Kontakt hält und viele Dinge unternimmt. »Wie zum Beispiel heute Abend ins Kino zu gehen oder mitzuhelfen, einen Trödelmarkt zu organisieren.« Auch das habe sie anfangs für ausgeschlossen gehalten. »Weil es ja immer heißt, dass es mit dem Alter immer schwieriger wird, Freunde zu finden.« Aber, so versichert sie uns lachend und steht auf: »Es geht. Auch mit sechzig noch! Wollt ihr noch einen Kaffee?«

Es gehe noch sooo viel mit sechzig, meint sie, als sie sich zur Kaffeemaschine begibt und eine neue Packung Filterkaffee öffnet. Sie beginnt zu kichern wie ein Backfisch: »Wisst ihr, was ich gleich ein paar Monate nach der endgültigen Trennung vom Ernst gemacht hab?«

Wir schauen sie erwartungsvoll an, während frischer Kaffeeduft durch die Küche strömt.

»Ich bin zu einer guten Fotografin und habe Aktfotos von mir machen lassen.«

Aktfotos? Wir trauen unseren Ohren nicht.

»Ja, warum denn nicht!«, lacht sie. »Die Fotografin hat mir erzählt, dass das vor allem ältere Frauen machen, die jungen, die würden sich nicht trauen.« Und sie seien wunderschön geworden, ihre Aktfotos. Sehr ästhetisch. Sie ist stolz darauf. »Alle, die sie sehen, sind begeistert.«

Wem hat sie sie denn gezeigt?

»Fast allen meinen Freundinnen. Und dann natürlich meinen Liebhabern.«

Ihren Liebhabern? Das wird ja immer besser. Jetzt verschlägt es uns fast die Sprache.

»Ja, ungefähr zur gleichen Zeit, als ich die Aktfotos machen ließ, habe ich in der Zeitung auf eine Kontaktanzeige reagiert.«

Ein älterer Herr kurz vor der Pensionierung, ein paar Jahre älter als sie. Sehr gutaussehend, gepflegt und aktiv. Ein Ingenieur. »Der hat mir mein Selbstvertrauen als Frau zurückgegeben. Leider wurde er von seiner Firma nach einem Jahr nach Belgien versetzt.«

Nie hat sie sich vorstellen können, dass es nach Ernst wieder einen Mann in ihrem Leben geben würde. Dass ein anderer Mann sie anfassen, dass sie einen anderen Mann anfassen würde. Vierzig Jahre lang hatte sie sich nur von einem Mann anfassen lassen. Im Grunde genommen hatte sie sogar schreckliche Angst vor fremden Händen. Und große Komplexe. Wegen ihres Bauches, der viel zu dick war, wegen ihrer Hüften, ihrer Oberschenkel mit den Dellen und den Brüsten, die – völlig logisch – im Laufe der Jahrzehnte der Schwerkraft nicht hatten standhalten können. »Ich war eben keine zwanzig mehr und auch keine dreißig oder vierzig.«

Aber dieser Mann, Manfred hieß er, der habe alle Bedenken

weggenommen. Richtig schön sei es gewesen, gleich in der ersten Nacht. Wie ein junges Mädchen sei sie sich dabei vorgekommen. »*Like a virgin*«, hebt sie an und summt den alten Madonna-Hit, »*touched for the very first time*«.

Sie stellt die Kaffeemaschine an, die fröhlich anfängt zu blubbern, und setzt sich wieder zu uns an den Tisch.

»Und dann hab ich auch noch was mit einem viel Jüngeren gehabt«, beginnt sie uns zu offenbaren. »Das dauerte ein paar Monate, und es war nur für den Sex.« Und der sei gut gewesen, betont sie, sehr gut sogar. Ende vierzig sei der Mann gewesen. Und ziemlich attraktiv.

Wir können kaum glauben, was wir da hören. Ein fünfzehn Jahre jüngerer Mann, gut in Schuss … Sind da nicht die Komplexe zurückgekommen, will ich wissen, sozusagen von Frau zu Frau. Hat sie da keine Hemmungen gehabt? Oh Gott, meine Cellulitis, oh Gott, meine Speckrollen …

»Natürlich!«, erzählt sie lachend. »Ich hab mir fast in die Hosen gemacht.« Aber dann habe sie sich gesagt: »Scheiß die Wand an! Wenn der mich will – und ich ihn auch?«

Mit offenem Mund haben wir zugehört. Dann brechen wir alle drei zusammen in schallendes Gelächter aus. Was für eine erstaunliche Frau! Was für ein erstaunlicher Befreiungsschlag! Helga hat sich mit Anfang sechzig als Frau noch mal völlig neu entdeckt.

»Ich nehme nicht jeden«, sagt sie plötzlich mit strenger Stimme. Nicht, dass wir auf die Idee kämen, sie würde sich wahllos einem Mann nach dem anderen hingeben. »Ich schaue schon ganz genau hin.« Und zu alt dürften sie auch nicht sein. So wie der Zweiundsiebzigjährige, der neulich mit ihr anbandeln wollte. »Aber der will nur aussorgen für später, wenn er pflegebedürftig wird, der sucht nach einer Krankenschwester, die ihn dann versorgt.« Nein, das käme nicht infrage, dazu fühlt sie sich zu jung, dafür ist ihr die neugewonnene Freiheit viel zu wichtig.

Deshalb sei es ihr auch nicht besonders schwergefallen, die Scheidungspapiere zu unterzeichnen. Erst vier Jahre nach dem Auszug von Ernst aus dem gemeinsamen Haus sei die Trennung auch vor dem Gesetz eine Tatsache gewesen. »Das hat sich so lange hingezogen, weil er sich mit dem Zahlen des Unterhalts quergestellt hat.« Dabei kann sie jeden Cent gebrauchen, denn nach einem komplizierten Handgelenkbruch musste sie sich arbeitslos melden. Sechshundert Euro bekommt sie nun jeden Monat von ihrem Exmann. »Ein Glück, dass meine Söhne mich so unterstützen.« Die beiden Ältesten würden schon mal die Einkäufe im Supermarkt übernehmen. Und die Ferien, die verbringt sie nun in Südfrankreich, wo der Jüngste eine Stelle bekommen hat und sich mit seiner Frau und den beiden kleinen Kindern niedergelassen hat. »Bei Montpellier. Es ist schön da!«

Alle drei Kinder hätten damals, nach dem Auszug von Ernst, ihre Seite gewählt und mit dem Vater kaum noch Kontakt. »Gut, zu den Kindergeburtstagen wird der Opa schon noch eingeladen. Aber viel mehr ist da nicht.« Der Kontakt zwischen Ernst und seinen Söhnen sei ohnehin nie wirklich gut gewesen. »Er hat sich nicht wirklich für seine Kinder interessiert«, meint sie und steht auf, um die Kaffeekanne zu holen. »Der hat immer mich alles regeln lassen.«

Wie geht es ihm eigentlich jetzt, dem Ernst? Haben sie noch Kontakt, sehen sie sich noch?

»Der ist längst mit seiner Pia zusammengezogen«, erzählt Helga. Sehen würden sie sich schon noch, aber kein Wort mehr miteinander wechseln. »Er spricht nicht mit mir, und er schaut mich auch nicht an.« Selbst auf Familienfesten oder den Geburtstagen der Enkelkinder nicht. »Da werden wir natürlich beide eingeladen, und da sitzen wir dann an einem Tisch, und er tut so, als wäre ich Luft.«

Der Pia, der sei sie neulich noch auf dem Arbeitsamt begegnet, als sie sich wegen des Handgelenkbruchs arbeitslos melden musste. »Sie hat den Blick schuldbewusst abgewendet.« Was für eine Ironie des Schicksals! »Ich habe der damals doch noch geholfen, sich da zu bewerben. Also, wenn ich auf dem Arbeitsamt an die geraten wäre, hätte ich das abgelehnt. Und ich hab ihren Kollegen dann schon klargemacht, dass diese Frau keinesfalls Zugang zu meinen Daten bekommen darf.«

Aber ihr Herz beginnt bei solchen Begegnungen nicht mehr sofort zu rasen, es tut nicht mehr weh, sie verspürt keinen Stich mehr. Auch dann nicht, wenn sie Ernst und Pia zusammen sieht. So wie auf dem letzten Faschingsball, auf dem die beiden als Cowboy und Cowgirl verkleidet erschienen. »Sehr phantasievoll!« Bei dieser Gelegenheit habe sie auch feststellen können, dass Pia auseinandergegangen sei wie ein Pfannkuchen. »Jetzt hat er das, was er nie haben wollte: eine dicke Frau.«

Es schwingt unverhohlen Schadenfreude mit in Helgas Stimme, als sie es uns erzählt. Und zu der steht sie auch. »Das war mir schon eine Genugtuung.«

Es gibt allerdings nach wie vor Momente, da fragt sie sich, was genau ihren Mann dazu gebracht hat, sie gegen diese Frau einzutauschen. Suchte er das Abenteuer, wollte er es einfach mal ausprobieren? Hat sie ihn zu wenig gelobt? Hätte sie ihm öfter sagen sollen, wie toll er sei? »Die Pia, die hat ihn wahrscheinlich angehimmelt, und das fand er natürlich ganz toll in seinem Alter.« Oder war sie, Helga, ihm einfach zu alt und unattraktiv geworden? »Ich glaube schon, dass es besser ist, wenn man weiß, woran die Ehe gescheitert ist.«

Noch immer würde sie von Leuten auf der Straße darauf angesprochen werden: »Was ist nur in ihn gefahren? Das hätten wir von vielen erwartet, aber nicht von euch beiden«, heiße es dann. Und: »Dass der sich das antut, in seinem Alter, mit drei kleinen Kindern!«

Aber er sei ja kaum wiederzuerkennen, der Ernst, seufzt Helga, der habe sich um hundertachtzig Grad gedreht. »Der protzt damit, wie toll die Schulzeugnisse von Pias Töchtern sind, als wären es seine eigenen Kinder. Und er geht sogar zu den Elternabenden in die Schule. Bei unseren drei Jungs hat er das nie getan, das war ihm völlig egal, dafür hatte er keine Zeit.«

Vielleicht ist es ja so, wagt es Dieter vorsichtig einzuwerfen, dass er diese Frau ganz einfach wirklich liebt?

Doch Helga zuckt nur mit den Schultern. »Mag alles sein. Aber es ist nicht mehr wichtig. Nicht für mich.«

Sie hat beschlossen, nach vorn zu schauen, und was sie sieht, gefällt ihr. Sie genießt ihr neues Leben in vollen Zügen. Ein Leben, das sie zunächst gar nicht haben wollte, gegen das sie sich mit Händen und Füßen gewehrt hatte, weil sie das alte nicht loslassen wollte. Das neue hat sich als viel aufregender und besser entpuppt. »Es geht mir so gut wie nie zuvor in meinem Leben.«

Ob sie sich nochmals binden wird? Vielleicht sogar heiraten? Wieder zuckt sie mit den Schultern. »Ich weiß es nicht.« Misstrauisch sei sie geworden, den Männern gegenüber, seit der Ernst sie so belogen und hintergangen habe. »Das war ich früher nie. Aber ich arbeite dran.« Momentan jedenfalls denke sie nicht daran, sich wieder zu binden, und genieße ihre Unabhängigkeit. »Ich darf fort, ich kann tun und lassen, was ich will, ich brauche niemandem mehr Rechenschaft abzulegen.« Sie greift zur Fernbedienung des kleinen Zweitfernsehers in der Küche und hält sie triumphierend wie eine Trophäe in die Luft: »Auch übers Fernsehprogramm bestimme jetzt einzig und allein ich«, meint sie lachend, um dann auf ihr Handy zu gucken, denn gerade ist eine weitere WhatsApp-Nachricht eingetroffen. »Oh, von der Regina, wie schön! Die kommt am Samstagabend mit zum Tanzen, dann ist Damenwahl!«

Ob der sympathische Mann wohl wieder da ist, der sie beim letzten Mal zum Tanz aufgefordert hat? Ein Deutscher, so in ihrem Alter, Anfang sechzig, also nicht zu alt. Er hat ihr außerordentlich gut gefallen, aber irgendwie habe sie ihn für den Rest des Abends aus den Augen verloren. Schade. Vielleicht, weil er früher gehen musste.

»Es wäre zu schön, wenn er wieder auftauchen würde«, hofft sie. »Dann würde ich dafür sorgen, dass wir Telefonnummern austauschen.« Ihre Augen blitzen unternehmungslustig. Wir können alle drei nicht umhin zu grinsen.

Lässt sie uns wissen, ob es geklappt hat? Und wie sich das Ganze weiterentwickelt?

»Aber sicher!«, verspricht uns Helga und schmunzelt wie ein Honigkuchenpferd von einem Ohr bis zum anderen. »Ich halte euch auf dem Laufenden.«

## *Wie Helga aus der Krise kam*

Wie überlebt man das, wenn man, kurz nach dem sechzigsten Geburtstag und nach fast vierzig Jahren Ehe, vom Mann verlassen und obendrein gegen eine zwanzig Jahre Jüngere eingetauscht wird? Mit dreißig, mit vierzig, auch noch mit fünfzig bietet sich viel leichter die Möglichkeit, Perspektiven zu entwickeln, sich irgendwann, wenn das Schlimmste vorbei ist, zu sagen: Das Karussell dreht sich weiter, ich springe wieder auf. Aber wie macht man das mit Anfang sechzig?

Helga, die Handwerkerfrau aus dem Montafon, hat es uns vorgemacht – und dabei alle Register gezogen! Helga hat sich im Herbst des Lebens als Frau komplett neu entdeckt; noch nie fühlte sie sich so frei und selbstsicher und los von Zwängen. Als habe sie ein Korsett gesprengt, das sie jahrzehntelang einengte. Wobei es auch bei ihr so war, dass dieses Korsett eigentlich gegen ihren Willen gesprengt wurde. Sie hatte gar nicht vor, es abzulegen, sie hätte ihren Mann nie verlassen. Wie viel mehr in ihr steckt, wie viel mehr das Leben zu bieten hat, entdeckte auch sie erst durch die traumatische Erfahrung einer Trennung. Nun aber genießt sie ihr Leben in vollen Zügen und mit allen Sinnen. Und weiß, dass es jemanden gibt, auf den sie immer vertrauen kann: sich selbst.

## *Was Helga geholfen hat*

- **Lass dir nicht alles gefallen**: Mir wurde irgendwann klar, dass ich zwar meinen Ehemann, aber nicht meinen Stolz verloren hatte. Ich musste nicht alles hinnehmen.
- **Heul doch**: Ich konnte heulen. Für mich allein, aber auch bei meinen Kindern.
- **Liebe deine Katzen**: Als es besonders schlimm war, habe ich mir meine Katzen ins Bett geholt. Sie haben mir Nähe, Vertrautheit und Wärme gegeben.

- **Geh in eine Selbsthilfegruppe für Geschiedene und getrennt Lebende**: Dort habe ich gemerkt, dass ich nicht allein war, sondern dass es Frauen gab, die genau dasselbe durchmachten wie ich.
- **Sei aktiv**: Ich habe gelernt, Dinge allein zu tun, auch wenn ich mich anfangs dazu zwingen musste, zum Beispiel zum Tanzen oder ins Kino zu gehen.
- **Finde neue Kontakte**: Ich habe auf Zeitungsannoncen und Kontaktanzeigen im Internet geantwortet. So konnte ich mir einen eigenen, völlig neuen Bekannten- und Freundeskreis aufbauen.
- **Verschiebe deine Grenzen**: Ich habe zum Beispiel wunderschöne Aktfotos von mir machen lassen.
- **Trau dich, sei mutig**: Ich habe Liebhaber gefunden, darunter auch einen sehr viel jüngeren Mann. Es war wunderschön!
- **Stell dich und deine Bedürfnisse in den Mittelpunkt**: Dabei hat mir mein neu entdecktes Selbstbewusstsein sehr geholfen.

*»There must be fifty ways*
*to leave your lover.«*

Paul Simon (*1941),
US-amerikanischer Musiker

~

# Michael

## *Der mit seiner Schuld lebt*
## *(Der Gewachsene)*

Der Blick über St. Moritz und die Seenplatte ist atemberaubend schön. Dieter ist zum ersten Mal hier oben und kann sich nicht sattsehen: Champfèr, Silvaplana, Sils-Maria, Maloja … Alles unter einem knallblauen Augusthimmel, an dem die Sonne die Alleinherrschaft hat.

Wir haben uns mit Michael auf der Terrasse von Muottas Muragl verabredet, einem der schönsten Aussichtspunkte im Engadin. Mit der Standseilbahn ging es hoch auf fast zweitausendfünfhundert Meter. Michael kennt hier jeden Buckel, jeden Stock und Stein. Er ist in St. Moritz aufgewachsen. In den Skiferien habe ich ihn kennengelernt, da waren wir beide noch Kinder. Als wir älter wurden, durften wir zum Après-Ski in die Disko, zusammen mit seinen und meinen Geschwistern. Wir waren eine feste Clique. Nach dem Abitur oder – wie es in der Schweiz heißt – der Matura haben wir uns aus den Augen verloren. Er ist an den Bodensee gezogen und Polizist geworden. Und inzwischen zum zweiten Mal verheiratet, das habe ich noch mitbekommen und ihn deshalb für dieses Buch wieder kontaktiert. Auf seiner ersten Hochzeit haben wir uns zum letzten Mal gesehen, 1987 war das, vor genau dreißig Jahren.

»Ist er das?«, fragt Dieter, nachdem die Standseilbahn eine neue Ladung Besucher an der Bergstation ausgespuckt hat und ein großer sportlicher Mann auf uns zukommt. Ja, das ist er. Gut schaut er aus für seine inzwischen zweiundfünfzig Jahre. Kein Gramm zu viel auf den Rippen, eher etwas zu mager. Kein Wunder, inzwischen ist er ein fanatischer Marathonläufer. Das hat er mir am Telefon erzählt. Wo ist die Brille geblieben? Und seine aschblonden Haare, die hat er wachsen lassen. Zottellook, ein bisschen so wie zeitweise US-Schauspieler Brad Pitt.

»Geht das denn bei der Schweizer Polizei?«, frage ich spottend, nachdem wir uns herzlich begrüßt haben. »Im Kanton Thurgau schon«, antwortet Michael und steuert auf einen Tisch direkt an der Balustrade zu, wo nichts das prächtige Engadin-Panorama beeinträchtigen kann.

»Verena, ist der noch frei?«, ruft er der Bedienung zu.

»Kein Problem, Michael!«, antwortet sie und kommt auf uns zu. »Sali! Was kann ich euch bringen?«

Wir zweifeln keine Sekunde. »Rivella!« Auch das wie immer – völlig klar, die typisch Schweizer Kräuterlimonade. Wenn schon, denn schon.

»Du scheinst ja öfter hier oben zu sein«, stelle ich fest, als die Bedienung sich wieder entfernt hat.

»Oh ja«, antwortet Michael. »Am liebsten jede freie Minute!« Seine Geschwister und er, so erfahren wir, haben das Haus der Eltern nach deren Tod behalten und nutzen es jetzt als Ferienhaus. »Die meiste Zeit sind wir selbst drin.« Das Skifahren, die

Wanderungen, die Touren mit dem Mountainbike, das wollte er nicht missen. »Hier oben kann man phantastisch trainieren.«

Ist Dani denn auch so eine fanatische Sportlerin? Dani ist seine zweite Frau. Dani wie Daniela. »Wie lange seid ihr denn jetzt eigentlich verheiratet, schon mehr als zwanzig Jahre, oder?« Gleich zwei Fragen auf einmal.

Michael schweigt einen Moment und betrachtet seine Hände, die er vor sich auf dem Tisch gefaltet hat. Dann eröffnet er uns: »Wir haben uns getrennt.«

Ach! Betroffen schauen wir ihn an. Michael seufzt. »Ich bin nicht stolz drauf.« Am Telefon habe er es nicht sagen wollen. »Vor fünf Jahren war das. Inzwischen habe ich wieder eine feste Beziehung. Die dritte.«

Ach! Dieter und ich kommen aus dem Staunen nicht heraus, das müssen wir erst einmal verdauen. Drei Beziehungen, zwei Scheidungen. »Ja, das klingt fürchterlich«, sagt Michael. Und damit nicht genug, er könne noch eins draufsetzen: »Ich habe zweimal verlassen: die erste Frau für die zweite und die zweite für die dritte.« Wobei sowohl Partnerin Nummer zwei als auch Nummer drei ebenfalls verheiratet waren – auch sie haben verlassen. Für ihn. »Da denken die Leute natürlich sofort schlecht über einen.«

Dabei sei er überhaupt kein »Hallodri«, versucht er sich zu rechtfertigen. »Ich bin nicht bindungsunfähig. Sondern eher ein beständiger Typ.« Flüchtige Liebschaften seien nie etwas für ihn gewesen. »Weil ich immer die Tiefe suche. Und dann bin ich auch hundertfünfzig Prozent für den anderen da und hundertfünfzig Prozent treu.« Man könne es auch so sehen: »In meinem Leben hat es drei Frauen gegeben, alles tiefe Beziehungen.«

Aber, meint er dann und wischt mit der flachen Hand über

den Tisch: »Ich muss es mir nicht mehr schönreden. Ich fühle noch ganz viel Schuld. Und diese Schuld trage ich.«

Weder bei der ersten noch bei der zweiten Trennung sei ihm ein klarer Schnitt gelungen. »Ich bin da nie fehlerfrei rausgekommen.« Sanft trennen, so seine Erfahrung, »das geht nicht«. Bei ihm sei es jedes Mal ein grauenhaftes, ein schmerzvolles Hin und Her gewesen, bevor er fähig war, eine Entscheidung zu treffen, bevor er wieder festen Boden unter den Füßen spürte und wusste, wohin er gehörte. *»Torn between two lovers«*, fragt er, »kennt ihr diesen Song?« Ein uralter Hit von Mary MacGregor aus dem Jahre 1976 zu einem uralten Thema.« So habe er sich auch gefühlt, hin- und hergerissen zwischen zwei Geliebten. Gegen alle Regeln habe er verstoßen, wie ein Idiot sei er sich vorgekommen. *»Feeling like a fool«*.

»Mein Vater hat immer gesagt: Egal, was passiert – wenn ich auf mein Leben zurückschaue, möchte ich sagen können, ich habe alles richtiggemacht.« Dieser Leitspruch sei auch sein Leitspruch gewesen. Wie der Vater, so der Sohn. »Aber jetzt muss ich mir einen neuen suchen«, sagt Michael. »Weil ich NICHT alles richtiggemacht habe. Bei Weitem nicht.«

Das gelte vor allem für seine zweite Scheidung, die sei besonders schlimm gewesen. »Viel schlimmer als die erste!« Da sei er letztendlich froh gewesen, sich befreit zu haben und losgekommen zu sein. »Das war die falsche Frau für mich, ich war viel zu abhängig und habe mich demütigen lassen.« Bei seiner zweiten Scheidung hingegen, der von Dani, könne von Befreiung keine Rede sein. Erst nach zwei Jahren habe er wirklich loslassen können. »So lange dauerte das Hin- und Herpendeln.« Aber es sei ein einseitiges Loslassen gewesen. »Dani hat die Trennung nie überwunden, sie schaut immer noch zurück, obwohl das alles jetzt schon sechs Jahre her ist.« Michael stockt und beißt sich auf die Unterlippe. »Sie hat damals sogar einen Selbstmordversuch unternommen.« Er habe sie gefunden, gerade noch rechtzeitig. »Das war der schlimmste, der allerallerschlimmste Moment in meinem Leben.« Wieder wischt er mit der flachen Hand über den Tisch. In seiner Stimme lag Verzweiflung. Scheint es nur so, oder kämpft er mit den Tränen?

»So, bitteschön, dreimal Rivella!« Verena, die Bedienung, ist unbemerkt an unserem Tisch erschienen und stellt ein vollbeladenes Tablett ab. Wir zucken alle drei ein bisschen zusammen. »Entschuldigt, dass es so lange gedauert hat, es ist viel los heute«, sagt sie und bricht die Spannung.

Michael atmet merklich auf, während Dieter die Gläser vollschenkt, dann schaut er uns fragend an. »Bevor ich hier alles wild durcheinandererzähle, fange ich besser am Anfang an, gell?« Wir nicken zustimmend, das wäre das Beste, ganz am Anfang. Bei Monika, seiner ersten Frau. »Die hast du ja noch kennengelernt, Kerstin.«

Stimmt, bei der Hochzeit. Ich sehe sie noch genau vor mir, klein, zierlich, bildhübsch, blonder Lockenkopf. Wie eine Art Rauschgoldengel sah sie aus in ihrem weißen Brautkleid, eingehüllt in Seide, Taft und Tüll. Samt Schleppe und Schleier. Ein bisschen exaltiert fand ich sie, exzentrisch, eine Spur hysterisch. Aber gut, wer ist an seinem Hochzeitstag nicht aufgeregt oder gar überdreht? Michaels Geschwister allerdings und auch die meisten Freunde, so hatte ich gemerkt, die waren nicht besonders gut auf sie zu sprechen, auch wenn sie sich bedeckt gaben. Wer kritisiert schon auf einer Hochzeitsfeier unverblümt die Braut?

Michael muss auflachen. »Ich weiß, für meine Geschwister

und viele meiner Freunde war sie eine Zicke.« Weil sie so theatralisch gewesen sei. »Wenn Monika sich aufs Sofa setzte und weinte, dann weinten alle mit. Das konnte sie.« Aber das habe er selbst erst sehr viel später wahrgenommen. Als er genug Abstand hatte. Als er froh war, von ihr losgekommen zu sein. »Wenn man da selbst drinsteckt, sieht man das oft nicht. Für mich war sie meine Traumfrau, ich habe sie angehimmelt.«

Eine Schülerliebe sei es gewesen, kurz vor der Matura hätten sie sich ineinander verliebt. »Monika war so schön, so blond, so talentiert und offen.« Und so beliebt und umschwärmt, immer im Mittelpunkt. »Sie ist ein Bühnenmensch, sie braucht Rampenlicht und Aufmerksamkeit.« Er hingegen war der Ruhige, der Zurückgezogene. »Ich bot ihr meine Beständigkeit. Und meine völlige Aufmerksamkeit, hundertfünfzig Prozent.« Sie habe viele Verehrer gehabt, mal ging sie mit dem einen Mitschüler, mal mit dem anderen. Aber wenn es eine Lücke gab, wenn sie frei war – dann ging sie mit ihm. Seine Freunde hätten es kopfschüttelnd mit angesehen: »Sag mal, bist du ein Idiot? Spielst immer wieder den Lückenbüßer!« Aber so habe er das nicht gesehen, er war kein Lückenbüßer, nein. Sie war seine Prinzessin oder besser gesagt seine Madonna. Regelrecht angebetet habe er sie, zu ihr aufgesehen. Und letztendlich alle Konkurrenten aus dem Feld geschlagen, denn ihr Jawort gab sie ihm. Lächelnd lehnt er sich in seinen Stuhl zurück. »Ich genoss es, eine Madonna ganz für mich zu haben.« Schön sei das gewesen, anfangs jedenfalls.

»Ich habe einen ganz starken Beschützerinstinkt, ich suche immer das verborgene Wesen in einem Menschen.« Den empfindsamen Kern nennt er das, die Schwachstelle. Und die fand er auch bei Monika: ihre Gesundheit, sie sei oft unpässlich und krank gewesen. Mal hatte sie Kopfweh oder im schlimmsten

Falle Migräne, mal Magenschmerzen oder Menstruationsbauchweh. Dann habe er für die Wärmflasche gesorgt. »Ich war der Kümmerer, der Dauerkandidat für Zuhören und Aufmerksamkeit. Die Dauerrückfallebene.« Er nahm sich zurück, er opferte sich auf. »Aber das tat ich gern.«

Einen Streit vom Zaun zu brechen oder auch nur einen kleinen Konflikt, das scheute er sich. »Ich bin nicht konfliktfähig«, sagt er. »Immer noch nicht. Aber ich arbeite dran.«

Damals, mit Monika, habe er immer für den Ausgleich gesorgt, sich gefügt und angepasst. »Wie ein Chamäleon, darin war ich sehr gut.« Deshalb hätten sie sich auch nie gestritten. »So weit ließ ich es nie kommen. Ich passte mich an.« Monika habe sich das zunutze gemacht, um ihre Wünsche oder auch nur Launen durchzusetzen. Sie wusste, er würde nachgeben. »Ich war viel zu abhängig von ihr, ich ließ mir immer wieder die Daumenschrauben ansetzen.« Und weil sie sich seiner sicher war, konnte sie sich viel herausnehmen. Zum Beispiel ungenierte Flirts mit anderen Männern. »Sie genoss es, angehimmelt zu werden. Weil sie ja diese Aufmerksamkeit brauchte.« Für ihn hingegen gab es nur sie, er war tief verletzt. »Ich litt höllisch unter meiner Eifersucht.«

Schon gleich auf der Hochzeitsreise sei das so gewesen, auf einer griechischen Insel. Der Kellner vom Hotel habe sie schamlos angebaggert. »Als ob ich Luft wäre, obwohl ich neben ihr saß!« Und dann habe dieser Heini seine Monika zu einer Motorradtour über die Insel eingeladen. Und was machte Monika? »Die sagte zu – und ließ mich einen halben Tag alleine, um sich von diesem blöden griechischen Kellner die Insel zeigen zu lassen.« Nicht während irgendeines Urlaubs, zwei oder drei Jahre nach der Hochzeit. Nein, während der Flitterwochen!

»Ich habe das damals niemandem erzählt.« Seine Freunde hätten ihn gesteinigt. Wie man so bescheuert sein könne! »Aber ich nahm das hin. Sang- und klanglos.« Weil sie seine Madonna war, seine Prinzessin, zu der er aufschaute und der er in den Sattel half. »Ich war der Knappe.«

Nachdenklich haben Dieter und ich zugehört. Dass er sich so klein machte, ja regelrecht erniedrigte! »Wie gesagt, ich habe sie regelrecht angebetet«, versucht er zu erklären. »Wir hatten so jung geheiratet, ich war zweiundzwanzig.«

Es sei dann allerdings schon der Punkt gekommen, an dem er sich gewünscht hätte, der Prinz sein zu dürfen und nicht mehr nur der Knappe. Auf dem Pferd neben ihr sitzen wollte er und nicht mehr bloß die Zügel halten. »Ich entwickelte mich, und dadurch entwickelte ich plötzlich auch Ansprüche.« Denn beruflich ging es ihm sehr gut. Während Monika als Bankkauffrau arbeitete, machte er bei der Polizei Karriere und blühte auf. Als Schüler war er nur mittelmäßig gewesen, aber nun gab er sein Bestes und legte sich ins Zeug. Mit Erfolg: Er stieg schnell auf und kam zur Kripo. »Das hat mir ein neues Selbstbewusstsein verschafft.« Seine Frau hätte ruhig ein bisschen stolz auf ihn sein können. »Sie war auch stolz, aber zu ihren Gunsten – nicht zu meinen.« Ihr Dauerkandidat für Zuhören und Aufmerksamkeit stellte nun auch etwas dar: Sie konnte ihn vorzeigen und sich mit ihm schmücken. »Das fand sie schön.« Für Monika sei auch ganz klar gewesen, wem er das alles zu verdanken hatte: ihr! »Das hat sie mir später bei der Trennung um die Ohren gehauen«, erinnert er sich. Da sei der Vorwurf gekommen: »Aber das bist du doch nur wegen mir geworden, ich hab dich doch dahingebracht!«

Michael trinkt einen Schluck Rivella und lässt den Blick über das Alpenpanorama gleiten. »Unsere Beziehung war von Anfang an schief und unausgeglichen.« Wie eine Strickjacke, die verkehrt zugeknöpft worden ist. Zum ersten Mal ganz deutlich gezeigt habe sich das, als sie ihr gemeinsames Hobby entdeckten, das Tanzen. »Da offenbaren sich ja die Charaktere – wer führt?« Er muss laut auflachen. Nie wird er vergessen, was der Tanzlehrer gleich in der ersten Stunde sagte: »Monika, Michael führt!« Und er hätte auch gern geführt, wenn sie ihn nur gelassen hätte. »Beim Tanzen habe ich das dann irgendwie auch hinbekommen«, erzählt er. »Sie ließ mich führen. Aber es war immer ein Ringen, ein Kräftemessen.« Trotzdem seien sie als Tanzpaar gut gewesen, sehr gut sogar: »Wir tanzten Turniere, wir gewannen Medaillen.«

Vier Jahre waren sie inzwischen verheiratet, seit zwei Jahren tanzten sie. »Da lernten wir in der Tanzschule ein anderes Pärchen kennen.« Und zwar, wie es im Tanzkurs üblich ist, beim Partnerwechsel. Auf einmal hatte Michael eine fremde Frau im Arm, die ihn anstrahlte. Die Musik wechselte zum Slowfox, *Fly me to the moon,* sang Frank Sinatra, *let me play among the stars.* Und als Michael mit der fremden Frau weitertanzte, dachte er: »Ups, das geht ja viel leichter, viel schöner!« Wie von selbst seien sie über den Tanzboden geglitten, obwohl der Slowfox nicht zu den leichtesten Tänzen gehört. Sie ließ ihn führen, ganz entspannt, ohne Ringen und ohne Kampf. »Später habe ich gehört, dass das der gesamten Tanzschule aufgefallen ist«, erzählt er. »Das passt doch viel besser«, hätten alle gesagt, »warum tun die sich nicht zusammen?«

Michael hält einen Moment inne, sein Mund verzieht sich zu einem Lächeln. »Wir haben uns dann ja auch zusammengetan«, erzählt er weiter. »Denn diese andere Frau war Dani.«

Zunächst allerdings blieb alles rein freundschaftlich. Sie unternahmen viel zu viert, luden sich gegenseitig zum Essen ein, machten Wanderungen in den Bergen. Und sie tanzten weiterhin auf Turnieren. »Manchmal haben wir gewechselt, dann tanzte ich mit Dani – und dann haben wir gewonnen!« Er lacht auf, guckt ein bisschen versonnen: »Weil wir viel, viel lockerer und entspannter getanzt haben als unsere Ehepartner.« Mit Danis Mann René – die beiden waren seit drei Jahren verheiratet – habe er sich super verstanden. »Wir machten viele Touren mit dem Mountainbike, das war eine echte Männerfreundschaft.«

Und wann hat er gemerkt, dass er mehr für Dani empfand als nur Freundschaft? Gab es da einen Umschlagmoment?

Michael runzelt die Stirn, er muss nachdenken. »Nein, das kam eher schleichend.« Und das habe er sich selbst zunächst auch gar nicht eingestehen wollen – auch wenn ihr Lächeln, ihr Strahlen ihn sofort für sie eingenommen habe, gleich beim ersten Tanz. Ein Julia-Roberts-Strahlen sei das gewesen, einfach überwältigend. Wobei Dani im Gegensatz zu der beliebten US-Schauspielerin nicht brünett gewesen sei, sondern dunkel: Lange schwarze Locken habe sie gehabt, leuchtend blaue Augen und dazu eine unglaublich helle makellose Haut. Wie Schneewittchen. So habe er sie dann später auch genannt: sein Schneewyttli.

Auch ihr helfendes Wesen habe ihn angesprochen, »sie arbeitete als Krankenschwester, darin ging sie auf«. Und ihre Natürlichkeit: »Bei Dani war alles echt, sie stand auf keiner Bühne.« Auf einmal habe er gemerkt, wie theatralisch Monika sein konnte, wie unecht. Das Allerwichtigste aber: In Danis Gegenwart fühlte er sich frei und ganz ohne Druck. Mit ihr sei alles so leicht gewesen, so schwerelos wie schon beim ersten Tanz. Es habe sich wirklich so angefühlt, als ob er mit ihr zum Mond fliegen würde und zwischen den Sternen tanzte … *let me play among the stars* … Und noch eine Erfahrung kam hinzu, eine ganz neue: Diese Frau bewunderte ihn, sie schaute zu ihm auf. »Das war ich nicht gewöhnt, das war neu für mich – überraschend neu.« Auf einmal konnte er der Prinz sein! Auf einmal hielt er nicht mehr bloß die Zügel und half seiner Prinzessin in den Sattel – nein, er saß neben ihr!

Vorläufig aber waren sie nur gute Freunde: »Unsere Liebe gestanden wir uns erst nach zwei Jahren.« Kurz vor seinem achtundzwanzigsten Geburtstag sei das gewesen, während eines Spaziergangs am Seeufer entlang. Sie hatten sich wie so oft zum Essen getroffen, an diesem Abend hatten Monika und Michael geladen. Es war im Frühjahr, die Tage wurden länger. Michael hatte das Bedürfnis, nach dem Abendessen noch nach draußen zu gehen, für einen Verdauungsspaziergang. Den machte er oft am Ende des Tages, erst ein Stück am See entlang, dann nach links in die Felder hinein und einen Hang hinauf bis zu einem alten Apfelbaum, wo man einen wunderschönen Blick auf den See hatte. Da pflegte er immer umzudrehen.

Monika und René hätten an diesem Abend keine Lust gehabt, ihn zu begleiten, sie wollten sich lieber mit einem Cognac ins Wohnzimmer setzen. »Aber Dani kam mit.« Niemand hätte sich etwas dabei gedacht, »wir kannten uns ja schon so lange, wir waren Freunde«. Sie schlenderten den Seeweg entlang, genossen die Frühlingsluft und den Anblick der ersten Segelschiffe auf dem Wasser, die sich auf den Weg zurück in den Hafen machten. »Am Apfelbaum hielten wir an.« Und dort habe er einfach gesagt, was er für sie empfand: »Dani, es tut mir leid, aber ich hab mich total in dich verliebt.« Es sei ihm einfach rausgerutscht. Und Dani, die habe ihn nur angeguckt und gesagt, dass es ihr ganz genauso ergangen sei. Dann hätten sie sich geküsst, da oben am Hang, unter dem alten Apfelbaum. »Und dann hatten wir ein Problem.«

Er wusste, auch Dani war nicht glücklich in ihrer Ehe. Das

hatte sie ihm längst anvertraut. Die Beziehung sei ähnlich schief und unausgeglichen gewesen wie von ihm und Monika. Wobei René den dominanten Part übernommen hatte und Dani diejenige war, die sich anpasste und auszugleichen versuchte. Auch finanziell: »Er gab das Geld aus, während sie mühsam probierte, es zusammenzuhalten.« Was aber nichts an der Tatsache änderte, dass er im Begriff war, mit der Frau eines seiner besten Freunde eine Affäre zu beginnen. Dass er nicht nur seine eigene Frau betrog, sondern auch ihn.

Deshalb musste es unter allen Umständen geheim bleiben, keiner durfte es erfahren. »Wir suchten Wege und Möglichkeiten, uns heimlich zu treffen.« So leicht wie heute sei das damals noch nicht gegangen. »Man konnte sich nicht einfach eine SMS schicken, Handys gab es noch nicht.« Sie waren auf den Festnetzanschluss angewiesen, riefen sich im Büro und auf der Station an. Dani kannte seine Arbeitszeiten, er ihren Schichtplan. »Aber es gab immer ein gewisses Risiko, ob man den anderen auch wirklich erwischte und nicht ein Dritter abnahm.«

In aller Heimlichkeit seien dann all jene Dinge geschehen, so sagt er, »die man als Außenstehender immer als Fremdgehen bezeichnet«. Seltsame Formulierung. Hat er es selbst denn nicht so empfunden? »Wir konnten das erfolgreich verdrängen, anfangs zumindest.« Es habe nur sie zwei auf der Welt gegeben, sie genossen es, sich zu küssen, zu streicheln und schließlich auch miteinander ins Bett zu gehen. Wobei spontaner Sex – leidenschaftlich, sinnlich, hemmungslos – ausgeschlossen gewesen sei. »Dani ist mit siebzehn vergewaltigt worden, dieses Trauma hat sie nie ganz bewältigt.« Das war ihr verborgenes Wesen, ihr empfindsamer Kern. »In dieser Hinsicht war unsere Beziehung weder frei noch leicht«, stellt er klar. Immer musste er aufpassen und auf der Hut sein: War das zu schnell gegangen? Hatte er etwas falschgemacht? Gefiel ihr das jetzt oder nicht? »Es war nicht schlimm, aber leicht war es auch nicht.« Doch es weckte seinen Beschützerinstinkt, er war ja ein Kümmerer und ein Chamäleon, er würde sich anpassen und das auszugleichen wissen.

Von einer Beziehung allerdings, jedenfalls von einer offiziellen, konnte vorerst keine Rede sein. Ein halbes Jahr lang führten sie ein Doppelleben. Was bekanntlich anstrengend ist. Es war Herbst geworden, im November kamen Monikas Schwester und ihr Mann wie jedes Jahr mit einem großen Vorrat an Beaujolais Primeur aus Frankreich zurück, um ihn innerhalb der Familie zu verteilen. Das war der traditionelle Beaujolais-Abend. »Irgendwann war ich durch den Wein dann so gelöst, dass ich es Monika einfach gesagt habe.«

Kurz vor dem Zubettgehen sei das gewesen, erzählt er und verstummt, denn Verena, die Bedienung kommt auf unseren Tisch zu. »Noch eine Runde Rivella?« Wir nickten alle drei, dann fragt Dieter gespannt: »Und wie hat Monika reagiert?«

Tränen, Entsetzen, Schluchzen – alle Register habe sie gezogen. »Sie spulte ihr ganzes theatralisches Programm ab.« Und damals habe das seine Wirkung auf ihn noch nicht verfehlt. »Ich geriet in ein totales Gefühlschaos.« Wie er es wagen konnte, ihr das anzutun! Sie war doch seine große Liebe, also sein Leben! »Es war nicht so, dass Monika sagte, ich wäre IHRE große Liebe und IHR Leben.« Vielmehr habe sie wiederholt das Umgekehrte betont: »Wie kannst du daran denken, mich zu verlassen – du kannst doch ohne mich gar nicht leben.« Und das stimmte ja auch. Sie hatte recht. Weil er so abhängig von ihr war. Viel abhängiger von ihr als sie von ihm. »Bei der Vorstellung, ich könnte sie verlieren, ergriff mich die blanke Panik.« Es war, als hätte er eine Bombe gezündet, um sie herum gab es nur noch Trümmer.

Er weiß nicht mehr, wie lange das Weinen und die Lawine an Vorwürfen und Beschimpfungen anhielt, eine Stunde, vielleicht auch zwei. Jedenfalls griff Monika dann zum Telefon und sorgte für eine zweite Bombenexplosion: Sie rief René an und erzählte ihm alles: »Deine Frau betrügt dich mit meinem Mann.«

Einen Tag später saßen sie sich zu viert gegenüber, wie bei einem Tribunal. Auf der Anklagebank: Michael und Dani, wegen zweifachen Ehebruchs. Ihnen gegenüber die Ankläger: Monika und René. »Freispruch auf Bewährung« lautete das überraschende Urteil. »Wir beschlossen, es noch mal miteinander zu versuchen.« Dani mit René, Michael mit Monika. Genauer gesagt umgekehrt: René mit Dani, Monika mit Michael. Gegen besseres Wissen, betont Michael. »Aber es war eine ganz furchtbare Situation, auf einmal war die Welt für uns alle vier eingestürzt, irgendwie konnte das nicht wahr sein, irgendwie mussten wir das entschärfen.« Wie in einem Film, der rückwärts abgespult wird. Plötzlich ist alles wieder heil.

»Um den Neustart zu markieren, kauften Monika und ich uns damals noch eine Maisonette-Eigentumswohnung.« Neubau in feinster Lage, hundertvierzig Quadratmeter. Für zweihundertsechzigtausend Schweizer Franken. Den Kredit regelte Monika über die Bank, bei der sie arbeitete. »So ein Unsinn!« Im Nachhinein kann Michael darüber nur den Kopf schütteln. Ein Riesenfehler sei das gewesen, vor allem ein wirtschaftlicher. »Aber ich musste und wollte damals konsequent sein und meinen guten Willen zeigen.«

Obwohl von einem Neustart keine Rede sein konnte. »Dani und ich kamen nicht voneinander los.« Es ging weiter wie bisher,

»nur quasi unter Aufsicht, unter Draufsicht«. Und deshalb noch heimlicher als bisher, noch schwerer. »Aber wir haben es trotzdem hingekriegt.«

Der Neustart, der kein Neustart war, dauerte ein Dreivierteljahr. Dann hielt Michael es nicht mehr aus. Eines Abends gestand er seiner Frau, dass er immer noch eine Affäre mit Dani habe. »Wir waren in Luzern, wir feierten unseren Hochzeitstag mit einem Wochenende am Vierwaldstättersee.« Irgendwie muss Monika es wohl geahnt haben, er ist sich nicht sicher. »Jedenfalls hatten wir, so wie am Beaujolais-Abend, alle beide zu viel getrunken.« Schreckliche Szenen hätten sich im Hotelzimmer abgespielt. »Am Ende hingen wir beide im Badezimmer und mussten uns übergeben, wir waren seelisch völlig zermürbt.« Wieder habe sie alle Register gezogen, um dann wie im letzten Akt einer griechischen Tragödie die ultimative Drohung auszustoßen: »Ich verlasse dich!« Und wieder ergriff ihn bei dieser Vorstellung die blanke Panik, »obwohl es ja eigentlich genau das war, was ich wollte.« Aber sie wusste, was diese Drohung in ihm auslöste, sie wusste, wie abhängig er von ihr war.

Früher als geplant seien sie von diesem völlig in die Hose gegangenen Wochenende nach Hause zurückgekehrt. Dort kam es nur wenige Tage später zum Showdown. Monika wollte Klarheit schaffen. Entweder Dani oder sie. Verständlich. Wieder versuchte sie die Daumenschrauben anzudrehen, wieder versuchte sie ihn zu halten, indem sie damit drohte, ihn zu verlassen. Und tatsächlich, es schien ihr auch dieses Mal zu gelingen, denn, so flehte er: »Bitte bleib! Ich will dich nicht verlieren.« Obwohl er sich doch eigentlich von ihr trennen wollte.

Im Nachhinein kann Michael über sich selbst nur den Kopf schütteln: »Ich habe das einfach nicht verkraftet, ich war noch viel zu sehr in dieser Beziehung verhaftet.« Er wollte seine Madonna nicht verlieren, er sei unfähig gewesen, einen klaren Schnitt zu setzen und ihr zu sagen: »Monika, ich will mit Dani weiterleben. Wir müssen uns trennen.«

An diesem Vormittag, nach dem Showdown, habe Monika in Tränen aufgelöst ihre Tasche gepackt und sich ins Auto gesetzt, um zu ihren Eltern zu fahren. »Wir hatten nur ein Auto. Ich bin mit dem Rad hinterher, voller Angst.«

Wäre Monika nur in den Ort gefahren, um sich in ein Café zu setzen oder bei einer Freundin auszuweinen – er hätte sie nach fünf Minuten wieder zurückgeholt, da ist er sich ganz sicher. Doch sie fuhr an diesem Vormittag zu ihren Eltern, und die wohnten einen Ort weiter. Knapp acht Kilometer, aber mit einem Berg dazwischen. »Ich brauchte für diese Strecke eine Dreiviertelstunde, die ersten zwanzig Minuten geht es nur bergauf.« Und zwanzig Minuten bergauf sind lang, erst recht, wenn man auf dem Rad sitzt und in die Pedale treten muss. »Ich hatte sehr viel Zeit zum Nachdenken.«

Er dachte über seine Abhängigkeit nach, diese »unheimliche Abhängigkeit«. Über die Panik, die ihn bei der Vorstellung ergriff, dass sie ihn verlassen könnte. Über das, was er im Laufe der Jahre alles geschluckt hatte, die vielen kleinen und großen Demütigungen – angefangen bei der Inselrundfahrt mit diesem blöden griechischen Kellner während der Hochzeitsreise. Jahrelang hatte er sich angepasst und versucht, Dinge hinzunehmen. Jahrelang hatte er sich darin geübt, ihr alles recht zu machen, auszugleichen und zu kompensieren.

Als er oben auf dem Berg ankam, völlig kaputt und fertig, da wusste er: »Du musst dich abnabeln von dieser Abhängigkeit.« Er hielt inne, guckte auf der anderen Seite des Berges ins Tal und erkannte: »Das hier ist nicht dein Weg. Dein Weg ist der zu Dani.« Er würde nicht weiterfahren und versuchen, Monika bei ihren Eltern ab- und zurückzuholen. Sie hatte ihn verlassen. War das nicht genau die Situation, die er wollte? Die er selbst herbeizuführen nicht imstande gewesen war, weil ihm der Mut gefehlt hatte? Diese Situation festzuhalten, darum ging es jetzt.

Und so drehte er um und radelte zurück. Das war der richtige Weg. Da war er sich nun ganz sicher. Und Dani die richtige Frau, die große Liebe. Er hatte sein Schneewittchen gefunden, er konnte endlich der Prinz sein und nicht mehr bloß der Knappe, der beim Aufsteigen die Zügel des Pferdes festhalten durfte.

Als er zu Hause ankam, packte er das Nötigste zusammen und zog zu seinen Eltern. »Monika hat mich dort noch am selben Tag aufgesucht.« Total überrascht sei sie gewesen, dass er an diesem Vormittag nicht bei ihren Eltern erschienen war, um sie zurückzuholen. »Sie hatte fest damit gerechnet.« Stattdessen musste sie erkennen, dass sie die Schrauben zu sehr angezogen hatte: Sie waren gebrochen. Es gab kein Zurück mehr und auch kein Probieren, es war vorbei. »Sie hat dann noch mal ihre ganze Kiste an Theatralik ausgepackt, aber es nützte nichts mehr.« Er war von ihr losgekommen. Endlich.

Das Auto, den Fernseher, die Stereoanlage, die Wohnungseinrichtung – er habe ihr alles gelassen. Nur seine Klamotten und das Mountainbike nahm er mit. Er fand eine möblierte Mietwohnung über einer Kneipe, dreiunddreißig Quadratmeter mit Küchenzeile. Für zweihundert Schweizer Franken. Seine Eltern übernahmen einen Teil der Miete. »So viel Geld hatte ich nicht übrig, ich musste ja noch drei Jahre lang den Kredit für die Maisonette-Eigentumswohnung mit abbezahlen.« Der totale soziale Abstieg sei das gewesen. Aber das machte ihm alles nichts aus.

Denn als Dani hörte, dass er Monika verlassen hatte, trennte sie sich von René und zog zu Michael. »Wir hatten nichts, aber wir hatten uns!«

Monika habe ihm noch theatralisch ihren Ehering geschickt, per Post, zusammen mit einer MC, einer Musikkassette, die sie selbst besprochen hatte. Michael hat sich nur den Anfang angehört. »Mein lieber Michael …« Dann habe er auf Stopp gedrückt, die MC aus dem Kassettenrekorder geholt und weggetan. Das Kapitel war abgeschlossen. »Auf einmal sah ich Monika mit anderen Augen und erkannte, was die anderen an ihr immer so genervt und irritiert hatte.«

Zwei-, dreimal habe er sie noch gesehen, bei Klassentreffen. »Sie hat noch zweimal geheiratet, lebt aber, so viel ich weiß, heute allein.« Sie habe es nie wieder geschafft, jemanden zu finden, der ihre schwierige Art akzeptierte und ihr so wie Michael hundertprozentige Aufmerksamkeit schenkte. »Ich habe es immerhin gut sieben Jahre mit ihr ausgehalten«, meint er und rückt zur Seite, damit Verena das Tablett mit den Getränken abstellen kann.

Anfang 1995 wurden sie geschieden. Noch im selben Jahr heiratete er Dani, sein Schneewyttli. Die Feier fand in der Tanzschule statt, ganz groß, mit Freunden, Kollegen und Familie. »Eine Superparty!« Frank Sinatra sang *Fly me to the moon,* als das Brautpaar mit dem ersten Tanz die Hochzeitsfeier eröffnete. Und wie es sich für ein Schneewittchen gehörte, habe die Braut ein Schneewittchenkleid getragen: »Cremefarben und über und über mit Rosen besetzt.«

Noch vor der Hochzeit waren sie in eine kleine Dachwohnung umgezogen mit Balken und quietschenden Bohlen. »Rustikal, aber urgemütlich und romantisch.« Es ging ihnen gut, auch finanziell. »Wir haben uns wieder berappelt. Ich verdiente gut, sie verdiente gut, und wir stellten keine großen Ansprüche.« Die Ferien verbrachten sie immer in St. Moritz, in seinem Elternhaus. Wiesen, Wälder, Wanderungen, das reichte ihnen. »Wir kannten alle Wege, wir brauchten keine Karten.«

Wie ein langer ruhiger Fluss sei es gewesen, das Leben mit seinem Schneewyttli, ein Fluss, der friedlich durch eine idyllische Landschaft mäanderte. »Es war eine ganz leichte Beziehung.« Er brauchte sich nicht mehr anzupassen, es gab auch kaum etwas auszugleichen. Auch mit ihrer Familie kam er gut klar, besonders mit Danis Schwester Ruth und ihrem Mann, die gerade ihr erstes Kind bekommen hatten. Problemlos sei alles gewesen, unbefleckt. Und streitlos: »Auch mit Dani habe ich mich nie gestritten.« Wenn es mal Spannungen gab, etwa weil er Stress im Beruf hatte, dann brauchte sie ihn nur anzustrahlen, und alles war wieder gut. »Weil sie dieses Julia-Roberts-Strahlen hatte. Das machte alles wett.«

Die Arbeit als Krankenschwester fiel Dani zwar immer schwerer, sie bekam starke Rückenschmerzen. Doch Michael sagte: »Hör auf damit, das brauchst du dir nicht mehr anzutun, ich verdien genug für uns zwei.« Fortan blieb sie zu Hause, ihrem Rücken ging es wieder besser. Es war nur eine kleine Stromschnelle gewesen, der Fluss strömte ruhig und friedlich weiter.

Bis 2005 Michaels Vater starb, mit dreiundsechzig. Herzinsuffizienz. So wie sein Onkel, ein Bruder des Vaters. »Der war bereits mit vierzig an Herzschwäche gestorben. Einfach umgefallen.« Michael hatte beim Tod seines Vaters gerade seinen vierzigsten Geburtstag hinter sich. Würde er selbst die sechzig überhaupt schaffen? Vielleicht ging es ja um ein Familienleiden, vielleicht starben alle Männer in seiner Familie frühzeitig an Herzinsuffizienz. War er in letzter Zeit nicht kurzatmig, müde und appetitlos? »Ich hatte das Gefühl, das geht nicht gut. Ich dachte, ich sterbe auch bald.«

Er sei damals in eine schwere persönliche Krise geraten, mit Depressionen und akuten Angstzuständen. »Ich tat alles, um zu verhindern, dass auch ich an einer Herzsache sterbe.« Radeln, Joggen, Badminton – er fing an, exzessiv zu trainieren. »Ich schluckte sogar Beruhigungsmittel, Bromazepam.« Wegen der akuten Angstzustände. »Ich, der ich Medikamente hasse!«

Aber geholfen habe es nichts, im Gegenteil, alles sei noch schlimmer geworden. Erst recht, als er während eines Urlaubs bei stürmischem Wetter in einer Gondel steckenblieb. Stundenlang hing er zusammengepfercht mit anderen Urlaubern über einem Abhang, schaukelnd in der Luft. »Danach bekam ich auch noch Höhenangst.«

Er, der früher waghalsig jeden Steilhang runtergewedelt war, bevorzugte auf einmal flache breite Anfängerpisten und stellte sich nur noch bei Schleppliften an. »Die sind ja inzwischen die Ausnahme, es gibt fast nur noch Seilbahnen und Sessellifte.« Eine Zeitlang habe er deshalb mit dem Skifahren ganz aufgehört.

Wenn er beim Wandern mit Dani auf einen Pfad geriet, der zu schmal wurde, oder der Hang, an dem er entlangführte, zu steil, dann sagte Dani: »Komm wir drehen um.« Dann liefen sie lieber die drei Stunden zurück, obwohl sie in nur vierzig Minuten am Ziel gewesen wären.

Dani habe für alles Verständnis gezeigt und immer versucht, ihn zu schützen und zu schonen. Warum sollte er versuchen, sich seiner Höhenangst zu stellen und sie zu überwinden? Warum sollte er gegen die Panikanfälle ankämpfen? »Entspann dich, Liebling«, habe sie gesagt, stets liebevoll, fürsorglich und nachsichtig. »Du musst dich nicht belasten. Das brauchst du dir nicht anzutun. Du musst NICHTS.« Und wenn ihm die Arbeit im Büro über den Kopf zu wachsen drohte, meinte sie: »Meld dich doch auch mal krank, zieh dich zurück – ich versorge dich.«

Nachdenklich lehnt sich Michael in seinen Stuhl zurück und verschränkt die Arme hinter dem Kopf. Eigentlich habe er sich schon damals eine Partnerin gewünscht, die ihm einen Schubs gab, anstatt ihn in Watte zu packen. Die ihm Zuversicht schenkte und an seine Kräfte appellierte: »Komm, Schatz, du schaffst das! Roll die Hemdsärmel hoch!« Keine Pflegerin, sondern eine Lebenstrainerin, eine Beraterin, die sagte: »Nein, wir drehen NICHT um, wir gehen diesen Weg jetzt weiter. Atme tief durch und glaub mir: Wir werden heil ankommen.«

Aber hatte er Dani nicht selbst in Watte gepackt, damals, nachdem sie diese Rückenschmerzen bekommen hatte? »Liebling, das brauchst du dir nicht anzutun. Du musst nicht! Bleib zu Hause!« Waren das nicht seine Worte gewesen? Wie konnte er ihr nun vorwerfen, das Gleiche mit ihm zu tun? Vielleicht war es nicht der richtige Weg gewesen, damals. Vielleicht hätte sie nicht ganz mit dem Arbeiten aufhören sollen. Zufriedener war sie dadurch nicht geworden. Gut fünf Jahre war das nun her. Mit ihrem Rücken ging es zwar besser. Aber sie hatte angefangen zu rauchen. Und trotzdem zugenommen, stark zugenommen sogar. Sämtliche Diätversuche scheiterten. Immer wieder habe sie sich den Weightwatchers angeschlossen, immer wieder sei sie eingeknickt, nur nach einigen Tagen. »Ein bisschen Beißen wär ja mal drin gewesen.« Stattdessen jedoch habe Dani sich gehenlassen und den Biss verloren.

Aber, so fand er: Dafür war er mitverantwortlich, er hatte vor fünf Jahren selbst mit dafür gesorgt, dass er nun eine verweichlichte Frau hatte. »Jedenfalls konnte ich ihr nicht vorwerfen, dass sie nun mich verweichlichte und in Watte packte.« Er musste aus eigener Kraft versuchen, aus dem schwarzen Loch herauszukommen und diese Krise zu bewältigen.

Mehr als ein Jahr habe er dazu gebraucht, »aber ich schaffte es«. Durch Disziplin, Selbstkontrolle und Training. »Ich schloss mich einer Laufgruppe an.« Einmal einen Marathon zu laufen, das wurde sein großes Ziel. Vorerst kam er zwar nicht über die Zwanzig-Kilometer-Grenze, aber dennoch fühlte er sich bald so stark und gesund wie nie zuvor. Die Ängste verschwanden. »Bis auf die Höhenangst, die war hartnäckig.«

Auch im Beruf funktionierte er wieder gut, die Arbeit als Kriminalbeamter machte ihm viel Spaß. Vier Jahre nach dem Ausbruch seiner Krise und dem Tod seines Vaters bekam er die Möglichkeit, einen Karrieresprung zu machen. Eine Stelle bei der Kripo musste neu besetzt werden, eine Führungsposition. Er könnte sich bewerben, die Chancen standen gut.

Eine innere Stimme sagte: »Komm, mach das, denk nicht zu viel nach, probier's einfach!« Eine zweite Stimme sagte: »Sei vorsichtig! Was ist, wenn das eine Nummer zu groß für dich ist? Wenn du versagst?« Er kam sich vor wie ein Schauspieler, der sein Leben lang behauptet hatte, ein guter Shakespeare-Darsteller zu sein. Bis zu jenem Abend, an dem die Hauptrolle frei wurde und er hätte einspringen sollen, sich aber nicht traute.

Es habe damals noch eine dritte Stimme gegeben, sie gehörte Dani. »Du musst nicht, Schatz«, habe sie gesagt. »Du brauchst dir doch nicht unbedingt etwas beweisen, du kannst ruhig so weitermachen wie bisher.«

Und wieder habe er sich gedacht: »Eigentlich bräuchte ich jetzt jemanden, der mich bestärkt, der mich pusht.« Jemanden, der ihn anspornte: »Komm, trau dich! Stell dich dieser Herausforderung! Das ist eine einzigartige Chance, die musst du ergreifen!« Von Dani kam Verständnis, da kam Fürsorge. Aber keine Kraft.

Seltsam eigentlich, dass sie so gut wie nie über seinen Job sprachen, den nahm er nie mit nach Hause, den hielt er von seinem Privatleben fern. Und Dani fragte auch nie groß nach. Seine Begeisterung für den Sport konnte er ebenfalls nicht mit ihr teilen. Es blieb bei gemeinsamen Wanderungen und Spaziergängen, und auch die waren in der letzten Zeit immer weniger geworden. Vierzehn Jahre waren sie nun verheiratet, sein Schneewyttli hatte sich verändert. Wie sehr wünschte er sich, sie einmal nicht qualmend auf dem Sofa vor dem Fernseher vorzufinden, wenn er nach Hause kam! Wie gerne würde er es sehen, wenn sie ein paar Kilos loswerden würde, anstatt immer schwerer und schwerfälliger zu werden. Auch ihr Julia-Roberts-Strahlen hatte an Kraft eingebüßt. Wieso legte sie nicht etwas mehr Selbstdisziplin an den Tag? Wieso war sie nicht in der Lage, sich zusammenzureißen – und andere mitzureißen und zu ermutigen?

So wie die neue Kollegin, die ihm seit Kurzem im Büro gegenübersaß. Eine ganz Taffe sei das gewesen. Die lief nicht nur Marathons, sondern auch Triathlons. Die hatte ein ganz einfaches Lebensmotto: »Wenn du etwas willst, dann mach doch einfach! Versuch's zumindest!« Eine ganz simple Regel: Mach!

Lara hieß sie, eine herbe Schönheit mit braunem Kurzhaarschnitt, groß, schlank, durchtrainiert, Vegetarierin. Ein Typ wie Hollywoodschauspielerin Jamie Lee Curtis, die mit Filmen wie *Ein Fisch namens Wanda* oder *Wahre Lügen* berühmt geworden ist.

Lara sagte nicht: »Bleib doch auf dem Sofa sitzen, du musst nicht trainieren. Du musst die neue Stelle nicht antreten.« Nein, die sagte: »Du willst einen Marathon laufen? Dann lauf ihn! Du willst die neue Stelle? Dann bewirb dich! Mach!« Lara machte einfach. Und wer ihr im Büro blödkam, den ließ sie abblitzen, auch noch die Kollegen mit dem allergrößten Mundwerk. »Und zwar so, dass die sich am liebsten ins nächste Loch verkrochen hätten.«

Michael war schwer beeindruckt. Wie kriegte die das hin? Wieso traute die sich, was er sich nicht traute? »Ich hatte hinter dieser taffen Fassade sofort ihr verletzliches Wesen entdeckt, ihren weichen Kern.« Und er staunte nicht nur, er wunderte sich auch: Lara war mit einem Mann verheiratet, der ihr Vater hätte sein können, einem seiner Kollegen. Michael kannte ihn, Peter hieß er, sie waren einmal aneinandergeraten, »da hat er mich angeranzt«. So ein Arsch. Und das sollte der Ehemann der neuen Kollegin sein? Seltsam. Das passte überhaupt nicht. Brauchte sie eine Vaterfigur als Partner? Einen besonders glücklichen Eindruck jedenfalls machte sie nicht. Und die Dinge, die ihr am Herzen lagen, also der Sport und das Laufen, die machte sie allein. »So wie ich.«

Michael schüttelt den Kopf und beantwortet die Frage, noch bevor wir sie stellen können: »Nein, ich habe mich nicht sofort in sie verliebt.« Auch dieses Mal sei es ein schleichender Prozess gewesen.

Vorerst war die Welt für ihn in Ordnung, sein Leben wie gehabt ein langer ruhiger Fluss. Abends um sechs ging er nach Hause, zu seiner Frau, die ihn versorgte und von der er bewundert wurde; morgens um sieben fuhr er ins Büro, zu der neuen Kollegin, der er nacheiferte und die von ihm bewundert wurde. Sie sahen sich jeden Tag, sie saßen sich ja gegenüber. »Sollen wir zusammen Mittag essen?« – »Oh ja, gerne. Ich kenne ein neues vegetarisches Restaurant, soll ich dir das mal zeigen?« Sie hatten auch gemeinsame Einsätze, führten Festnahmen und Durchsuchungen durch. »Wenn ich sie hinter mir wusste, fühlte ich mich sicher.« Auf Lara war hundert Prozent Verlass. »Wir ergänzten uns als Kollegen und harmonisierten prima.«

Es dauerte nicht lange, und sie trainierten auch zusammen, machten Waldläufe, drehten nach Dienstschluss gemeinsame Runden. Für seinen ersten Marathon, im Sommer 2010. Ein paar Monate zuvor, Anfang März, fand ein Fisherman's Friend Strongman Run statt, die Mutter aller Hindernisläufe, nur halb so lang wie ein Marathon, knappe zwanzig Kilometer – aber die zählten doppelt, habe Lara ihm erklärt, denn bei diesem Run geht es querfeldein, durch Schlammbecken und Matsch, kalte Seen und Teiche, unter Stacheldraht durch und über Heuballen hinweg. »Wenn du diese zwanzig Kilometer schaffst, schaffst du auch einen Marathon«, versicherte ihm Lara. Und er schaffte es. Dreieinhalb Stunden brauchte er für diese zwanzig Kilometer. Schwer sei es gewesen. »Und arschkalt.« Stolz wie Oskar fuhr er an diesem Tag heim. »Niiiiiie hätte ich gedacht, dass ich das schaffen würde. Nie!«

Dani war aufmerksamer geworden. Aber es gab nichts, was sie ihm vorwerfen konnte, er hatte keine Schuldgefühle, es gab da nur eine neue Kollegin, mit der er auch trainierte. Eine Kollegin, die ihn wenig später über die Ziellinie seines ersten Marathons schleppte. Bei Kilometer dreißig knickte er ein, bekam wie so viele Läufer Krämpfe und Besuch vom »Mann mit dem Hammer«, wie es im Marathonjargon heißt. Ohne Lara hätte er aufgegeben. Aber sie lief neben ihm und sagte: »Komm, halt durch, lauf weiter.« Und so lief er weiter. Durch den Schmerz hindurch. Bis er nach vier Stunden und vierundvierzig Minuten über die Ziellinie stolperte.

Dani saß im Zielraum oben auf der Tribüne. Jubelnd stand sie auf, auf dem Gesicht ihr Julia-Roberts-Strahlen. Sie freute sich so für ihren Mann. Doch dann erstarb der Jubel auf ihren Lippen, das Strahlen erfror auf ihrem Gesicht: Sie sah, wie ihr Mann unten im Finish dieser neuen Kollegin um den Hals fiel und sich so gar nicht mehr von ihr trennen wollte.

»Eine dumme Situation war das«, erinnert sich Michael. Sie hätten sich nichts dabei gedacht, man würde sich doch mal in die Arme fallen dürfen! »Ich war so euphorisch, ich hatte meine Grenzen verlegt.« Und er hatte Dani ja nie etwas verheimlicht – ganz im Gegenteil: »Ich erzählte immer ganz offen von Lara und den gemeinsamen Trainingsläufen.« Manchmal detaillierter und länger, als Dani lieb war.

Heute weiß er: Es war nicht nur Offenheit, die ihn antrieb, Dani von Lara zu erzählen. Er wollte seiner Frau nicht nur beweisen, dass er ihr nichts verheimlichte. Er hatte auch das starke Bedürfnis, über Lara zu reden und sie zu erwähnen. So wie man immer das Bedürfnis hat, über eine Person zu sprechen, wenn sie wichtig für einen geworden ist. Wenn man dabei ist, sich in sie zu verlieben.

Dieser Drang, dieses Bedürfnis sei nur eines von vielen Warnzeichen gewesen, die ihm eigentlich hätten deutlich machen müssen, dass er sich auf einen gefährlichen Pfad begeben hatte. »Obwohl nichts passiert war, keine dementsprechende Berührung, kein Kuss, nichts.«

Wenn er morgens ins Büro kam, freute er sich viel zu sehr darauf, sie zu sehen. Wenn sie einmal unerwartet nicht auf ihrem Platz saß, war er regelrecht enttäuscht, dann fehlte sie ihm. Manchmal, wenn sie ihn zu lange ansah, fühlte er sich unsicher und kam sich vor wie ein Schuljunge. Und oft sah er ihr durchs Fenster nach, wenn sie vor ihm Dienstschluss machte und in ihr

Auto stieg. Sie sah dann immer so traurig aus. Aber vielleicht bildete er sich das auch nur ein.

Was vor allem für Dani ein deutliches Warnzeichen gewesen sein dürfte: Ihr Mann begann, sich zu verändern – auch äußerlich. Er hatte nicht nur angefangen, Marathons zu laufen, und sich tatsächlich für diese neue Stelle beworben. Nein, auf einmal trug er auch Kontaktlinsen und wollte von seiner Brille, die dreißig Jahre lang so etwas wie sein Markenzeichen gewesen war, nichts mehr wissen. Und er ließ sich die Haare wachsen und weigerte sich, zum Friseur zu gehen. »Das wollte ich schon immer tun. Aber ich traute mich nicht.« Lara habe bloß mit den Schultern gezuckt. »Dann lass sie wachsen. Mach doch einfach!« Und da habe er einfach gemacht. »Unter ihrem Einfluss verließ ich alte, vertraute Pfade und veränderte Dinge, die ich vorher nie geändert hatte.« Auf einmal war er kein braver unscheinbarer Polizeibeamter mehr mit Brille und korrekt geschnittenen Haaren, sondern ein Typ. Einer, der Freiheit und Abenteuer ausstrahlte. Wie der Camel-Mann von der Zigarettenreklame.

Nachdenklich guckt Michael in den knallblauen Berghimmel. Das sei die »Beziehungsphase vor der Beziehung« gewesen. Wo man denkt, dass da nichts ist, aber eigentlich schon alles da ist. Und irgendwann sei dann auch der Wendepunkt gekommen, er kam nicht mehr umhin, sich einzugestehen: Diese Frau war mehr für ihn als nur eine Kollegin. Er dachte viel zu oft an sie. Und wenn sie ihm in die Augen schaute, brachte ihn das total durcheinander.

Nie hätte er gedacht, dass es Lara genauso ergehen könnte. »Ich erfuhr es kurz vor den Sommerferien, auf dem Sommerfest der Polizei.« Er hatte schon ein paar Bier getrunken, aber Lara noch nicht erspäht. »Wo ist sie denn?«, fragte er einen Kollegen.

Der deutete auf ein Mäuerchen ganz hinten, am Rand der Wiese. »Da hinten sitzt sie, sie ist heut nicht gut drauf.« Michael setzte sich neben sie und merkte, dass sie traurig war. Und ein bisschen beschwipst. Sonst hätte sie sich vermutlich zurückgehalten und unter Kontrolle gehabt. So aber gestand sie ihm, dass sie sich in ihn verliebt hatte. »Und ich mich in dich«, habe er geantwortet. Das Sommerfest sei völlig an ihnen vorbeigegangen. Zwei Stunden saßen sie nebeneinander auf dem Mäuerchen, ratlos, verwirrt, hilflos. Was war das mit ihnen beiden? Wie sollte das weitergehen? »Wir waren uns schon viel zu nahe.« Aber weder er noch Lara hätten die Absicht gehabt, sich von ihren Partnern zu trennen, sie seien da ohne Plan in etwas hineingeraten, das sie eigentlich nicht gewollt hatten.

»Ja, ich weiß!«, sagt Michael und macht eine abwehrende Handbewegung, als er merkt, dass Dieter und ich uns räuspern. »Lara und ich waren keine willenlosen Opfer.« Dass sich verheiratete Menschen in jemand anderes verlieben, komme oft vor, das sei nichts Besonderes. Ausschlaggebend sei, wie man damit umgehe. »Wir hätten natürlich nicht weiterzugehen brauchen. Noch hätten wir umdrehen können. Wir hatten uns ja noch nicht einmal geküsst.«

Und zunächst schlugen sie auch getrennte Richtungen ein. Nach diesem Abend auf dem Mäuerchen beim Sommerfest fuhr Michael mit Dani wie gewohnt nach St. Moritz in den Sommerurlaub, während Lara ihren Mann in die Kur nach Arosa begleitete. Drei Wochen lang würden sie sich nicht sehen. Drei Wochen Pause. Funkstille. Abkühlen.

Michael macht eine weitausholende Handbewegung über das Engadiner Bergpanorama vor uns. »Ich machte mit dem Mountainbike die Gegend hier unsicher und Lara die weiter nördlich rund um Arosa.« Getrennt von fünfunddreißig Kilometern Luftlinie. Schon am ersten Tag merkte er, wie sehr sie ihm fehlte. Wie viel schöner wäre es doch, wenn sie diese Touren gemeinsam machen könnten!

Lara vermisste ihn auch, denn nach drei Tagen brach sie die Funkstille und schickte ihm eine SMS: Sie hatte den Weisshorn-Singletrail gemacht, knapp einundfünfzig Kilometer, neuneinhalb Stunden. Ganz allein. Fortan informierten sie sich regelmäßig darüber, welche Touren sie gemacht hatten. »Das Handyzeitalter war längst angebrochen, das macht es so leicht, Kontakt zu haben.«

Natürlich habe er versucht, das vor Dani zu verbergen. Aber es sei ihr nicht entgangen, dass er öfter als sonst mit seinem Handy beschäftigt war und es so gut wie nicht mehr aus den Augen ließ. Ihr Misstrauen, geweckt durch die Umarmung nach dem Marathon, stieg. Ihre Laune sank. »Es herrschte Mollstimmung zwischen uns.« Und dann habe sie sich während dieses Urlaubs bei einer Wanderung auch noch so den Knöchel verstaucht, dass sie frühzeitig nach Hause zurückkehren mussten. »In dieser Gegend hier mit Krücken herumzulaufen, das ist nichts.«

Und was tat er? »Ich freute mich darüber.« Weil er schneller als erwartet Lara wiedersehen würde, denn die war bereits nach Hause zurückgekehrt, früher als ihr Mann, der noch eine Woche Kur vor sich hatte. »Furchtbar mies kam ich mir deswegen vor.« Er habe sich trotzdem gefreut. Wie ein kleines Kind. »Ich konnte es kaum erwarten, Lara wiederzusehen.« So habe die Phase der Lügen begonnen.

Dani glaubte, ihr Mann ginge eine Woche früher als geplant wieder jeden Morgen zur Arbeit; in Wirklichkeit aber traf er sich mit Lara, die ebenfalls noch eine Woche Urlaub hatte. Sie machten Wanderungen und Ausflüge, auf den Säntis, nach Bregenz. »Und wir gingen erstmals miteinander ins Bett.« Michael erfuhr, was es hieß, sich auf einmal völlig gehenlassen zu können, nicht immer vorsichtig und auf der Hut sein zu müssen. Mache ich etwas falsch? Geht das zu schnell? Nein, er konnte sich einfach fallenlassen. »Das war wunderbar.«

Gleichzeitig aber wurde er von Skrupeln und Gewissensbissen geplagt. Lara ebenfalls, noch mehr als er. »Sie hat die moralische Latte ganz hoch liegen. Aber nun hatte sie sich mit mir eingelassen und nicht nur Peter verraten, sondern auch alle ihre moralischen Prinzipien.«

Noch ein Tag, dann würde Laras Mann aus der Kur zurückkehren. »Wir beschlossen, in den Schwarzwald zu fahren, an den Titisee.« Knapp hundertzehn Kilometer hin, hundertzehn Kilometer zurück. Weit genug weg, so glaubten sie, um sich sicher fühlen zu können. »Im Auto hörten wir Hits aus den achtziger Jahren und sangen lauthals mit.« Falcos *Rock me, Amadeus.* Depeche Mode mit *Just can't get enough.* Oder Tina Turner: *You are simply the best …*

Doch kaum hatten sie das Auto abgestellt und schlenderten am Ufer des Titisees entlang – wem liefen sie da in die Arme? Danis Schwester Ruth samt Mann und Kindern. Einen Moment lang starrten sich alle entgeistert an. Michael sah seine Schwägerin denken, und er wusste auch, was sie dachte. »Es war nicht so, dass Lara und ich engumschlungen gingen.« Aber ein klarer Fall sei es trotzdem gewesen: »Mit einer heimlichen Polizeiaktion jedenfalls war das nicht mehr zu erklären.« Dennoch sei er völlig ruhig geblieben, völlig abgeklärt. »Ich staunte über mich selbst.« Er habe es als Schicksal gesehen, als höhere Gewalt. »Das war jetzt gewollt so, das Schicksal nahm uns das aus der Hand.«

In zwei Tagen hatte Dani Geburtstag, Ruth würde mit ihrer Familie wie jedes Jahr vorbeikommen, um zu gratulieren. »Ich kann meiner Schwester nicht in die Augen gucken und …«, begann Ruth.

»Ich weiß«, unterbrach Michael sie.

»Wenn du es ihr nicht sagst, sag ich es ihr.«

»Ich weiß«, entgegnete Michael.

Danach gingen sie einfach weiter, Ruth und ihre Familie in die eine, Lara und er in die andere Richtung. »Ich wusste: Nun würde alles zusammenbrechen.« Sie seien sofort zum Auto zurückgelaufen und nach Hause gefahren. Lara wollte ihrem Mann nach dessen Rückkehr einen Tag später ebenfalls alles sagen. Michael setzte sie zu Hause ab, dann fuhr er weiter zu seiner eigenen Wohnung. Nachdem sich das Garagentor hinter ihm geschlossen hatte, blieb er noch eine ganze Weile im Auto sitzen und starrte vor sich ins Leere. Er wusste, er hatte keine Wahl, Ruth hatte ihn in Zugzwang gebracht, Dani sollte es nicht von ihr erfahren: Er musste da jetzt hoch, reingehen und seiner Frau sagen, dass er eine Affäre hatte und dass er sie verlassen würde. »Es war das Furchtbarste, was ich in meinem Leben tun musste.« Es würde sie treffen wie ein Faustschlag, völlig ungeschützt, auch darüber war er sich bewusst. Sie mochte misstrauisch geworden sein, aber mit dem, was er im Begriff war, ihr anzutun, konnte sie unmöglich gerechnet haben. Wie in Trance sei er aus dem Auto ausgestiegen, wie ein ferngesteuerter Roboter. Als habe jemand irgendwo auf einen Knopf gedrückt. Es gab keinen Ausweg, es gab kein Zurück. Geh da jetzt hoch und rein! Mach!

Er hörte, wie sie in der Küche die Spülmaschine ausräumte. »Du bist ja heute früh dran!«, rief sie ihm zu, als er die Treppe hochkam. Freudig überrascht habe sie ihn angesehen, völlig ahnungslos. »Dani, ich muss mit dir reden«, sagte er und ging ins Wohnzimmer. »Kommst du bitte mal?«

Sie kam und setzte sich zu ihm an den Esstisch. Mit in den Schoß gelegten Händen hörte sie ihm zu. Aber sie habe gar nicht gewusst, wohin mit dem Gehörten. Was für einen Film das ergeben sollte. Ein grausamer Moment sei das gewesen. »ICH war grausam.« In noch nicht einmal fünf Minuten riss er ihr fünfzehn gemeinsame Jahre heraus, teilte ihr ganz kühl und kaltherzig mit, dass er sie verlassen würde. Für eine Kollegin. »Ich habe sie so tief getroffen, wie man nur treffen kann, ich habe ihr alles genommen.« Echter, tiefer Schmerz sei das gewesen, kein theatralisches Gefühlschaos. »Sie war völlig fertig und aufgelöst.« Wo war der Mann geblieben, der ihr immer wieder versichert hatte, sie sei seine große Liebe, sein Schneewyttli? Der Mann, mit dem sie ihr Leben geteilt hatte? IHR Mann? »Ich konnte es nicht mitansehen.« Er habe dann ganz konsequent ein paar Sachen gepackt, um zu seinen Eltern zu fahren. So wie vor fünfzehn Jahren, bei seiner ersten Trennung. »Ich schlief wieder auf dem Sofa.«

Kurz darauf fand er für sich und Lara eine kleine Wohnung, die allerdings erst noch renoviert werden musste. So lange blieb er bei seinen Eltern. »Wir sahen uns jeden Tag im Büro, die Kollegen wussten Bescheid.« Lara war ebenfalls zu ihren Eltern gezogen, nachdem sie Peter alles erzählt hatte. Der habe genauso fassungslos reagiert wie Dani. »Der war im Eimer, völlig im Eimer.«

Doch weder Dani noch Peter seien bereit gewesen, die Entscheidung ihrer Noch-Ehepartner zu akzeptieren: Peter habe Lara mit Telefonanrufen regelrecht zum Wahnsinn getrieben. »Auch Dani rief ununterbrochen an, und wenn sie nicht anrief, schickte sie eine SMS.« Tag und Nacht habe sie versucht, Michael auf diese Weise unter Druck zu setzen: »Komm zurück!«, flehte sie ihn an. »Komm zurück, oder ich tue mir etwas an!« Aber selbst wenn er zurückgewollt hätte – wie hätte er es gekonnt! Lara hatte für ihn doch auch alles aufgegeben! Ein regelrechter Terror sei das gewesen, diese SMS-Flut, diese ständigen Anrufe. »Nicht zum Aushalten.« Der lange ruhige Fluss, der sein Leben gewesen war, hatte sich in einen reißenden Strom verwandelt. Und die Strömung schien weiter anzuschwellen. Gerade so, als würden sie auf einen Wasserfall zusteuern.

Lara und Michael hatten die Wohnung gerade fertig renoviert und waren eingezogen. Die letzten Umzugskartons mussten noch ausgepackt werden. »Da erlitt Peter einen Nervenzusammenbruch und musste klinisch behandelt werden.« Lara sei sofort zu ihm zurückgekehrt. »Sie habe es als ihre Pflicht betrachtet, sich um ihn zu kümmern. »Aber ich hatte das Gefühl, dass sie nicht richtig gegangen war.«

Michael blieb allein in der renovierten Wohnung zurück. »Ich wusste nicht, wo mir der Kopf stand.« Es war alles so schnell gegangen, viel zu schnell. Von jetzt auf gleich waren sie nach den Sommerferien in diese Affäre hineingeschlittert, um nach noch nicht einmal einer Woche durch das Treffen mit Ruth am Titisee in Zugzwang zu geraten. Von jetzt auf gleich hatten sie sich von ihren Partnern und ihrem alten Leben getrennt und waren zusammengezogen. Im Büro war er zum Mann geworden, der einem Kollegen die Frau ausgespannt hatte. Und für seine Schwiegerfamilie und viele Freunde war er der Mensch, der das Leben seiner Frau »in die Binsen gehauen hatte«.

Er wusste nicht, was er tun sollte: Auf Lara warten, die vielleicht nie mehr zurückkehren würde? Zurück zu Dani gehen? Was war richtig, was war falsch? Was wollte er wirklich?

»Ich war hin- und hergerissen«, erzählt Michael. »Ich machte sogar lange Listen mit Plus- und Minuspunkten.« Erneut erinnert er an den alten Hit von Mary MacGregor: *Torn between two lovers, feelin' like a fool …* Völlig konfus sei er damals gewesen, außerstande, einen Entschluss zu treffen.

Lara, seine neue Liebe, sah er wie gehabt jeden Morgen im Büro. Peters Zustand hatte sich stabilisiert, es ging ihm wieder besser. Sie wollten es richten und noch einmal miteinander versuchen. »Ich respektierte ihre Entscheidung, wir wussten gut miteinander umzugehen«, sagt er.

Dani, seine alte Liebe, rief nach wie vor ununterbrochen an und schickte eine SMS nach der anderen. Erst recht, nachdem sie erfahren hatte, dass Lara zurück zu Peter gegangen war. »Sie schöpfte wieder Hoffnung.« Irgendwann habe er es nicht mehr ausgehalten und dem Druck nachgegeben. »Wir trafen uns ein paarmal.« Manchmal blieb er sogar über Nacht, »aber auf dem Sofa. Zu mehr war ich nicht in der Lage.« Es war zu viel kaputtgegangen, ER hatte zu viel kaputtgemacht. Und deshalb ein großes Bedürfnis, sich zu entschulden: »Ich musste aus der Schuld raus, die ich auf mich geladen hatte, ich wollte Gutes tun.« Aber wie? Er kam doch als Tröster nicht infrage, er hatte ihr diesen immens großen Schmerz doch zugefügt. Er wollte, er könnte ihn zum Verstummen bringen. Aber dazu müsste er zurückkehren, richtig zurückkehren. »Und das wollte ich nicht, das wäre nicht richtig gewesen.« Dani habe das natürlich gespürt. »Damit habe ich alles noch viel schlimmer gemacht«, weiß er heute. »Ich habe sie gequält.« Sie litt darunter, dass er sich nicht wirklich für sie entscheiden konnte. Dass er nicht wirklich da war, wenn er da war.

Irgendwie musste er zur Ruhe kommen, zur Besinnung. Vielleicht war Yoga etwas für ihn? Vielleicht sollte er einen Psychologen aufsuchen? »Ich machte beides.« Yoga habe ihm sofort gut gefallen, »das war richtig und wichtig für mich«. Der Psychologe hingegen weniger. Der habe ihm geraten, beide Frauen loszulassen. »Ganz tief drinnen wusste ich, dass er recht hatte.« Aber, so dachte er sich damals: »Ich bin doch nicht bekloppt!« Dann hätte er ja riskiert, beide Frauen zu verlieren, »und das wollte ich auf keinen Fall. So stark war ich nicht.«

Und so hielt er mit beiden Kontakt. Die renovierte Wohnung wurde für ihn zu einer Insel, auf der er tun und lassen konnte, was er wollte, und nicht ständig unter Aufsicht stand. Eine Insel, die ihm die Möglichkeit bot, ab und zu Dani zu treffen, ohne richtig zu ihr zurückzukehren. Eine Insel, auf der er auf Lara warten konnte, falls sie doch noch beschließen sollte, zu ihm zurückzukommen. Kurzum: Er brauchte sich nicht zu entscheiden, hielt sich alle Optionen offen.

Drei Monate lebte er bereits allein auf seiner »Insel«, da hörte er von einem Yoga-Intensiv-Wochenende: »Ich war total begeistert, ich habe mich sofort angemeldet.« Und seine Erwartungen wurden nicht nur erfüllt, sondern weit übertroffen. »Das war ein tolles Wochenende. Ich fand den Halt zurück, den ich in der Beziehung verloren hatte.« Auf einmal schöpfte er Hoffnung: Vielleicht konnte er mit diesem Halt die Beziehung wieder aufbauen – die Beziehung mit Dani. Vielleicht würde es ihm gelingen, einen neuen Standpunkt zu finden und alles neu zu sortieren. Er hatte neue Kraft. Um endlich Gutes zu tun. Um die Dinge zu richten. »Auf einmal wusste ich, was ich zu tun hatte.«

Zuversichtlich und völlig euphorisch habe er sich nach diesem Wochenende ins Auto gesetzt. »Ich fuhr direkt zu Dani, um ihr alles zu erzählen.« Es war schon dunkel, als er ankam. Er hatte noch einen Hausschlüssel, klingelte aber wie immer erst an. Keine Reaktion. Dani hatte die Rollläden bereits heruntergelassen. Er klopfte laut an die Tür. Nichts. Dann lief er nach hinten in den Garten. Dort war ebenfalls alles dunkel und verriegelt. Seltsam, war sie noch irgendwohin gegangen? Schlief sie etwa schon?

Er suchte nach seinem Schlüssel. Eine dunkle Vorahnung ergriff ihn, noch bevor er das Haus betreten hatte. »Dani, hallo! Wo bist du?« Voller Angst rannte er die Treppe hinauf. Aus dem Schlafzimmer drang schwaches Licht. Sie lag auf dem Bett, angekleidet, auf dem Rücken. Der rechte Arm hing leblos über den Bettrand. Auf dem Nachttisch neben dem Lämpchen eine leere Flasche Likör, daneben eine leere Schachtel Tabletten. »Dani, um Gottes willen!« Er kniete sich zu ihr. Sie atmete noch, ein Glück! Schwach, aber sie atmete. Er schüttelte sie mit der einen Hand an der Schulter, während er mit der anderen sein Handy suchte, um die Notrufnummer zu wählen. »Dani, aufwachen! Komm, wach auf! Du musst aufstehen!« Wieder und wieder habe er sie geschüttelt, doch sie habe nur leise gewimmert.

Michael schließt die Augen und atmet tief durch. »Das war der schlimmste Moment meines Lebens, der absolut schlimmste Moment meines Lebens!« Nun hatte der Fluss den Abgrund erreicht und stürzte als Wasserfall in die Tiefe. Er hatte es geschafft, dass sein Schneewittchen sich umbringen wollte. Er, Michael, hatte ihr das angetan! »Der Frau, die ich über alles geliebt hatte und die ich irgendwo ganz tief drin in mir immer noch liebe.« Und das in einem Moment, in dem er geglaubt hatte, sich entschulden und vielleicht sogar einen Neustart versuchen zu können: »Es war dafür der denkbar beschissenste Moment.«

Nie wird er die Angst vergessen, die Panik, die ihn damals ergriff, als er sie gefunden hatte und mit ins Krankenhaus fuhr.

Angst um das Leben seines Schneewittchens, ja, vor allem Angst um sie, ganz klar, völlig logisch. Aber auch Angst um sein eigenes Leben. Denn wenn sie sterben würde, wie sollte er weiterleben? Das war unvorstellbar, ausgeschlossen, diese Schuld würde er nicht tragen können: dass sie sich wegen ihm das Leben genommen hatte, weil er sie verlassen hatte. In dieser Nacht im Krankenhaus, als er neben ihrem Bett wachte, wünschte er sich, es gäbe ihn nicht, am liebsten wäre er gestorben.

Ein Wunsch, den ihm Danis Schwester Ruth nach ihrem Eintreffen auf der Intensivstation nur allzu gerne erfüllt hätte: »Dass die mich nicht auf der Stelle ermordet hat, ist ein Wunder.« Der blanke Hass sei ihm entgegengeschlagen.

Mit eiskalten Augen habe Ruth ihn angesehen. Sie wollte nichts mehr mit ihm zu tun haben, nie mehr in ihrem Leben. »Komm mir nicht mehr unter die Augen, du Arsch«, habe sie gesagt. »Und wage es auch nicht, in die Nähe meiner Kinder zu kommen!« Regelrecht gefaucht habe sie es, erinnert sich Michael kopfschüttelnd. »Da kamen Dinge aus ihrem Mund!« Auf einmal war er auch noch ein Kinderschänder! »Da war keine Ratio mehr, da war einfach nur noch Hass, der blanke Hass.« Für Ruth sei er damals zum Geächteten geworden. »Die hasst mich bis heute.«

Er habe es einfach ausgehalten. »Ich schoss nicht zurück.« Das hätte keinen Sinn gehabt. »Alles war weg, alles bröckelte und bröselte.« Sie befanden sich im freien Fall, der Wasserfall hatte sie alle mit in die Tiefe gerissen, es gab keinen Halt, weder rechts noch links, und es gab auch kein Zurück. Es blieb ihnen nur eines: sich mitreißen zu lassen und zu hoffen, irgendwann wieder ausgespuckt zu werden.

Als Dani am nächsten Morgen im Krankenhausbett wieder wach wurde und Michaels müdes, graues Gesicht über sich sah, die vertrauten Augen, den Mund … Was hat sie da gehofft? Dass er sagen würde: »Alles wird gut, Schatz, ich komme zurück zu dir«?

Wieder schüttelt Michael den Kopf, dieses Mal nachdrücklich. »Das Gegenteil trat ein«, betont er. Danis Selbstmordversuch habe ihn mit Hochgeschwindigkeit in die andere Richtung getrieben, weg von ihr: »Das war so furchtbar, so traumatisch, das wollte ich unter keinen Umständen noch einmal mitmachen.«

Als Dani nach drei Tagen das Krankenhaus verlassen durfte und nach Hause zurückgekehrt war, fing der Telefonterror wieder an. Erneut wilde Emotionsattacken, erneut die Drohung: »Ich tu mir was an!« Einmal noch habe sie es tatsächlich versucht, doch nur halbherzig: »Sie wusste, wie sehr sie mich damit unter Druck setzen konnte.«

Aber es funktionierte nicht, es hatte schon beim ersten Mal nicht funktioniert. Es gab kein Zurück. Sollte er sich selbst kasteien, jeden Tag um sechs Uhr abends von der Arbeit zurückkehren, sich zu ihr aufs Sofa setzen, ihr jeden Wunsch von den Lippen ablesen? Den Job wechseln, damit er Lara nicht jeden Tag im Büro sah – denn das würde Dani zweifelsohne fordern? Den Hass der Schwester und der anderen Familienangehörigen aushalten, die alles mitbekommen hatten? Die miterlebt hatten, was er aus seiner wunderbaren, herrlichen, strahlenden Dani gemacht hatte? Ein Häufchen Elend war sie geworden, ein Wrack, das mit verweinten Augen auf dem Sofa saß, das noch mehr qualmte und noch mehr Schokolade in sich hineinstopfte. Wie sollte er das jemals wieder gutmachen? Mit den Worten: »Bitte, entschuldigt, es tut mir wirklich leid«? Das ging nicht, das ließ sich nicht richtig reden. Nein, es gab keine Perspektive mehr. Er hatte nur eine Option: nach vorn zu schauen.

Fast zur gleichen Zeit sei Lara zu derselben Erkenntnis gelangt. »Ich hatte recht behalten, sie war nicht richtig gegangen.« Gut ein Jahr, nachdem sie Michael verlassen hatte, um ihre Ehe mit Peter zu richten, kehrte sie zurück. »Auch sie musste einsehen, dass es nichts mehr zu richten gab.«

Doch wie soll man ein neues Leben beginnen, wenn das alte einen nicht loslässt? Wenn es an einem zerrt und reißt? Wenn man sich vorkommt, als hätte man ein Gummiband um den Bauch, das einen am Vorwärtskommen hindert, auch wenn man sich mit noch so viel Kraft dagegenstemmt?

»Peter und Dani haben uns nach wie vor mit SMS und Telefonanrufen regelrecht terrorisiert«, erzählt Michael. Zum Wahnsinnigwerden sei es gewesen. Dani sei sogar regelmäßig bei ihnen vor der Tür erschienen, habe mit den Fäusten dagegengehämmert und geklingelt, herumgeschrien und gebrüllt und Lara ausgeschimpft. »Wir versuchten, es über uns ergehen zu lassen.«

Bis Peter ebenfalls anfing, ganz massiv mit Selbstmord zu drohen, falls Lara nicht zu ihm zurückkehren würde. »Da ist sie noch einmal zurück zu ihm, voller Angst.« Aber auch Peter habe mit dieser ultimativen Drohung seine Ehe nicht retten können. »Lara blieb nur einen Monat bei ihm.« Dann wusste sie definitiv, zu wem sie gehörte: »Sie entschied sich für ein Leben mit mir.«

Michael rückt seinen Stuhl etwas hin und her, dann lacht er auf, ein bisschen bitter: »Ihr werdet es nicht glauben, aber kaum war Lara zurück, da bin ich gegangen.« Zurück zu Dani. Weil sie ihm keine Ruhe ließ, weil er es nicht mehr aushielt. »Aber auch ich blieb nur ein paar Tage.«

Ein letztes Vergewissern sei es gewesen, so weiß er im Nachhinein. Ein endgültiges Abschiednehmen. Siebzehn Jahre waren vergangen, seit er sie zum ersten Mal im Arm gehalten hatte, damals, in der Tanzschule, als sie Slowfox tanzten und Frank Sinatra *Fly me to the moon* sang. Als sie ihn mit ihrem Julia-Roberts-Lächeln angestrahlt hatte und er sich wie jener Königssohn im Märchen vorkam, der sein Schneewittchen gefunden hatte. Dieses Bild habe er immer vor Augen gehabt, wenn er zweifelte und nicht wusste, wo er hingehörte. Wenn er an den Schmerz dachte, den er ihr zugefügt hatte, wenn die Schuldgefühle unerträglich groß wurden. Wie in aller Welt konnte er sein Schneewyttli verraten und im Stich lassen und die Reise zu den Sternen beenden?

Aber, so erkannte er bei diesem letzten Zurückgehen: »Es war ein Idealbild, das nicht mehr der Wirklichkeit entsprach.« Ein Idealbild, an dem er viel zu lange krampfhaft und wider besseres Wissen festgehalten halte. Die Frau, die er auf dem Sofa sitzend vorfand, war nicht mehr die Frau, in die er sich verliebt hatte. Schon lange nicht mehr. »Nicht erst, seitdem ich ihr den Motor entzogen hatte.« Mit dieser Erkenntnis habe auch er endgültig loslassen und nach vorn schauen können. »Ich musste erst kapieren, dass es die Frau, zu der ich zurückkehren wollte, gar nicht mehr gab.«

Er weiß noch, wie Lara die Tür aufmachte, als er nach diesem letzten Zurück die Treppe hochkam: »Bleibst du jetzt auch?«, fragte sie. Und er antwortete: »Ja, jetzt bleibe ich.«

Einen Moment lang schweigen wir alle drei. Von der Bergstation schallt das Surren einer Seilbahn herüber, die zur Talfahrt ansetzt. Eine Alpendohle hat sich an der Balustrade direkt vor uns niedergelassen. Michael verscheucht den schwarzen Vogel ungewollt, denn er klatscht in die Hände und schaut uns mit einem schiefen Lächeln an. »Das war meine Geschichte. Ein

Pingpongspiel, ein unglaubliches Hin und Her, gell?« Zwei Trennungen, gespickt von Zweifeln, Unsicherheiten und Ängsten, von Gewissensbissen und Schuldgefühlen.

»Die habe ich bis heute«, gibt er zu. Weil er Dani so unendlich wehgetan habe. »Das bereue ich ewig und noch drei weitere Leben dahinter.« Er hätte es besser machen können. Nicht schmerzfrei, oh nein, das gehe nicht. Aber mit weniger Schmerzen, mit einer kürzeren Schmerzensdauer. Wenn er fähig gewesen wäre, einen klaren Schnitt zu setzen, anstatt Dani die Hoffnung zu lassen. Es gebe da ein Sprichwort, meint er: »Weichliche Ärzte machen faule Wunden.« Aber dazu hätte er selbst schneller wissen müssen, was er wollte und wohin er gehörte.

Wann wohl wird es Dani gelingen, den Blick nach vorn zu richten? Nach diesem Moment sehnt er sich. Wenn er feststellen kann: Sie hat es geschafft, sie hat es überwunden. Weil er nach wie vor das Beste für sie will. Und weil es auch ihm bessergehen würde, wenn es ihr wieder gutgeht. Das mache die Schuldenlast leichter. »Aber wie gesagt: Ich trage dieses Päckchen. Ich muss es mir nicht mehr schönreden.«

Die Fotos aus seinem Leben mit Dani hat er alle aufgehoben. »Diese Phase meines Lebens werfe ich nicht weg.« Mit der Scheidung habe er damals noch zwei Jahre gewartet. »Weil das so definitiv ist. Ich hatte Angst, sie könnte sich wieder etwas antun.« Und weil Dani als geschiedene Frau mit Mitte vierzig wieder in ihren Beruf als Krankenschwester einsteigen musste, unterstützt Michael sie finanziell, obwohl er das gar nicht müsste: Einmal im Monat wirft er bei ihr einen Umschlag mit Bargeld in den Briefkasten. »Sie hat nicht viel, es reicht von hinten bis vorne nicht, und die Arbeit ist schwer. Lara und ich hingegen verdienen viel mehr. Uns geht es so gut.« Auf diese Weise versucht er, sich zu entschulden. Lara akzeptiere das. »Wenn sie etwas dagegen hätte, könnte ich nicht mit ihr zusammen sein.«

Wieder ertönt das leichte Surren einer Standseilbahn, die sich dieses Mal vorsichtig der Bergstation nähert. Wir beobachten, wie eine weitere Ladung an Wanderern aussteigt, die meisten mit Rucksack und Wanderstock. Sie verteilen sich über die Wanderpfade. Einige machen Selfies.

Und wie ist das Leben, das er jetzt führt? Das Leben mit Lara?

»Der Anfang war nicht gut, aber unsere Liebe ist es«, sagt Michael. »Wir führen eine ehrliche Beziehung, offener und tiefer als je zuvor.« Er habe es gelernt, viel mehr von sich selbst preiszugeben. Konfliktfähiger sei er auch geworden. »Lara ist die erste Frau, mit der ich mich streiten kann.« Und die erste, die ihn fordert, bestärkt und wachsen lasse. Inzwischen seien sie sich ebenbürtig und auf Augenhöhe: »Wir gehen zusammen – manchmal geht Lara vor, manchmal ich.«

Im letzten Jahr haben sie zusammen den Kilimandscharo bestiegen. In fünf Tagen hoch auf sechstausend Meter, in zwei Tagen wieder runter. Ein Lebenstraum von Lara. »Wenn du da unbedingt hinwillst, dann machen wir das«, habe er, ohne zu zögern, gesagt. Ein unglaubliches Erlebnis sei das gewesen, auch wenn er sich hochquälen musste und ein bisschen von der Höhenkrankheit erwischt wurde – Kopfweh, Übelkeit. »Ich sagte mir beim Aufstieg unentwegt: Da oben machst du den Krieger.« Er meint die gleichnamige Yoga-Pose, einen Ausfallschritt mit ausgestreckten Armen. Und so kaputt, müde und total verfroren er da oben auch angekommen sei, »ich hab den Krieger gemacht«. Er lacht laut auf, man merkt ihm an, wie sehr ihn dieses Erlebnis beeindruckt hat. »Lara und ich können die Dinge, die wir gerne machen, teilen.«

Und wie war das mit der Höhenangst? Die dürfte auf sechstausend Meter Höhe doch eher hinderlich sein? Wieder lacht Michael laut auf, diesmal mit einer wegwerfenden Handbewegung: »Die bin ich längst wieder losgeworden – hier oben war das, bei einer Wanderung.« Er weist auf den Pfad, der sich von Muottas Muragl am Berghang entlang Richtung Pontresina schlängelt. »Mein linkes Knie machte mir zu schaffen. Wir kamen nur bis zur Alp Languard und mussten das letzte Stück mit dem Sessellift nach unten fahren.« Na ja, was heißt *mussten*! Er musste gar nichts, fand er, schon gar nicht in den Sessellift. Das Knie konnte noch so geschwollen sein – er wäre runtergelaufen. Doch Lara habe ihn nur angesehen und zwei Worte gesagt: »*No way!*« Und dann hätten sie den Sessellift genommen.

Vergnügt trinkt Michael den letzten Schluck Rivella und schaut uns unternehmungslustig an: »Wie wär's?«, meint er. »Wir könnten zum Abschluss doch auch nach Pontresina laufen, zumindest bis zum Sessellift?« Und als er das leicht erschreckte Gesicht von Dieter sieht: »Keine Bange, das ist überhaupt nicht anstrengend – nur zwei, drei Stunden, fast ohne Höhenmeter.« Und die Aussicht bleibe die ganze Zeit so atemberaubend wie hier auf der Terrasse.

Lachend packen wir unsere Sachen zusammen und rufen Verena, um zu zahlen. Dann brechen wir auf. Michael deutet auf den kleinen Wildbach vor uns, den wir gleich überqueren müssen und der laut plätschernd ins Tal tanzt. Ein langer, ruhiger Fluss ist sein Leben schon lange nicht mehr, »aber danach verlange ich auch nicht zurück.« Abenteuerlich sei es geworden und voller Herausforderungen. Mit ausgebreiteten Armen balancieren wir über den Balken, der als Brücke über den Wildbach fungiert. Wie auf einem Schwebebalken. »Hab ich euch schon erzählt, dass ich wieder befördert worden bin?« Er habe sich einfach getraut und zu diesem Karrieresprung angesetzt – so wie beim vorletzten Mal, als er Lara gerade kennengelernt hatte. Einen Moment bleiben wir stehen und schauen über die Seenplatte von St. Moritz bis hin zum Malojapass am Horizont. Eigentlich sei es ganz einfach, meint Michael, bevor wir weiterlaufen. »Was ich immer tun wollte – heute tu ich's. Was ich immer sein wollte – heute bin ich's.«

## *Wie Michael aus der Krise kam*

Ein Pingpongspiel, ein ständiges Hin und Her – Michael hat es selbst gesagt: Sein Leben ist eine Geschichte von Zweifeln, Ängsten und Unsicherheiten. Er brauchte lange, bis er wusste, was er wollte. Erst dann konnte er loslassen, um innere Ruhe zu finden und zu wachsen. Seine erste Ehe kam einer Befreiung gleich. Viel zu lange hat er sich kleinhalten und demütigen lassen. Weil ein gesundes Kräfteverhältnis, wie es eine erwachsene Beziehung braucht, fehlte. Schwergefallen ist ihm die Trennung von Monika dennoch. Aber sie war nichts im Vergleich zu seiner zweiten Trennung: Zwei Jahre brauchte er, bis er sein Schneewittchen loslassen konnte und sich für Lara entschied – die Frau, die ihm eine Perspektive bot, die ihn wachsen ließ und ihn lehrte, seine Grenzen heraufzusetzen. Die Art und Weise, wie er sich das zweite Mal getrennt hat, bereut er bis heute. Aber, so hat er mehrfach betont: »Ich muss es mir nicht mehr schönreden.« Schuldig fühlt er sich immer noch, doch er trägt diese Schuld, indem er, wie er es nennt, sich zu entschulden versucht.

## *Was Michael geholfen hat (und noch immer hilft)*

- **Übe täglich Yoga:** So bin ich nach und nach zur Ruhe gekommen, habe mich verstanden und weiß heute, was ich will.
- **Kehre nicht aus falschen Gründen zurück:** Ich erkannte, dass es keinen Zweck hat, aus Schuldgefühlen oder Mitleid zurückzukehren; dadurch lässt sich eine Beziehung nicht richten.
- **Hüte dich vor Idealisierung und Romantisierung:** Um Klarheit zu bekommen und endlich loslassen zu können, musste ich erst kapieren, dass es die Frau, zu der ich zurückkehren wollte, schon lange nicht mehr gab.
- **Ziehe einen eindeutigen Schlussstrich:** Ein klarer Schnitt ist besser als viele kleine. Ich habe spät begriffen, dass ich Dani immer wieder neue Hoffnung gemacht und sie dadurch nur unnötig gequält habe. Nach einem klaren Schnitt können auch Stalking und Telefonterror aufhören. Denn sobald der Expartner spürt, dass es Zweifel gibt, wird er die benutzen, um dich wieder an sich zu ziehen und zur Rückkehr zu bewegen.
- **Entschulde dein schlechtes Gewissen:** Ich versuche, meine zweite Exfrau zu schützen und zu schonen und unterstütze sie freiwillig finanziell.
- **Sei der, der du immer schon sein wolltest:** Als ich das begriffen hatte, entstand auch die dafür nötige Kraft. Früher träumte ich davon, heute bin ich es.

*»Bevor jemand geht,*
*ist er meist schon längere Zeit weg.«*

Hermann Simon (*1947),
deutscher Autor und
Unternehmensberater

~

# *Maria*

## *Die es gelernt hat, ohne Antworten weiterzuleben*
## *(Die Ernüchterte)*

Sie hatten Champagner getrunken. Wie immer freitagabends. Um das Wochenende einzuläuten. Sie hatte etwas Besonderes gekocht. Auch das wie immer freitagabends. Dieses Mal Schweinelendchen westfälisch, gebraten mit Apfelspalten und krossem Speck, dazu Bratkartoffeln und Salat. Das Wochenende war ihnen heilig. Manchmal flogen sie ganz spontan weg. Last minute. Nach Paris, London oder Mailand. Einfach so. Unter der Woche hatten sie kaum Zeit füreinander. Als Internist hatte Rolf viel zu tun, sie kümmerte sich um die Buchhaltung der Praxis.

Doch an diesem Freitagabend verschwand er gleich nach dem Essen nach oben, um zu telefonieren. Sie räumte die Küche auf. Wo blieb er nur? Sie stellte die Spülmaschine an und ging nach oben, um nach dem Rechten zu schauen: »Was machst du denn? Ist was passiert?«

Er saß in seinem Arbeitszimmer und hatte gerade das Telefongespräch beendet. Den Hörer hielt er noch in der Hand. Er schaute sie an. Lange. Zu lange. »Ich trenne mich von dir«, sagte er dann. »Ich gehe. Jetzt. Sofort.« Eine Zeitlang schauten sie sich schweigend an. Sie hielt seinem Blick stand. Sie wusste, dass er es ernst meinte. Er würde gehen. Jetzt. Sofort. Und er würde nicht zurückkehren. »Wegen seines Blicks.« Noch nie hatte er sie so angeschaut. Und so würde er sie auch nie wieder ansehen. Er würde ihr überhaupt nie mehr in die Augen schauen, auch das wusste sie in diesem Moment.

Sie folgte ihm die Treppe hinunter in die Diele. Dort zog er sich die erstbeste Jacke über und griff zu den Autoschlüsseln. Den verkehrten. »Meinen Audi Quattro musst du mir schon lassen«, hörte sie sich sagen. Idiotische Worte in einer solchen Situation. Ganz automatisch waren sie ihr über die Lippen gekommen, rein mechanisch. Wieso stellte sie sich ihm nicht in den Weg und fragte entgeistert: »Wie? Was? Du willst mich verlassen? Wieso?« Das wäre eine adäquate Reaktion gewesen. Aber sie war wie gelähmt, wie eine ferngesteuerte Puppe. Sah sich selbst zu, wie sie zuschaute, wie er wortlos ihre Autoschlüssel wieder hinlegte und nach den richtigen griff, den seinen. Dann fiel die Haustür hinter ihm ins Schloss. Kurz darauf hörte sie draußen auf der Auffahrt den Kies unter den Reifen seines Autos knirschen.

»Das war's«, erzählt Maria. Nach dreiundzwanzig gemeinsamen Jahren. Ein abruptes Aus und Vorbei. »Wir hatten nie ein klärendes Gespräch, nie eine Aussprache.« Warum nur, warum? Manchmal stellt sie sich diese Frage noch heute, siebenundzwanzig Jahre später. Weshalb hatte er damals ihre Ehe so radikal beendet? Was hatte sie falschgemacht? So falsch, dass sie noch nicht einmal eine Erklärung verdiente?

»Ich habe mich damit abgefunden, dass ich nie eine Antwort bekommen werde«, sagt sie. »Ich kann damit leben.« Nachdenklich nippt sie an ihrem Tee, dann widmet sie sich Louis und krault ihn zärtlich hinter den Ohren, worauf dieser ein zufriedenes Brummen von sich gibt. Louis ist Marias Rauhaardackel und so privilegiert, dass er zu seinem Frauchen auf die Eckbank springen und es sich auf ihrem Schoß bequem machen durfte. »Ich war immer eine Tiernärrin«, erklärt sie mit einem entschuldigenden Unterton in der Stimme. Jahrelang habe sie mit sechs Katzen, zwei Hunden, zwei Papageien und einem Kakadu zusammengelebt. »Und mit Rolf«, fügt sie hinzu. Ihrer Jugendliebe. Ihrer großen Liebe. Maria hatte geglaubt, dass sie für ein ganzes Leben reichen würde.

Es ist ein Montagvormittag und noch ganz ruhig im *Stuhlmacher*, einem mitten im Zentrum von Münster gelegenen Traditionslokal, gleich bei den Arkaden – da wo *Tatort*-Kommissar Thiel gern vorbeiradelt, im Gefolge sein Rechtsmediziner, Professor Börne. An diesem Januarmorgen müssten die beiden aufpassen, nicht auszurutschen: Es hat heftig zu schneien angefangen. Maria ist im dicken Wintermantel erschienen, aber ohne Mütze, und hat erst mal vorsichtig den Schnee von ihrem kupferrot schimmernden, schulterlangen Haarschopf entfernt, synchron mit einem sich heftig schüttelnden Louis.

»Die erinnert mich an jemanden«, murmelte Dieter, als sie uns die Hundeleine überhändigt hatte, um ihren Mantel an der Garderobe aufzuhängen. »Die sieht doch aus wie diese deutsche Schlagersängerin … die hat auch so rote Haare. Wie heißt die doch gleich?« Ich wusste sofort, wen er meinte: »Katja Ebstein!« Worauf Dieter mit den Fingern schnipste: »Genau. Wie Katja Ebstein.«

Nur deutlich größer. Mindestens eins achtzig, schätzten wir, als Maria an unseren Tisch kam, in Jeans, weißem Rolli und darüber eine ärmellose Weste aus Kaninchenfell. Eine auffallende Erscheinung, sehr attraktiv und immer noch sehr schlank. Wir können uns gut vorstellen, wie sie als Teenager in Lackstiefeln und ultrakurzen, mit großen Blumen oder geometrischen Mustern bedruckten Kleidchen, wie sie in den sechziger Jahren in waren, zu den Hits der Beatles oder Beach Boys getanzt hat. *Hey Jude* und *Yesterday, California Girls, Good Vibrations* … Maria ist ein Nachkriegskind. Noch ein paar Monate, dann feiert sie ihren siebzigsten Geburtstag.

»Ich hätte Model werden können«, erzählt sie uns, nachdem wir uns jeder ein großes Glas heißen Tee bestellt haben. »Ich hatte sogar ein paar Angebote.« Aber für ihren Vater, einen erfolgreichen Unternehmer mit einer Medizintechnikfirma, kam das nicht infrage. »Ich sollte wie meine Brüder in die Firma einsteigen und habe deshalb nach der Schule eine Ausbildung als Fremdsprachenkorrespondentin gemacht.« Sie schwenkt das Teesäckchen im Glas hin und her, wobei die beiden goldenen Armbänder, die sie am linken Handgelenk trägt, zu klimpern anfangen. Er sei schon sehr dominant gewesen, ihr Vater, meint sie dann. Und obendrein konservativ und katholisch, »echt münsteranisch eben«. Sie schmunzelt.

Verehrer habe sie genug gehabt, alle immer einen Kopf kleiner als sie. Die seien in der Reihe gestanden. Erst recht, als Maria ihren Führerschein gemacht hatte und ein Sportauto geschenkt bekam, einen roten Triumph Spitfire.

Aber vor den Augen ihres Vaters habe keiner dieser jungen Männer Gnade gefunden. »Auch meine Brüder bissen alle weg.« Bis Rolf auf der Bildfläche erschien – groß und sportlich, mit hellbraunen Haaren, dunklen Augen und Schnurrbart. Er kam aus einem Schweizer Internat, das er kurz vor dem Abitur verlassen hatte. Und er war der Erste, zu dem Maria aufschauen musste. »Im Reitstall habe ich ihn kennengelernt.« Wie für so viele Mädchen lag das Glück dieser Erde auch für sie auf dem Rücken der Pferde. Sie hatte sogar eine eigene Stute. »Die hatte damals gerade gefohlt.« Doch das Fohlen war wegen eines plötzlich auftauchenden Rettungshelikopters über der Koppel in den Zaun gelaufen und hatte sich zwei Beine gebrochen. »Wir mussten es einschläfern lassen.« Grauenvoll sei das gewesen. »Ich war tieftraurig.« Doch dann sei dieser unbekannte junge Mann im Reitstall erschienen und wusste sie so wundervoll zu trösten. »Er hat mich danach regelmäßig zu Hause abgeholt, und dann machten wir lange Spaziergänge mit dem Hund. Meine Eltern hatten einen Cockerspaniel.«

Bald war es für alle eine klare Sache: Rolf und Maria gehörten zusammen. »Er war so klug. Und so lustig, mit einem wunderbaren Humor, mit so viel Witz! Rolf konnte Heinz Erhardt nachmachen, da lagen alle platt vor Lachen!«

Nachdenklich haben wir zugehört, Maria ist nicht die Einzige in diesem Buch, die sich aufgrund des Humors in einen Mann verliebt hat. Auffallend, wie sehr sich die Eroberungschancen der Männer verbessern, wenn sie eine Frau zum Lachen bringen können!

Rolf stammte so wie sie aus einer erfolgreichen Unternehmerfamilie und hatte noch einen älteren Bruder. »Sie haben früh die Mutter verloren, deshalb schickte der Vater sie in die Schweiz ins Internat.« Der Bruder hieß Rainer und studierte bereits Jura in Bochum. »Er hatte noch keine Freundin, und wenn er in Münster war, schloss er sich uns immer an.« Egal, ob sie in die Disko gingen oder nach Holland an den Strand fuhren: »Wir machten immer alles zu dritt. Rolf war mein Freund und Rainer unser Begleiter.«

Nein, gestört habe sie das nicht, betont sie, als sie unsere erstaunten Blicke sieht. Im Gegenteil: Sie mochte den stillen, ernsten Rainer gerne leiden, »er war so aufmerksam, immer hilfsbereit«. Bald war er für sie so etwas wie ein vierter Bruder. »Er gehörte dazu.«

Auch ihre Eltern und ihre drei Brüder hätten Rolf und Rainer sofort akzeptiert. »Sie gingen bei uns ein und aus.« Erst recht, nachdem der Vater der beiden Konkurs hatte anmelden müssen und wenig später nach kurzer schwerer Krankheit starb. »Das hat er nicht verkraftet, er hatte sowieso immer eine angeschlagene Gesundheit und sich nie richtig vom Tod seiner Frau erholt.« Die Verlobung von Rolf und Maria habe er gerade noch miterlebt, »aber bei der Hochzeit war er schon nicht mehr mit dabei.«

Sie fand erst gut zwei Jahre später statt, denn Marias Vater hatte sie mit einer Bedingung verknüpft: Rolf musste erst sein Abitur nachmachen. »Das hat er dann auch brav getan, und kurz darauf heirateten wir.« Standesgemäß und, wie es damals üblich gewesen sei, mit vielen Verwandten. »Vor allem alte Leute«, erinnert sie sich grinsend. »Aber immerhin blieb uns der Polterabend, da waren wir Jungen unter uns.«

Anschließend musste Rolf seinen Wehrdienst ableisten. Eigentlich hätte er in die Kaserne nach Flensburg müssen, aber Marias Vater sorgte dafür, dass er in Münster bleiben konnte und die jungen Eheleute nicht auseinandergerissen wurden. »Wir hatten uns eine kleine Wohnung in der Stadt gemietet.« Maria war in das Familienunternehmen ihres Vaters eingestiegen, das medizinische Geräte und Krankenhauseinrichtungen herstellte und vertrieb. »Wir verkauften das in aller Welt.« Bald durfte sie mit auf diese Reisen gehen, nach London, Paris, Singapur oder Amerika. »Ein toller Job, das hat mir irre gut gefallen.« Und gut verdient habe sie auch – so gut, dass sie Rolf problemlos das Studium finanzieren konnte. »Nach dem Wehrdienst fing er damit an. Jura, wie sein Bruder, aber in Münster. Rainer war sein großes Vorbild.«

Der hatte sein Studium in Bochum gerade erfolgreich abgeschlossen und wollte nach Münster zurückkehren, wo ihm als Rechtsanwalt eine Stelle in einer Kanzlei angeboten worden war. Dieter und ich zwinkern uns zu, wir müssen schon wieder unwillkürlich an einen Fernsehkrimi denken, der in Münster spielt, diesmal die ZDF-Serie *Wilsberg*.

»Wir haben uns dann zu dritt eine große Villa gemietet und sind zusammengezogen«, erzählt Maria weiter und wirft einen liebevollen Blick auf Louis, der zusammengerollt neben ihr auf der Eckbank liegt und schläft. »Und wir haben uns sofort einen Hund angeschafft, einen schwarzen Labrador, den nannten wir Max.« Versonnen rührt sie in ihrer Teetasse. Wunderbare Jahre seien das gewesen, »die schönsten und sorglosesten meines Lebens«.

Wieder wechseln Dieter und ich einen erstaunten Blick. Ist das nicht etwas seltsam, ein jungvermähltes Ehepaar, das sein Leben mit dem Bruder des Ehemannes teilt – eine Art ménage à trois? Hatten Maria und Rolf denn nicht das Bedürfnis, allein zu sein?

Maria kann nicht umhin, kurz aufzulachen. »Es gab viele Leute, die sich über diese *ménage à trois* gewundert haben.« Aber sie habe ja wirklich nichts mit Rainer gehabt, rein geschwisterlich sei das Verhältnis gewesen. »Und es war einfach perfekt!« Morgens gingen Rainer und sie zur Arbeit und Rolf zur Uni.

»Und wenn ich abends nach Hause kam, hatte Rainer schon die Einkäufe erledigt und gekocht.« Sie brauchte sich nur noch an den gedeckten Tisch zu setzen. »Rainer war sehr häuslich, und er konnte sehr gut kochen.« Sie seien auch zu dritt in den Urlaub gefahren. »Nicht immer«, beeilt sie sich zu betonen, »an Ostern oder Pfingsten sind Rolf und ich auch mal allein verreist. Oder für ein verlängertes Wochenende, nach Paris oder Barcelona.« Aber die großen Ferien, die verbrachten sie immer zu dritt: Im Winter ging es zum Skifahren nach Arosa oder Kitzbühel. Im Sommer meistens nach Terschelling, eine niederländische Watteninsel, auf der Freunde von ihnen ein Ferienhaus besaßen. »Aber wir sind auch in die Karibik geflogen oder nach Mosambik.« Wieder muss sie lachen. Auch da hätten sich die Leute zu wundern gepflegt über »diese Frau mit den zwei Männern«. Aber das habe sie nie weiter gestört, sollten sie doch reden, die Leute! »Rainer hat auch die Urlaube immer geregelt und die Flüge und Hotels gebucht.« Sie hätten es sich leisten können, es gab zwar einen Studenten im Haus, aber auch »zwei Gutverdiener«.

Denen bereitete der Student dann zwar etwas Sorgen, denn Rolf rasselte durch das erste Staatsexamen und beschloss daraufhin, sein Jurastudium abzubrechen, anstatt das Examen zu wiederholen. »Nach zehn Semestern!« Anfang dreißig sei er damals gewesen. »Aber es war eine gute Entscheidung.« Denn im Grunde genommen habe ihm die Juristerei überhaupt nicht gelegen, das wäre nichts für ihn gewesen. »Er fing dann an, Medizin zu studieren.« Auch dieses zweite Studium hat Maria ihm finanziert. »Wie gesagt, finanziell war das kein Problem. Und Medizin, das war sein Ding, dieses Studium hat er dann auch durchgezogen.«

Anschließend wollte er sich als Internist mit einer eigenen Praxis in Osnabrück niederlassen. »Da fanden wir geeignete Räume, die wir mieten konnten. Deshalb haben wir Münster verlassen.« Ein neuer Lebensabschnitt würde beginnen, sie kündigte ihren Job in der Firma ihres Vaters. Fortan würde sie Rolf in der Praxis helfen und sich um die Buchhaltung kümmern. »Damals dachten wir auch an ein Kind. Und deshalb wollten wir eigentlich zu zweit neu beginnen, ohne Rainer.«

Doch der habe gefleht und gebettelt. »Verlasst mich nicht!« Sie brachten es nicht übers Herz, Münster ohne ihn zu verlassen. »Es fühlte sich an, als würden wir ihn im Stich lassen.« Aber weiterhin unter einem Dach leben wollte sie mit Rainer nur, wenn jeder seine eigenen Räume und damit seinen eigenen Lebensbereich hatte. Mit anderen Worten: Sie brauchten ein großes Haus, ein sehr großes Haus. »Ich habe monatelang gesucht.«

Dann hörte sie von einem Baron, der ein großes Landgut mit Reitställen besaß, ziemlich genau zwischen Münster und Osnabrück. Diese Ställe hatte er für eine seiner Nichten zu einem Einfamilienhaus umbauen lassen – alles auf einer Ebene, wie ein riesengroßer Bungalow, mit einem Patio in der Mitte. »Ich habe mich sofort in dieses Anwesen verliebt, einfach wunderschön!« Die Nichte wollte mit ihrer Familie ins Ausland umziehen. »Und der Baron war bereit, an uns zu vermieten.«

Sie konnte ihr Glück kaum fassen, das war ihr Traumhaus. »Außergewöhnlicher ging's nicht.« Das neue Heim bot nicht nur genug Platz, um problemlos zwei Wohnungen einzurichten, eine für Rolf und sie, die zweite für Rainer. Es war obendrein wunderschön gelegen zwischen Wiesen und Feldern. Da würde sie bald wieder ausreiten, sie arbeitete ja nur drei Tage in der Praxis ihres Mannes, und ganz in der Nähe gab es ein Gestüt. »Was habe ich die Natur da draußen genossen!« Sie nahm sich auch wieder Zeit für ihre Freunde, die schauten regelmäßig bei ihnen vorbei und blieben oft über Nacht. »Wie gesagt, wir hatten Platz genug.« Und sie schloss neue Freundschaften: Einen Steinwurf entfernt lebte ein Ehepaar, das gerade sein drittes Kind bekommen hatte. Caroline und ihr Mann Hans, ein Chefarzt aus Osnabrück. »Auch die wunderten sich zunächst, dass in ihrer Nachbarschaft eine Frau mit zwei Männern lebte«, erzählt Maria. »Mit denen haben wir viel unternommen.« Einmal reisten sie sogar zusammen in die Ferien, nach Mallorca. Rainer nahmen sie auch mit. Und eine Schwester von Caroline, die sich gerade von ihrem Mann getrennt hatte. »Wir versuchten, die beiden zu verkuppeln.« Rainer war immer noch Single und machte keine Anstalten, daran etwas zu ändern. Maria wunderte sich schon seit Langem: Warum suchte der sich keine Frau? Aber auch mit der Schwester von Caroline entwickelte sich nichts, es blieb bei einer reinen Freundschaft – und Rainer weiterhin bei Rolf und Maria im Haus. »Also, normal war mein Eheleben sicherlich nicht«, gibt sie zu. »Wir waren nach wie vor zu dritt, auch wenn wir jetzt mehr Platz hatten.«

Dennoch genoss sie ihr neues Leben auf dem Land in vollen Zügen. »Ich war sooo glücklich da draußen, ich nannte es mein grünes Paradies.« Der einzige Wehmutstropfen: Sie wurde nicht schwanger. Aber Rolf und sie hätten es gelassen hingenommen, ein wirkliches Problem sei das nicht gewesen. »Ich war damals umgeben von einer ganzen Kinderschar«, erinnert sie sich. »Ich vermisste es nicht, keine eigenen zu haben.« Ihre drei Brüder hatten inzwischen alle Kinder bekommen, »und die luden sie ständig bei mir ab«. Auch die drei kleinen Kinder von Hans und Caroline schauten gerne vorbei. Nicht nur wegen der Kekse und der Limonade, die sie immer für sie auf Vorrat im Haus hatte. Nein, Maria lächelt. »Was die Kinder geradezu magnetisch angezogen hat, waren meine Tiere.« Max natürlich, der inzwischen etwas in die Jahre gekommene schwarze Labrador, der seine neue Freiheit zwischen den Wiesen und Feldern ebenfalls in vollen Zügen genoss. Dann die beiden Perserkatzen, die ihnen die Nichte des Barons vor ihrem Umzug ins Ausland sozusagen als Vermächtnis zurückgelassen hatte. Sie bekamen bald Gesellschaft von vier weiteren Katzen, die Freunde von Maria loswerden wollten und die bei ihr ein neues Dach über dem Kopf fanden. Auf diese Weise landeten auch noch zwei Papageien in ihrer Obhut. »Und ein Kakadu, Sammy. Der war ein Geburtstagsgeschenk, und der liebte mich bald über alles.« Sammy pflegte sich bei ihr auf die linke Schulter zu setzen, und dann gingen sie zusammen spazieren. Leider war Sammy so eifersüchtig, dass er keine anderen Männer neben ihr duldete. »Da durfte keiner ran, der konnte Männer absolut nicht leiden.« Auch Rolf nicht. »Das ging nur gut, wenn er im Käfig war«, erzählt sie und stellt umgehend klar: »Also, der Kakadu, nicht Rolf.«

Wir müssen alle drei lachen. »Und wie hat es Rolf da draußen gefallen?«, erkundigt sich Dieter. War der auch so glücklich in den umgebauten Reitställen?

»Er hatte natürlich weitaus weniger Freizeit als ich«, antwortet Maria. »Die Praxis stand für ihn an allererster Stelle. Aber sie begann zu laufen.« Er sei zufrieden gewesen. Davon ist sie überzeugt. »Wir hatten alles, was wir wollten.« Bis auf das eigene Kind, das sie sich wünschten. »Rolf wäre so gern Vater geworden.« Doch einen Spezialisten aufzusuchen, kam für sie nicht infrage, sie wollten der Natur nicht auf die Sprünge helfen.

Rolf und Maria hatten ihren Kinderwunsch schon fast aufgegeben und sich damit abgefunden, dass ihre Ehe kinderlos bleiben würde. Aber dann, eines Vormittags, stellte sie fest, dass sie schwanger war. »Es war wie ein Wunder, ich war ja schon achtunddreißig!« Sie habe drei Schwangerschaftstests hintereinander gemacht, »weil ich es einfach nicht glauben wollte«. Doch es gab keinen Zweifel, das bestätigte ihr auch der Arzt, den sie umgehend aufsuchte. Sie erwartete tatsächlich ein Kind, ihr Wunschkind, das sie nun doch noch bekommen würde. »Wir waren so dankbar.« Das Leben meinte es gut mit ihnen. Die ersten zwölf Wochen seien eine Zitterpartie gewesen. »Da ist das Risiko, ein Kind zu verlieren, ja am größten.« Aber dann hätten sie es allen erzählt.

Einer der Ersten, der es erfuhr, war Rainer. Maria teilte es ihm eines Abends mit, als Rolf – wie so oft – noch in der Praxis war. Sie hatten beschlossen, ohne ihn mit dem Essen anzufangen, auch das kam öfter vor. Rainer hatte sich an diesem Abend mal wieder besonders ins Zeug gelegt, mit Rinderrouladen als Hauptgericht und westfälischer Götterspeise als Nachtisch. »Nein, das ist kein Wackelpudding«, stellt sie klar, »das ist eine Süßspeise aus Sahne, Pumpernickel, Äpfeln, Kirschen und Makronenbröseln.«

Dass sie das alles noch so genau weiß! Maria verdreht die Augen und murmelt etwas Unverständliches, dann meint sie: »Diesen Abend werde ich wohl nie in meinem Leben vergessen.«

Irgendwie habe sie keinen besonderen Appetit gehabt, vielleicht wegen der Schwangerschaft, jedenfalls ließ sie den halben Nachtisch stehen. »Was ist denn los mit dir?«, fragte Rainer und schenkte sich ein neues Glas Wein ein. Es war bereits sein drittes. Mindestens. Während des Kochens trank er ja meistens auch schon etwas. Um den Feierabend einzuläuten. »Trinken tust du ja auch nicht mehr«, meinte er fast rügend, schaute sie dabei aber liebevoll an. »In letzter Zeit hast du keinen Tropfen angerührt.«

Lächelnd stand sie auf, um den halbvollen Teller mit den Resten der Götterspeise auf der Küchenanrichte abzustellen. Dort hielt sie einen Moment inne, dann drehte sie sich freudestrahlend um. »Rainer, stell dir vor, ich bin schwanger! Rolf und ich bekommen ein Kind!«

Erwartungsvoll sah sie ihn an. Doch Rainer schwieg, dann trank er in einem Zug sein Glas aus. Auf einmal sah er sehr blass aus, so als habe jemand alle Farbe aus seinem Gesicht gezogen.

»Was ist denn los? Freust du dich denn nicht für uns?«

Wortlos stand er auf und ging mit seinem Teller ebenfalls zur Anrichte. Sie standen nebeneinander, Schulter an Schulter. Ganz nahe. Zu nahe, fand sie, sie konnte den Alkohol riechen, wenn er ausatmete. Plötzlich wendete er sich ihr zu, legte die Hand auf ihren Bauch und schaute ihr direkt in die Augen. »Ich wollte, es wäre mein Kind, dass du unter dem Herzen trägst.«

Sie machte einen Schritt zur Seite und schaute ihn entgeistert an: »Was sagst du denn da?«

Er hielt ihrem Blick stand. Ein seltsamer Blick war das, so hatte er sie noch nie angeschaut. War das Verzweiflung, die sie in seinen Augen sah?

Da brach es auf einmal aus ihm heraus: »Maria, ich liebe dich! Ich liebe dich, seit ich dich zum ersten Mal sah!« Ehe sie sich versah, hatte er sie in die Arme genommen und versuchte, sie zu küssen.

Entsetzt befreite sie sich aus seiner Umarmung und flüchtete regelrecht zur Küchentür. »Sag mal, spinnst du? Bist du betrunken?« Sie verstand die Welt nicht mehr.

Da habe er nur bitter aufgelacht, sich an den Küchentisch gesetzt, das Gesicht in den Armen vergraben und wie ein kleines Kind zu weinen angefangen. Und wie sie da im Türrahmen stand und ihn beobachtete, da dämmerte es ihr langsam. Deshalb hatte er nie eine andere Frau gefunden, deshalb wollte er immer bei ihnen sein, deshalb war er so zuvorkommend, hilfsbereit, immer für sie da! Weil er sie liebte, weil keine andere Frau für ihn infrage kam. Obwohl sie unerreichbar für ihn war, sie war ja die Frau seines kleinen Bruders! Schluchzend habe Rainer ihr an diesem Abend nach und nach alles zu erklären versucht. Er gestand, dass er sich schon bei der allerersten Begegnung unsterblich in sie verliebt hatte. Dass er schon damals ganz genau gewusst habe: Das war die Frau, die für ihn bestimmt war, die an seine Seite gehörte – ausgerechnet die Frau, die auch von seinem Bruder geliebt wurde. Die er ihm also nie abspenstig machen würde. Weil er nicht nur sie, sondern auch seinen Bruder liebte. Aber dass er wenigstens immer in ihrer Nähe sein wollte. Um sie zu sehen, zu riechen und manchmal auch zu berühren. Damit würde er sich begnügen. Doch nun würde diese Frau ein Kind bekommen. Rolf und sie würden eine Familie gründen.

Vielleicht hatte er Angst, dass es für ihn keinen Platz mehr in dieser Familie gab. Vielleicht starb mit Marias Schwangerschaft die Hoffnung, die er – ohne es sich selbst einzugestehen – doch heimlich gehegt hatte. Die Hoffnung, dass sie trotz allem irgendwann einmal doch zusammenfinden würden.

»Ich weiß es nicht«, sagt Maria. Seufzend schiebt sie ihr Teeglas von sich und schaut aus dem Wirtshausfenster. Draußen schneit es immer noch. »Ich weiß nur, dass ich damit nicht umgehen konnte. So überhaupt nicht umgehen konnte.« Mit dem Geständnis seiner Liebe habe Rainer alles kaputtgemacht, alles: »Ich konnte seine Nähe nicht mehr ertragen«, sagt sie. »Ich konnte mit ihm nicht mehr unter einem Dach zusammenleben.« Sie brauchte Abstand. Sie wollte sich auf ihre Schwangerschaft konzentrieren. Es gab keine Alternative: »Er musste aus dem

Haus – sofort!« Und Rainer habe das auch protestlos akzeptiert, gleich am nächsten Morgen begann er seine Sachen zusammenzupacken. »Bis er eine Wohnung gefunden hatte, lebte er im Hotel.«

Und Rolf, wie hat der auf das alles reagiert? Sie stockt einen Moment. »Eigentlich ziemlich gelassen, das hat mich schon damals gewundert«, antwortet sie dann nachdenklich. Natürlich habe er ihr beigepflichtet: Ja, Rainer musste gehen, das wäre das Beste für sie alle. »Er hatte dann auch so gut wie keinen Kontakt mehr zu seinem Bruder.« Selbst hat sie Rainer erst Jahre später wiedergesehen, bei einer Beerdigung. Aber, meint sie und neigt den Kopf zur Seite: »Ich glaube, es hätte Rolf nicht wirklich gestört, wenn Rainer bei uns geblieben wäre. Er hätte damit leben können.« Sie ist sich ziemlich sicher, dass er von der Liebe seines Bruders zu ihr, seiner Frau, wusste. Oder es zumindest ahnte. Und billigend in Kauf nahm. Dafür könne es nur einen Grund geben. »Er hat mich nie wirklich geliebt. Oder aufgehört, mich zu lieben.« In jedem Falle habe er sie nicht genug geliebt. Wie soll man sich anders erklären, dass ihn die Anwesenheit eines potenziellen Rivalen nicht weiter störte?

Fragend schaut Maria uns an, dann macht sie eine abwehrende Handbewegung, als wolle sie eine Fliege vertreiben. »Aber das sind nur Mutmaßungen, auch das weiß ich nicht.« Und damals, da habe sie es nicht wissen wollen, nichts sollte die Vorfreude auf ihr Kind trüben, dieses Geschenk, das ihnen das Leben doch noch zu geben bereit war.

Jeden Monat ging sie zur Kontrolle, jedes Mal bescheinigte ihr der Gynäkologe, dass alles in Ordnung sei. Das Kinderzimmer war bereits eingerichtet. Die Wiege war ein Traum aus weißer Spitze, wie ein Wolke schwebte sie im Raum. Maria war inzwischen im sechsten Monat. Draußen roch es bereits ein kleines bisschen nach Frühling, es war Ende Februar. Da beschloss sie spontan, eine Woche bei ihren Freunden auf Terschelling zu verbringen, der niederländischen Watteninsel. Die Hunde nahm sie mit. Max, der schwarze Labrador, war inzwischen gestorben. Seine Nachfolger waren eine blonde Labradorhündin, die Hexe hieß, und Gustav, ein Schweizer Sennhund. »Vor der Abreise machte ich noch einen Fruchtwassertest«, erzählt Maria, »ich war ja schon achtunddreißig, das galt als Risikoschwangerschaft.«

Vier sonnige Wintertage mit langen Spaziergängen am Strand und durch die Dünen hatte sie hinter sich, vier Abende mit den Freunden vor dem Kaminfeuer. Es war Freitag geworden, sie saßen gerade am Frühstückstisch, da stand unerwartet Rolf vor der Tür. Sie freute sich, glaubte, er sei gekommen, um das Wochenende mit ihr zu verbringen.

Doch Rolf habe nur den Kopf geschüttelt, furchtbar müde sah er aus. »Du musst sofort mit nach Hause zurückkommen.«

»Was ist denn passiert? Ist etwas nicht in Ordnung?«

»Der Befund ist da.«

Der Befund? Welcher Befund? Da fiel ihr der Fruchtwassertest wieder ein, sie hatte ihn fast vergessen, so weit entrückt von allem fühlte sie sich auf der Insel. Sie merkte, wie eine Hitzewelle in ihr aufstieg, bis hoch unter die Haarwurzeln. Am liebsten hätte sie sich die Ohren zugehalten.

»Das Kind ist nicht lebensfähig«, hörte sie Rolf sagen. »Du musst sofort ins Krankenhaus, damit die Geburt eingeleitet werden kann.«

Sie weiß nicht mehr, wie sie von Terschelling zurück nach Osnabrück kam. Wie sie sich von den Freunden verabschiedete, überstürzt ihre Sachen zusammenpackte. Sie erlebte alles wie in einem dichten Nebel. Irgendwann lag sie an der Wehenmaschine, in einem katholischen Krankenhaus. Neben ihr am Bett saß eine Nonne. »Die ist die ganze Nacht bei mir geblieben und hat mich getröstet.« Sie weinte, unaufhörlich, ununterbrochen, während die Nonne ihre Hand hielt und sie streichelte, auch das ununterbrochen. Auf der Fensterbank stand ein Radio, irgendjemand hatte es eingeschaltet. Es war der 6. März 1986. An der belgischen Küste, vor dem Hafen von Zeebrugge, war ein britisches Fährschiff gekentert, die Herald of Free Enterprise. 193 Menschen kamen im eiskalten Nordseewasser ums Leben. Erst gegen Morgengrauen wurde die Suche nach Überlebenden eingestellt. »Wir haben das die ganze Nacht im Radio gehört, die Nonne und ich.« Und jedes Mal, wenn die Nachrichten kamen, habe sie noch heftiger weinen müssen.

Als ihr Kind geboren wurde, lebte es noch. Es war ein Mädchen, so erzählte man ihr hinterher. Maria hat es nie gesehen, man wollte sie schonen. Wie lange es noch gelebt hat, weiß sie nicht. Vielleicht ein paar Stunden? Vielleicht einen ganzen Tag? Den Befund des Fruchtwassertests hat sie nie gelesen, Rolf weigerte sich, ihn ihr zu zeigen. Auch das, um sie zu schonen. »Angeblich hatte das Kind das Downsyndrom und einen offenen Rücken.« Das immerhin habe sie aus ihm herausbekommen.

Als sie aus dem Krankenhaus entlassen worden und wieder zu Hause war, kamen Caroline und Hans vorbei, das befreundete Ehepaar mit den drei Kindern. »Sie drückten mir einen sechs Wochen alten Dackelwelpen in die Arme. Um mich zu trösten.« Aber sie war untröstlich. Wie sollte sie jemals über den Verlust dieses Kindes hinwegkommen – dieses kleinen Mädchens, das noch gelebt hatte, als sie es gebar. Das vielleicht ihre blauen Augen hatte oder die braunen ihres Vaters. Das mit den Hunden und Katzen hätte spielen sollen. Dem sie das Reiten hatte beibringen wollen. Sternenkinder werden sie genannt – jene Kinder, die kurz vor, während oder kurz nach der Geburt sterben. »Eine schöne Bezeichnung«, findet Maria.

Hat sie ihrem Sternenkind einen Namen gegeben? Maria nickt und schweigt. Wir fragen nicht nach. Es tut ihr ganz offensichtlich immer noch weh, darüber zu reden, selbst nach so vielen Jahren noch. »Es war das Schlimmste, was mir im Leben widerfahren ist, der Tod dieses Kindes, das nicht leben durfte.«

Ihr Gynäkologe habe versucht, ihr Mut zuzusprechen. »In einem Jahr sehen wir uns wieder, dann sind Sie wieder schwanger, und dann klappt das alles.« Aber sie wollte nicht mehr schwanger werden, sie wollte kein zweites Kind, denn sie wollte das unter keinen Umständen noch einmal durchmachen, sie wollte auch nicht mehr daran erinnert werden. »Ich habe das total verdrängt.« Adoption, das wäre für sie damals noch infrage gekommen. Aber das habe Rolf vehement abgelehnt: »Auf gar keinen Fall!«

Irgendwann habe Rolf stillschweigend dafür gesorgt, dass das Kinderzimmer ausgeräumt wurde, er fand ein Ehepaar, das ein Kind erwartete und die Möbel gebrauchen konnte. »Ich habe es nach dem Krankenhaus nie mehr betreten.« Sie machten wieder ein Gästezimmer daraus.

Damit war das traumatische Erlebnis für sie erledigt. Sie sprachen nicht mehr darüber. »Es war für uns beide so schrecklich. Es hat so wehgetan. Aber darüber reden konnten wir nicht.« Anstatt sich gegenseitig zu trösten, hätte sich ein jeder in seinem Schmerz eingegraben, unerreichbar für den anderen. »Das war das Allerschlimmste. Dass wir unseren Schmerz nicht teilen konnten.« Maria streicht sich mit beiden Händen die kupferrot schimmernden Haare hinter die Ohren, dann stützt sie die Ellbogen auf dem Tisch auf. »Unsere Beziehung ist danach nie mehr dieselbe geworden. Das war eine Zäsur, das war ein Bruch.«

Sie versuchten, weiterzuleben wie bisher. Er widmete sich der Praxis, sie kam dreimal die Woche zu ihm, um sich um die Buchhaltung zu kümmern und, wenn nötig, neue Lehrmädchen einzustellen. »Das interessierte ihn alles nicht, er war ein hervorragender Internist, aber alles andere drumherum, darum habe ich mich gekümmert.« Und um den Haushalt, die Einkäufe, das Kochen. »Das musste ich jetzt alles allein machen, Rainer war ja ausgezogen.« Es dauerte nicht lange, und die Nachbarskinder und Marias Neffen und Nichten trafen wieder ein, um mit den Tieren zu spielen. In ihrem Gefolge kamen die Freunde und Bekannten, um zum Abendessen und manchmal auch über Nacht zu bleiben. Und wenn Rolf und Maria ein Wochenende für sich allein hatten, dann läuteten sie es traditionell mit Champagner ein, auch das wie immer. Dann sorgte sie so wie früher Rainer dafür, dass etwas Besonderes auf dem Tisch stand, dann buchten sie auch mal einen Wochenendtrip nach London oder Paris. »Aber das ging nicht mehr so spontan wie früher, weil wir ja erst jemanden finden mussten, der auf die Tiere aufpasste.«

Dennoch: Alles schien sich zu normalisieren. Es war inzwischen Sommer geworden, sie schmiedeten Pläne, um in den Urlaub zu fahren, auch das erstmals ohne Rainer.

Aber 1986 sollte ein Schreckensjahr bleiben. Kurz vor ihrer Abreise in den Urlaub musste das Familienunternehmen ihres Vaters Konkurs anmelden. Ihre Eltern und ihre Brüder, die in die Firma eingestiegen waren, standen vor dem Nichts. »Sie hatten alles verloren – alles!« Auch treue Mitarbeiter, die zum Teil mehr als dreißig Jahre für das Unternehmen gearbeitet hatten, verloren ihre Existenz. Sie habe es nicht tatenlos mitansehen können und noch alle Hebel in Bewegung gesetzt, um die Banken zu neuen Krediten zu bewegen: »Was habe ich mit denen verhandelt und geredet und geredet und geredet!« Vergeblich. Damals seien die Banken noch nicht so kulant gewesen, damals hätten sie sofort den Stecker gezogen. Als der Konkurs nicht mehr abzuwenden war, half Maria ihren Eltern, ein neues Dach über dem Kopf zu finden, eine kleine Mietswohnung in der Stadt. Sie übernahm die Miete. »Ich unterstützte sie finanziell.« Aber so wie einst der Vater von Rolf habe auch ihr eigener dieses Debakel, diesen Niedergang nicht verkraftet. »Er bekam einen Schlaganfall.« Bis zu seinem Tod hat sie ihrer Mutter geholfen, ihn zu pflegen, jahrelang. Täglich schaute sie bei den Eltern vorbei.

Nun war sie es, die abends oft als Letzte zu Hause eintraf. Und kaum hatten sie sich zum Essen hingesetzt, klingelte es – und Hans stand vor der Tür. »Caroline hatte ihn von einem Tag auf den anderen verlassen. Mit den Kindern. Nach dreiundzwanzig Jahren. Es war der Schock seines Lebens.« Fast jeden Abend habe er bei ihnen auf dem Sofa gesessen. Um sein Herz auszuschütten. Und den Wein in sich hinein. »Er war am Boden zerstört.«

Nachdenklich krault sie Louis hinterm Ohr, der noch immer neben ihr auf der Bank liegt. »Ja, 1986 war ein furchtbares Jahr.« Alles sei zusammengekommen: der Bruch mit Rainer, die Geburt ihrer lebensunfähigen Tochter, der Konkurs der elterlichen Firma, der Schlaganfall des Vaters und zuletzt auch noch die Scheidung von Hans und Caroline.

Sie sei samt den Kindern nach Hamburg gegangen, um mit einem erfolgreichen Architekten zusammenzuziehen. »Den hat sie ein paar Jahre später auch geheiratet, wir waren auf der Hochzeit eingeladen.« Eine sehr schöne Feier sei das gewesen, im großen Stil, inklusive Segeltörn auf der Elbe auf einem historischen Dreimaster. Sie übernachteten im Atlantic, dem Traditionshotel an der Außenalster. »Aber auf der Rückfahrt war Rolf dann ganz komisch.« Still sei er gewesen und habe nicht mit sich reden lassen. »Da war was, aber ich wusste nicht, was.« Merkwürdig.

Fünf Jahre waren inzwischen seit dem Tod ihres Sternenkindes vergangen. »Nie hätte ich gedacht, dass er mit dem Gedanken spielen könnte, mich zu verlassen, nie!« Für sie sei die Ehe in Ordnung gewesen. »Wir gingen liebevoll miteinander um, wir hatten immer noch Sex.« Und sie hatten sich gerade erst einen Traumurlaub geleistet, drei Wochen in Südafrika, mit Safari. Wer einen solchen Urlaub buche, der hege doch keine Trennungsgedanken! Sie lacht auf, kurz und bitter. »Das war mein Abschiedsgeschenk an dich«, habe er später zu ihr gesagt.

Später – das war nach jenem verhängnisvollen Freitagabend, als sie wie immer Champagner getrunken und dann westfälische Schweinelendchen gegessen hatten, mit Apfelspalten und krossem Speck. Jener Abend, als er nach oben verschwand, um zu telefonieren, und nicht mehr runterkam. Als er ihr mitteilte, dass er sich von ihr trennen würde: »Ich gehe. Jetzt. Sofort.« Um dann versehentlich zunächst zu den falschen Autoschlüsseln zu greifen. Und aus ihrem Leben verschwand.

»Ich gehe. Jetzt. Sofort.« Sie hat den Klang seiner Stimme noch im Ohr. Auch wie er sie dabei anschaute, hat sich in ihre Netzhaut eingebrannt.

Im Nachhinein weiß sie, dass er sich länger mit dem Gedanken getragen haben muss, sie zu verlassen. Wahrscheinlich habe er es ihr schon auf der Heimfahrt von der Hochzeit in Hamburg sagen wollen. »Aber für mich kam das aus heiterem Himmel, ich war völlig ahnungslos.« Und das schwarze Loch, in das sie fiel, unendlich tief. »Mir war der Boden unter den Füßen weggezogen worden, ich befand mich im freien Fall.«

Als die Haustür hinter ihm ins Schloss gefallen war, saß sie erst einmal eine Weile reglos im Wohnzimmer. Eine Stunde, vielleicht auch zwei. Dann rief sie ihre Brüder an. »Sie kamen sofort, alle drei.« Obwohl es schon auf Mitternacht zuging. Und sie seien alle drei außer sich vor Wut gewesen. Wie konnte er das ihrer Schwester antun, nach all diesen Jahren, nach allem, was er Maria und ihrer Familie zu verdanken hatte! »Immerhin hatte mein Vater ihn wie einen Sohn aufgenommen und dafür gesorgt, dass Rolf doch noch sein Abitur machte«, stellt sie klar. »Und ich habe ihm das Studium finanziert – und zwar gleich zwei!« Auch ihr Vater, darüber war sie sich im Klaren, würde außer sich vor Wut sein, »ich war sein Augapfel, das hätte ihm den Rest gegeben«. Ihren Eltern habe sie deshalb erst einmal nichts gesagt, so schwer ihr das auch gefallen sei.

In den Tagen und Wochen, die folgten, hing sie am Tropf ihrer Geschwister und Freunde. Alle hätten sich rührend um sie gekümmert und geduldig zugehört, als sie sich ihren Kummer und ihren Schmerz von der Seele zu reden versuchte – wieder und wieder, immer dasselbe. Wie eine Schallplatte, die hängengeblieben ist. »Das auszuhalten, ist ja schon eine Leistung«, kann sie heute mit einem kleinen Lächeln sagen. Damals habe sie entdeckt, wie reich sie war, reich an echten Freunden, die – wenn es drauf ankam – für sie da waren. »Ich wurde reihum gereicht, ich saß jeden Abend bei jemand anderem.« Caroline rief täglich aus Hamburg an, und auch Hans, ihr Nachbar und Carolines Exmann, habe sich geradezu hingebungsvoll um sie gekümmert. »Er wusste ja, was ich durchmachte, wir mussten uns nichts erklären.« Nun war sie es, die verlassen worden war – ebenfalls nach dreiundzwanzig Jahren. Nun saß sie bei ihm auf dem Sofa und schüttete ihr Herz aus – und den Wein in sich hinein.

Völlig gehenlassen allerdings konnte sie sich nicht, da waren ja auch noch ihre Tiere, um die sie sich kümmern musste, nie hätte sie die vernachlässigt. »Und sie boten mir sehr viel Trost.« Allen voran Gustav und Hexe, ihre beiden Hunde. Immer noch war sie völlig ratlos, zermarterte sich das Gehirn, peinigte sich, grübelte, stellte sich immer wieder dieselben Fragen: Warum nur, warum? Was war geschehen? Was hatte ihn dazu gebracht, von einem Tag auf den anderen ihre Ehe für beendet zu erklären und zu gehen? Sie kannte die Geschichten von Männern, die angeblich zum Zigarettenholen weggingen und nie mehr zurückkamen.

Rolf hatte ihr an jenem Abend immerhin angekündigt, dass er sie verlassen würde. Aber wohin war er gegangen? Was machte er? »Eine Woche lang habe ich versucht, ihn zu erreichen.« Vergeblich. Sie wusste nicht, wo er sich aufhielt, und in der Praxis nahm er nicht ab oder ließ sich verleugnen.

Wahrscheinlich ging sie ihm mit ihren Anrufen auf die Nerven, denn nach einer Woche war er es, der anrief. Nur ganz kurz. Um für Ruhe zu sorgen. »Ich komme nicht zurück«, sagte er ihr. »Es gibt eine andere Frau in meinem Leben.« Er habe ihr dann auch noch mitgeteilt, welche Frau. »Ich wäre nie im Leben drauf gekommen!«

Maria legt eine bedeutungsvolle Pause ein und schaut uns an. »Es war das Lehrmädchen«, sagt sie dann. Das Lehrmädchen, das sie selbst eineinhalb Jahre zuvor noch eingestellt hatte. Das Lehrmädchen, das ihr in den letzten Tagen zigmal mit zuckersüßer Stimme am Telefon versichert hatte: »Tut mir leid, der Herr Doktor ist gerade in einer Behandlung.« Angela hieß sie, ein junges

Ding um die zwanzig. Beim Bewerbungsgespräch habe sie einen zuverlässigen, aber ansonsten eher unscheinbaren Eindruck gemacht. »Ein ganz anderer Typ als ich.« Und nun musste sie sich am Telefon anhören, wie ihr eigener Mann zu ihr sagte: »Ich habe ein Verhältnis mit Angela, wir lieben uns.«

Angela! Nie hätte Maria gedacht, dass dieses junge Ding, diese graue Maus, für sie zu einer Bedrohung oder Rivalin werden könnte, nie! Sie wollte nicht glauben, was Rolf da gerade gesagt hatte, das konnte sie sich nicht zusammenreimen, sie hatten doch gerade erst drei Wochen Ferien zusammen in Südafrika verbracht und sich gut verstanden, drei harmonische Wochen! »Wie kannst du mit mir einen wunderbaren Urlaub verbringen und mich dann verlassen?«, fragte sie fassungslos. Da habe er das mit dem Abschiedsgeschenk gesagt. »Betrachte es als Abschiedsgeschenk.« Bevor er auflegte, bat er sie noch, ihm die Schlüssel für die Praxis zu schicken. »Ich hatte ja eigene Schlüssel, weil ich dort drei halbe Tage pro Woche gearbeitet habe. Aber da bin ich dann natürlich nicht mehr hingegangen.«

Einmal noch nach diesem Telefongespräch hat sie ihn kurz gesehen. Er kam vorbei, um ein paar Sachen im Haus abzuholen: seinen Pass, ein paar Anzüge, ein paar Hemden. »Da hätte ich ihn noch zurückgenommen.« Sie hatte Erdbeerkuchen gebacken und den Kaffeetisch gedeckt. Er wich ihrem Blick aus und vermied es, sie anzusehen. »Bitte setz dich und rede mit mir«, sagte sie zu ihm. Aber Rolf habe sich weder gesetzt noch mit ihr geredet. Stattdessen steckte er den Pass in die Manteltasche, hängte sich die Hemden und Anzüge samt Kleiderbügeln über den Arm und ging. »Alles andere hat er zurückgelassen.« Seine Zahnbürste, die Socken und Unterhosen, seine Armbanduhren, sogar sämtliche Fotos – also alle Erinnerungen der letzten dreiundzwanzig Jahre.

So als wollte er die Vergangenheit, die dreiundzwanzig gemeinsamen Jahre mit ihr, ausradieren.

Er habe damals ein neues Leben angefangen und rigoros mit dem alten gebrochen. Ein klarer, ein gnadenloser Schnitt. Maria macht eine Handbewegung, als würde sie mit einem Messer eine Kerbe in den Wirtshaustisch schlagen. Cut! Sie seufzt. »Angela wurde dann sofort schwanger. Sie sind noch heute zusammen.«

Eine Zeitlang sitzen wir alle drei schweigend am Tisch. Das Leben wird oft mit einer Reise über das Meer verglichen, Rolf und Maria hatten einen großen Teil dieser Reise bereits hinter sich, sie saßen gemeinsam in einem Boot. Aber als sich ein anderes Schiff näherte, ist Rolf einfach von Bord gesprungen, an Deck dieses anderen Schiffes und auf ihm weitergesegelt – ohne sich umzuschauen, Maria auf hoher See allein zurücklassend. Bis er wie ein Punkt am Horizont verschwand.

So habe sie das damals empfunden. »Er hat es sich leichtgemacht«, findet sie. Er sei den Weg des geringsten Widerstandes gegangen. Denn wer rigoros alle Bande mit der Vergangenheit durchschneidet und nur noch nach vorn schaut, der braucht sich nicht zu erklären, der braucht sich niemandem gegenüber zu rechtfertigen.

Andererseits: Alles zurückzulassen, auch die Menschen, die einem im Laufe der Jahrzehnte ans Herz gewachsen sind, ist das wirklich so leicht? Das kann doch auch ganz schön wehtun, oder? Bestimmte Verwandte, gute Freunde …

»Die hätte er sowieso verloren«, glaubt Maria. Die hätten sein Verhalten nicht gutheißen können. Nicht die Tatsache, dass er sich neu verliebt hatte. Das passiere schon mal. Auch nicht, dass er beschloss, sich von Maria zu trennen. Dass Leute auseinandergehen, komme ja so gut wie alle Tage vor. Nein, um das WIE sei es gegangen: Es gehörte sich einfach nicht, eine Frau, mit der man die Hälfte seines Lebens verbracht hatte, von einem Tag auf den anderen, von jetzt auf gleich, ohne jegliche Vorwarnung, ohne Erklärung zu verlassen. So viel Mumm, so viel Rückgrat, die Konfrontation anzugehen, sollte man schon haben. Anstatt es bei einer kurzen Erklärung am Telefon zu belassen, dass es da eine Andere, eine Jüngere gebe, gegen die sie eingetauscht worden war. Das verdiene keiner, das habe auch sie, Maria, nicht verdient. Das sei einfach eine Frage des Anstandes, fand auch eine Cousine von Rolf. Zu der habe er anfangs noch Kontakt gesucht, aber die Cousine habe nur gesagt: »Nein, Rolf, das geht nicht, so wie du dich verhalten hast.«

In Gedanken versunken spielt Maria mit den beiden goldenen Armbändern, die sie am linken Handgelenk trägt, rollt sie immer wieder hin und her über ihren Unterarm. Eine grauenvolle Zeit sei das gewesen. »Ich war in Schockstarre, ich ging wie auf Watte.« Wenn sie sich nach draußen wagte, kam sie sich vor wie geächtet. Als würde sie ein Schild um den Hals tragen, auf dem unübersehbar, in großen schwarzen Lettern *LOSER* stand.

Nachts wälzte sie sich schlaflos in ihrem Bett, gequält von Fragen und Selbstvorwürfen. Wie hatte das passieren, wie hatte es so weit kommen können? Was hatte sie falschgemacht? War ihm alles zu viel geworden? Die Freunde, die immer im Haus waren, die Kinder, die nicht die seinen waren, die vielen Tiere? Sammy, der Kakadu, der ihn nicht leiden mochte? Lag es daran, dass sie nicht mehr spontan wegfahren und einfach die Haustür hinter sich zumachen konnten, sondern immer erst jemanden finden mussten, der auf die Tiere aufpasste? Störte es ihn, dass es vor allem IHRE Freunde waren, die zu Besuch kamen, IHRE Neffen und Nichten? »Aber meine Familie war doch auch seine

Familie, meine Freunde auch seine Freunde! Ich dachte, er genießt es auch, dass bei uns immer etwas los war.« Doch vielleicht fühlte er sich vernachlässigt, vielleicht hätte sie ihm mehr Aufmerksamkeit schenken sollen?

Sie selbst war zufrieden und glücklich gewesen. Ihr hatte es an nichts gefehlt, sie hätte so weiterleben können. Aber war das nicht immer so bei Trennungen? Dem einen reichte es, für den war es genug. Aber für den anderen nicht. Dem fehlte etwas, der vermisste etwas. Der wollte mehr. Aber was hatte Rolf in ihrer Ehe vermisst? Was hatte ihm gefehlt? Und warum hatte er das nie thematisiert und mit ihr darüber gesprochen?

Alle möglichen Gedanken schossen ihr durch den Kopf. Hatten sie eigentlich jemals wirklich etwas geteilt? Waren sie sich jemals wirklich nahe gewesen? Jahrelang hatten sie zu dritt mit Rainer zusammengelebt – und das hatte weder Rolf noch sie gestört. Was die Leute immer als sehr seltsam empfanden, war für sie ganz normal gewesen. Die sieben Jahre zu dritt hat sie sogar als die schönsten ihres Lebens erfahren. Was sagte das über ihre Ehe aus?

Fragen, nichts als Fragen. Und Spekulationen. Womöglich, vermutlich, wahrscheinlich … Von Rolf brauchte sie keine Antworten zu erwarten. Aber vielleicht von Angela? Vielleicht wusste Angela mehr? Sie musste mit Angela reden! »Tausendmal habe ich zum Telefonhörer gegriffen, um sie anzurufen.« Tausendmal legte sie den Hörer wieder auf. Nein, es war sinnlos, von Angela würde sie auch nichts erfahren.

Kopfschüttelnd rührt Maria in ihrem Teeglas. Ohne ihre Freunde, ohne ihre Tiere hätte sie es damals nicht geschafft. Die Tiere sorgten für Halt und Struktur, die mussten versorgt werden. Die Freunde boten ihr ein offenes Ohr und verhinderten, dass sie ausschließlich von Zigaretten und Weißwein lebte. Eine Art von Erster Hilfe sei das gewesen. Sodass sie überlebte.

Dann sei eine Phase angebrochen, in der sie das Bedürfnis hatte, allein zu sein. Es war inzwischen Sommer, sie beschloss, für drei Wochen nach Terschelling zu fahren, auf die niederländische Watteninsel, in das Haus ihrer Freunde, ganz allein. »Ich nahm noch nicht einmal die Hunde mit.«

Das Haus mit dem Reetdach, die Dünen, der Strand, alles war so vertraut, tröstlich vertraut. Sie machte stundenlange Spaziergänge, mindestens zwei pro Tag. »Ich bin unendlich gelaufen. Gelaufen, gelaufen, gelaufen.« Barfuß am Strand entlang, durch die Dünen. Und sie schrieb Briefe, mindestens vier am Tag. Briefe an Rolf. »Ich schrieb und schrieb und schrieb. Ich schrieb mir alles von der Seele.« Keinen einzigen dieser Briefe hat sie abgeschickt. »Aber es hat mir unendlich geholfen.«

Schon auf Terschelling habe sie versucht, sich mit dem Gedanken an die Scheidung anzufreunden. Wieder zu Hause rief sie einen befreundeten Anwalt an. »Tut mir leid, ich kann Sie nicht vertreten«, sagte er zu ihr. »Ich vertrete bereits Ihren Mann.«

Und dann sei der Krieg losgebrochen – der Rosenkrieg! »Über seinen Anwalt hat mir Rolf wahnsinnig böse Briefe geschickt.« Dass sie sich darauf gefasst machen könnte, dass sie so gut wie nichts von ihm bekommen würde. Dass sie sich nicht einzubilden brauchte, so weiterleben zu können wie bisher. Dass sie den Reitstall – ihr geliebtes Zuhause, ihr grünes Paradies – verlassen müsste. Jahrelang hatten sie keinen Pfennig umdrehen müssen, in Saus und Braus gelebt. »Nun aber war das ganze Geld auf einmal verschwunden. Rolf behauptete, er wäre total verschuldet.«

So lange das Trennungsjahr lief, habe er anstandslos weiterhin die Miete gezahlt und sogar ihr Gehalt, obwohl sie nicht mehr in der Praxis arbeitete. Aber sie wusste: Auch dieses Mal würde er Ernst machen. Und wenn die Scheidung ausgesprochen war: Wovon sollte sie dann leben? Und vor allem: Wo? Es war nur eine Frage der Zeit, dann würde sie samt ihren Tieren ihr Zuhause verlieren, dann würde nichts von ihrem bisherigen Leben übrigbleiben. Von ihren Brüdern und Eltern konnte sie keine Hilfe erwarten, die überlebten selbst nur mit Müh und Not. »Alle Haltegeländer waren weggebrochen.«

In dieser Zeit sei die Angst gekommen. Sie, die Forsche, die Unerschrockene, bekam auf einmal Angstzustände, regelrechte Panikattacken. »Plötzlich hatte ich Flugangst. Plötzlich traute ich mich nicht mehr, Auto zu fahren.« Sie, die sich früher völlig gedankenlos in ihren Porsche gesetzt hatte und aufs Gaspedal drückte, um zu Freunden zu fahren oder den Eltern, wenn es sein musste, mitten in der Nacht. Nun brach ihr allein schon bei der Vorstellung, in ein Auto oder Flugzeug zu steigen, der kalte Angstschweiß aus. »Ich habe eine alte Schulfreundin in Boston, die hat mich damals immer wieder eingeladen. Aber gekommen bin ich nie. Ich hatte zu viel Angst vorm Fliegen.«

Es war Herbst geworden, ein nassgrauer dunkler Herbst, Nebel stieg aus den Wiesen und Feldern auf. An Allerheiligen starb Hexe, ihr geliebter blonder Labrador. Die Hündin war alt und hatte schon seit Längerem geschwächelt. Ruhelos sei sie an diesem Morgen hin- und hergelaufen. Bis sich Maria zu ihr auf den Teppich setzte. »Ich nahm sie in die Arme und beruhigte sie, da schlief sie ein und starb.« Ein schöner Tod, schöner könne man ihn sich als Hundebesitzer nicht wünschen, für sich und für den Hund. »Aber ich war so allein.« Und so hilflos. Stundenlang saß sie mit dem toten Hund auf dem Schoß auf dem Teppich und weinte. Sie musste Hexe begraben, aber alleine würde sie das nicht schaffen, es hatte schon gefroren, der Boden war hart. »Aber dann kam zum Glück Hans vorbei, der hat mir geholfen und ein Grab ausgehoben.« Hexe habe einen würdigen Abschied bekommen.

Überhaupt sei Hans in dieser schweren Zeit der treuste Freund von allen und immer für sie da gewesen. »Er war es auch, der mir half, meine Angst vorm Autofahren zu überwinden.« Mit einer Notlüge. Eines Tages rief er von Münster aus an, wo er geschäftlich zu tun hatte, und behauptete, er habe eine Autopanne, sie müsse ihn abholen, denn er habe noch einen zweiten Termin in Osnabrück.

»Hans, ich kann nicht«, sagte sie.

»Doch, du kannst«, entgegnete er. »Niemand sonst ist erreichbar, du musst mir helfen.«

»Hans, das schaffe ich nicht.«

»Doch, das schaffst du. Du steigst jetzt auf der Stelle in dein Auto und holst mich ab.«

»Aber Hans, du weißt doch ...«

»Ja, ich weiß«, unterbrach er sie. »Aber wenn du jetzt nicht in dein Auto steigst, dann steigst du nie mehr in ein Auto.«

Da sei sie in ihr Auto gestiegen und habe ihn abgeholt. »Ich schaffte es tatsächlich. Aber ich kann euch sagen: So nass, wie ich damals in Münster wieder ausgestiegen bin, ist man nicht, wenn man aus der Dusche kommt.« Fortan jedoch war sie wieder mobil. »Ich traute mich wieder im Auto auf die Straße – nur auf die Autobahn nicht.« Das würde sie bis heute nicht schaffen.

Auch ihre Flugangst ist sie losgeworden. Dank der Freundin aus Boston. »Die ließ nicht locker, die schickte mir irgendwann einfach ein Ticket.« Marias Brüder und ihre Eltern waren besorgt und hätten ein irres Theater gemacht. »Flieg da nicht hin. Mach das bloß nicht!«

»Aber ich habe es gemacht.« Erst nach Frankfurt, und von da aus nach Boston. Acht Stunden. Über den Atlantik. »Ich war so unsicher, so voller Schiss.« Aber sie hielt durch. Die Freundin holte sie am Flughafen ab, Maria war heilfroh, aus dem Flieger gekommen zu sein. Da sagte die Freundin: »Du brauchst gar nicht erst groß auszupacken, wir fliegen gleich morgen früh weiter.« Nach San Francisco, für eine Woche. Und dann nach Hawaii. Maria weiß noch, wie der Kapitän ankündigte: »So, jetzt fliegen wir sieben Stunden über den Pazifik.« In diesen sieben Stunden sei ihr kein Wort über die Lippen gekommen. »Ich sag jetzt erst mal nichts mehr«, habe sie ihre Freundin gewarnt. Aber dafür umso öfter deren Hand gesucht und gedrückt. »Und als wir dann auf Hawaii ausstiegen, da war's vorbei.« Auch der Rückflug sei einwandfrei verlaufen, sie stieg aus, als ob nichts gewesen wäre. »Eine Befreiung war das!«

Nun musste sie sich nur noch von Rolf befreien, von ihrer Ehe. Drei Jahre waren seit jenem Abend, an dem er das Haus verlassen hatte, verstrichen. Der Gerichtstermin fiel auf einen Freitag, den 13. Einer ihrer Brüder würde sie begleiten. Als Maria an diesem Morgen aufwachte, starb Sammy, der Kakadu. »Er fiel tot von der Stange.« Sie rechnete mit dem Schlimmsten – und das Schlimmste trat ein: Fortan, so hörte sie die Richterin verkünden, würde sie von tausenddreißig Mark im Monat leben müssen, mehr brauchte Rolf nicht an sie zu zahlen. So weit der Versorgungsausgleich. Was den Vermögensausgleich betraf, blieb unterm Strich sogar überhaupt nichts für sie übrig, Nullkommanull. Kein Geld aus Barvermögen, kein Geld aus Versicherungen. Wegen angeblich hoher Schulden. Wo war das ganze Geld geblieben? Was hatte Rolf damit gemacht? Und wie sollte sie mit tausenddreißig Mark im Monat rundkommen? »Sie müssen sich Arbeit suchen«, habe die Richterin zu ihr gesagt. »Sie sind erst fünfundvierzig, Sie sehen gut aus, Sie können arbeiten.«

Und was war mit den beiden Studien, die sie Rolf finanziert hatte? Mit dem Medizinstudium und dem nach zehn Semestern abgebrochenen Jurastudium? Die hatten mindestens eine halbe Million Mark gekostet, rechnete Marias Anwalt der Richterin vor. Fiel das denn überhaupt nicht ins Gewicht? »Das ist Ihre eigene Schuld«, habe die Richterin geantwortet. »Dieses Geld hätten Sie lieber für sich behalten sollen. Dann würden Sie heute besser dastehen.«

Wieder muss Maria kurz auflachen. Kurz und bitter. »Mir hat es damals regelrecht die Sprache verschlagen«, sagt sie. »Ich hatte einfach das Pech, an die falsche Richterin geraten zu sein. Die hatte etwas gegen mich.« Und an den falschen Anwalt: »Der war grottenschlecht.« Und Rolf, nun ihr Exehemann, nicht bereit, sich auch nur einen Hauch von großzügig zu erweisen. »Das wäre das Mindeste gewesen, schließlich war er es, der mich verlassen hatte.« Aber die Schuldfrage im deutschen Scheidungsrecht war damals gerade abgeschafft worden. »Ich bin noch in Berufung gegangen, aber das hat nichts genützt. Ich war so müde, ich wollte nicht weiterkämpfen.«

Sie fand dann eine Halbtagsstelle bei einem befreundeten Zahnarzt. Die Hälfte ihres Gehalts gab sie den Eltern, »die mussten jeden Pfennig umdrehen«. Ein paar Monate noch habe Rolf die Miete für den umgebauten Reitstall weitergezahlt. Immerhin. Aber sie wusste, von einem Moment auf den anderen könnte und würde er damit aufhören. Sie musste sich ein neues Zuhause suchen. »Die Reitställe waren ja auch viel zu groß für mich allein.«

Aber wohin sollte sie? Sie hatte nach wie vor sechs Katzen, zwei Papageien und einen Hund. »Schaffen Sie erst mal Ihre Tiere ab«, lautete die Standardantwort, als sie sich auf Wohnungssuche gemacht hatte. »Ich bekam eine Absage nach der anderen.« Mit jeder Absage wuchs ihre Verzweiflung. Auch die Angst sei damals zurückgekommen. »Ich hatte ja keine Existenz mehr.«

Natürlich, sie hätte nach einem neuen Mann Ausschau halten können – nach einem mit genug Geld und genug Platz für sie und ihre Tiere. »Aber das war das Letzte, woran ich dachte – einen anderen Mann.« An Verehrern habe es nicht gemangelt. Es hatte sich schnell herumgesprochen, schon gleich nach Rolfs Auszug, dass sie wieder zu haben war. »Für manche Frauen wurde ich dadurch zu einer Bedrohung.« Eine merkwürdige Erfahrung sei das gewesen. »Das hat mich sogar ein paar Freunde gekostet.« Diese Männer hätten ihr in den ersten Wochen geholfen, sich dann aber zurückgezogen. Weil ihre Frauen es so wollten und in Maria eine Rivalin sahen. »Da sind Frauen komisch«, findet sie. Nie im Leben würde sie daran denken, einer anderen Frau den Mann auszuspannen. »Damals habe ich noch nicht einmal daran gedacht, einen anderen Mann überhaupt zuzulassen.« Da konnte sie finanziell noch so schwer über die Runden kommen, da konnte sie noch so verzweifelt ein neues Heim für sich und ihre Tiere suchen. »Das kam nicht infrage. Ich wollte meine Ruhe. Der Gedanke an körperliche Nähe war unerträglich.«

Bis Hans eines Tages zum Abendessen vorbeikam und ihr vorschlug: »Komm zu mir. Du kannst alle Tiere mitnehmen. Was hältst du davon?«

Perplex schaute sie ihn an und ließ den Löffel sinken, sie waren bereits beim Nachtisch.

»Aber wir sind doch nur Freunde, mehr nicht«, antwortete sie. »Ich liebe dich nicht.«

»Mein Angebot steht trotzdem«, sagte er. »Überleg es dir.«

Sie überlegte es sich, lange und reiflich. Sie ging auf die fünfzig zu, sie brauchte finanzielle Sicherheit und ein Dach über dem Kopf. Und sie verstand sich gut mit Hans, sie kannten sich schon so lange. Er war dreizehn Jahre älter als sie und ihr bester Freund. Sie hatten sich alles anvertraut. Sie brauchten sich nichts zu erklären, sie mochten und respektierten sich.

Aber was war, wenn er mehr als reine Freundschaft für sie empfand? Hatte sie nicht manchmal dieses Gefühl gehabt? Weil er immer sofort zur Stelle war, wenn sie Hilfe brauchte, zuverlässig, manchmal geradezu liebevoll. So wie Rainer. An den habe sie in dieser Zeit oft denken müssen, und dann hätten sämtliche Warnleuchten zu blinken begonnen. So ein Fiasko wollte sie nicht noch einmal erleben, Seite an Seite mit einem Mann zu leben, der sie heimlich liebte und begehrte und sich Hoffnungen machte. Und mit Hans würde sie obendrein allein im Haus leben, nicht zu dritt wie damals.

Sie beschloss, ganz offen mit ihm darüber zu reden. »Wir werden nie ein Liebespaar werden«, sagte sie ihm.

»Das macht nichts«, entgegnete er.

»Ich will keine Berührungen, keinen Kuss, keinen Sex.«

»Das lässt sich regeln«, sagte Hans.

Und so hätten sie es dann auch vereinbart, das sei ihr Deal gewesen: keine Berührungen, keine Küsse, keinen Sex. Und, völlig logisch, getrennte Schlaf- und Badezimmer. »Wir lagen nie zusammen in einem Bett. Nur manchmal im Urlaub, im Hotel. Zwangsläufig.«

Den Tag, an dem sie mit ihren Tieren zu ihm zog, habe sich

Hans rot im Kalender angestrichen. Überglücklich sei er gewesen. »Ein paar Monate später machte er mir einen Heiratsantrag.« In Florenz, während ihres ersten gemeinsamen Urlaubs. Völlig unspektakulär, ganz sachlich.

»Wir leben doch sowieso schon zusammen und sind Lebensgefährten«, meinte er und versicherte ihr: »An unserer Vereinbarung braucht sich deswegen nichts zu ändern!« Er habe auch nicht vor, ihr jetzt eine Liebeserklärung zu machen, vielmehr sei es folgendermaßen: Als Frau, die mit zwei Männern zusammenlebte, habe er sie vor fünfzehn Jahren kennengelernt und sich wie viele Leute darüber gewundert. »Ich möchte nicht, dass sich die Leute nun über mich wundern, weil ich der Rentner bin, der mit einer jungen Freundin prahlt.« Dazu sei er erstens zu alt und zweitens zu konservativ. »Ab sechzig sollte man seine Frau an seiner Seite haben und nicht die Freundin.«

Maria bat um Bedenkzeit. Hans bot ihr nicht bloß finanzielle Sicherheit, sondern auch seelischen Halt. Sie hatten eine Vereinbarung, und daran würde er sich halten. Weil er sich an sein Wort hielt, weil auf ihn Verlass war. Sie kannte seinen Hintergrund, er kannte sie und ihre Familie, sie hatten sogar dieselben Freunde. Warum sollte sie diesen Mann nicht heiraten?

Die Trauung fand 1997 statt, zwischen Weihnachten und Neujahr, »nur standesamtlich und völlig unspektakulär«. Sie hatte eine Vernunftehe geschlossen – »aber eine im positiven Sinne«, betont sie. Hans und sie seien immer füreinander da gewesen, sie hätten sich geachtet und geschätzt. »Wir konnten über alles reden. Und wir hatten regelmäßig Streit.« So wie sich das in einer guten Ehe gehöre, schmunzelt sie. Aber sie hätten sich immer schnell wieder versöhnt. »Ich hatte meinen besten Freund geheiratet. Ist Freundschaft nicht auch eine Form der Liebe?«

Und was den Sex betreffe – Leidenschaft, Lust und Hingabe: »Dieses Spektakel brauchten wir alle beide nicht mehr. Wir hatten genug Spektakel hinter uns.«

Sie hat ihr zweites Jawort nie bereut. »Wir sind viel gereist und haben wunderbare Momente erlebt.« Mit den Freunden, mit den Tieren. »Mit Hans war das alles kein Problem.« Zwanzig schöne Jahre hätten sie zusammen verbracht. »Wir hatten es gut miteinander.«

Bis zu jenem Abend vor zwei Jahren, im Frühling 2016, als sie wütend die Treppe hinaufrannte. »Wir hatten uns gezankt, weil er ein Abendessen mit Freunden abgesagt hatte – im Alleingang, ohne mich vorher zu fragen.« Und wenn sie wütend war und er in ihren Augen uneinsichtig, dann rannte sie gerne die Treppe rauf. Um oben mit einem lauten Knall die Tür ihres Schlafzimmers hinter sich zuzuschlagen.

Aber dieses Mal strauchelte sie, ganz oben auf der letzten Stufe. Warum, weiß sie nicht. »Ich weiß nur noch, dass ich die Treppe runterfiel und unten mit dem Kopf gegen die Wand knallte.«

Auf der Intensivstation wurde sie wieder wach. Mit vier gebrochenen Rippen. Eine hatte sich in die Lunge gebohrt.

»Wo ist mein Mann?«, fragte sie als Erstes, als sie nach der OP aus der Narkose erwachte.

»Der liegt zwei Zimmer weiter«, sagte die Krankenschwester.

Hans hatte nach ihrem Sturz so viel Angst um sie ausgestanden und sich so sehr aufgeregt, dass er einen Schlaganfall erlitten hatte. »So wie mein Vater.« Seitdem ist er ein Pflegefall und sitzt im Rollstuhl, halbseitig gelähmt. »Das erste halbe Jahr war er in der Reha, ich habe ihn zweimal am Tag besucht.« Um ihm jedes Mal einzutrichtern: »Du schaffst das, Hans, du schaffst das!«

Sie hätten in der Tat viel geschafft, »aber reden kann er nur ganz langsam. Er ist total von mir abhängig.«

Manchmal weiß sie nicht, woher sie die Kraft nimmt. »Ein Glück, dass wir so viele gute Freunde haben.« Auf die kann sie nun ein zweites Mal bauen, so wie vor fünfundzwanzig Jahren, nachdem Rolf sie ohne Erklärung verlassen hatte. »Ohne die Freunde würde ich es auch dieses Mal nicht schaffen. Die wechseln sich ab, jeden Nachmittag kommt ein anderer vorbei.« Um sich ein paar Stunden um Hans zu kümmern und mit ihm Schach zu spielen. »Das kann er noch, das hat er schon als Kind gelernt.« Dann kann sie aus dem Haus, zum Einkaufen oder zum Gassigehen mit Louis. »Ist das nicht einzigartig?«

Vormittags kommt der Pflegedienst, um ihren Mann zu waschen und anzuziehen. Fünfmal fünfundzwanzig Minuten, keine Minute länger. Und einmal die Woche, montags, gibt sie Hans einen halben Tag zur Betreuung, immer vormittags: »Gleich muss ich ihn abholen«, meint sie mit einem Blick auf die Uhr.

Letztes Jahr im Sommer hat sie ihn zwei Wochen lang ins Heim gegeben. Da ist sie in das Haus ihrer Freunde nach Terschelling gefahren. »Ich brauchte das, ich musste auftanken.« Hans ganz ins Heim zu geben, kommt für Maria nicht infrage. »So bin ich nicht erzogen worden.« Sie betrachtet es als ihre christliche Pflicht, für ihn zu sorgen. »Man darf nicht nur christlich denken oder reden, man muss auch christlich handeln.« Für Hans da zu sein, vor allem über seine Würde zu wachen – das sei eine Frage der Nächstenliebe und der Achtung vor dem anderen. »Auch wenn ich manchmal die Krise bekomme, auch wenn ich mir zu Hause manchmal vorkomme wie in einer Gruft.«

Eine Freundin habe gemeint, sie solle aufpassen, dass sie keine Depressionen bekomme. »Aber ich werde nicht depressiv«, stellt sie klar. »Ich bin bloß traurig. Tieftraurig.« Weil sie ihren Partner verloren hat, ihren besten Freund. »Das ist das Allerschlimmste.«

Maria schweigt einen Moment und guckt aus dem Fenster. Draußen fährt der Schneeräumdienst vorbei.

Einen Schlaganfall könne jeder bekommen, fährt sie fort. Und deswegen sollte sich jeder, der in einer Beziehung steckt, ruhig einmal die Frage stellen: »Würde ich meinen Mann oder meine Frau dann pflegen?« Anhand dieser Frage ließe sich nämlich sofort die Qualität der Beziehung überprüfen.

Sie hat nach ihrem verhängnisvollen Treppensturz diese Frage mit Ja beantwortet. Aus Überzeugung. »Ich weiß nicht, ob ich durchhalte, aber ich versuche es. *Stand By Your Man.*« Man dürfe sich nicht aus der Verantwortung stehlen. »Das ist meine Pflicht. Hans ist mein Mann.«

Sie weiß auch, dass Hans dasselbe für sie getan hätte, wenn sie zum Pflegefall geworden wäre. Nachdenklich streichelt sie ihren Dackel, der sich immer noch schlummernd an sie kuschelt. Bei Rolf wäre sie sich da nicht so sicher gewesen.

Zwei-, dreimal ist sie ihm noch begegnet. In der Stadt, flüchtig auf der Straße. Und einmal auf einer Beerdigung. »Mit Angela.« Er schweige sich noch immer aus. »Und er hat mich tatsächlich nie wieder angeschaut.« Als sie ihn sah, wunderte sie sich, dass sie dreiundzwanzig Jahre an der Seite dieses Mannes gelebt hat. »Heute würde ich mich nicht mehr in ihn verlieben, er ist ein anderer geworden.«

Das habe es ihr leichter gemacht, mit den vielen offenen Fragen weiterzuleben. »Der Mann, der sie mir heute beantworten würde, wäre nicht mehr der Mann, mit dem ich damals zusammen war.« Womit die Antworten wertlos für sie wären.

So manche Antwort habe ihr die Zeit gegeben. Denn mit genug Abstand erkenne man die großen Linien, die Zusammenhänge. Heute glaubt Maria zu wissen: Der eigentliche Bruch, die eigentliche Trennung hat weit vor Angela stattgefunden – mit der Geburt ihres Sternenkindes, des kleinen Mädchens, das nicht leben durfte. In solch schweren Momenten zeige sich, wie es um eine Beziehung bestellt ist, ob sie das auszuhalten vermag. Das schweiße ein Paar entweder noch mehr zusammen – oder treibe es auseinander. »Uns hat diese Katastrophe auseinandergetrieben, Rolf und ich waren nicht fähig, den Schmerz zu teilen, wir konnten uns nicht gegenseitig trösten.« Damit sei ihre Trennung eigentlich schon lange vorprogrammiert gewesen, meint sie ganz nüchtern und streicht sich durch das kupferrot schimmernde Haar.

Tut es immer noch weh, wenn sie an ihre Zeit mit Rolf zurückdenkt?

»Oh ja, ein bisschen schon«, gesteht sie. »Und das wird wohl immer so bleiben.« Eines jedoch habe sie unter allen Umständen verhindern wollen: »Verbittert zu werden.« Und deshalb habe sie es irgendwann geschafft, loszulassen und sich auf das Hier und Jetzt zu richten. Was nicht heißt, dass sie nicht hin und wieder zurückschaut. »Was vom Leben bleibt, sind Erinnerungen«, sagt sie. »Aber dabei sollte man sich auf die schönen konzentrieren – das ist die Kunst.« Dann könne man in innerem Frieden mit sich selbst wieder nach vorn schauen.

Deshalb denkt sie manchmal ganz bewusst an die Jahre zurück, die sie mit Rolf und den Tieren draußen in ihrem »grünen Paradies« im umgebauten Reitstall verbracht hat, zwischen Wiesen und Feldern. »An die schönen Jahre – und die meisten waren ja schön.«

Maria steht auf, um an der Garderobe ihren Mantel zu holen. »Passt ihr mal kurz auf Louis auf?« Es wird Zeit, ihren Mann von der Betreuung abzuholen.

»Wisst ihr«, meint sie, als sie an den Tisch zurückgekommen ist und sich den Mantel zuknöpft, »ich wollte Rolf nicht mehr zurückhaben, schon lange nicht mehr.« Sie nimmt Dieter die Leine von Louis ab. »Aber ich wollte die Zeit mit ihm nicht missen. Ich bin froh, dass ich sie erleben durfte.«

## *Wie Maria aus der Krise kam*

Mit achtunddreißig hat Maria ihr erstes und einziges Kind verloren, mit fünfundvierzig ihre Jugendliebe. Sie stand vor dem Nichts – aber ihr ist es gelungen, ein zweites neues Leben zu beginnen, ein gutes Leben an der Seite ihres besten Freundes, den sie nun, zwanzig Jahre später, hingebungsvoll pflegt.

Für Maria war es ganz besonders schwer, sich von ihrem alten Leben zu verabschieden, loszulassen und nach vorn zu schauen, weil ihr erster Mann Rolf sie ohne Erklärung verlassen hat. Die ist er Maria schuldig geblieben. Rolf hat die Konfrontation vermieden und sich ihr entzogen. Maria hat aus seinem Munde nie gehört, warum er sie verlassen und sich von ihr getrennt hat. Sie musste lernen, ohne Antworten weiterzuleben. Ihre Nüchternheit und ihr Pragmatismus haben ihr dabei geholfen. Eines war ihr besonders wichtig: Sie wollte nicht verbittern. Und sie hat es geschafft.

## *Was Maria geholfen hat*

- **Suche Unterstützung bei Geschwistern und Freunden**: Sie hielten zu mir, kümmerten sich um mich, hörten mir zu, als ich mir meinen Kummer und Schmerz von der Seele zu reden versuchte. Und sie verhinderten, dass ich in dieser Zeit ausschließlich von Zigaretten und Weißwein lebte.
- **Übernimm Verantwortung für deine Tiere**: Meine Tiere gaben mir Halt und Struktur, weil ich mich um sie kümmern musste, und sie schenkten mir Trost, Nähe, Vertrautheit und Dankbarkeit.
- **Hab Mut zum Alleinsein**: Nachdem ich in den ersten Wochen der Schockstarre den Schmerz mit Freunden und Familie hatte teilen können, zog ich mich in mich selbst zurück und verbrachte drei Wochen in der Einsamkeit auf einer niederländischen Watteninsel. Das Nachdenken und die Leere während der stundenlangen Spaziergänge am Strand und durch die Dünen haben mir geholfen, innere Ruhe zu finden.
- **Schreib Briefe**: Mein Mann entzog sich mir, war nicht zu einem klärenden Gespräch bereit. Deshalb schrieb ich ihm Briefe – Briefe, die ich nie abschickte. Aber so konnte ich mich trotzdem direkt an ihn wenden und ihn ansprechen. Die Briefe waren wie ein Ventil, um dennoch alles loszuwerden, was ich ihm sagen wollte, aber nicht konnte. Drei Wochen lang schrieb und schrieb ich – mindestens vier Briefe pro Tag. Auf diese Weise konnte ich mich von vielen negativen Gefühlen befreien.

- **Überwinde deine Ängste:** Es kostete mich viel Mut, meine Ängste zu bezwingen. Angespornt durch Freunde gelang es mir, sowohl die nach der Trennung plötzlich aufgetretene Flugangst zu bewältigen als auch die Angst vorm Autofahren, die mich auf einmal ergriffen hatte.
- **Akzeptiere die Realität:** Das, was ist, ist. So konnte ich die Kraft und die Einsicht in die Notwendigkeit entwickeln, auch ohne Antworten und ohne ein »Warum« loszulassen und nach vorn zu schauen.
- **Gib dir und den Entwicklungen Zeit:** Ich habe erfahren, dass die Zeit so manche Antwort auf offene Fragen parat hat. Die großen Linien, die wichtigsten Zusammenhänge sieht man oft erst aus ganz großer Distanz.
- **Sei pragmatisch:** Ich brauchte ein Dach über dem Kopf und finanzielle Sicherheit. Als mir mein bester Freund beides bot und darüber hinaus seelischen Halt – da ergriff ich diese Chance und ging mit ihm eine Vernunftehe ein. Eine Entscheidung, die ich nie bereut habe.
- **Ende nicht in Verbitterung:** Ich habe mir das immer wieder eingeschärft und es so geschafft, mir einen positiven Blick auf das Leben zu erhalten.
- **Erinnere dich an die schönen Zeiten:** Die gibt es in den weitaus meisten Beziehungen, auch wenn sie noch so schlecht enden und das Schöne oft vom Schmerz überschattet wird. Was vom Leben bleibt, sind Erinnerungen – konzentriere dich auf die guten!

*»Und wenn der Sorgen Last die Seele drückt,
erhebt Musik sie wieder und entzückt.«*

Alexander Pope (1688–1744),
englischer Dichter,
Essayist, Satiriker

~

# *Frieder*

## *Der seine Frau zur Schwester werden ließ*
## *(Der Gehörnte)*

Manchmal fragt er sich, wann genau er stattgefunden hat – der Urknall, wie er es nennt, der Anfang vom Ende seiner Ehe. War es an jenem Abend am Küchentisch, als sie ihm beichtete, dass sie eine Affäre hatte? War es kurz darauf, als er entdecken musste, dass es nicht nur um EINE Affäre und um EINEN Mann ging, sondern dass sie ihn über zehn Jahre hinweg mit mehreren Männern betrogen hatte? Oder hatte der Urknall schon viel früher stattgefunden – 1983, als sie, kurz vor dem Abitur, das erste gemeinsame Kind abtreiben ließen?

»Die Rechnung dafür bekamen wir erst sehr viel später präsentiert«, sagt Frieder, ein attraktiver Mann Anfang fünfzig, groß und schmal, lässig gekleidet in verwaschenen, verschlissenen Jeans mit schwarzem T-Shirt. »Im Moment großer Liebe haben wir damals den Keim dessen gesät, was uns später auseinanderbringen sollte.« Er setzt die Baseballkappe ab und streicht sich durch die einst dunkelblonden, aber inzwischen fast völlig ergrauten kurzen Haare. »Aber«, er seufzt, »es war kurz vor dem Abi, Britta und ich wollten studieren.«

Frieder spricht ruhig und bedacht. Verträumt wirkt er, sensibel. Und ein bisschen scheu. Ein Glück, dass Dieter ihn schon so lange kennt. Würde er uns sonst so schnell so viel aus seinem Leben preisgeben?

Wir sitzen vor einem gemütlichen Straßencafé mitten im Schnoorviertel, dem alten Fischer- und Handwerkerquartier von Bremen. Es ist ein sonniger Herbsttag, die Stockrosen, die sich vor den malerischen Fachwerkhäusern durch das Kopfsteinpflaster gebohrt haben, sind größtenteils verblüht. Der wilde Wein, der an verwitterten Gemäuern emporklettert, beginnt bereits, sich tiefrot zu färben.

»Ulla, bringst du uns bitte noch einen Kaffee?«, ruft Frieder der Bedienung zu, die gerade an unserem Tisch vorbeikommt. Dieter und ich machen eine abwehrende Handbewegung, wir wollen lieber ein Wasser. Für uns wäre es schon der dritte Cappuccino, denn Frieder hat uns mehr als eine halbe Stunde warten lassen und sich dafür tausendmal entschuldigt. »Es ist spät geworden gestern Nacht.« Er sah bei seinem Erscheinen auch noch ziemlich verschlafen aus, etwas blass um die Nase, und hatte offensichtlich keine Zeit gehabt, sich zu rasieren. Aber vielleicht ist der Dreitagebart auch Teil seines Musiker-Outfits. Die Terrasse, auf der wir sitzen, gehört zu einer urigen Kellerkneipe, in der er heute Abend erneut mit seiner Band spielen wird: »Country und Blues«, erklärt er. »Gestern Abend war es rappelvoll!« Eigentlich sei er ja Designer, mit einer eigenen Werbeagentur. Aber die Wochenenden und auch viele Abende unter der Woche gehörten seiner großen Leidenschaft – und das ist die Musik.

»Das war schon in der Schule so, da spielte ich in der Schulband«, erzählt er und witzelt: »Da hatte ich noch weitaus mehr Haare. Und sie waren lang.« Er war der Leadsänger. Und der Gitarrist. Wir können es uns sehr gut vorstellen, er dürfte ein bisschen so ausgesehen haben wie Chris Norman, der Sänger von Smokie, jener britischen Band, die Mitte der siebziger Jahre mit Hits wie *Living Next Door to Alice* oder *If You Think You Know How to Love Me* berühmt wurde. »Smokie haben wir auch gespielt«, erinnert sich Frieder. Ja, in der Tat, die Mädchen hätten ihn angehimmelt und wie Bienen umschwärmt, er sei bei jedem Auftritt der Star gewesen, mit seiner samtweichen Stimme, den langen dunkelblonden Haaren und der Gitarre an der Hüfte. Selbst aber, gibt er schmunzelnd zu, habe er bald nur noch Augen für Britta gehabt, der Neuen an ihrer Schule. »Sie war ein Jahr älter als ich und kam aus dem Internat.«

Im Leistungskurs Deutsch hatte er sie zum ersten Mal gesehen. Es sei ein bisschen so wie bei Udo Jürgens gewesen: *Siebzehn Jahr, blondes Haar* – so stand sie vor ihm. Mit diesem wunderbaren Lachen, das ihr noch heute eigen sei. »Britta ist ein großer Sonnenschein.« Dann die vollen Lippen, die gleichmäßigen weißblitzenden Zähne. »Wobei die Schneidezähne ein klitzekleines bisschen nach hinten stehen«, erklärt Frieder mit einem versonnenen kleinen Lächeln, »das gibt dem Mund das gewisse Extra.«

Die neue Mitschülerin war ein Scheidungskind und wohnte mit ihrer älteren Schwester in einem kleinen Apartment am Stadtrand von Bremen. »Total ungewöhnlich war das, die war schon richtig erwachsen und frei von den Eltern.« Damit habe Britta ihre Klassenkameraden natürlich schwer beeindruckt. »Die Schwester zog bald darauf zum Studieren nach Berlin.

Britta hatte das Apartment ganz für sich. Unsere Clique hat sich bei ihr dann immer zum Spaghetti-Essen getroffen.«

An mehr als einem kumpelhaften Verhältnis allerdings schien die neue Klassenkameradin zu Frieders Leidwesen nicht interessiert zu sein. Jedenfalls zunächst nicht. Bis sie während einer Klassenfahrt nach Rom eines Abends in einer Trattoria nebeneinandersaßen. »Der Stuhl neben Britta war frei, da hab ich mich einfach neben sie gesetzt – und das hat sie total gefreut«, erzählt er. Da sei er ihr auf einmal aufgefallen, da habe sie begonnen, Interesse an ihm zu zeigen. »Sie ist dann eines Abends im Hotel noch in die Scheibe einer Tür gelaufen.« Weil sie nicht aufgepasst hatte, weil sie mal wieder zu schnell und zu sehr in Fahrt war. »Vielleicht aber auch aus Verwirrung, weil sie so verliebt in mich war.« Er lächelt. Jedenfalls habe sie seitdem eine kleine Narbe am Kinn.

Ein Paar wurden sie erst Monate später, in den Sommerferien 1983, als Frieder kurzerhand beschloss, Britta für ein archäologisches Ausgrabungsprojekt drei Wochen lang nach Israel zu begleiten, um dort zusammen mit Leuten aus aller Welt einen Berg abzutragen. »Sie wollte damals noch Ägyptologie oder Archäologie studieren.« Als leidenschaftlicher Karl-May- und Kara-Ben-Nemsi-Fan hatte Frieder eine große Schwäche für den Orient. Da hatte er schon immer mal hingewollt – und Israel war immerhin Richtung Orient. »Ich stellte mir das alles sehr romantisch vor. Aber«, meint er und muss noch Jahrzehnte später über sich selbst lachen, »das hatte echt nichts vom Charme des Jägers des verlorenen Schatzes!« Echte Maloche sei es gewesen und abartig heiß. »Bei vierzig Grad im Schatten ernährten wir uns vorwiegend von Wassermelonen.« Britta konzentrierte sich im Ausgrabungslager auf die Feinarbeit und fegte mit Pinseln die Scherben frei, »ich hingegen war der Hacker«. Als er unseren Blick sieht, muss er erneut laut auflachen: »Ja, ich weiß!« Wenn Frieder eine Rolle alles andere als auf den Leib geschneidert ist, dann die des Kraftprotzes, der Muskeln rollend und mit entblößtem Adriano-Celentano-Oberkörper im Wüstensand Axt und Spitzhacke schwingt. »Was habe ich gelitten!«

Aber wer verliebt ist, wächst bekanntlich über sich selbst hinaus. Er wollte den Helden spielen, und er spielte ihn mit Erfolg, denn letztendlich gelang es ihm, seine Prinzessin zu erobern. Zum Abschluss reisten Britta und Frieder zu zweit zehn Tage lang durchs Heilige Land, von Jerusalem nach Eilat, vom Toten zum Roten Meer. Und auf dieser Reise geschah es dann endlich – am Strand vom Toten Meer, nachts auf einer Matte, unterm Sternenhimmel. »Da haben wir uns erstmals geküsst und gekuschelt und sind eingeschlafen.« In der nächsten Nacht hätten sie dann zum ersten Mal miteinander geschlafen. »In Be'er Scheva, in einem ganz einfachen kleinen Hotel. Wir hatten ein Zimmer unter dem Dach.« Mit einem träumerischen Blick folgt Frieder den Weinranken, die an der Hausmauer nebenan nach oben wachsen. »Das war schon alles sehr, sehr magisch.«

Von da an galten sie als unzertrennlich. Frieder, die sensible Künstlernatur aus wohlbehütetem, gutsituiertem Elternhaus, und Britta, das Scheidungskind, das vorwiegend in Internaten aufgewachsen war – er ruhig und verträumt, sie temperamentvoll, immer sprühend vor Energie und Lebenslust.

Nach der Israelreise zogen sie zusammen in Brittas kleines Apartment und machten Zukunftspläne: Er würde Kommunikationsdesign studieren, sie schwankte noch zwischen Archäologie und Soziologie. Dann, es war kurz vor dem Abi, stellte Britta fest, dass sie schwanger war. »Das kam viel zu schnell«, sagt Frieder. Und genauso schnell hätten sie diese Schwangerschaft auch wieder beendet. Völlig gedankenlos, völlig unbesonnen. »Ich bin nicht gegen Abtreibung«, stellt er klar. »Aber wenn man es tut, muss man es bewusst tun.« Das Leben bleibe ein Geschenk – immer: »Wir aber waren diesem Geschenk, diesem Zeichen gegenüber total ignorant.« Missachtet hätten sie es und umgehend einen Gynäkologen aufgesucht, der das Problem für sie aus der Welt schaffte. »Nach Holland fahren musste man damals nicht mehr.«

Aber er hatte seine Sache nicht gut gemacht, dieser Gynäkologe. Was sich allerdings erst zehn Jahre später herausstellte, als Britta und Frieder Ende zwanzig waren und es wie so viele Paare in diesem Alter an der Zeit fanden, eine Familie zu gründen. »Britta war die treibende Kraft«, erzählt Frieder. »Sie hatte als Scheidungskind eine unsichere Kindheit voller Ängste hinter sich. Sie wollte es besser machen, sie wollte eine intakte stabile Familie – und mindestens zwei Kinder.«

Frieder selbst hätte sich durchaus ein Leben ohne Kinder vorstellen können. »Aber ich sagte mir: Ich mach das jetzt mal. Lass uns mal schauen, was passiert.«

Doch es passierte nichts. Monat um Monat, mehr als ein Jahr lang. Nichts. Schon damals sei ihr Sexleben unter Druck geraten, sagt Frieder. »Anfangs nahmen wir es noch ganz gelassen. Aber dann sollte, dann musste es immer dann stattfinden, wenn Britta ihren Eisprung hatte.« Spontan hätten sie kaum noch miteinander geschlafen, zuletzt gar nicht mehr. Schließlich suchte Britta einen Arzt auf. Und musste erfahren, dass mit ihren Eierstöcken etwas nicht in Ordnung war: »Sie müssen bei der Abtreibung beschädigt worden sein.« Diese Diagnose sei »der Schock ihres

Lebens« gewesen, seufzt Frieder: »Ganz, ganz furchtbar war das für sie. Sie wünschte sich doch so sehr Kinder – und wir hätten ja eines haben können! Wir wussten, wir hatten dieses Problem selbst verursacht.« Eine schwere Lektion in Sachen Demut sei das gewesen. Mit der Erkenntnis, dass »alles, was man im Leben macht, Konsequenzen hat. Und wie wichtig es ist, die Zusammenhänge zu erkennen.«

Doch es gab einen Hoffnungsschimmer. Sie hätten eine Chance, sagte der Spezialist, den sie daraufhin aufsuchten, »keine große zwar, aber immerhin eine«. IVF lautete das Zauberwort. In-vitro-Fertilisation, also künstliche Befruchtung.

Sie griffen nach dieser Chance wie nach einem Strohhalm – auch wenn sich Frieder nicht so recht vorstellen konnte, was das für sie bedeuten würde, eine IVF-Behandlung. Man würde sehen. »Erst einmal beschlossen wir zu heiraten. Wir wollten eine liebevolle und sichere Basis schaffen, bevor wir mit diesem Projekt begannen.« Außerdem wollten sie damit ein Zeichen setzen: »Egal, wie's ausgeht – wir leben unser Leben zusammen.«

Die Hochzeit fand im kleinen Kreis statt, an einem tadellosen Sommertag. Frieder trug einen khakifarbenen Leinenanzug, Britta ein cremefarbenes Kleid, kein typisches Brautkleid, verspielt sei es gewesen, elfenhaft. Sie hatten sich tolle Ringe machen lassen, mit ihren Sternzeichen und abstrakten Ziffern für zehn. »Weil wir im zehnten Jahr unserer Beziehung heirateten.«

Wunderschön sei alles gewesen, auch die Hochzeitsreise. »Britta wäre gerne nach Nepal gereist oder in die Anden«, erinnert er sich. Sie habe ja einen Hang zum Abenteuer. Aber das hätte er nicht überlebt: »Ich leide unter extremer Höhenangst.« Und so einigten sie sich auf Singapur und Malaysia. »Der Start, für den wir gesorgt hatten, war gut«, meint er und neigt den Kopf zur Seite. »Aber im Grunde genommen überschattete der Kinderwunsch schon damals alles.«

Frieder hatte sich inzwischen eingelesen und fand es grauenhaft, was da auf sie zukommen würde. Er litt nicht nur unter Höhenangst, er hatte auch eine panische Angst vor Ärzten im Allgemeinen – und vor Spritzen im Besonderen. Und Britta würde sich nun ja regelmäßig selbst Hormone spritzen müssen. »Ich konnte das nicht mitansehen, ich bin schon beim ersten Mal aus dem Zimmer gegangen.«

Würde sich das nun alle vier Wochen wiederholen? Er hatte Schreckliches gelesen: Frauen, die Monat nach Monat mit Hormonen dafür sorgten, dass mehr Eizellen als nur eine heranreiften. Die sich diese Eizellen dann herausnehmen ließen, damit man sie außerhalb ihres Körpers mit dem Samen ihrer Partner befruchten und wieder einpflanzen konnte. So wie alle Männer würde auch er zu diesem Zweck in einer kleinen, sterilen Kammer mit Hilfe von Pornoheftchen oder Videos masturbieren und sein Sperma in einem Plastikbehälter auffangen müssen.

Entwürdigend fand Frieder das, furchtbar entwürdigend. Mit Liebe hatte es nichts mehr zu tun, mit Sex auch nichts. Ein Kind zu zeugen, wurde zu etwas Mechanischem, Klinischem. Und wenn die befruchtete Eizelle dann zurück in die Gebärmutter gesetzt worden war, dann musste man auch noch wochenlang bangen, dass der Körper sie nicht abstoßen würde, dass er dem Embryo erlauben würde, sich einzunisten und zu einem Fötus heranzuwachsen.

Aber, erzählt Frieder und schiebt die Kaffeetasse zur Seite, »das Wunder geschah: Schon gleich beim ersten Versuch klappte es! Wir bekamen einen Sohn.«

Überglücklich seien sie gewesen, alle beide. Überglücklich

und in den ersten Wochen voller Angst, das Kind wieder zu verlieren. Aber die Schwangerschaft sei völlig unkompliziert verlaufen. »Britta hatte einen wunderschönen runden Bauch.«

Knapp ein Jahr nach der Hochzeit wurde Till geboren, mit einem akuten Kaiserschnitt. Er hatte sich die Nabelschnur um die Füße gewickelt, auf einmal musste alles ganz schnell gehen. Not-OP. »Ich wurde rausgeschickt, aber kurz darauf war ich der Erste, der unser Kind sah, Britta war ja noch unter Narkose.« Frieder weiß noch genau, wie er Till ein letztes Stückchen Nabelschnur abschneiden und ihn dann zum ersten Mal in den Armen halten durfte. Dankbar sei er gewesen, so unglaublich dankbar. »Ich habe ihn von der allerersten Sekunde an geliebt.« Superschön seien sie gewesen, die ersten Monate und Jahre mit dem Baby. »Ich war total happy.«

Auch seine Eltern seien überglücklich gewesen, dass Britta ihnen dieses erste Enkelkind beschert hatte. »Sie haben mit uns mitgebangt und mitgehofft!« Britta habe ihre Schwiegereltern von Anfang an in ihr Herz geschlossen – und seine Eltern sie. Was damit zu tun haben könnte, dass Britta selbst nie einen richtigen Vater hatte. »Den hat sie nach der Scheidung ihrer Eltern kaum noch gesehen, und damals war sie noch ganz klein.« Später habe sie sich mit ihm überworfen, weil er mit einer sehr viel jüngeren Frau zusammenlebte, die ihre Freundin hätte sein können. Kein Wunder also, dass Frieders Eltern für Britta zu einer Art Ersatzeltern wurden. Sie gehörten zur Kernfamilie dazu und sie sprangen auch sofort ein, wenn es Engpässe gab und jemand auf Till aufpassen musste.

Einen Moment lang sitzt Frieder in Gedanken versunken da. Ihm hätte Till gereicht, hebt er dann wieder an, er wollte dem Schicksal nicht noch mehr abverlangen, er war zufrieden mit diesem einen Kind – mit diesem zweiten Geschenk, das sie trotz allem doch noch so schnell hatten empfangen dürfen, obwohl sie das erste so acht- und respektlos weggegeben hatten.

Aber Till hatte gerade seinen zweiten Geburtstag gefeiert, da eröffnete Britta Frieder, dass sie sich ein zweites Kind wünschte. Till konnte unmöglich als Einzelkind aufwachsen, fand sie, er sollte, er musste ein Geschwisterchen bekommen. Mit anderen Worten: Die IVF-Prozedur würde erneut beginnen.

Und dieses Mal blieb das Wunder aus, nun hatten sie kein Glück mehr. Jedes Mal ging es schief, jedes Mal stieß Brittas Körper die befruchtete Eizelle wieder ab, manchmal schon nach Tagen, manchmal – sie begannen bereits Hoffnung zu schöpfen – erst nach Wochen. Ein Geheimnis hätten sie nicht daraus gemacht, sie seien recht offen damit umgegangen. »Es betrifft ja mehr Menschen, als man denkt.«

Wie oft sie es versucht haben? Frieder guckt in den blauen Herbsthimmel über uns. Er weiß es nicht mehr, irgendwann habe er aufgehört zu zählen. »Vielleicht zehn, elf Mal?« Er weiß nur noch, dass Britta dieses zweite Kind manisch hätte haben wollen. »Echt manisch! Das hat unsere Ehe zerstört.«

Denn seine Frau kannte kein Aufhören und kein Aufgeben, über sieben, acht Jahre habe sich das hingezogen. Britta sei permanent im Modus der künstlichen Befruchtung gewesen: »In unserem Kühlschrank standen mehr Hormone als Lebensmittel.«

Er habe es als Affront gegenüber Till erfahren. »Ich war so dankbar, dass wir ihn hatten, er war ein Schatz, ein solches Geschenk.« Britta aber habe sich völlig auf dieses zweite Kind versteift und fixiert, als gebe es nichts anderes mehr im Leben. »Das war ungesund.«

Aber so unerträglich er es auch empfand: Er trug es. Fügte

sich. Akzeptierte, dass ihr Leben im Zeichen von Eisprüngen und Hormonspritzen stand. Traf jedes Mal pünktlich in der Klinik ein, um vor aufgeschlagenen Playboys und Hustlers zu masturbieren und seinen Samen abzugeben. Irgendwann hatte er ein Lieblingsheft mit einer vollbusigen Blondine in einer Pose, die ihn besonders anturnte, dann sei es relativ schnell vonstattengegangen. »Ich kam mir vor wie ein Zuchthengst, um mich ging es nicht mehr, nur noch um mein Sperma.«

War es da nicht völlig logisch, dass ihr Sexleben – oder jedenfalls ein normales Sexleben – in diesen Jahren auf der Strecke bleiben musste? »Unser Sex wurde total entromantisiert, er stand nur noch im Zeichen von Schwangerschaft. Das hat alles downgetuned.« Es habe sich noch nicht einmal mehr gelohnt, Strichlisten zu führen. »Sex fand nicht mehr statt.«

Während der ersten Schwangerschaft sei Britta so ängstlich gewesen, dass sie einander noch nicht einmal mehr anfassten. »Und danach war sie nur noch Mutter.« Eine Mutter, die darauf hoffte, eine zweifache zu werden.

»Wir haben dann auch noch die Adoption durchgehechelt«, erzählt Frieder weiter. »Aber da versuchte man uns einzureden, dass wir Unmenschen wären, wenn wir nicht auch ein behindertes Kind akzeptieren würden.« Demütigend sei das gewesen: »Ein Termin hat uns gereicht.«

Nachdenklich spielt er mit dem gläsernen Zuckerspender vor uns auf dem runden Terrassentisch, rollt ihn in den Handflächen hin und her. Wenn ihn etwas noch heute wundert, dann die Tatsache, dass es ihnen allen beiden – also weder Britta noch ihm – in all diesen Jahren nicht gelungen sei, darüber zu reden. Zu thematisieren, dass der Sex aus ihrer Beziehung verschwunden war. Dass sie ihn verloren hatten. Dass sie sich kaum noch anfassten und streichelten, zärtlich miteinander waren. »Es war ein Tabu, es hing unausgesprochen in der Luft.«

Vielleicht auch deshalb, weil ihnen dafür ganz einfach keine Zeit geblieben sei. »Nein«, korrigiert er sich umgehend. »Wir haben sie uns nicht genommen, die Zeit, wir haben sie uns nicht gegönnt.« Ein großer Fehler, weiß er heute. Aber in diesem Lebensabschnitt, so um die dreißig, habe man so viel zu tun wie sonst nie mehr in seinem Leben. Alles komme zusammen: Kind, Karriere, Haus. »In keiner anderen Phase geht es so hektisch zu.«

Das sei auch bei Britta und ihm nicht anders gewesen. »Anfangs war alles in Ordnung, wir hatten als kleine Familie schöne Momente zusammen. Aber irgendwann war jeder nur noch mit sich selbst und nicht mehr mit dem anderen beschäftigt.«

Er hatte sich selbstständig gemacht und eine eigene Werbeagentur gegründet, arbeitete Tag und Nacht, um sie zum Laufen zu bringen. »Ich brauchte Aufträge, denn wir brauchten Geld – viel Geld!«

Sie hatten sich ein Einfamilienhaus am Stadtrand gekauft. Weil Till und das Geschwisterchen, das er bekommen würde, nicht in der Stadtmitte aufwachsen sollten, sondern draußen in einem Zuhause mit Garten. »Alle unsere Freunde und Bekannten hatten mit ihren kleinen Kindern die Innenstadt bereits verlassen. Wir waren die Letzten.«

Nach langem Suchen fanden sie endlich ihr Traumhaus. Eigentlich sei es ein paar Nummern zu groß für sie gewesen, eigentlich hätten sie es sich gar nicht leisten können. Außerdem war es noch eine Ruine und musste von Grund auf renoviert werden. »Aber Britta war ganz schön pushy«, berichtet er. »Und da haben wir es einfach gewagt. Und wir haben es ja auch geschafft.«

Seine Frau habe die Sanierung und den Umbau in Angriff genommen, sich mit den Handwerkern herumgeschlagen und die einstige Ruine in eine Perle verwandelt. Während er dafür sorgte, dass das Geld da war, das sie dazu brauchten. Neben den Projekten »eigenes Haus« und »eigene Werbeagentur« gab es obendrauf das Projekt »zweites Kind«. Und dann war da ja auch noch der kleine Till, der ebenfalls seine Zeit forderte.

Frieder seufzt und stellt den Zuckerspender wieder auf dem Tisch ab. Etwas zu laut. Noch heute werfe Britta ihm vor, sich zu wenig um seinen Sohn gekümmert zu haben. Er schüttelt entschieden den Kopf. »Dabei stimmt das gar nicht!« Natürlich habe er damals wenig Zeit gehabt, natürlich habe er viel gearbeitet – viel zu viel, weiß er im Rückblick. »Ich habe mich kaputtgeschuftet, um das Geld für das Haus zu verdienen.« Aber Quantität sage doch nichts über Qualität aus. »Till und ich hatten viele schöne Momente.« Und auch wenn Britta das ganz anders sähe: »Wir sind und waren uns immer sehr nahe.«

Wenn Frieder heute an diesen Lebensabschnitt zurückdenkt, kann er nur den Kopf schütteln. »Britta und ich waren so busy.« Er seufzt. »Busy, busy, busy.« Aber jeder für sich. Sie hätten es nicht geschafft, innezuhalten und sich zu sagen: »Stopp! Was findet hier statt? Was machen wir hier eigentlich gerade?«

Stattdessen hätten sie sich ausschließlich auf die Organisation ihres Alltags mit den diversen laufenden Projekten konzentriert. »Wir haben uns mit allem befasst, nur nicht mit uns. Für uns beide haben wir uns keine Zeit genommen.« In dieser Zeit hätten sie sich aus den Herzen verloren. »Dafür tragen wir beide die Verantwortung.«

Irgendwann, nach der soundsovielsten IVF-Behandlung, habe Britta aufgegeben und akzeptiert, dass Till kein Geschwisterchen mehr bekommen würde. Irgendwann sei das neue teure Haus am Stadtrand fertiggewesen. Es hätte Frieden eintreten können, Ruhe. »Alles war superschön geworden, mit einem tollen Garten, der absolute Traum.«

Ungefähr ein Jahr sollten sie gemeinsam darin leben. Bis zu jenem Abend in der Küche, als der Urknall stattfand. Sie saßen am Familientisch, wie Britta ihn noch heute zu nennen pflege. Frieder war gerade mit Kopfweh von einem langen Arbeitstag heimgekommen. »Da beichtete sie mir, sie habe einen anderen Mann kennengelernt und eine Affäre.« Einfach so, aus heiterem Himmel. »Ich glaube, sie konnte das Doppelleben, das sie führte, nicht mehr aushalten.« Deshalb habe sie an diesem Abend die Karten auf den Tisch gelegt.

Fassungslos sei er gewesen, total fassungslos. Erst sei es gar nicht wirklich zu ihm durchgedrungen. »Ich hab gedacht, ich hör nicht richtig. Ich war wie gelähmt.« Nie hätte er gedacht, dass so etwas geschehen könnte – nie, nie, nie. »Das befand sich außerhalb meines Vorstellungsvermögens.«

Obwohl er es eigentlich hätte ahnen können, hätte ahnen müssen – ganz tief drinnen. Denn, so weiß er im Rückblick: »Ich habe Britta nicht mehr als sexuelles Wesen gesehen, wir lebten wie Bruder und Schwester zusammen.« Zwei junge Menschen Anfang dreißig, in einer Phase, in der Menschen in der Regel sexuell am aktivsten sind … Aber er selbst habe damals ja auch ohne Sex gelebt, er hielt es aus. Ganz automatisch ging er davon aus, dass das bei Britta auch der Fall sein würde. Die Frage, ob da Bedürfnisse waren und wenn ja, welche – die hatten sie sich ja nie gestellt, die vermieden sie, die hing unausgesprochen im Raum. Das Thema war tabu. Augen zu und durch, es würde schon gutgehen …

Aber es war nicht gutgegangen. Britta hatte ihre Bedürfnisse nicht so wie er einfach ignoriert. Vielleicht seien sie auch stärker gewesen als die seinen. In jedem Falle hatte sie dafür gesorgt, dass sie gestillt wurden. Im Alleingang. Anderswo.

Natürlich habe er sie an diesem Abend, nachdem die Phase der Lähmung vorbei war, mit Fragen überschüttet. Wer ist es? Wie ist das passiert? Wie lange geht das schon? Warum nur, warum?

»Ich will nicht ohne Sex leben«, habe sie ihm geantwortet. »Du rührst mich ja nicht mehr an, du begehrst mich nicht mehr.«

Irgendwie habe er das damals auch verstehen können. »Man erschafft sich eine solche Situation ja nie alleine, sondern immer gemeinsam.«

Sie versuchten sich in einer Aussprache. Aber bis zum Kern durchzudringen, zum Wesentlichen – »das haben wir nicht geschafft«.

Er stellte Forderungen: »Wenn das mit uns weitergehen soll, dann musst du diese Affäre abstellen!« Natürlich, habe sie geantwortet, logisch, klar. So etwas, in der Richtung. Aber sie konnte ihn nicht überzeugen, dass sie auch meinte, was sie sagte. »Für eine richtige Aussprache braucht es Offenheit«, meint er. Erst dann könne man wieder zueinanderfinden und feststellen, dass es da noch genug gibt, was einen verbindet. Erst dann stelle sich wieder Nähe ein. Und Erleichterung. »Nach einer richtigen Aussprache ist man erleichtert. Weil man wieder zueinander gefunden hat.«

Wir wissen, was er meint. Es ist jenes Gefühl, auf einmal wieder in klarem, frischem Wasser zu schwimmen. Wirklich zum anderen durchgedrungen zu sein, Kontakt zu haben. Das Fehlen von Erleichterung ist ein untrügliches Anzeichen dafür, dass von einer wirklichen Aussprache keine Rede sein kann.

Und bei Frieder stellte sie sich nicht ein, die Erleichterung. Das Wasser blieb trübe. »Uns fehlte die Offenheit«, weiß er im Nachhinein. »Britta war gefühlt nicht dazu bereit, die Affäre zu beenden.«

Unsicherheit und Misstrauen seinerseits waren die Folge. »Sie hatte mein Vertrauen so sehr erschüttert, ich war extrem verletzt.« Wie viele, die betrogen worden sind, begann auch Frieder seiner Frau hinterherzuspionieren und in ihren persönlichen Sachen zu schnüffeln. Er fuhr ihr nach und rief alle Nummern auf ihrer Handyrechnung an, die er nicht kannte. »Das dauerte ewig, und das war ganz furchtbar.« Furchtbar peinlich, weil er sich ja irgendwie erklären musste. Und manchmal mit Leuten verbunden wurde, die er wider Erwarten doch kannte. Als er dann auch noch alte Briefe gefunden und gelesen hatte, die Britta einst bekommen hatte und in einem Karton im Kleiderschrank aufbewahrte – da wurde für ihn das zur Gewissheit, was seine allerschlimmsten Befürchtungen nicht nur bei Weitem übertraf, nein, sie wurden regelrecht degradiert zu Bagatellen. »Die Affäre, die sie mir gebeichtet hatte, war nur die Spitze eines Eisberges.« Nicht einmal hatte Britta ihn betrogen, sondern unzählige Male mit unzähligen anderen Männern. »Das war der zweite Urknall.«

Eine Affäre nach der anderen sei hochgeploppt: Die allererste hatte sie sich bereits vor der Geburt von Till geleistet – mit jenem Frauenarzt, der sie mit seinem, Frieders, Sperma geschwängert hatte. »Von dem fand ich auch einen Brief.« Fast zehn Jahre war das her. Zehn Jahre, die auf einmal alle als Fake erschienen: falsch, unecht – eine einzige große Lüge.

»Das war das Allerschlimmste«, erinnert er sich, »dass die letzten zehn Jahre meines Lebens eine einzige große Lüge gewesen zu sein schienen, dass alles, was wir in den letzten zehn Jahren miteinander hatten, unecht war.« Er dachte, er hätte keinen Boden mehr unter den Füßen: »Es war ein Gefühl, als würde sich die Erde unter mir auftun, als würde ich darin versinken. Es war, als wäre ich weg.«

Fürchterliche Szenen hätten sich zu Hause bei ihnen abgespielt. »Es eskalierte ziemlich«, gesteht er ein. Mindestens zweimal habe er mit allem, was ihm in die Finger kam, um sich geworfen – einem Topf, einem Kaffeebecher, einem gläsernen Aschenbecher. »An den Wandfliesen in der Küche gibt es noch heute einen Sprung, der davon zeugt.« Er schweigt einen Moment. »Einmal stand ich sogar mit dem Brotmesser vor ihr.« Aber er habe sich beherrscht, ein Glück, zu mehr als der Androhung von Gewalt sei es nicht gekommen.

Britta habe ihm damals zu erklären versucht, dass sie sich wegen ihrer Unfruchtbarkeit nicht mehr als richtige Frau gefühlt habe. Wie demütigend es für sie gewesen sei, vom eigenen Mann nicht mehr begehrt zu werden. Dass sie trotz aller Affären nie im Leben daran gedacht hätte und auch nun nicht daran denken würde, ihn zu verlassen. Nicht nur wegen Till, ihrem Sohn, auch nicht wegen des Hauses – nein, aus Verbundenheit und Liebe zu ihm, ihrem Mann.

Er hörte die Worte wie durch einen Nebel, konnte nichts mit ihnen anfangen. »Ich hatte komplett den Überblick verloren«, erinnert er sich. »Ich musste raus aus diesem Haus, ich brauchte räumliche Distanz.« Er sei damals umgehend in ein Hotel gezogen und habe sich kurz darauf ein Apartment in der Innenstadt gemietet. Britta war einverstanden. Wer weiß, was geschehen und wohin sie das bringen würde. Vielleicht würden sie sich ja entsetzlich vermissen – vielleicht würde es sie wieder zueinander ziehen!

Aber, so weiß er im Nachhinein: »Es war zu spät. Wir hatten uns verloren.« Daran änderte auch die Paartherapie nichts mehr, zu der sie sich dann noch durchrangen. »Wir waren bloß noch eine organisatorische Einheit gewesen, wir hatten nichts mehr wirklich geteilt.« Viel früher hätten sie innehalten und sich fragen müssen: »Was für ein Leben führen wir? Was wollen wir von- und miteinander? Was fühlen wir füreinander?« Ans Eingemachte gehen, nennt Frieder das. Aber das hätten sie versäumt, daran hätten sie sich nicht gewagt.

»Natürlich habe ich mir anfangs gewünscht, dass wir irgendwie wieder zueinanderfinden würden.« Aber dazu hätte Britta klipp und klar sagen müssen: »Ich will die anderen Männer nicht mehr, ich will nur dich.« Doch das sagte sie nicht. »Ich fühlte von ihrer Seite kein klares Commitment. Ich wusste nicht, was sie wollte – eine Ehe, in der Wert auf Treue gelegt wird, oder eine offene, in der sie auf gelegentliche Abenteuer nicht zu verzichten brauchte.«

Die Eifersucht habe ihn damals regelrecht zerfressen. Er engagierte sogar einen Privatdetektiv, der Britta eine Zeitlang beschattete. »Ich fühlte mich so hintergangen. So verraten. So verarscht.« Seine Wut und seine Rachegefühle richteten sich zunächst ausschließlich auf die anderen Männer. Auf diese Typen, die schuld daran waren, dass sich sein Selbstwertgefühl als Mann im Keller befand. Die versucht hatten, ihm seine Frau wegzunehmen. Wie kamen sie dazu, was fiel denen ein? »Ich habe oft von denen geträumt, und in diesen Träumen sind sie nicht gut weggekommen.«

Er kontrollierte, wer bei Britta ein und aus ging, lungerte

mehrmals vor dem gemeinsamen Haus herum. »Einen ihrer Typen habe ich sogar aufgesucht, nachdem ich sein Auto vor der Haustür stehen sah.« Er sollte sich aus seinem Leben raushalten, habe er den fremden Mann angeherrscht: »Britta und ich versuchen es noch mal miteinander.« Nur peinlich sei das gewesen, höchst peinlich.

Frieder lacht kurz auf und lehnt sich in seinen Stuhl zurück. »Tierisch viel gesoffen und geraucht« habe er in dieser Zeit, sich in Selbstmitleid gesuhlt, komplett gehen- und hängenlassen. Auch berufsmäßig. Wie es seiner Werbeagentur ging, die er so mühsam aufgebaut hatte und die inzwischen glänzend lief, war ihm egal. Er ließ ein Projekt nach dem anderen platzen, vergraulte selbst treue Auftraggeber, ging nur noch aus dem Haus, um eine Ecke weiter durch die nächste Kneipentür wieder reinzugehen. Er gefiel sich in der Rolle des Opfers, dem das Leben ohne eigenes Zutun übel mitgespielt hatte. »Das war die dunkle Sumpfperiode meines Lebens«, nennt er diese Zeit. »Ich stand am Abgrund.«

Er isolierte sich zunehmend, den Rat von Freunden oder der Familie lehnte er ab, er wollte sich niemandem anvertrauen, noch nicht einmal seinen Eltern. »Ich fühlte mich scheiße und verraten. Keiner konnte mir helfen.« Er wusste, dass es für ihn keinen Sinn machte, zu quatschen und zu jammern. Er wusste, es war sinnlos, andere Frauen anzubaggern. Er wusste, dass er sich nur selbst damit schadete, wenn er so exzessiv weitersoff und -rauchte und kaum noch schlief. Er wusste auch, dass ihm nur einer helfen konnte – er selbst: »Ich musste mich selbst aus dem Sumpf ziehen.« Aber wie?

»Ich hab's dann noch mit Therapie versucht, aber das war auch nichts für mich.« Das habe alles noch viel schlimmer gemacht.

»Das nahm ein Ausmaß an, das mir nicht guttat.« Vielleicht sei er auch einfach an den falschen Psychotherapeuten geraten. Jedenfalls habe der seine Probleme in ihrer Dimension so vergrößert, dass Frieder sich dachte: »Wie soll ich da jemals wieder rauskommen, das schaffe ich nicht, da komme ich nie mehr raus.« Nach eineinhalb Sitzungen brach er die Therapie abrupt ab. »Der Mann ist mir so was von auf den Keks gegangen.« Der würde ihm auch nicht helfen können, der würde ihn, im Gegenteil, nur noch weiter nach unten ziehen.

Es wäre wohl schlecht mit ihm ausgegangen, wenn er sich nicht eines Nachts daran erinnert hätte, dass es eine Leidenschaft in seinem Leben gegeben hatte, die er völlig vergessen und brach hatte liegenlassen: die Musik! »Ich habe wieder angefangen, Musik zu machen«, erzählt er. »Die Musik hat mich gerettet, sie wurde zu meiner Insel.«

Fortan stand in seinem kärglich eingerichteten Apartment, das nur aus Küche, Schrank und Bett bestand, auch ein Keyboard. Fortan machte er tage- und nächtelang Musik. Spielte alte Songs, komponierte neue. Ganz allein. »Mit dem Alleinsein hatte ich noch nie Probleme«, sagt er. »Durch die Musik habe ich wieder zu mir selbst gefunden.« Andere gingen erfolgreich in Therapie oder heulten sich bei Freunden aus. »Mir hat die Musik geholfen.«

Ein Jahr war seit seinem Auszug vergangen. Eines Abends, zwischen zwei Songs, die er oft mit der Schulband gespielt hatte und zu denen er und Britta auch oft getanzt hatten, versuchte er sich vorzustellen, wie es wäre, wenn er wieder bei ihr in dem wunderschön sanierten Haus leben würde. Es war unmöglich, so erkannte er zu seinem eigenen Erstaunen. Er konnte es sich nicht mehr vorstellen, neben ihr aufzuwachen oder von der Arbeit zu ihr nach Hause zu kommen. Dann würde er sich wieder jeden Tag ausmalen, was sie während seiner Abwesenheit getrieben hatte. Genauer gesagt: ob sie es getrieben hatte und wenn ja, mit wem. »Ich hatte in dieser Hinsicht einfach kein Vertrauen mehr«, erklärt er. »Das konnte und das wollte ich mir nicht länger antun.«

Ein Schlüsselerlebnis sei diese Erkenntnis gewesen. Und deshalb habe er anschließend sofort ein Treffen mit Britta vereinbart. »Ich kann mir nicht mehr vorstellen, dass wir zusammenleben«, sagte er an diesem Abend zu ihr. »Ich möchte mich scheiden lassen.«

Aus allen Wolken sei sie gefallen, völlig entgeistert habe sie ihn angeschaut. Er hätte ihr genauso gut mitteilen können, er hätte vor, in den nächsten Sommerferien den Mount Everest zu besteigen, um seine Höhenangst loszuwerden. »Scheidung, das war etwas, das sich außerhalb ihres Vorstellungsvermögens befand. Das hatte sie nicht auf dem Radar.« Regelrecht die Sprache verschlagen habe es ihr, »was nicht oft vorkommt«, versichert er uns mit einem kleinen Schmunzeln. Brittas Blick allerdings habe mehr gesagt als alle Worte: Wie kannst du mir das antun? Wie kannst du meinen Traum von der Familie platzen lassen? Du weißt doch, dass ich es mir als Scheidungskind geschworen habe, es besser zu machen als meine Eltern! Du bist doch sonst so lieb!

Nun, auf einmal war er nicht mehr so lieb. Auf einmal war er nicht mehr bereit, sich zu fügen und alles zu schlucken. »Ich musste an mich selbst denken, ich wollte weiterkommen, und deshalb musste ich loslassen.«

Britta hingegen, glaubt er, die sei mit der Situation damals gar nicht so unglücklich gewesen. Die hätte problemlos so weiterleben können. Die hätte sich gewünscht, dass er wieder zu ihr nach Hause zurückkehrte, und was sie nicht von ihm bekam, das würde sie sich weiterhin woanders holen – mit dem Unterschied, dass ihr Mann es nun wusste. Sehr bequem wäre das für sie gewesen. »Sie wollte einfach alles.« Aber nun war er im Begriff, ihr einen Strich durch die Rechnung zu machen.

»Ich weiß, dass ich ihr an diesem Abend sehr wehgetan habe«, sagt er und blickt erneut in den blauen Herbsthimmel über uns, dem das Abendrot inzwischen die ersten orangefarbenen Streifen zu verpassen beginnt. »Aber es war vorbei. Für mich war es vorbei. Es dauert bei mir lange, bis es so weit ist. Aber dann gibt es *no way back*. Dann ist das auch so.«

Was allerdings nicht bedeutete, dass die emotionale Achterbahnfahrt, auf der er sich seit mehr als einem Jahr befand, damit zu Ende war. Sie sollte noch ein ganzes weiteres Jahr andauern. Die Scheidung ließ er deshalb erst einmal Scheidung sein, fürs Erste war die Absichtserklärung genug. Nun wusste er zumindest, was er nicht mehr wollte. Und das sei in diesem Stadium eine Menge gewesen.

Was er hingegen wollte, was er mit dem Rest seines Lebens anfangen sollte, das wusste er noch nicht. »Halt!«, korrigiert er sich. »Eines wusste ich sehr wohl.« Dass es höchste Zeit war, den Sumpf zu verlassen. »Ich musste raus aus der Dunkelheit.« Und er wusste auch, wohin: zurück auf die Bühne! Allein zu Hause zu musizieren, das genügte ihm nicht mehr. Er wollte es wieder vor Publikum tun, live, die Resonanz spüren – und dadurch wieder sich selbst. »Ich habe eine Band gegründet, ein Trio.« Fröhliche Musik hätten sie gespielt, Musik zum Feiern und Tanzen: Soul, Stevie Wonder, Earth, Wind & Fire.

»Es dauerte nicht lange, und wir hatten viele Auftritte in Clubs«, erzählt er, als zwei Bandmitglieder eintreffen und innehalten, nachdem sie Frieder mit uns am Tisch haben sitzen sehen.

»Fangt schon mal mit dem Aufbauen an, okay?«, ruft er ihnen zu. »Ich komme später nach.« Wir sehen ihnen hinterher, wie sie gutgelaunt in der Kneipe verschwinden. »Die beiden sind von Anfang an mit dabei.«

Mit jedem Auftritt, fährt er dann fort, sei es ihm damals gelungen, sein altes Leben ein weiteres Stückchen loszulassen. So als hätte er es an einer Leine, die immer länger wurde. Und mit jedem Auftritt habe ihm sein neues Leben mehr gefallen und Spaß gemacht. »Auf diese Weise habe ich mich wieder mit mir selbst verbunden«, sagt er. »Ich fühlte mich wieder wohl mit mir.« Weil er das tat, was gut für ihn war. »Ihr wisst ja, erst wenn man die alte Tür geschlossen hat, kann sich eine neue öffnen. Wer nur zurückschaut, sieht nicht, was kommt«, betont er und greift zur Speisekarte. »Habt ihr denn keinen Hunger? Ich muss vor dem Auftritt unbedingt noch etwas essen.«

Was kam, war eine neue Liebe: Zwei Jahre nach seinem Auszug trat eine andere Frau in Frieders Leben. Annette hieß sie und war – Ironie des Schicksals – eine flüchtige Bekannte von Britta. Sie kannten sich vom Shoppen, denn Annette hatte in diversen Boutiquen gearbeitet. Frieder lernte sie an der Bar einer Kneipe kennen, in der er sich an diesem Abend – zweite Ironie des Schicksals – mit Britta auf ein Glas Wein verabredet hatte. »Wir trafen uns nach wie vor regelmäßig.«

Nicht um über die Scheidung zu reden, oh nein. Dieses Thema mieden sie. Für Frieder war es ohnehin nur noch eine Formalität, aber eine, die ihn viel Zeit und Energie kosten würde. Er hatte damit keine Eile. Britta ebenfalls nicht, allerdings aus anderen Motiven: Sie muss wohl gehofft haben, dass er es bei der Androhung belassen würde, bei der Absichtserklärung. Sodass alles so bleiben konnte, wie es war – und die Familie, auf die sie so viel

Wert legte, zumindest nach außen hin und rein formell intakt blieb. Sie wäre keine geschiedene Frau und ihr Sohn kein Scheidungskind.

Aber es gab genug anderes, das geregelt und über das gesprochen werden musste. »Wir hatten ja nach wie vor ein gemeinsames Haus und ein gemeinsames Kind.« Ein Kind, das in der Schule immer schlechter wurde. »Britta und ich haben versucht, Till möglichst aus allem rauszuhalten. Aber eine Delle hat er durch unsere Scheidung trotzdem abbekommen.«

An diesem Abend an der Bar aber kamen sie weder dazu, über Till zu reden, noch über das Haus. Denn kaum hatten sie die Kneipe betreten, erschien Annette und setzte sich zu ihnen. Recht nett sei es gewesen zu dritt. Und recht spät geworden. Britta sei dann irgendwann heimgegangen, worauf Annette und er an der Bar übrigblieben. »Wir hatten viel zu viel getrunken und fingen an rumzuknutschen«, erzählt er. »Ich habe sie noch nach Hause gebracht und ins Bett gelegt, für Sex waren wir zu betrunken.« Dann ging auch er nach Hause. Am nächsten Tag schickte ihm Annette eine SMS und entschuldigte sich tausendmal. »Sie dachte, Britta und ich wären noch zusammen.« Er rief sie an, sie verabredeten sich zum Essen. Beide waren vorsichtig, auch Annette hatte gerade eine anstrengende Trennung hinter sich. »Aber es fühlte sich gut an. Ganz langsam haben wir uns eine Beziehung aufgebaut.«

Es dauerte nicht lange, und Britta erfuhr davon. »Das war am Abend nach Tills Kommunion.« Entsetzt sei sie gewesen, regelrechte Panik habe sie ergriffen: »Auf einmal begann sie zu heftig zu rudern. Sie wollte mich zurück.« Sie kannte ihn ja, sie wusste: Frieder ist kein Typ für Affären, wenn der eine Frau an sich ranlässt, dann ist das keine Spielerei, dann ist das Ernst. »Aber ich wollte nicht zurück, für mich war es ja vorbei.« Damit habe er sie zutiefst verletzt. Sie sei sich seiner Liebe sicher gewesen; dass er sie ihr eines Tages entziehen könnte, damit habe sie nicht gerechnet, das sei ein ganz schöner Schlag für sie gewesen.

Aber die tiefe Verletztheit habe sich schnell in Aggression gewandelt. »Sie begann, die Scheidung voranzutreiben, und suchte sich eine Anwältin.« Eine, die noch aggressiver gewesen sei und nur eines von ihm gewollt habe: Geld. Viel Geld. Zu viel Geld. »Absurd war das, maßlos.« Nie im Leben hätte er das zahlen können, »und wenn, dann wäre ich für den Rest meines Lebens ruiniert gewesen«. Seiner Werbeagentur ging es wieder ganz gut, sie hatte sich erholt, denn er hatte einen Neustart machen können und sich einen Partner an Bord geholt – einen, der sich um Finanzen und Buchhaltung kümmerte, kurzum: um alles Kaufmännische. Sodass er, Frieder, sich ganz auf das konzentrieren konnte, worin er gut war: das Kreative. Alles schien wieder ins Lot zu kommen. »Aber dann hat mir diese aggressive Anwältin mit ihren astronomischen Forderungen schlaflose Nächte und regelrechte Existenzängste besorgt.« Unfrei und getrieben habe er sich gefühlt, wie gehetztes Wild.

Irgendwie musste er probieren, vor der Regelung des Vermögensausgleichs wieder Ruhe in die Situation zu bringen, die Spannung herauszuholen. »Deshalb habe ich erst mal alles andere, was gezahlt werden musste, brav gezahlt.« Alle Reparaturen und Renovierungen, die im Haus anstanden. Alle Kosten, die bei Till anfielen – angefangen bei Schullandheimaufenthalten bis hin zu extra Sport- oder Klavierstunden. Und, nicht zu vergessen, die vorläufigen Unterhaltszahlungen an seine Noch-Ehefrau, die als arbeitslose Vollzeitmutter nun ganz allein im großen, schönen Haus lebte. »Britta versuchte, wieder in den Beruf einzusteigen, sie hatte ja ein abgeschlossenes Soziologiestudium in der Tasche und vor der Geburt von Till als wissenschaftliche Mitarbeiterin noch ein paar Projekte an der Uni begleitet.« Aber nach so vielen Jahren wieder in den Beruf einzusteigen, das war ein schwieriges, wenn nicht sinnloses Unterfangen. Das brauchte seine Zeit. Und Frieder zahlte lieber zu viel als zu wenig und hütete sich davor, Druck auszuüben. »Ich zahlte ohne Ende und ohne Kommentar.«

Und die Rechnung ging auf: »Irgendwie gelang es mir, die Situation zu befrieden, sie entkrampfte sich.« Er merkte, dass die Scheidungsanwältin auch Britta viel zu aggressiv war, eigentlich wollte sie das nicht, das ging auch ihr zu weit. »Sie ist eben an die Falsche geraten. Wir waren ja beide in Sachen Scheidung völlig unerfahren«, meint er schulterzuckend und hält die Bedienung auf, die grade an unserem Tisch vorbeikommt: »Einmal den Tagesteller, den mit Fisch bitte.« Ein *bad move* sei das gewesen, diese schreckliche Anwältin, fährt er dann fort. Aber nicht vorsätzlich, sondern wider besseres Wissen.

»Irgendwann auf der Strecke zur Scheidung ist es dann zu einem ›Verzeihabend‹ gekommen.« Er weiß nicht mehr, von wem die Initiative ausging, von Britta oder von ihm, »aber das Bedürfnis hatten wir alle beide«. Sie trafen sich in einem kleinen Restaurant zum Abendessen und saßen auf einer Terrasse zwischen blühenden Blumenkübeln direkt an der Weser. Über ihnen schaukelten Lampions im lauen Abendwind, auf dem Tisch brannten Kerzen. »Es war höchst romantisch.« Frieder lächelt. Wer es nicht besser wusste, hätte glauben können, da säße ein Liebespaar, das seinen Hochzeitstag oder den Jahrestag des Kennenlernens feierte. Doch Frieder und Britta waren im Gegenteil dabei, ihr »Entlieben« zu besiegeln und einen würdigen Schlusspunkt hinter ihre Beziehung zu setzen.

»Wir sprachen über die guten Zeiten. Über den tollen Sohn, den wir bekommen hatten, über die tollen Sachen, die wir gemeinsam unternommen und realisiert hatten. Aber auch über den Mist, den wir gebaut hatten und den wir nicht ungeschehen machen konnten.«

Sie hatten sich geliebt. Das war eine Tatsache. Aber nun war es vorbei, auch daran ließ sich nicht rütteln. Und deshalb war es an der Zeit, loszulassen und sich zu verzeihen. Ohne die guten Dinge, die sie hatten, wegzuwerfen. Und die schlechten Dinge, die würden sie so stehenlassen, wie sie waren. »Verzeihen heißt ja nicht gutheißen«, betont Frieder mit einem kleinen Lächeln.

»Wir gehen jetzt weiter«, hätten sie sich damals gesagt. Und dabei würden sie versuchen, Freunde zu bleiben oder, besser gesagt, Freunde zu werden. Denn sie setzten ihre alte Beziehung ja nicht fort, sie fingen eine neue an.

Ein magischer Moment sei das gewesen, so wie die allererste Nacht zusammen unterm Sternenhimmel am Strand vom Toten Meer. Mit dem Unterschied, dass es dieses Mal nicht der Anfang ihrer Liebe war, sondern ihr Ende. Sie nahmen Abschied voneinander, lagen sich wehmütig in den Armen, auch einige Tränen seien an diesem Abend geflossen.

Ganz zum Schluss ihrer Beziehung war ihnen doch noch eine wirkliche Aussprache gelungen. Sie waren zum Kern der Dinge vorgestoßen, sie hatten sich, wie Frieder es so gern nennt, ans Eingemachte gewagt. Und weil sie sich wirklich ausgesprochen hatten, fühlten sie auch Erleichterung – eine große Erleichterung. »Wir hatten Dinge geklärt, wir waren aus der ›Nach-unten-Spirale‹ herausgekommen.«

Wie sehr hatte er sich das gewünscht! Mit Britta und ihm würde es nicht so enden wie mit so vielen anderen Paaren, die er kannte: Paare, die sich aus dem Weg gingen, die die Straßenseite wechselten, wenn sie sich begegneten, die Hetzkampagnen führten und sich, von Hass und Groll zerfressen, das Leben schwermachten. »Wenn man nach zehn Jahren immer noch über den Expartner schimpft, ist das doch grauenvoll.« Das wollte er nicht, das habe auch Britta nicht gewollt, das hätten sie dem anderen und vor allem auch sich selbst nicht antun wollen. »Man sollte immer versuchen, sein Herz vor Hass zu schützen. Mit Hass schadet man in erster Linie sich selbst.« Das Wichtigste im Leben bleibe die Liebe – »wenn man liebevoll handelt, ist es eigentlich immer gut. Selbst dann noch, wenn man Fehler macht.«

Nach diesem Verzeihabend einigten sie sich auf einen gemeinsamen Anwalt, der zugleich auch Mediator war – und beide Funktionen gleichermaßen gut beherrschte. »Mein Vater hat ihn uns vermittelt.« Nun waren sie nicht mehr zwei Parteien, die gegeneinanderarbeiteten, sondern ein Team, das am selben Strang zog. Gemeinsam arbeiteten sie an einer Lösung: Was ist realistisch? Was geht? »Das dauerte zwar auch ewig, aber dann hatten wir uns geeinigt«, erzählt Frieder und rückt etwas zur Seite, damit die Bedienung den Tagesteller vor ihn auf den Tisch stellen kann: bunter Salat, Bratkartoffeln, Fischfilet.

Frieder greift zum Besteck. Eine faire, eine anständige Scheidung sei die Folge gewesen. Selbst der Richter habe gestaunt. »Der saß erst mal da und wartete auf den zweiten Anwalt. Bis wir ihn aufklärten, dass wir nur einen hatten.« Während der Sitzung habe der Richter mehrmals den Kopf geschüttelt und sich gewundert: »Wieso wollen Sie sich eigentlich scheiden lassen?«

Frieder lässt Messer und Gabel sinken und hält einen Moment inne. »Ich könnte mit Britta nicht mehr zusammenleben«, meint er dann. »Selbst ein einziger Tag wäre anstrengend – liebevoll anstrengend«, fügt er schnell hinzu. Britta gehe es mit ihm da wohl genauso. Weil sich bei ihr immer etwas drehen und bewegen müsse. Weil sie ein anderes »Grundaktivitätsprinzip« als er habe. »Ich glaube schon, von mir selbst behaupten zu können, dass ich inzwischen ein großes Maß an Gelassenheit entwickelt habe. Ich war schon immer eher ein ruhiger Typ.« Britta hingegen, die stehe »gefühlt ständig unter Strom«. Der gingen die Dinge immer zu langsam. »Mach mal schneller, Frieder!« Wie oft hat er sich diesen Satz von ihr anhören müssen!

»Ich höre ihn noch immer.« Er schmunzelt. »Aber nicht mehr so oft.« Sie leben ja nicht mehr zusammen. Und kommen wohl gerade deswegen so gut miteinander aus wie nie zuvor. Was sie verbinde, sei eine neue und ganz besondere Art von Freundschaft – eine andere Art von Liebe: »Wir haben keine Partnerschaft mehr, aber immer noch eine Beziehung. Wir sind nach wie vor füreinander da, und wir gehen liebevoll miteinander um.« Von einer wirklichen Trennung könne also keine Rede sein, meint er und gabelt das letzte Stück Fischfilet von seinem Teller auf. »Wir gehen keine getrennten Wege – wir gehen sie bloß nicht mehr gemeinsam.«

Aber sobald einer Hilfe brauche, seien sie füreinander da. Nach wie vor. So wie vor ein paar Jahren, als Britta eine unglückliche Liebesbeziehung beendete. »Sie erlebte ihre eigene Geschichte von der anderen Seite.« Denn nun war sie es, die nach Strich und Faden betrogen wurde. »Da ging es ihr gar nicht gut.« Schadenfreude allerdings habe ihm das nicht bereitet, noch nicht einmal Genugtuung. »So bin ich nicht.«

Er greift zur Serviette und wischt sich den Mund ab. Nie würde es ihm einfallen, Britta als seine Ex zu bezeichnen. Das käme ihm nicht über die Lippen: »Ein abartiges Wort«, sagt er mit einer leicht angewiderten Miene. »Ich empfinde das auch nicht so: dass Britta meine Ex ist.«

Wenn man sich so jung kennengelernt habe, wenn man einen so langen Lebensweg gemeinsam gegangen sei, wenn man so vieles zusammen durchgemacht, erlebt und bewältigt habe – »dann ist da trotz allem einfach ein Urvertrauen da, von beiden Seiten«. Nie würde einer von ihnen versuchen, dem anderen zu schaden oder Böses zuzufügen, das wüssten sie alle beide.

Dass Britta aus seinem Leben verschwinden könnte, ist für Frieder deshalb schlichtweg unvorstellbar. »Ich denke, umgekehrt ist das auch so.« Denn auch wenn sie ihr Leben nicht mehr miteinander verbringen: »Es gibt noch so viele Schnittmengen.« Das Haus zum Beispiel, dann natürlich der Sohn. Und, nicht zu vergessen: seine Eltern. »Unsere Scheidung bedeutete nicht, dass Britta auf einmal keine Schwiegereltern mehr hatte«, stellt er klar. Britta war seinen Eltern ans Herz gewachsen – und seine Eltern Britta. Im letzten Jahr habe sein Vater sich einer schweren Herz-OP unterziehen müssen und sei monatelang sehr krank und schwach gewesen. »Britta hat sich aufopfernd um ihn gekümmert, wie eine Tochter. Und sie hat auch versucht, meine Mutter in dieser schweren Zeit, wo es nur ging, zu unterstützen und zu entlasten.« Dafür seien seine Eltern ihr sehr dankbar. »Sie lieben Britta nach wie vor.«

Staunend haben wir zugehört. Viele Mütter ergreifen bedingungslos für ihren Nachwuchs Partei, wenn sie mitansehen müssen, wie viel Leid und Schmerz ihrem Kind zugefügt wird. Sie verteufeln den Schwiegersohn oder die Schwiegertochter, wollen nichts mehr mit ihnen zu tun haben – erst recht, wenn es sich um Verrat, Betrug, um Fremdgehen handelt. Frieders Mutter hingegen muss damals sehr schnell erkannt haben, dass nicht alles schwarzweiß ist, dass es viele Grau- und Zwischentöne gibt und nicht nur Täter und Opfer. Frieder nickt bestätigend. »Meine Mutter hat die Zusammenhänge erkannt. Und den Anteil, den ich dabei selbst hatte.«

Selbst habe er sehr viel länger gebraucht, um zu dieser Erkenntnis zu gelangen. Aber die habe ihm letztendlich am meisten bei der Bewältigung der Trennung geholfen: »Alles hängt zusammen. Die Dinge widerfahren einem nicht. Man schafft sie selbst. Für alles, was man tut, ist man selbst verantwortlich.«

Wie für alle, die wir für dieses Buch interviewt haben, gehörte die Trennungsphase auch für Frieder zu den schwierigsten seines Lebens. Er war nicht das Opfer, das scham- und skrupellos betrogen worden war. Brittas Affären, so weiß er heute, waren vor allem die Folge von mangelnder Offenheit, von fehlendem Kontakt – und von Tabuisierung: »Wir haben nicht mehr wirklich kommuniziert, wir haben Dinge unausgesprochen gelassen, in eine Schublade gesteckt und die Schublade zugemacht.« Als würden sie dadurch nicht mehr existieren. »Dadurch haben wir uns aus den Herzen verloren. Dafür tragen wir zusammen die Verantwortung.«

Beide würden versuchen, es fortan besser zu machen und aus ihren Fehlern zu lernen. »Wir haben ja beide eine neue Chance bekommen. Wir sind wachsamer geworden.« Britta lebe inzwischen wieder in einer stabilen Beziehung, schon seit Jahren. »Und ich auch.« Nein, nicht mit Annette, stellt er klar, noch bevor wir die Frage stellen konnten. Sieben Jahre seien sie zusammen gewesen, viele davon gut, dann hätten sie sich getrennt. Vor allem deswegen, weil Annette mit seiner Beziehung zu Britta nicht klargekommen sei. »Sie war eifersüchtig. Sie hat es jedes Mal als Bedrohung empfunden, wenn Britta anrief oder wenn wir uns trafen.« Sie habe nicht akzeptieren können, dass seine einstige Lebenspartnerin nicht völlig der Vergangenheit angehörte, sondern in Frieders und damit auch ihrer Gegenwart immer noch eine so wichtige Rolle spielte.

Was ja auch nicht ganz so einfach ist, geben Dieter und ich zu bedenken. Doch Frieder zuckt nur mit den Achseln. »Meine jetzige Partnerin hat damit keinerlei Probleme.« Die sehe in Britta keine Konkurrenz, egal wie oft sie anrufe oder sich mit Frieder treffe. Dafür aber tue sich Britta schwer mit ihr. »Ihr werdet gleich sehen, weshalb«, meint er mit einem kleinen Lachen und guckt auf die Uhr. »Wo bleibt sie nur, sie ist mal wieder zu spät dran«, murmelt er. Um augenzwinkernd hinzuzufügen: »Auch darin reicht sie mir das Wasser.«

Olivia heiße sie, eine Spanierin, die während eines Auslandstipendiums in Bremen hängengeblieben sei. »Nun ist sie in unserer Band die Sängerin. Wir komponieren auch oft zusammen.« Deshalb hätte sie längst da sein sollen. Um sich vorzubereiten und beim Aufbau mitzuhelfen. Bis zu ihrem Auftritt heute Abend dauert es ja nicht mehr so lange. »Seit fünf Jahren sind wir auch privat ein Paar«, erzählt Frieder. »Wir teilen dieselbe Leidenschaft.« Was neu für ihn sei, völlig neu, das habe er noch nie mit einer Frau erlebt, auch mit Britta nicht. »Olivia und ich können um zehn Uhr vormittags anfangen, Musik zu machen, und dann feststellen, dass es auf einmal zwei Uhr nachts ist. Dann wundern wir uns, wo die Zeit geblieben ist, weil wir die Welt um uns herum völlig vergessen haben.«

In Olivia habe er seine Seelenverwandte gefunden – ein großes, ein unerwartetes Geschenk, betont er, als direkt vor unserem Tisch ein Rad hält und eine junge Frau in Jeans und Tanktop vom Sattel springt. Sie hat ganz offensichtlich heftig in die

Pedale getreten, denn ihr Haar ist zerzaust und ihre Wangen sind gerötet. »Ich hab's einfach nicht schneller geschafft«, sagt sie in fast akzentfreiem Deutsch und drückt Frieder einen Kuss auf den Mund. *»Discúlpame, querido!«*

Wir begrüßen uns kurz, aber herzlich. Schlank ist sie, wunderschön, ein Typ wie Schauspielerin Penélope Cruz. Und deutlich jünger als Frieder. »Ich schau mal, wie weit die anderen sind!«, verkündet sie und verschwindet in der Kneipe.

Frieder hat unseren Blick gesehen und kommt nicht umhin zu schmunzeln: »Ja, sie ist erst Mitte dreißig. Uns trennen fünfzehn Jahre«, teilt er uns mit. »Ich hab's euch ja gesagt, Britta kann das nicht gutheißen.«

Vielleicht vor allem deswegen, da ist er sich ziemlich sicher, weil sich Olivia noch im gebärfähigen Alter befinde. »Dabei haben wir gar nicht vor, ein Baby zu bekommen.« Aber allein schon bei der Vorstellung ergreife Britta Panik. Weil das in ihren Augen die Kernfamilie zerstören würde, die sie und Frieder zusammen mit Till nach wie vor formen. »Jedenfalls hat Britta bereits alles getan, um Tills Erbe sicherzustellen. Dass er es nicht mit einem Halbbruder oder einer Halbschwester teilen muss.« Das sei schon bei seiner Beziehung mit Annette ihr allererster Reflex gewesen. »Dabei könnte sie doch auch versuchen, das mal positiv zu sehen – und ihren Familienbegriff erweitern«, wünscht er sich. »Es könnte doch auch ein Grund sein, sich zu freuen – Till bekäme ein Geschwisterchen.«

Aber das sei so ein Tabuthema, das Britta nicht an sich heranlasse, das erlaube ihr Idealbild der intakten Kernfamilie nicht. Daran habe sie sich festgebissen, daran dürfe nicht gerüttelt werden. »Das ist immer noch ihr Schmerz.« Obwohl dieser Schmerz durch eine solche Haltung ja nicht wegginge, sondern – im Gegenteil – immer wieder zurückkomme. »Im Leben geht es immer darum, bestimmte Aufgaben zu lösen, um weiterzukommen«, glaubt er. Aber in diesem Punkt komme Britta einfach nicht weiter.

Festgebissen habe sie sich auch in ihrem Vorwurf, dass sich Frieder nie genug um den gemeinsamen Sohn gekümmert habe, »das ist ihr großer Lebensvorwurf an mich«. Völlig absurd findet er ihn: »Ich habe eine superintensive Herzensbeziehung mit Till.«

Er sagt es ganz ruhig und gelassen. Er kann mit dem Vorwurf leben, das merkt man ihm an. Er ist mit sich und der Welt im Reinen. Und mit Britta. »Till geht es übrigens inzwischen wieder sehr gut, schon seit Langem«, sagt er nicht ohne Stolz. Anfang zwanzig sei sein Sohn mittlerweile und studiere. »Er hat begonnen, sein eigenes Leben zu leben. Da muss man loslassen«, meint Frieder, als Olivia in der Türöffnung erscheint und ihn hereinwinkt. »Ich muss da jetzt mal nach dem Rechten schauen«, beschließt er und steht auf: »Ihr bleibt doch noch und schaut euch unseren Auftritt an, oder?«

Selbstverständlich tun wir das. Es wird auch an diesem Abend wieder rappelvoll. Wir ergattern einen Platz an der Bar, singen bald darauf zusammen mit den anderen Gästen lauthals mit, staunen über die vielen guten eigenen Kompositionen von Frieder und Olivia und freuen uns über vertraute Songs wie *You're In My Heart* von Rod Stewart oder Cyndi Laupers *Time After Time*, aber auch rockige Nummern wie *Paradise by the Dashboard Light* von Meat Loaf. Es ist schön, Olivia und Frieder im Duett auf der Bühne zu erleben, die Blicke zu bemerken, die sie sich zuwerfen, die vielen kleinen Berührungen zwischendurch. Ja, eine geteilte Leidenschaft scheint in der Tat eine sehr gute Basis für eine Beziehung zu sein. Was nicht heißt, dass nicht weiter an ihr gearbeitet werden muss. Auch das hat uns Frieder heute einmal mehr klargemacht. Und dass es dabei vor allem eines braucht: Offenheit – ein Werkzeug, das Frieder und Britta in der Schublade haben liegenlassen.

Ob Britta das alles genauso sieht? Wir sind sehr gespannt auf morgen. Dann werden wir sie treffen. Sie will uns ihre Seite der Geschichte erzählen. Eben weil die beiden es letztendlich doch noch geschafft haben, sich auf eine so gute Art und Weise zu trennen. Sonst wäre sie vermutlich nicht dazu bereit. Wie hat sie das alles erfahren? Wie sieht ihre Seite aus – ihre Wahrheit?

*»Sex ohne Liebe*
*ist besser als gar kein Sex.«*

Hugh Hefner (1926–2017),
US-amerikanischer Verleger

~

# Britta

## *Die sich woanders holte, was sie daheim nicht fand*
## *(Die Fremdgeherin)*

Es ist bunt in Brittas Küche – bunt und fröhlich. An der Wand über dem Familientisch hängen drei abstrakte Ölbilder in Knallfarben: Laubfroschgrün, Orange und Gelb. Auf dem Tisch ein riesiger Blumenstrauß, der einem Stillleben altholländischer Meister entsprungen scheint. Daneben eine kleine bunte Skulptur, die von Niki de Saint Phalle stammen könnte und sich als Kerzenständer entpuppt. Die Flügeltüren zum Garten stehen sperrangelweit offen und bieten einen prachtvollen Blick auf üppige grüne Büsche und Sträucher, davor verschwenderisch blühende Astern, Herbstanemonen und Dahlien. Superschön, in der Tat, der absolute Traum. Frieders Exfrau muss einen grünen Daumen haben.

»Nehmt euch schon was zu trinken«, ruft Britta uns aus ihrem Arbeitszimmer zu. »Auf der Anrichte steht Apfelsaft. Ich komm gleich!«

Dieter steht auf, lässt aber den Apfelsaft erst einmal Apfelsaft sein und mustert stattdessen die Fliesen über der Küchenanrichte. »Da«, meint er dann und weist auf eine kleine, aber deutlich sichtbare Beschädigung: Das muss der Sprung sein, entstanden nach dem zweiten Urknall, als Frieder in seinem Schmerz und seiner Verzweiflung Kaffeebecher und Töpfe an die Wand geschmissen hatte, nachdem er dahintergekommen war, dass sie ihn betrogen hatte – nicht nur einmal, sondern unzählige Male, über zehn Jahre hinweg.

»So, jetzt aber«, sagt Britta und erscheint in der Türöffnung. »Sorry, ich musste dieses Telefonat noch erledigen.« Nächste Woche hat sie wieder ein Training, »eine Gruppe von Ingenieuren«. Sie arbeitet inzwischen als Coach bei einer großen Unternehmensberatungsgesellschaft. »Eigentlich bin ich ja Soziologin, aber nach der Geburt meines Sohnes blieb ich erst mal zu Hause.« Zu lange für einen Wiedereinstieg in den alten Beruf, deshalb hat sie sich umschulen lassen. »Das war in den Jahren zwischen Trennung und Scheidung, ich wollte auch finanziell wieder auf eigenen Füßen stehen«, betont sie und geht zur Küchenanrichte, um sich ein Glas Saft einzuschenken.

Sie trägt Flipflops, das fällt uns erst jetzt auf. Leuchtend flamingorosa. Als wolle sie dem Herbst zu verstehen geben, dass er sich noch etwas gedulden müsse. Darüber ein schmales knielanges Leinenkleid in Dunkelblau. Sehr geschmackvoll. Und sehr sexy. Die langen blonden Locken hält sie mit einem bunt gemusterten Haarband aus dem Gesicht, das dem Blumenstrauß auf dem Tisch Konkurrenz macht.

»Ich liebe Farben, es kann mir nicht bunt genug sein.« Sie lacht, nachdem sie sich zu uns gesetzt und den sinnlich geformten Kerzenständer etwas zur Seite geschoben hat, um ihr Saftglas abzustellen. »Den hab ich von Frieder bekommen, der weiß, dass ich so was mag.« Vor zwei Wochen erst, zum Geburtstag. Es war ihr Vierundfünfzigster. Ja, das sieht man ihr nicht an, sie ist gewöhnt, das zu hören. Sie sagt es völlig uneitel, stellt einfach nur fest. Wie macht sie das, zehn Jahre jünger auszusehen? Mindestens.

»Oh, ich glaube, das liegt mit daran, dass ich nur schwer stillsitzen kann«, antwortet sie und lacht erneut. Hell und ansteckend. Manche Leute haben ein Lachen, das einem das Gefühl gibt, als würde jemand in einem dunklen Zimmer das Licht anknipsen. Als würde die Sonne aufgehen. Britta gehört dazu. Ein großer Sonnenschein sei sie, hat Frieder gesagt. Er hat recht.

»Meine Schwiegermutter neckt mich immer und meint, ich hätte Hummeln im Hintern«, plaudert Britta fröhlich weiter. Frieder drücke es etwas anders aus: »Der sagt, ich stehe ständig unter Strom.« Das habe ihm zuweilen ganz schön zu schaffen gemacht, er sei ja eher der ruhige, langsame Typ: »Was wiederum mich regelmäßig auf die Palme brachte.«

»Seltsam, oder?«, meint sie, dabei wisse man das doch von Anfang an. Aber da irritiere es einen noch nicht. Ganz zu Beginn ziehe es einen an. Les extrêmes se touchent, wie die Franzosen sagen: Die Gegensätze berühren sich.

Ganz zu Beginn – das war während der Klassenfahrt nach Rom, als sie auf ihn aufmerksam wurde, nicht wahr?

»Stimmt!«, antwortet Britta. Das sei an jenem Abend in der Trattoria gewesen. »Einer der Klassenkameraden war mein bester Freund, also wirklich ein Freund. Mit dem hatte ich nichts.« Aber der habe sie an diesem Abend geärgert, der sollte nicht neben ihr sitzen. Warum, weiß sie nicht mehr. »Jedenfalls wollte ich ihn zurückärgern.« Als zufällig Frieder vorbeikam, habe sie ihn aufgefordert, sich neben sie auf den noch freien Stuhl zu setzen.

»Das hat der glatt gemacht.« Und er sei an diesem Abend dann so unterhaltsam gewesen, »soooo lustig«, dass sie sich dachte: »Das ist ein toller Typ!« Frieder besitze ja auch diesen unvergleichlich trockenen Humor, mit dem es ihm noch heute gelinge, das Eis zu brechen und die Leute dazu zu bringen, die Perspektive zu wechseln. »Einfach wunderbar!« Damit bringe er auch sie nach wie vor zum Lachen.

Obendrein habe er sehr gut ausgesehen, »äußerst attraktiv«. Schlank und groß, mit seinem dicken, dunkelblonden Haar, das er damals noch lang trug. Ein schöner Junge. Schön unkonventionell. »Er hatte zwei Paar Schuhe, die er immer kombinierte – ein blaues und ein rosa Paar. Dann zog er links den rosa und rechts den blauen Schuh an.« Oder umgekehrt. »So hat er beide Paare abgenutzt, aber niemals nur blau oder nur rosa.« Das sei sein persönlicher Gag gewesen, und das habe ihr ebenfalls sehr gefallen. »Frieder war schon damals das Gegenteil von spießig.« Und unglaublich kreativ. »Er konnte gut malen. Er hat die Leute immer mit kleinen Karikaturen auf die Schippe genommen.« Auch an jenem Abend in der Trattoria. Toll habe sie ihn gefunden, »sehr, sehr toll«.

Nach der Italienreise fehlte er kein einziges Mal mehr, wenn sich die Clique nach der Schule bei ihr zum Essen verabredete. »Ich wohnte ja schon mit siebzehn ganz allein. Alle, die wir cool fanden, trafen sich bei mir.« Die anderen hätten für das Trinken gesorgt, sie für das Essen. Wobei immer dasselbe auf dem Speiseplan stand: Spaghetti mit Tomatensoße, ein Halbfertiggericht aus der Packung. »Ich koche ja nicht.« Britta verkündet es so, wie andere Leute verkünden, dass sie nicht rauchen. Man habe das Soßenpulver nur mit Wasser anrühren und in einem zweiten Topf das Nudelwasser aufsetzen müssen. »Einfach wunderbar.« Wunderbar einfach und sehr lecker. Miracoli hieß das Gericht, »das war so länglich rotgrün verpackt«. Dieter und ich nicken lachend. »Oh ja, das kennen wir auch nur allzu gut!« Vermutlich haben sich ganze Generationen von Schülern und Studenten in den achtziger Jahren von Miracoli ernährt. »Ich hatte das echt meterweise im Küchenschrank«, erinnert sich Britta lachend.

Bei einem dieser Nudelessen nach der Romreise hätten sie über die Sommerferien gesprochen. Britta erzählte, dass sie nach Israel reisen würde, um dort an einem Ausgrabungsprojekt teilzunehmen. »Ich wollte damals Archäologie oder Ägyptologie studieren.« Ihre Mutter hatte ihr die Reise geschenkt. »Und du? Was machst du in den Sommerferien?«, fragte sie Frieder. Er hatte noch keine Pläne. »Meinst du, ich kann mit nach Israel kommen?«, habe er sich nach einer Weile zu fragen getraut. Na klar, antwortete sie, warum denn nicht?

Erst viel später sei ihr klargeworden, was diese Worte bedeuteten, »aus dem Mund eines Mannes, der zwei linke Hände hat – und auch die nur voller Daumen!« Frieder sei total unpraktisch, »aber total. Der kriegt keine Schraube in die Wand.« Der habe ganz andere Talente, »aber alles, was mit Spaten oder Schaufeln zu tun hat, das ist so gar nicht seins.« Mit aufrichtigem Mitleid in der Stimme sagt sie: »Ich glaube, der hat in Israel dann auch sehr gelitten. Das war nicht schön für ihn, da im Ausgrabungslager.«

Aber dafür sei er anschließend reichlich entschädigt worden, als sie zu zweit zehn Tage lang durchs Land reisten. Da habe sie sich vollends in ihn verguckt. »Ich war schwer verliebt.« Sie weiß nicht mehr genau, wo und wann sie zum ersten Mal kuschelten und sich küssten, ob das nun am Toten Meer war oder am Roten. »Jedenfalls war es sehr romantisch, mit Sternenhimmel und so.«

Aber trotz aller Schmetterlinge im Bauch hielt sie alles zunächst nur für einen Ferienflirt; sobald sie wieder zu Hause sein würden, da war sie sich ziemlich sicher, wäre alles vorbei.

Aber Frieder habe ihr nach der Rückkehr recht schnell klargemacht, wie ernst es ihm war. »Er kam noch öfter zum Miracoli-Essen vorbei.« Es dauerte nicht lange, und er stand jeden Tag vor der Tür. »Irgendwann ist er bei mir eingezogen.« Dann sei es klar gewesen: »Wir sind ein Paar.«

Zuvor habe sie noch eine ganze Reihe an Konkurrentinnen aus dem Feld schlagen müssen. Denn Frieder spielte ja in der Schulband, »und Gitarre spielende Leadsänger sind bei Auftritten immer gern genommene Opfer der Mädels«. Frieder habe sich von denen immer totquatschen lassen. »Die schienen sich dann ausschließlich für seine Gitarre zu interessieren. Was natürlich schwerst gelogen war.« Da habe sie dann schon ein paarmal Klartext reden müssen: »Nee, also das ist jetzt leider meiner!«

Aber wirklich fürchten müssen habe sie die Konkurrenz nicht. »Frieder hatte nur Augen für mich.« So unglaublich warm und humorvoll sei er gewesen, so entspannt: »Der ruhte schon damals fest in sich. Das hat mich sehr für ihn eingenommen, denn das habe ich so nie getan.«

Und dann war da auch noch seine Familie, die beiden Schwestern und die Eltern. Die liebe sie noch heute über alles. »Sie sind fester Bestandteil meines Lebens.« Nie käme es ihr in den Sinn, Frieders Eltern als ihre Exschwiegereltern zu bezeichnen, »darauf lege ich großen Wert«. Außerordentlich liebevoll sei sie damals in dieser Familie aufgenommen worden. Was sie dort erlebte, kannte sie nicht, danach habe sie sich immer gesehnt, betont sie. »Meine Mutter musste direkt nach meiner Geburt ins Sanatorium.« Von Brittas Vater, einem, wie sie sagt, »Lebemann und Frauenfreund«, hatte sich die Mutter bereits vor ihrer Geburt getrennt. »Ich bin sozusagen das letzte gemeinsame Produkt meiner Eltern.« Ihre ältere Schwester und sie wuchsen in Heimen auf: »Kinderheim, Schülerheim, Internat.« Und dann, mit siebzehn, kam sie in dieses warme, dieses liebevolle Nest, in dem Frieder und seine Schwestern aufgewachsen waren. »Ich war völlig fasziniert.« Von diesem Vater, der vor seiner Verantwortung nicht davongelaufen war und seine drei Kinder über alles liebte, von dieser aufopfernden Mutter, die alles zusammenhielt und dieses Paradies geschaffen hatte. »Natürlich sehe ich das heute kritischer, aber als ich damals in dieses Paradies hereinschneite, als junges Mädchen, mit meinem familiären Hintergrund, da sah ich alles durch die rosarote Brille, da war ich hin und weg.« Sie hatte das Gefühl, endlich ein Zuhause gefunden zu haben, Teil einer Familie zu sein. Einer intakten Familie. »Wir hatten dann viele wunderbare Jahre. Friedlich, harmonisch, lustig. Das war schon alles sehr schön am Anfang. Das hat auch lange gehalten.«

Und wann fing es an, nicht mehr schön zu sein? Wann hat es aufgehört zu halten?

Britta zieht die hohe glatte Stirn unter dem kunterbunten Haarband in Falten, sie muss nachdenken. »Ich denke, als ich einfach nicht schwanger werden wollte und zum Frauenarzt ging. Da waren wir schon zehn Jahre zusammen.«

Dieter und ich nicken. Das war wegen der Abtreibung, nicht wahr? Deshalb konnte sie nicht mehr schwanger werden.

»Ja, die Abtreibung, das wisst ihr natürlich auch schon.« Sie lächelt, aber es ist ein leises, verhaltenes Lächeln. Kurz vor dem Abi sei das gewesen. Ihr erster Impuls sei ein positiver gewesen. »Ach, wie schön – schwanger! Schwanger von Frieder!« Sie hatte sich ja immer Kinder gewünscht. Aber eigentlich wollte sie erst noch studieren und dann ein paar Jahre arbeiten ... »Das hat eben einfach nicht gepasst.« Sie redete kurz mit Frieder darüber. »Der fand auch, dass das nicht passte.« Und dann habe sie dieses Kind abgetrieben, »ohne weiter drüber nachzudenken«.

Das hört sich so an, als habe Frieder sich da weitgehend rausgehalten. Sei das vor allem ihr Entschluss gewesen?

Wieder runzelt Britta die Stirn und sucht nach Worten. »Wisst ihr, Frieder bezieht nicht so viel Stellung, der macht vieles mit sich selber aus, der hält sich aus vielem raus.« Auch in dieser Stelle sei er einfach stiller gewesen, meinungsloser. Er sei ja immer sehr mit sich selbst beschäftigt und eher ein schweigsamer Typ. »Man könnte ihn auch als mundfaul bezeichnen, das hat mir später ganz schön zu schaffen gemacht.« Damals habe sie das Gefühl gehabt, er sei ihr sehr dankbar gewesen, dass sie ihm die Entscheidung abnahm. »So jedenfalls hat das auf mich gewirkt.« Denn im Prinzip habe sie den Entschluss ohne ihn gefasst und ihn mehr oder weniger vor vollendete Tatsachen gestellt. So nach dem Motto: »Du, pass mal auf. Ich möchte ... Ich werde ... Wie siehst du das?« Worauf er antwortete: »Ja, ich sehe das auch so.« Und dann hätten sie das Problem aus der Welt geschafft – leichtfertig und unbedacht. Schwanger werden, das konnte sie immer noch. Später.

Aber sie wurde nicht mehr schwanger. »Endometriose« lautete die Diagnose, als sie mit achtundzwanzig einen Spezialisten aufsuchte. »Meine Eierstöcke waren verklebt.« Eine romantische Schwangerschaft sei nicht mehr möglich, hörte sie den Arzt sagen, also eine, die sich nach einer Liebesnacht von selbst einstellt, auf natürlichem Wege.

Ob die verklebten Eierstöcke tatsächlich das Ergebnis einer verpfuschten Abtreibung waren, weiß sie bis heute nicht. »Ich habe das nie gefragt«, sagt Britta. »Und heute ist es egal und spielt keine Rolle mehr.« Aber damals habe sie das so empfunden: »Ich dachte mir: So, jetzt hast du einmal richtig Scheiße gebaut, und das ist die Strafe dafür.«

Dass Frieder sie trotz dieser für sie niederschmetternden Diagnose heiratete, rechnet sie ihm bis heute hoch an. »Das werde ich ihm nie vergessen. Das fand ich ganz toll.« Er hätte ja auch sagen können: »Sorry, du kannst keine Kinder kriegen, was soll ich mit dir?« Aber er habe voll hinter ihr gestanden. »Der war total loyal zu mir.«

Wieder muss sie seufzen. Vielleicht auch deshalb, aber das ist ihr erst sehr viel später klargeworden, weil die ärztliche Diagnose für ihn, wenn überhaupt, weitaus weniger niederschmetternd war. Für Frieder wäre es kein Problem gewesen, wenn die Ehe kinderlos geblieben wäre. Vielleicht wäre ihm das sogar lieber gewesen, wenn sie keine Kinder bekommen hätten. »Frieder braucht keine Familie, da bin ich mir inzwischen ziemlich sicher.«

Sie hingegen wollte Kinder, unbedingt, mindestens zwei. »Eine Familie zu gründen, war mein Lebensziel. Und das habe ich Frieder auch immer wieder deutlich gesagt. Für mich war das ganz klar.«

Für Frieder weniger. Britta schweigt einen Moment. »Frieder hat mir nie gesagt, dass er eigentlich keinen Kinderwunsch hatte. Leider.« Sie atmet tief durch und hebt die Hände Richtung Decke. Warum hat dieser Mann ihr das nicht beizeiten mitgeteilt? Wieso hat er nicht rechtzeitig gesagt, dass er das vielleicht gar nicht wollte? Dass er es noch nicht wusste? Dass er eigentlich noch nicht so weit war und es ihr deshalb momentan nicht definitiv sagen konnte … »Alles besser als gar nix.« Aber da sei nichts gekommen: keine Bedenken, keine Einwände. »Er schwieg sich aus.«

Er habe auch geschwiegen, als der Arzt Britta eröffnete, dass ihnen doch noch eine klitzekleine Aussicht bliebe, schwanger zu werden – auf unromantischem Wege, mit Hilfe einer IVF-Behandlung. Erst habe sie gezögert. Sollten sie das wirklich auf sich nehmen? »Aber dann sagte ich mir: Okay, du willst unbedingt Kinder, also mach mal.« Und dann habe sie gemacht und die Prozedur vorangetrieben. Und Frieder, der habe sie machen lassen. Ohne viele Worte darüber zu verlieren. Aber im moment suprême habe er brav sein Sperma abgegeben.

Im Nachhinein weiß sie, dass ihn diese Situation total überfordert hat. »Er ist ja bei allem so zart, wie eine Mimose.« Nicht umsonst habe sie ihn immer liebevoll ihren »höhenängstlichen Vegetarier mit Laktoseunverträglichkeit« genannt. Weil er sich wegen seiner Höhenangst auf keinen Berg wagte, wegen des Tierleids kein Fleisch essen wollte, allerhöchstens mal einen Fisch, aber auch das nur selten, und wegen seiner Laktoseunverträglichkeit auch noch auf bestimmte Milchprodukte verzichten musste.

Und diesen höhenängstlichen Vegetarier mit Laktoseunverträglichkeit hatte sie nun auch noch ins Kinderwunschlabor gesteckt: Vaginalzäpfchen, Hormonspritzen, Eisprünge … »Das war echt hart für ihn.« Mit Nebenwirkungen, die sie, Britta, so nicht erwartet hatte. »Das alles machte mich für ihn nicht mehr besonders attraktiv.« Anders ausgedrückt: »Er rührte mich nicht mehr an.«

Dennoch war sie glücklich, so glücklich wie nie zuvor in ihrem Leben. Sie hätten ja auch unermessliches Glück gehabt: Gleich beim ersten Versuch klappte es. »Ich habe selten eine sooooo lange Glücksphase erlebt. Die Schwangerschaft, das erste Lebensjahr von Till ... Ich schwebte nur«, erinnert sie sich. »Ich war sicher eine der glücklichsten Mütter – was ich übrigens noch heute bin.«

Sie hatte sich doch noch den Traum von der Familie erfüllen können, sie hatte ein Kind bekommen. Ihre Welt war in Ordnung. Auch wenn der Vater ihres Kindes sie nicht mehr anrührte. Schon eineinhalb Jahre vor der Geburt von Till habe Frieder aufgehört, sie anzurühren.

Britta steht auf, um eine Schale mit Obst zu holen, die auf der Küchenanrichte steht. »Ihr wisst ja bestimmt schon, wie ich dieses Problem für mich gelöst habe«, meint sie, als sie mit Obstschale zurück an den Tisch kommt. Sie guckt erst Dieter an, dann mich und gibt unumwunden zu: »Ich bin schon mit dem Frauenarzt, der mich damals behandelt hat, fremdgegangen.« Sie seufzt. »Das war natürlich tödlich, ich weiß. Und das tut mir auch heute noch wahnsinnig leid.« Aber sie habe es als tiefe Kränkung erfahren, dass der eigene Mann sie abwies und nichts mehr von ihr wollte. Obwohl Frieder sie und ihre Bedürfnisse doch genau kannte. »Wir waren in den besten Jahren. Nur weil ich einen Kinderwunsch hatte, war ich doch auf einmal kein asexuelles Wesen!«

Dieser Arzt hingegen, der habe sie begehrt, erzählt sie. Und in der herrlich unverblümten Art, mit der sie die Dinge auf den Punkt zu bringen weiß: »Rechts und links bekamen die Frauen Kinder wie die Karnickel, während ich mich dafür spritzen und sie mir einpflanzen lassen musste.« Aber ausgerechnet der Mann, der das alles von ihr wusste, »der mich sogar von innen genau kannte« – der habe sie trotzdem toll und attraktiv und begehrenswert gefunden. So wie sie war, auch wenn sie keine Kinder bekommen konnte. »Ich habe das gebraucht«, betont sie. Ihr Selbstwertgefühl als Frau habe das gebraucht.

Über Jahre hinweg hätten sie ein Verhältnis gehabt. »Er war auch verheiratet. Wir hatten ein ganz klares Agreement: Die Familie hielten wir raus, die war unantastbar.« Eine wunderbare Liebschaft sei das gewesen. Und eine rein körperliche, betont sie. So wie alle, die noch folgen sollten. »Ich hätte dafür nie meine Familie verlassen – nie!«

Sie habe das immer ganz klar trennen und einordnen können. Und dabei nie das Gefühl gehabt, Frieder etwas wegzunehmen. »Der ist eben einfach …« Sie stockt und sucht nach Worten: »Also, der ist einfach asexueller als ich. Anders ausgedrückt: Ich bin auf diesem Gebiet etwas dynamischer.« Damals habe sie sich einfach gedacht, »na gut, dann falle ich dem nicht weiter zur Last. Dann hole ich mir das, was ich von ihm nicht mehr kriege, woanders.« Eine für sie sehr wohlwollende Interpretation, das weiß sie. »Aber er hat ja auch nie wieder Interesse an mir gezeigt. Nie wieder! Das kam nicht zurück.«

Vielleicht auch deswegen nicht, weil Frieder in diesen Jahren einfach immer nur müde war: »Er hatte damals seine eigene Agentur gegründet und nur noch gearbeitet, Tag und Nacht.« Wenn er nach Hause kam, sei er meistens eingeschlafen, sobald er sich irgendwo hingesetzt hatte. So kaputt sei er gewesen. So müde und mundfaul. »Noch mundfauler als sonst.«

Manchmal hatte sie Freunde zum Essen eingeladen. »Im Prinzip koche ich ja nach wie vor nicht«, stellt sie schmunzelnd klar. Aber als Mutter mit einem kleinen Kind könne man das nicht konsequent durchhalten, »und so habe ich ab und zu auch Freunde bekocht«. Frieder sei immer als Letzter erschienen, viel zu spät, die anderen hatten längst angefangen zu essen, waren beim Hauptgericht, wenn nicht bereits bei der Nachspeise. Er setzte sich zu ihnen, spachtelte schweigend das Essen in sich hinein. Und schlief manchmal schon am Tisch ein.

Natürlich, sie hätten das Geld gebraucht. Weil sie sich ja gerade das Haus hier gekauft hatten, ein viel zu teures Haus. Aber, betont Britta: »Die entscheidende Frage ist, wo die Notwendigkeit aufhört und die Flucht anfängt.« Wann die Arbeit zu einem Vorwand werde, zu einem Instrument, um vor dem, was sich zu Hause abspielt, zu fliehen.

Sie klopft auf die Tischplatte vor ihr. »Nach der Geburt von Till hatte ich den dringenden Wunsch, mit Mann und Kind einmal am Tag hier am Tisch zu sitzen.« Deshalb habe sie ihn ja auch Familientisch getauft. »Das ist vielleicht spießig, aber ich habe das gebraucht.« Sie schweigt einen Moment und korrigiert sich dann. »Ich HÄTTE das gebraucht. Es ist mir ja nicht gelungen.« Sie weiß nicht mehr, wie oft sie ihren Mann darum gebeten hat. »Frieder, einmal am Tag möchte ich, dass wir zu dritt am Tisch sitzen. Bitte lass uns einmal am Tag zu dritt am Tisch sitzen!« Egal, ob zum Frühstück oder zum Abendessen: »Hauptsache, du siehst dein Kind, und dein Kind sieht dich, und ihr könnt sprechen. Einmal am Tag.«

Sie klopft noch mal auf die Tischplatte, dieses Mal lauter, härter. Die Fingerknöchel ihrer Hand schimmern weißlich durch die gebräunte Haut. »Wir haben das in all den Jahren kein einziges Mal geschafft.« Sie bemerkt unsere ungläubigen Blicke: »Vielleicht ein- oder zweimal. In acht Jahren!«

Zusammen zu frühstücken sei unmöglich gewesen, weil Frieder erst weit nach Mitternacht nach Hause zu kommen pflegte und deshalb erst viel später aufstand als Frau und Kind. »Er schloss zwischen sieben und acht Uhr abends die Agentur ab und ging in seine Stammkneipe, um dort weiterzuarbeiten.« Und wenn die Kneipe nicht um ein Uhr nachts geschlossen hätte, dann hätte er dort bis drei gesessen. »Ja, um zu arbeiten.« Andere gehen in die Kneipe, um abzuschalten, Frieder, um zu arbeiten. »Das kann der. Dann ist er besonders kreativ.« Das habe er schon zu Schulzeiten gekonnt. »Er setzte sich in die Badewanne, hörte Musik und hat sich dabei die König-Erläuterungen reingezogen.« Also die praktischen Zusammenfassungen von Weltliteratur. Sodass man die Bücher selbst nicht zu lesen braucht, aber die Inhalte trotzdem kennt. Genauso habe Frieder später als Erwachsener jahrelang in der Kneipe arbeiten können. Ohne sich von dem Trubel ablenken zu lassen. »Wenn er dann am nächsten Morgen wach wurde, war ich mit Till längst auf dem Weg in den Kindergarten zur Pekipgruppe.« Und wenn er abends heimkam, schlief Till bereits seit Stunden.

Auch an den Wochenenden hätten sie es nicht geschafft, zu dritt am Familientisch zu sitzen. »Weil Frieder so gut wie nie zu Hause war. Und wenn, dann ist er mit seinem Sohn weder zum Fußballspielen gegangen noch zum Schwimmkurs. Nix. Einfach schlicht nix.« Dass es zwischen ihr und ihrem Mann kaum noch Berührungspunkte gab, habe sie in Kauf genommen. Aber dass es die zwischen Vater und Sohn auch nicht gab, »das hat mich zutiefst verletzt«.

Bei ihrer Schwiegermutter beklagte sie sich bitter darüber. Aber die habe ihren Sohn immer in Schutz genommen. »Du weißt doch, Brittalein, er meint das nicht böse. Er meint das doch wirklich nicht böse!« Britta verdreht die Augen. »Aber das ist mir irgendwann scheißegal gewesen. Ich wollte trotzdem, dass das mit dem Familientisch klappt.«

Aber es klappte nicht – da konnte sie sich Frieder noch so oft vorknöpfen und versuchen, ihm ins Gewissen zu reden: »Ich habe geschimpft wie ein Rohrspatz.« Aber genauso gut hätte sie gegen eine Wand reden können, das sei alles an ihm abgeprallt. Seine Mundfaulheit machte ihr immer mehr zu schaffen. Manchmal hätte sie ihm am liebsten kaltes Wasser ins Gesicht geschüttet. »So, und jetzt reicht's mir, jetzt redest du mit mir«, habe sie ihn angebrüllt. »Jetzt mach mal den Mund auf, verdammt noch mal, und sprich mit mir!«

Aber sie drang nicht mehr zu ihm durch. Frieder habe sich immer mehr abgeschottet und zuletzt vollkommen in seiner eigenen Welt gelebt. Wie in einer Blase. Immer sei er zu spät dran gewesen oder habe Leute versetzt, weil er den Termin total vergessen hatte. »Er hatte seine eigenen Prioritäten, die anderer Leute wurden dadurch völlig unbedeutend – auch wenn es um die eigene Familie ging. Da ließ er sich nicht reinreden.«

Sie musste entdecken, dass sie nicht nur einen höhenängstlichen Vegetarier mit Laktoseunverträglichkeit geheiratet hatte, sondern obendrein einen, wie sie es formuliert, »Teil-Autisten«. Mit unglaublichen Gaben, das schon. Aber für den Alltag alles andere als tauglich.

Auch das habe sie im Grunde genommen von vorneherein gewusst, gibt sie zu. Oder zumindest geahnt. Aber es sei mit den Jahren immer schlimmer geworden. »Mein allerersten Geburtstagsgeschenk an ihn, mit achtzehn, war eine Armbanduhr.« Eine Swatch mit einer Botschaft: *Do not be too late* stand auf dem Ziffernblatt. Unübersehbar, in schwarzen Lettern. Nicht etwa *Don't be late,* also »Verspäte dich nicht«, sondern: »Komm nicht ZU spät«, *Do not be too late.*

Sie pflückt sich eine Traube aus der Obstschale und muss bei der Erinnerung daran auflachen. »Geholfen hat es nichts.«

Wenn einer viel zu spät kam oder gar nicht, wenn einer nicht auf SMS- oder WhatsApp-Nachrichten reagierte, dann Frieder. »Das ist schon damals so gewesen.« Und das sei noch heute so. »Du kannst dem Fragen stellen, der meldet sich einfach nicht.« Seine Mutter oder sein Vater, seine Schwestern, der Steuerberater oder der Banker: »Die werden euch alle hundertprozentig sagen: Der Frieder ruft nicht zurück.« Der melde sich allerhöchstens sporadisch. Und wenn man ihn zufällig erwische, müsse man sich anhören: »Ich habe zu tun.«

»Ja«,. sagt Britta und schlägt mit der flachen Hand auf die Tischplatte, »andere Menschen haben auch zu tun!« An Frieders Zeitmanagement, an seiner »Unzuverlässigkeit im Kleinen und manchmal auch im Großen« sei sie echt gescheitert. Lebensjahre habe sie das gekostet: »Ich habe gefühlt dreißig Jahre auf den Kerl gewartet.«

Seine Mutter habe Frieder auch in dieser Hinsicht in Schutz genommen. »Aber das ist doch keine böse Absicht.« Britta verdreht erneut die Augen: »Aber irgendwann ist man's einfach leid.« So manches Mal habe sie Frieder in der Luft zerreißen können. »Deshalb habe ich heute ganz wenig Spielraum für andere unzuverlässige Leute. Das geht mir so was von gegen den Strich.«

Sie hält einen Moment inne und blickt durch die offenen Flügeltüren in den blühenden Herbstgarten. »Heute denke ich, dass ihn das damals alles völlig überfordert hat.« Die eigene Agentur, das Haus, das Kind …

»Und dann wollte ich ja unbedingt noch ein zweites.« Sie muss auflachen, als sie es sagt, es ist ein trockenes, ein hartes Lachen. Sie schüttelt den Kopf. »Das war ein Fehler, das hat unserer Beziehung sehr geschadet. Das muss tödlich für ihn gewesen sein.«

Viel zu lange habe sie das vorangetrieben, »für den Frieder unerträglich lange. Koste es, was es wolle.«

Schreckliche Jahre seien das gewesen, auch für sie: »Ich habe so viele Kinder verloren. Ich war noch elfmal schwanger, aber ich habe sie alle verloren, alle elf.« Manchmal schon nach vier, manchmal erst nach zehn Wochen. »Das war grauenhaft.«

Sie hält die linke Handoberfläche mit aneinandergelegten Fingern in die Luft, steil nach oben gerichtet wie ein startendes Flugzeug. »So lag ich dann immer im Bett oder auf dem Sofa. Stundenlang.« Um zu verhindern, dass das befruchtete Ei abrutschte, um sicher zu sein, dass es da blieb, wo man es eingepflanzt hatte: in ihrer Gebärmutter.

»Meine Schwiegermutter hat mich unterstützt, wo es nur ging, sie hat dann immer den Till genommen und sich um ihn gekümmert.« Frieder hingegen, der sei nie da gewesen, der habe nie Zeit gehabt. »Der kam deswegen nicht nach Hause. Weder, um sich um seinen Sohn zu kümmern, noch, um den Arm um mich zu legen.« Er ließ sie gewähren, er ließ sie machen. Aber er zog nicht mit an diesem Strang, an dem seine Frau voller Verzweiflung zerrte. »Das waren harte Jahre, das war schlimm. Aber ich konnte damals einfach nicht aufhören.«

Im Nachhinein weiß sie: Frieder wollte dieses zweite Kind nicht, das sie nicht nur dem Schicksal, sondern auch ihm abzuringen und abzutrotzen versucht hatte. »Er ist nun mal kein Familienmensch, er hätte schon das erste Kind nicht gebraucht.« Sie weiß noch, wie furchtbar einsam sie sich damals fühlte. »Wenn man in einer Partnerschaft allein am Strang zieht, und der andere lässt einen nur gewähren, macht aber nicht wirklich mit, steht nicht wirklich hinter einem – dann fühlt man sich mutterseelenallein auf der Welt, dann ist das fatal für die Beziehung.«

Sie habe dann immer ihre Liebhaber gehabt und sei parallel weiter fremdgegangen. Männer, mit denen sie auch prima ausgehen und sich gut unterhalten konnte. Aber ansonsten reine Bettgeschichten. Nie wäre es ihr in den Sinn gekommen, für einen ihrer Liebhaber ihren Mann zu verlassen. »Weil ich mit meinem Jawort eine Grundentscheidung gefällt hatte«, betont sie. Als sie Frieder heiratete, habe sie sich gesagt: »Das ist mein Mann. Und das bleibt der bis zum Schluss. Durch dick und dünn.« Nie im Leben hätte sie ihn verlassen, »ich schwör's euch, niemals hätte ich die Familie auseinandergepflückt.« Trotz seiner Unzuverlässigkeit, trotz seiner Schweigsamkeit. Und trotz ihrer Einsamkeit.

Aber war es nicht anstrengend, ein Doppelleben mit immer neuen Affären zu führen? Musste sie nicht ständig auf der Hut sein und aufpassen? Hatte sie denn gar keine Angst aufzufliegen, wenn sie mit einem ihrer Liebhaber in der Stadt unterwegs war?

»Nö, eigentlich nicht«, lautet ihre überraschende Antwort. Warum sollte sie nicht mit einem anderen Mann an einer Bar ein Bier trinken oder zusammen zu Abend essen? Man müsse sich ja nicht gleich aufführen wie die Turteltäubchen. Außerdem: Ein großes Geheimnis habe sie aus ihren Liebschaften nie gemacht. Ein paar gute Freunde wussten es. Und eigentlich, so findet sie noch heute, hätte Frieder es auch wissen müssen. »Ich war mir sogar ziemlich sicher, dass er es wusste. Und deshalb fühlte ich mich auch ziemlich sicher mit meinen Affären.« Frieder musste im Bilde sein, er wusste von ihren Liebschaften, er nahm sie stillschweigend in Kauf – das konnte gar nicht anders sein. »Er hatte ja wirklich kein Interesse mehr an meinem Körper, und deshalb holte ich mir das definitiv woanders.« Sie hatte sich arrangiert, »und als ich das einmal für mich akzeptiert hatte, hatte ich auch kein schlechtes Gewissen mehr«. War es im Prinzip nicht völlig egal, mit wem sie ins Bett ging? »Mit meinem Mann jedenfalls nicht.«

Seufzend rückt Britta das bunte Haarband etwas zurecht, dann beginnt sie von einem jener seltenen Abende zu erzählen, an denen sie Freunde zum Essen eingeladen hatte. Frieder sei mal wieder zu spät dran gewesen, viel zu spät. Müde und mundfaul wie immer habe er sich hingesetzt und schweigsam das Essen in sich hineingespachtelt. »Wir sprachen über einen Film, der damals gerade in den Kinos angelaufen war.« Frieder und Britta wollten ihn sich zwei Tage später anschauen. Diesen Termin habe sie ihm wie alle Absprachen regelrecht abgetrotzt, »anders ging das ja mit ihm nicht«, und dick und rot in den gemeinsamen Terminkalender eingetragen. Doch an diesem Abend teilte ihr Frieder plötzlich vor versammelter Mannschaft zwischen zwei Bissen mit: »Du, Britta, das mit dem Kinobesuch übermorgen, das wird leider nichts, sei mir nicht böse.« Die übliche Leier, blablabla …

Da habe sie ihn angesehen, ihr schönstes Lächeln aufgesetzt und mit zuckersüßer Stimme höchst provokant ebenfalls vor versammelter Mannschaft geantwortet: »Du, Frieder, das ist gar kein Problem. Andere Männer verbringen ihre Zeit gerne mit mir, mach dir keine Sorgen, Schatz!«

Allen sei das Kinn auf die Tischkante geschlagen, allen sei in diesem Moment völlig klargeworden, dass sie ihren Mann betrog. »Ich meine, schlimmer kann man es auch nicht sagen, oder?«, fragt sie kopfschüttelnd: »Kein Problem, Liebling, tu du nur schön, was du tun musst – ich bin dann mal weg.« Aber Frieder, der habe den Knall nicht gehört. Der habe nur gemächlich weitergegessen und sich dann hübsch ins Bettchen gelegt und gedacht: »Och, meine Welt ist in Ordnung.«

Und oberflächlich betrachtet war sie das ja auch: Sie lebten weiterhin nebeneinander her, er flüchtete sich in die Arbeit, sie behalf sich mit Liebhabern.

Bis zu jenem Abend, an dem er früher als erwartet nach Hause kam. Mit Migräne. Britta hatte eine Verabredung, »mit einem Liebhaber, ja«. Sie war im Begriff, das Haus zu verlassen. »Nimm eine Tablette und leg dich hin. Du weißt ja, wo sie sind«, sagte sie zu ihrem Mann und zog sich den Mantel an. Er hatte kein Recht, fand sie, ihr diesen Abend zu nehmen, nur weil er zufällig mal früher und mit Kopfschmerzen nach Hause gekommen war. »Der hatte mich schon dreihundertachtzigtausend Mal versetzt.« Außerdem: Ein kranker Frieder war ein unerträglicher Frieder. »Der wollte das ganze Programm: Füße kraulen, Zehen massieren … Das komplette Männerschnupfentheater eben.« Sie wäre dazu bereit gewesen, ihm noch einen Tee zu kochen, aber mehr nicht.

Er hatte sich an den Familientisch gesetzt und starrte sie entgeistert an: »Was? Du gehst? Wo willst du denn jetzt noch hin?«

Da stellte sie sich vor ihn und stemmte die Arme in die Hüften: »Frieder, mal ganz ehrlich, wenn du's genau wissen willst: Ich treffe jetzt meinen Liebhaber. Aber nur, weil du fragst.«

Ja, ganz genau so habe sie ihm das mitgeteilt, sagt sie, als sie unsere ungläubigen Blicke sieht. Er hatte gefragt, sie hatte geantwortet. »Damit mal Ruhe an der Stelle war.«

Das Gegenteil sei der Fall gewesen. »Der flippte aus, der fiel aus allen Wolken.« Ganz böse mental aufgeschlagen sei er. Noch nie in ihrem Leben habe sie ihn so wütend erlebt und so zerstörerisch. »Noch nie!« Erst habe er alles, was ihm in die Finger kam, gegen die Kacheln geschmettert, Kaffeebecher, Teekanne, einen schweren gläsernen Aschenbecher. »Den Sprung, den der hinterlassen hat, gibt's noch heute.« Dann versuchte er, den Wasserkran herauszureißen. Und als ihm das nicht gelang, stürzte er sich auf den Schrank mit den Gläsern und dem Porzellan und schmiss ihn um.

Entsetzt hören wir zu. Entsetzt und erstaunt: Hatte Frieder nicht gesagt, dass es erst beim zweiten Urknall zu diesem Gewaltausbruch gekommen war? Also, als er entdecken musste, dass sie ihn die ganzen letzten zehn Jahre betrogen hatte?

»Oh ja, da haben wir uns auch gezofft«, antwortet Britta. »Aber das war nichts im Vergleich zu dieser ersten Eruption! Die erste war die schlimmste, da bin ich mir ganz sicher.«

Ungläubig, immer noch im Mantel, habe sie zugesehen, wie ihr Mann in der Küche alles kurz und klein schlug. Ungläubig und wütend. Am liebsten hätte sie auf ihn eingedroschen und ihm eine geknallt. »Ich fand das so eine Unverschämtheit, so eine Anmaßung.« Stinksauer sei sie gewesen und beleidigt. Was fiel dem ein! Nach so vielen Jahren, in denen er sie nicht angerührt, keinerlei Interesse an ihr gezeigt hatte! »Ich hatte echt das Gefühl, der weiß, dass ich mir das woanders holte. Ich meine, Till war inzwischen acht Jahre alt!«

Und dann flippte der hier aus, bloß weil er eine Antwort auf eine Frage bekommen hatte, die sich eigentlich erübrigt hätte. »Selber denken hilft ja auch manchmal! Irgendwie mal die eigenen Antennen ausfahren, sich nicht immer alles servieren lassen.«

Eine Stunde habe das gedauert, »vielleicht waren es auch nur dreißig Minuten«, ihr Zeitgefühl lasse sie da im Stich. Aber dann sei diese nie gekannte Eruption vorbeigewesen. »Dann sackte er in sich zusammen.« Wie ein Ball, aus dem man die Luft rausgelassen hatte. »Er hatte sich total verausgabt, und er hatte ja eh keine Kondition damals und war überarbeitet. Der war alle.« Völlig fertig legte er sich ins Bett und schlief sofort ein. Britta blieb noch eine Weile unschlüssig in der Küche stehen, immer noch im Mantel, zwischen zerbrochenen Gläsern und Tellern. »Aber dann bin ich gegangen.« Eine Trotzreaktion sei das gewesen. »Weil ich so sauer und so wütend war.« Aber sie kam viel früher als geplant wieder nach Hause. »Das wurde natürlich nichts mehr an diesem Abend, der war im Eimer.«

Anschließend habe Schweigen im Haus geherrscht. Ein eisig kaltes Schweigen. Über Wochen hinweg. Frieder sei still gewesen, ganz still. Kein Wort habe er von sich gegeben, keinen Ton. »Er strahlte eine Atmosphäre aus, als sei der Raum voller Steine.« Voller großer schwerer Steine, grau und kalt. »Man kriegt keine Luft, man kann sich nicht bewegen.« Und das bei sibirischer Kälte, minus vierzig Grad. »Frieder hat das Talent, einen Raum ganz massiv auf diese Weise mit seiner negativen Energie zu füllen. Bis zur Decke hoch. Man erstickt darunter.«

Während dieses Ausnahmezustands müsse er begonnen haben, in ihren Sachen zu schnüffeln. »Der hat unheimlich recherchiert, gewühlt, gekramt – und gefunden!« Denn er entdeckte, dass sie ihn nicht einmal, sondern unzählige Male betrogen hatte. Zum allerersten Mal vor mehr als acht Jahren mit dem Frauenarzt, der ihr geholfen hatte, mit Till schwanger zu werden. Der zweite Urknall. »Natürlich fing er an zu brüllen und zu toben. Natürlich hatten wir einen fürchterlichen Streit.« Aber mit Dingen habe er nicht mehr um sich geworfen. Ob denn alles Lüge gewesen sei, was sie die letzten zehn Jahre zusammen hatten, diese Frage habe ihn am meisten beschäftigt. »Jetzt lass mir doch meine körperlichen Vergnügen«, konterte sie. »Du willst sie ja nicht!«

Nach diesem zweiten Urknall packte er ein paar Sachen zusammen und ging in ein Hotel. Später mietete er sich irgendwo in der Stadt ein Apartment. »Wir brauchten räumliche Distanz. Wir wollten sehen, was passiert. Vielleicht würde es uns ja wieder zusammenziehen.«

Britta lacht leise. »Nach ein paar Tagen habe ich ihn dann in diesem Hotel besucht und bin über Nacht geblieben.« Erstmals seit fast zehn Jahren schliefen sie wieder miteinander. »Das war sooo schön, ich fand das ganz toll.« Sie kam sich vor wie frischverliebt. Sie schöpfte Hoffnung: Vielleicht konnten sie noch mal von vorn anfangen? Sich zum Rendezvous verabreden wie ein junges Pärchen? Er zeigte wieder Interesse an ihr, er schien ebenfalls neu verliebt zu sein. Und voller guter Vorsätze. Denn auf einmal war er aufmerksam, kam nicht mehr zu spät, reagierte auf ihre SMS- oder WhatsApp-Nachrichten. Sie konnte ihn erreichen! Vielleicht begann er ja tatsächlich, sich zu ändern.

Sehr wund sei ihr Verhältnis damals gewesen, von beiden Seiten. Sehr empfindlich. Und fragil wie ein Kartenhaus. Es brauchte nur eine leichte Brise zu kommen, und es wäre sofort in sich zusammengefallen.

Einen Monat, vielleicht waren es auch zwei, blieb das Kartenhaus stehen. Sie trafen sich, verbrachten einen Abend zusammen und die Nacht, und jedes Mal sei es sehr schön und romantisch gewesen. Sie schienen auf einem guten Weg zu sein. Und grundsätzlich war er ja nach wie vor der Mann, mit dem sie leben wollte. Weil sie ihn noch immer liebte. Aber auch und vor allem, so weiß sie heute, »weil ich Familie so etwas Schönes fand und meine eigene Familie erhalten wollte. Ich sah es irgendwie als moralische Verpflichtung, das hinzubekommen.«

Aber nach ein paar Wochen sei alles plötzlich wieder beim Alten gewesen: Frieder kam zu spät oder gar nicht oder sagte in letzter Minute ab, immer kurzfristig, nie rechtzeitig. »Vier Wochen lang habe ich mir das angeguckt und mitgemacht«, erzählt sie. In dieser Zeit müsse er diesen Privatdetektiv engagiert und auf sie angesetzt haben. »Erfahren habe ich das erst sehr viel später.« Sie kommt nicht umhin zu schmunzeln. »Aber der hat mich völlig erfolglos beschattet, denn in dieser Zeit hatte ich keinen Liebhaber.« Sie hoffte ja auf einen Neuanfang, sie dachte, Frieder habe sich wirklich geändert.

Doch der schien definitiv in sein altes Verhaltensmuster zurückgefallen zu sein. Nach vier Wochen gab sie auf. »Da begann ich wieder, mich mit anderen Männern zu treffen.« Es war nur knapp zwei Monate gutgegangen, länger nicht. Zu kurz für eine wirkliche, für eine nachhaltige Veränderung. »Das reichte mir nicht«, sagt sie. »Die Ausnahmen wurden wieder zur Regel. Ich war nicht mehr bereit, dafür Verständnis aufzubringen.«

Und so machte auch sie einen Rückzieher. Neben der räumlichen Distanz trennte sie auch wieder eine seelische. »Ich war so enttäuscht, das könnt ihr euch gar nicht vorstellen. Und so müde.«

Gesehen habe sie Frieder trotz allem immer wieder. Aber nur noch, um zu regeln, was geregelt werden musste: Rechnungen, Reparaturen, Versicherungen. Die Kommunion von Till. Ansonsten bewegte sich nichts. »Frieder hatte mir mitgeteilt, dass er es sich nicht mehr vorstellen konnte, zurück in unser gemeinsames Haus zu kommen.«

Ihre Ehe kam ihr vor wie ein Karren, der sich festgefahren hatte und stecken geblieben war. So konnte das nicht weitergehen, irgendwie musste dieser Karren wieder flottgemacht werden und in Bewegung kommen – egal in welche Richtung. »Ich wartete auf einen geeigneten Moment.«

Er ergab sich am Abend nach der Kommunion von Till, als der schon im Bett lag und alle Gäste gegangen waren. Alle bis auf Frieder. Britta saß allein mit ihm im Wohnzimmer. Sie hatten sich noch ein Glas Wein eingeschenkt. »Hör mal, Frieder«, begann sie. »Ich kann nur eins sagen: Wenn wir jetzt nicht wieder zusammenkommen, dann wird das nichts mehr. Entweder wir versuchen es jetzt noch einmal – oder wir lassen es bleiben.« Erwartungsvoll sah sie ihn an. Frieder habe sich geräuspert und sei ein bisschen unruhig auf dem Sofa hin- und hergerutscht. »Ich muss dir was sagen«, hob er dann an. »Ich habe mich neu verliebt.«

Ungläubig starrte sie ihn an. Sie wusste sofort, in wen: »In Annette, nicht wahr?«

Sie kannte diese Frau, Annette hatte in verschiedenen Boutiquen gearbeitet, in denen Britta gern einkaufte. Erst vor Kurzem noch hatten sie sich getroffen, in einer Kneipe, in der sich Britta mit Frieder verabredet hatte. Sie hatten den Abend zu dritt an der Bar verbracht. »Ein sehr netter Abend«, erinnert sie sich. Aber irgendwann, es war schon fast Mitternacht, da sei sie müde geworden und habe keine Lust mehr gehabt zu bleiben.

»Ich wusste genau: Wenn ich jetzt gehe, dann schnappt die sich den.« Britta pflückt sich erneut ein paar Trauben aus der Obstschale. »Und das hat sie dann ja auch gemacht«, meint sie mit vollem Mund. »Ich wusste es!« Aber egal, habe sie sich gedacht: Was soll's! Er sei ihnen gegönnt, dieser One-Night-Stand!

»Aber dass die sich Frieder dann so final geschnappt hat, dass die sich dann echt ineinander verliebten«, Britta stockt einen Moment und schüttelt den Kopf, »nein, das hätte ich nie erwartet.«

Sie versuchte, es mit Fassung zu tragen, die Beziehung stand ja sowieso auf der Kippe. »Aber das hat wehgetan.« Nun war der Karren zwar in Bewegung gekommen – aber in eine Richtung, die sie sich eigentlich nicht gewünscht hatte. Sie hatte so lange für ihre kleine Familie gekämpft, nun war sie müde und mürbe, nun gab sie auf. »Dieser Abend nach der Kommunion war für mich das Ende unserer Beziehung.«

Sie wusste, woran sie war, und deshalb wollte sie klare Verhältnisse und suchte eine Scheidungsanwältin auf. Die erstbeste, ohne sich vorher groß über sie zu informieren. »Ihre Kanzlei war fußläufig, ein paar Ecken weiter.« Dass diese Anwältin einen bissigen Ruf hatte, erfuhr sie erst später. »Ich bin da echt an die Falsche geraten.« Die Anwältin habe sich ihre Vermögensverhältnisse genau angesehen, »wir hatten ja keinen Ehevertrag«, um dann zufrieden festzustellen: »Da ist Musik drin.« Mit anderen Worten: »Dem können wir das Fell über die Ohren ziehen.«

Sie sei umgehend zur Sache gekommen, kurz darauf erhielt Frieder die ersten Schreiben mit Forderungen. Der habe sich zu Tode erschrocken. »Mensch, Britta, da stehen Sachen drin … Die ist viel zu hart, so geht das nicht.«

Eine Weile sei das so hin- und hergegangen, sie spielte das Spiel der Anwältin mit. »Aber dann trennte ich mich von ihr.« Was sich abzeichnete, war ein Stellungskrieg, sie sah es schon genau vor sich: Beide würden sich immer tiefer in ihren Schützengräben vergraben; an der Scheidungsfront nichts Neues. »Das wollte ich nicht. Ich wollte keine Konfrontationen, ich wollte keinen Rosenkrieg. Ich wünschte mir eine faire Scheidung.«

Frieder habe daraufhin etwas sehr Schönes gesagt: »Lass es uns freiwillig tun«, schlug er vor. Nicht immer wieder von Schützengraben zu Schützengraben das Feuer eröffnen, nicht versuchen, den anderen auszunehmen und ihm zu schaden – nein, gemeinsam nach einer Lösung suchen und diese dann auch gemeinsam ausarbeiten. Was geht, was geht nicht?

»Leben und leben lassen, war unser Motto«, erzählt Britta. »Ich wollte gut weiterleben können, vor allem wegen Till. Der sollte zumindest nicht finanziell unter der Scheidung leiden.« Aber Frieder sollte auch gut weiterleben können. In dieser Hinsicht sei es ihnen tatsächlich gelungen, gemeinsam an einem Strang zu ziehen. Und noch etwas gelang ihnen, woran sie während ihrer Ehe scheiterten: »Wir haben angefangen, miteinander reden zu können.«

So entschieden sie sich schließlich für den gemeinsamen Anwalt, den Frieder über seine Eltern ausgesucht hatte. »Eigentlich war er ein Mediator.« Es dauerte lange, bis sie sich mit seiner Hilfe auf einen Kompromiss einigen konnten, »aber wir haben es geschafft«. Letztendlich sei alles eine Frage des Vertrauens gewesen, und sie wusste, in dieser Hinsicht konnte sie Frieder vertrauen. »Er war schon immer sehr großzügig, auch wenn es um Geld ging.« In dieser langen Periode zwischen Trennung und Scheidung, als er längst mit Annette zusammenlebte, habe er für Britta und Till immer alles anstandslos gezahlt. Er sei in dieser Zeit auch sehr liebevoll gewesen, war zunehmend ansprechbar und für sie da, wenn sie ihn brauchte, »das hat mir gutgetan«. Denn auch wenn sie es gewesen war, die die Scheidung vorangetrieben hatte: »Ich befand mich in einer langen Trauerphase. Seit diesem Abend nach Tills Kommunion, als ich wusste, meine Ehe ist vorbei.«

Als die Scheidung schließlich so gut wie unter Dach und Fach war und nur noch die Papiere unterzeichnet werden mussten, habe sie auch dem Scheidungsanwalt die Vertrauensfrage gestellt: »Herr Schäfer, schauen Sie mir bitte mal tief in die Augen – als Mensch, nicht als Jurist. Ich werde hinterher auch nicht gegen Sie klagen. Aber würden Sie das an meiner Stelle unterschreiben?«

Worauf der Anwalt ihr wie verlangt tief in die Augen guckte und nickte. »Ja!« Da sei für sie die Sache rund gewesen.

Rein formell jedenfalls. Emotional befand sich auch Britta – so wie fast alle, die sich trennen – auf einer Achterbahn. Ihre Sehnsucht nach Familie war riesengroß gewesen, immer wieder in den letzten Jahren hatte sie sich Mut zugeredet. »Wir kriegen das wieder hin, irgendwie kriegen wir das wieder hin.« Stattdessen jedoch war sie gescheitert.

Sie hatten sich beide gegenseitig so wehgetan, so tief verletzt. Warum hatten sie sich das angetan? Wieso hatte sie – koste es, was es wolle – dieses zweite Kind haben wollen? Warum hatte ihr Till nicht gereicht? Es gab so viel, was sie Frieder vorwarf, aber warum hatte sie selbst ihm nicht viel früher deutlich zu verstehen gegeben: »Frieder, das reicht mir nicht! Du rührst mich nicht an. Ich gehe.« Vielleicht wäre er dann wach geworden, vielleicht hätten sie dann das Ruder herumreißen können. Stattdessen jedoch war sie in ihrem Dilemma steckengeblieben: Einerseits wollte sie sich als Frau begehrt und attraktiv fühlen, andererseits die Familie zusammenhalten. Hatte sie tatsächlich geglaubt, das auf Dauer mit Liebhabern kompensieren und lösen zu können? War sie wirklich so blauäugig gewesen?

»Im Nachhinein weiß ich, dass ich viel zu lange an meinem Idealbild der heilen Familie festgehalten habe«, sagt sie. Ein Bild, das sie um jeden Preis aufrechterhalten wollte. Obwohl so vieles nicht mehr stimmte. Von vorneherein nicht gestimmt hatte.

In dieser Trauerphase erkannte sie auch, wie meilenweit voneinander entfernt Frieder und sie in ihren Erwartungen und Auffassungen im Leben standen: die unterschiedlichen körperlichen Bedürfnisse – Brittas Lust am Leben und am Sex, Frieders Desinteresse. Das unterschiedliche Familiengefühl – sie ein Familienmensch, er nicht. Ihre verzweifelten Versuche, ein zweites Wunschkind zu bekommen, seine Passivität. Sein Schweigen, seine Mundfaulheit, seine Vorliebe, alles mit sich selbst auszumachen, anstatt es zu kommunizieren. »Wir sind wie Nord- und Südpol, weiter auseinander geht es nicht.« Und trotzdem hatten sie es fast zwei Jahrzehnte miteinander ausgehalten und auch schöne Zeiten erlebt, wunderschöne Zeiten. Mit siebzehn hatten sie sich kennengelernt und ineinander verliebt, mit achtunddreißig getrennt. Mehr als ihr halbes Leben hatten sie miteinander verbracht!

Nachdenklich nimmt Britta die langen blonden Haare am Hinterkopf zu einem Pferdeschwanz zusammen. »Es ist dann zu einem Verzeihabend gekommen, und das hat mir sehr geholfen.« Sie runzelt die Stirn. »Ich glaube, das war an meinem vierzigsten Geburtstag.« Sie trafen sich in einem kleinen Restaurant an der Weser zum Abendessen. »Da zogen wir Bilanz und blickten auf unser gemeinsames Leben zurück.« Sie muss auflachen. »Wir haben sogar darauf angestoßen.« Auf die guten Zeiten. Mit Champagner. Und die schlechten Zeiten, die hätten sie sich verziehen.

»Es tut mir so leid, was ich dir angetan habe, furchtbar leid«, sagte sie an diesem Abend zu ihm. »Ich bitte dich um Verzeihung.« Da habe er ihr verziehen, »und da ist mir ein ziemlicher Stein vom Herzen genommen worden«.

Erneut lacht sie auf, jetzt ein bisschen trocken. »Obwohl es ein etwas einseitiges Verzeihen war.« Frieder habe ihr die Affären verziehen und dafür Verständnis gezeigt. Aber was sie ihm vorwarf – sein permanentes Nichtreagieren, sein ständiges Zuspätkommen, sein Schweigen und vor allem das Vernachlässigen von Till, ihrem Sohn: »Das wies er weit von sich, da gab es in seinen Augen nichts, was ich ihm hätte verzeihen können. Das sah und sieht er bis heute nicht.«

Sie stützt den Kopf in ihre Handflächen und starrt eine Weile schweigend in den Garten. Eines Abends, als Till und sie wieder einmal allein am Familientisch saßen, habe ihr Sohn angefangen zu weinen und gesagt: »Mama, weißt du, manchmal glaube ich, ich habe gar keinen Papa.« Es habe ihr das Mutterherz zerrissen. »Ich habe das noch heute schwarz auf weiß, mit Datum. Denn ich bin damals aufgestanden und habe ein Blatt Papier geholt und zu Till gesagt: Das schreibst du jetzt mal auf, dass du denkst, dass du keinen Papa hast.« Aber selbst diese unbeholfen geschriebenen Zeilen eines Siebenjährigen hätten Frieder völlig unberührt gelassen. »Er hat sich in dieser Hinsicht seine eigene Realität zusammengeschustert, er hat sein Verhältnis zu Till total romantisiert und verklärt.« Eine Flucht vor der Wirklichkeit sei dieser Tunnelblick, »aber es hilft ihm«. Für sie hingegen bleibe es einer ihrer »Schmerzpunkte, die nie vergehen«.

Irgendwann hörte sie auf, den Papa vor dem Sohn schönzureden oder in Schutz zu nehmen. Und Till, der sei in dieser Hinsicht inzwischen sehr robust geworden, ein Glück. »Mensch, der Papa hat sich nicht gemeldet«, sagt sie heute noch oft zu ihm. »Nö, warum sollte er?«, bekommt sie dann als Antwort. Ihr Sohn sei da sehr viel cooler als sie.

»Bald schließt er sein Studium ab«, erzählt sie uns mit Stolz in der Stimme. Es gehe ihm blendend, er habe sich gut entwickelt. Nicht zuletzt deshalb, weil sie ihn mit vierzehn ins Internat schickte. »Er begann, mir über den Kopf zu wachsen.« Buchstäblich und im übertragenen Sinne. »Eines Morgens nach dem Frühstück, wir standen in der Küche, da fragte er, ob er nach der Schule mit seinen Freunden noch irgendwohin dürfe.« Sie weiß nicht mehr, wohin genau, jedenfalls hat sie es ihm verboten. »Genauer gesagt, ich versuchte, es ihm zu verbieten.« Denn Till stellte sich neben sie, Mutter und Sohn waren inzwischen auf Augenhöhe, nahm sie in die Arme, guckte ihr tief in die Augen und entgegnete: »Mama, du kannst mir sowieso nicht widerstehen. Sag doch gleich ja.«

Ein Schlüsselerlebnis sei das für sie gewesen. »Ich bin innerlich so in die Knie gegangen – Scheiße, der hat recht, ich liebe ihn über alles, ich kann dem wirklich nichts abschlagen. Und der wird immer größer!« Was Till fehlte, war die männliche Komponente, der männliche Einfluss. »Ein Vater eben.«

Und da sie als Jugendliche selbst in einem Internat gewesen war, sagte sie sich: »Britta, du musst dir dein Kind jetzt aus dem Herzen reißen, es braucht eine männliche Stimme.« Wobei das beste Internat für ihren Till natürlich gerade gut genug war. Sie musste lange suchen, aber dann wurde sie fündig, im Norden Deutschlands. Dort war man auch bereit, die beiden Bedingungen zu akzeptieren, die sie stellte: Erstens musste Till einen Hausvater bekommen, eine Hausmutter kam nicht infrage, zweitens sein Schlagzeug mitnehmen dürfen. »Kurz vor seinem vierzehnten Geburtstag, als das neue Schuljahr begann, musste ich ihn dann ziehen lassen.« Was habe sie anfangs geheult! Rotz und Wasser, nächtelang.

Sie erzählt es mit einem versonnenen Blick, ihr Sohn ist das Wichtigste in ihrem Leben, das ist ihr anzusehen. »Und deshalb habe ich auch dafür gesorgt, dass er sich seines Erbes sicher sein kann«, berichtet sie. Till gehöre das Haus, das könne ihm keiner mehr wegnehmen. »Ich wollte ausschließen, dass irgendwann irgendeine andere Brut ihm das Erbe streitig machen kann.«

Sie gebraucht harte Worte, Dieter und ich zucken merklich zusammen. Irgendeine andere Brut … Liegt das an Olivia, Frieders neuer, sehr viel jüngerer Partnerin? Er hatte uns ja gesagt, dass Britta mit ihr nicht zurechtkomme.

»Olivia kommt mir hier nicht mehr über die Schwelle, da habe ich null Toleranz, und das weiß Frieder auch«, bestätigt uns Britta mit einem abgrundtiefen Seufzer. Diese junge Frau sei »soooo unsäglich unbrauchbar« für das tägliche Leben. »Unterirdisch ist das. Die kann nichts!« Nicht Auto fahren, nicht putzen, nicht spülen, nicht bügeln, noch nicht einmal seine Hemden von der Reinigung abholen. Und auch keine Briefumschläge mit Rechnungen öffnen und Geld überweisen. »Die ist einfach lebensuntüchtig, die hat ebenfalls zwei linke Hände voller Daumen.« Wodurch das Alltagsleben für Frieder zu einer nicht zu leistenden, wahnsinnigen Herausforderung geworden sein müsse. »Den Führerschein will sie erst machen, wenn es genügend Elektroautos gibt.« Der Umwelt zuliebe. Was Olivia aber nicht davon abhalte, sich bis dahin von Frieder in dessen Zwölfzylinder-Ford herumkutschieren zu lassen. »Die ruft den auch aus einer Besprechung raus: ›Schatz, kannst du mich mal fahren?‹«

Britta schnaubt etwas Unverständliches und schüttelt den Kopf. Olivia sei ausschließlich damit beschäftigt, schön zu sein, Lidstriche zu ziehen und ihren Mund akkurat mit einem Lipliner zu akzentuieren. Während von ihr, Britta, erwartet wurde, sich um das Haus hier zu kümmern, alles in Schuss zu halten, die Thermostate zu wechseln und sich dabei die Fingernägel abzubrechen. Ausgeschlossen. »Ich mach hier doch nicht den

Hausdeppen«, bringt sie es wieder einmal herrlich unverblümt auf den Punkt. Das habe sie Frieder auch unmissverständlich zu verstehen gegeben. »Entweder wir schenken das Haus beide unserem Sohn – oder ich verkaufe meine Hälfte. Und zwar sofort. Ehe deine neue Partnerin schwanger ist.«

Auch Frieders Schwestern und seine Eltern würden sich mit Olivia schwertun, »also das ist jetzt nicht so, dass hier eine frustrierte Exehefrau ihre junge Nachfolgerin verteufelt«, stellt sie klar. Frieder müsse sich entweder in einer Art Midlifecrisis oder in einer sehr verspäteten Pubertät befinden. Was ja oft auf dasselbe rauskomme. »Jedenfalls holt er meines Erachtens derzeit sehr viel nach.« Auch sexuell. »Ich sage das jetzt ganz ohne Kritik. Der hatte in der Zeit mit mir ja keine sexuellen Bedürfnisse, ich denke, das kompensiert er jetzt.« Aber, sagt sie und hebt beide Arme mit offenen Handinnenflächen Richtung Decke: »Er ist glücklich. Glücklich in seiner rosa Blase.« Da ist sie sich ziemlich sicher.

»Und das ist ja die Hauptsache«, betont sie und wendet den Kopf, um einen Blick auf die Küchenuhr hinter ihr zu werfen. Sie darf die Zeit nicht vergessen. »Ich fahr heute Abend noch raus zu meinen Schwiegereltern, die haben mich zum Abendessen eingeladen.« Britta sieht die beiden regelmäßig und liebt sie über alles. »Die haben mich nach der Trennung nicht weggestoßen, an unserem Verhältnis hat sich nichts geändert.« Sie würde sie nicht missen wollen. »Wir sind über die Zeit so zusammengewachsen.«

Sie hebt den Zeigefinger an ihre Nasenspitze und lässt den Blick über den langen Familientisch schweifen. »Wo habe ich mein Handy nur wieder gelassen?« Ah, da ist es ja! »Ich muss Werner noch schnell eine WhatsApp schicken, dass es heute Abend etwas später wird«, meint sie entschuldigend.

Werner, das ist ihr Lebenspartner. Auch Britta ist wieder in festen Händen. Seit mehr als drei Jahren. In einer stabilen, einer glücklichen Beziehung, sagt sie mit Nachdruck, als sie das Handy wieder weggelegt hat. Aber sie leben nicht zusammen, sondern führen eine sogenannte LAT-Beziehung: *living apart together*. »Das ist gut so. Mein Bedürfnis nach Freiheit und Unabhängigkeit ist riesengroß.« Sie habe in Sachen Familie ihren Beitrag geleistet und einen tollen Sohn und nach wie vor tolle Schwiegereltern, »und deshalb ist es jetzt super, dass Werner und ich zwei Wohnungen haben. Ich kann auch wunderbar allein schlafen.«

Sie habe sich nie mehr so an einen Mann gebunden wie an Frieder. Sie glaubt auch, dass sie nie wieder zu einem Mann so Ja sagen könnte, wie sie es damals mit achtundzwanzig bei der Hochzeit zu Frieder sagte. Britta lässt ihr ansteckendes, helles Lachen ertönen. Gehaucht habe sie es: »Ja! Jaaa!« Inbrünstig. Voller Überzeugung. Alle Anwesenden hätten laut auflachen müssen.

Und noch etwas hat sie inzwischen relativiert: ihren Kinderwunsch. Alle um sie herum hätten damals ihre Kinder bekommen, nur sie nicht. »Verlasst mich nicht, nur weil ich keine Kinder kriege«, habe sie ihnen immer wieder gesagt. »Ich möchte trotzdem in eurem Kreis bleiben. Distanziert euch nicht von mir. Und behandelt mich bloß nicht aus Mitleid anders.«

Die elf erfolglosen IVF-Behandlungen, die elf ungeborenen Kinder … Heute würde sie sich das nicht mehr antun. »Ich geh sogar noch einen Schritt weiter«, betont sie. »Ich bin super dankbar, dass ich Till haben durfte, dass ich dieses Glück hatte. Aber heute würde ich versuchen, darüber nachzudenken: Wie ist es denn ohne Kinder?«

Diese Frage möchte sie allen ans Herz legen, die so wie sie damals verzweifelt auf ihr Wunschkind warten und deswegen mit dem Schicksal hadern. »Es gibt ja mittlerweile so viele Menschen mit ungewollter Kinderlosigkeit.«

Dabei – sie sagt es mit Nachdruck – könne man auch ohne Kinder glücklich sein und alt werden. »Das ist nicht schlimm. Ich habe Freunde, die haben keine Kinder, und denen geht es gut.« Damals sei das für sie unvorstellbar gewesen, heute denkt sie, »es hat auch viele Vorteile, keine Kinder zu haben«. Till sei inzwischen Mitte zwanzig, aber er beschäftige sie immer noch. »Und das wird auch nicht aufhören.« Für ihn ist sie als junge Frau Jahre zu Hause geblieben. »Ich weiß, was es heißt, für ein Kind da zu sein. Nur für eins! Es ist ein Marathon sondergleichen, ein Kind großzukriegen.« Würde man das alles vorher wissen, wäre der Kinderwunsch bei manchen sicherlich nicht mehr ganz so groß. »Das kann ein Trost sein, wenn es nicht klappt.«

Doch was machten die meisten Menschen? Sie romantisierten und verherrlichten das Kinderkriegen. Wahrscheinlich deshalb, weil die Menschheit sonst längst ausgestorben wäre, jedenfalls im westlichen Teil der Welt, wo Verhütungsmittel zur Verfügung stehen. »Wie wär das jetzt mit Kind?« Unzählige Pärchen um die dreißig würden sich diese Frage stellen. Und sie hätten auch die Antwort parat. »Bestimmt wunderschön.« Später könnten sie dann Enkelkinder bekommen, und das wäre bestimmt ebenfalls wunderschön. Alles wunderschön. Von wegen, stellt Britta klar. »Nein, es ist nicht alles schön. Es ist manchmal ganz schön schwierig!«

Ein Glück, dass ihre Schwiegermutter auch eine so hingebungsvolle Großmutter sei und sie, als Till noch klein war, wo es nur ging, unterstützte! »Sie hat mir das Leben sehr erleichtert.« Ihr wird sie heute Abend ein paar Tulpenzwiebeln mitbringen, der Sack steht auf der Terrasse, »den darf ich nicht vergessen«, murmelt sie und spricht mehr mit sich selbst als mit uns. Und für Frieder hat sie ein Sweatshirt bereitgelegt, das sie eigentlich für Till gekauft hat. »Aber der zieht das nicht an, da lag ich im Geschmack etwas daneben. Vielleicht ist es ja was für seinen Vater.« Der wolle heute Abend auch kommen. »Aber bei Frieder weiß man ja nie.« Sie sagt es ohne Bitterkeit, ohne jeglichen Zynismus. »Er ist, wie er ist.« Aber sie muss ja nicht mehr mit ihm zusammenleben, »und deshalb verstehen wir uns besser als je zuvor – trotz Olivia!«

Genauso habe sie das damals auch dem Scheidungsrichter zu erklären versucht. »Warum haben sie sich eigentlich scheiden lassen?«, habe der nach der Sitzung gefragt. »Weil ein so gutes Verhältnis sonst gar nicht möglich wäre«, lautete ihre Antwort. »Wir würden uns wieder die Köppe abreißen. Das ginge gar nicht.«

So aber kann sie seine Schwächen akzeptieren – und seine Stärken schätzen. Seinen trockenen Humor zum Beispiel. »Mit einer saublöden Bemerkung kriegt der immer wieder diesen Perspektivwechsel hin, sodass ich erstmal völlig baff bin und dann gegen meinen Willen lachen muss.« Auch in der Trauerphase sei das so gewesen, als ihr eigentlich zum Heulen war. »In der Tiefschmerzphase natürlich nicht, aber dann schon. Und das war schön. Immer wieder gelang es ihm, das Eis zu brechen.«

Trennung und Scheidung gehörten zu den schwierigsten Herausforderungen des Lebens, »und es war Frieder, der mir beigebracht hat, wie man das auf gute Art und Weise tut«.

Wenn er Hilfe brauche, wenn es ihm schlechtgehe, sei sie immer für ihn da, darauf könne er sich verlassen. Manchmal, wenn sie ihn sprechen hört oder auch nur sieht, würde sie ihn am liebsten an sich ziehen und ihm über den Kopf streichen. »Ich hab den immer noch unheimlich lieb.« Ein ganz besonderer Mensch sei er, »ein total feiner Kerl«, hochkreativ, überhaupt nicht arglistig, ruhig und unerschütterlich. »Leider auch dann noch, wenn's um ihn herum brennt oder über ihm ein Gewitter losgebrochen ist.«

Als Mensch an ihrer Seite, als Partner oder Ehemann möchte sie ihn deshalb nicht zurückhaben. »Das könnte ich unmöglich ertragen, nach wie vor nicht. Ich würde wahnsinnig werden ob dieser Unordnung, ob dieses Auf-sich-selbst-bezogen-Seins.«

Verbunden aber seien sie nach wie vor. »Wir sind ein Team – nur eben sehr viel glücklicher als zuvor«, betont Britta und steht auf, um die Terrassentür zum Garten zu schließen. Es wird Zeit, zu den Schwiegereltern zu fahren. Sie will nicht zu spät kommen, sie hasst Zuspätkommer. Halt, die Tulpenzwiebeln! Um ein Haar hätte sie die Tulpenzwiebeln vergessen.

Dieter und ich packen ebenfalls unsere Sachen zusammen. Zu dritt begeben wir uns in die Diele. Britta nimmt einen mit bunten Blumen bedruckten Seidenschal vom Garderobenhaken, der perfekt zu ihrem Haarband und dem blauen Leinenkleid passt. Als sie in ihrer Handtasche nach den Autoschlüsseln kramt, hält sie einen Moment inne. »Vieles, was Frieder jetzt tut, kann ich zwar nicht verstehen«, meint sie. »Aber er ist in meinem Leben geblieben. Und daraus darf er auch niemals verschwinden.« Die Haustür fällt hinter uns ins Schloss, Britta schenkt uns noch einmal ihr strahlendes Lächeln. Wieder ist es so, als würde jemand in einem dunklen Raum das Licht anknipsen. Als würde die Sonne aufgehen. »Er gehört einfach dazu. Er hat schon immer dazugehört.«

## *Wie Frieder und Britta aus der Krise kamen*

Frieder und Britta – eine Scheidung, zwei Geschichten, zwei Wahrheiten. Erstaunlich, wie unterschiedlich sie ihre Trennung erfahren haben und wie diametral sie sich in vielen Auffassungen gegenüberstehen, vor allem wenn es um den gemeinsamen Sohn Till geht und die Rolle, die Frieder als Vater spielte.

Erstaunlich auch, wie schnell man sein Urteil revidieren muss, wenn man die andere Seite einer Medaille zu sehen bekommt. Wie konnte sie ihm das nur antun, war auch unsere erste Reaktion, nachdem Frieder uns erzählt hatte, wie Britta ihn zehn Jahre lang nach Strich und Faden belogen und betrogen hatte. Aha! So war das also, dachten wir, als wir Brittas Version hörten – und konnten auch sie verstehen.

Die beiden sind das einzige Exehepaar, das bereit war, für dieses Buch gemeinsam zu erzählen, wie sie ihre Beziehung und ihre Trennung erfahren haben. Eben weil es ihnen auf so außergewöhnliche Weise gelungen ist, trotz allem im Guten auseinanderzugehen. Weil sie die Zusammenhänge erkannten und einsahen, dass sie beide einen Anteil am Scheitern ihrer Ehe hatten. Und weil auch die Beziehung, die sie heute als Expartner führen, außergewöhnlich ist: zwei getrennte Leben, aber mit Schnittmenge. Beziehung ja, Partnerschaft nein. Britta und Frieder spielen in der Gegenwart des anderen immer noch eine große Rolle und können sich nicht vorstellen, dass der andere jemals ganz aus ihrem Leben verschwindet.

## *Was Frieder geholfen hat*

- **Denk über die Ursachen nach:** Eine Trennung wird nie allein, sondern immer gemeinsam verursacht. Alles hängt mit allem zusammen, das ist die für mich vielleicht wichtigste Erkenntnis. Die Dinge widerfahren einem nicht, man schafft sie selbst. Und deshalb ist man für seine Handlungen (und deren Folgen) auch immer selbst verantwortlich.
- **Schaffe schnell räumliche Distanz:** Für mich war räumliche Distanz zu Britta und zu unserem Haus nötig, deshalb bin ich schnell ausgezogen.
- **Befreie dich aus der Opferrolle:** Ich war eifersüchtig, aggressiv, kontrollierend, ich habe exzessiv geraucht und gesoffen, mich hängenlassen und sukzessive dem Abgrund genähert – aber dann erkannt, dass ich rausmusste aus der Opferrolle. Und dass mir dabei nur einer helfen konnte: ich selbst. Ich musste mich selbst aus dem Sumpf ziehen.
- **Besinne dich auf deine Leidenschaft(en):** Die entscheidende Wende konnte ich erreichen, indem ich die Musik wiederentdeckte. Sie hat mich gerettet, zu ihr konnte ich wie auf eine schützende Insel. Über die Musik ist es mir gelungen, mich wieder zu öffnen und zu mir selbst zu finden.
- **Lass los:** Ich habe erkannt, dass man erst eine Tür schließen muss, um eine neue öffnen zu können. Wer nur zurückblickt, sieht nicht, was kommt.
- **Sei nachsichtig und großzügig:** Ich bin mit Britta immer im Gespräch geblieben, um die Dinge zu regeln, die ge-

regelt werden mussten. Als ein Rosenkrieg drohte, übte ich mich in Nachsicht und Geduld und versuchte, die Lage nicht weiter eskalieren zu lassen, sondern – im Gegenteil – zu entspannen.

- **Lerne zu verzeihen:** Irgendwann zwischen Trennung und Scheidung kam es zu einem »Verzeihabend«. Wir haben unser »Entlieben« besiegelt und einen würdigen Schlusspunkt unter unsere Beziehung gesetzt. Wir haben uns verziehen, denn Verzeihen bedeutet ja nicht gutzuheißen.
- **Schütze dein Herz vor Hass:** Mit uns sollte es nicht so enden wie mit so vielen anderen Paaren, die Hetzkampagnen gegeneinander führten. Wir wollten der »Nach-unten-Spirale« entkommen.
- **Einigt euch auf einen gemeinsamen Anwalt und Mediator:** Uns ist das letztendlich gelungen, und darüber waren wir sehr froh. Denn das macht alles nicht nur sehr viel einfacher, auf diese Weise kann man sich auch fair und anständig trennen.
- **Beende die Partnerschaft, erhalte die Beziehung:** Wir sind nach wie vor füreinander da. Wir gehen auf demselben Weg, bloß nicht mehr gemeinsam. Nie würde einer von uns dem anderen schaden oder Böses zufügen.

## *Was Britta geholfen hat*

- **Sei dir selbst gegenüber ehrlich, wenn du die Ursachen der Trennung analysierst:** Ich habe mir nichts mehr vorgemacht, sondern endlich deutlich gesehen, was uns von Beginn an getrennt hat. Wir hatten schlicht andere Ziele.

Erst dadurch habe ich die Kraft gefunden, auch das zu erkennen, was uns bis heute verbindet.

- **Spiel Fairplay statt Rosenkrieg**: Als ich merkte, dass ich an die falsche Anwältin geraten war, die versuchte, Frieder finanziell das Fell über die Ohren zu ziehen, habe ich mich wieder von ihr getrennt. Ich wollte zusammen mit meinem Sohn finanziell gut weiterleben können, aber Frieder sollte das auch tun können.
- **Erhalte dir deine Familie**: Eine Scheidung heißt nicht, dass man seine Schwiegerfamilie verliert! Ich konnte mir während der gesamten Trennungsphase der Unterstützung meiner Schwiegereltern sicher sein. Der Kontakt zu ihnen ist erhalten geblieben, wir sind über die Jahre zusammengewachsen, sie bleiben meine Schwiegereltern, trotz Scheidung.
- **Bleibt in Kontakt miteinander**: Erst dadurch konnten wir uns auf einen Mediator einlassen und gut trennen. Erst dadurch konnten wir uns verzeihen – und auf die guten Dinge und die guten Zeiten besinnen, die wir hatten.

# Nachbetrachtungen

## *Luctor et Emergo* *

Sieben Trennungen – acht persönliche Schicksale. Tränen, Verzweiflung, Elend und Leid. Aber auch Hoffnung, Mut, Kraft und Neuanfang. Wobei ein Gefühl zunächst alles beherrschend und übermächtig war: Schmerz, immenser Schmerz. Wer ihn nicht selbst erfahren hat, kann nur ahnen, was es bedeutet, wenn einem der Boden unter den Füßen weggezogen wird, wenn man haltlos in die Tiefe zu stürzen scheint. Wenn ein ganzes gemeinsames Leben infrage gestellt wird oder, wie es Susanne aus Dresden formulierte, sich ein »Berg aus Schmerzen« vor einem auftürmt. Schmerzen, die körperlich erfahren werden. Alles tut weh, nicht nur die Seele. Zu Boden gegangen, knocked out, getroffen von der Wucht eines gigantischen Faustschlages.

* »Ich ringe und tauche wieder auf« – Wahlspruch der niederländischen Provinz Zeeland, die einen großen Teil ihres Landes dem Meer abgerungen hat. Das Wappen zeigt deshalb auch den niederländischen Löwen, der bis zur Hüfte im Wasser steht.

## *Ausnahmezustand Schmerz*

Diesen Ausnahmezustand gilt es bei einer Trennung als Erstes zu bewältigen, und dafür gibt es keinen Masterplan, kein Standardrezept. Auch nicht für die Menschen in diesem Buch: Ein jeder musste seinen ganz persönlichen Weg finden und gehen.

Susanne ist in den Wald gelaufen, um ihren Schmerz herauszuschreien. Maria aus Münster hat ihn sich von der Seele geschrieben, indem sie tagelang mehrere Briefe, die sie nie abschickte, an ihren Noch-Ehemann schrieb. Helga, die Handwerkerfrau aus dem Montafon, hat sich einer Selbsthilfegruppe angeschlossen und bei Freunden und Familie ausgeheult. Was dem einen half, war für den anderen unbrauchbar. Frieder aus Bremen begann eine Therapie und brach sie wieder ab, das war nichts für ihn; auch Freunden wollte er sich nicht anvertrauen. Stattdessen besann er sich auf eine alte Leidenschaft, die Musik. Ebenfalls vieles mit sich selbst ausgemacht hat Thomas, Kopfmensch und Zahnarzt aus Bayern. Er besann sich auf seine Stärken: Thomas kann gut analysieren und rastern und hat versucht, alles schwarz auf weiß auf Papier festzuhalten.

## *Raus aus der Opferrolle*

So unterschiedlich sie die Phase der Schmerzbewältigung angegangen sind, über eines waren sich alle im Klaren: Sie mussten raus aus der Opferrolle, sie wollten kein Opfer sein – jedenfalls nicht auf Dauer. Selbstmitleid kann eine Weile gut sein, aber suhlen darf man sich darin nicht. Und auch von falschen Freunden wie Alkohol und anderen Suchtmitteln haben sie sich möglichst schnell wieder verabschiedet. Sie wussten: Nur einer kann ihnen helfen, und das waren sie selbst. Sie mussten sich selbst aus dem Sumpf ziehen.

Dazu allerdings galt es als Erstes, ihr altes »Ich« wieder auszugraben – das »Ich«, das es vor dem »Wir« gegeben hatte. Und egal, ob Susanne, Maria, Thomas oder Michael: Zunächst hätten sie alles dafür gegeben, um die Zeit zurückdrehen und den Partner wieder für sich gewinnen zu können. Sie hielten am »Wir« fest; sie wollten nicht akzeptieren, dass sie verlassen worden waren und es dieses »Wir« nicht mehr gab.

*Ne me quitte pas*, heißt einer der bekanntesten Chansons von Jacques Brel. »Verlass mich nicht!« Es ist alles andere als das romantische Liebeslied, für das es viele halten. Im Gegenteil, bitterböse ist es, messerscharf, ein abschreckendes Beispiel dafür, wie man sich bei einer Trennung nicht verhalten sollte. Hier fleht und wimmert ein Mensch, der seine Würde verliert, der sich letztendlich auslöscht und ausradiert – nur um nicht verlassen zu werden. »Lass mich dein Schatten sein«, bettelt er zum Schluss. Und falls selbst das noch zu viel sein sollte: »Lass mich der Schatten deines Hundes sein«, bloß geh nicht fort. *Ne me quitte pas!*

So weit haben es die Menschen in diesem Buch nicht kommen lassen. Angst und Schmerz mochten noch so groß sein: Es gelang ihnen, sich auf ihr Ich zu besinnen und es zu schützen. »Ich hatte zwar meinen Mann verloren – aber nicht meinen Stolz«, brachte es Helga auf den Punkt. Auch Michael schaffte es letztendlich, sich aus der großen Abhängigkeit von seiner ersten Ehefrau zu befreien. Jahrelang hatte er sich erniedrigen lassen und kam auch dann noch nicht von Monika los, als er sich längst neu verliebt hatte, in sein Schneewittchen. Mit der Drohung »Ich verlasse dich« konnte sie ihn lange halten – obwohl er doch eigentlich sie verlassen wollte und nicht andersherum.

Das liegt daran, dass kaum eine Drohung so mächtig ist wie die, dem anderen seine Liebe zu entziehen. Weil kaum etwas anderes unser Selbstwertgefühl so sehr speist und formt wie die Liebe, die ein anderer uns schenkt – das Wissen, geliebt zu werden. Dementsprechend wertlos fühlen wir uns, wenn diese Quelle plötzlich versiegt, wenn dieser Hahn zugedreht wird. Klein und nutzlos kommen wir uns vor, ausrangiert, gebraucht, entsorgt. Wie ein Sack Müll, eine Niete, ein Nichts, fand Thomas: »Man wird so was von unselbstbewusst!«

## *Greatest love of all*

Doch Thomas und auch die anderen entdeckten irgendwann, dass sie zwar ihre Beziehung zu Grabe getragen hatten, nicht aber sich selbst. »Mich gibt es noch. Ich lebe!« Und sie gelangten zu der Erkenntnis, dass es immer einen Menschen geben wird, der sie liebt: nämlich sie selbst. Diese *greatest love of all* haben George Benson und Whitney Houston in dem gleichnamigen Lied so wunderbar besungen, dass einem Schauer über den Rücken laufen. Auch das kein klassisch-romantisches Liebeslied über das Glück, endlich die Traumfrau oder den Traummann gefunden zu haben – nein, vielmehr wird hier die Entdeckung der Selbstliebe besungen. Keine dem Narzissmus gewidmete Hymne, sondern eine über jene Eigenliebe, die wir alle zum Überleben brauchen: Ich bin und bleibe liebenswert. Auch wenn der andere mir seine Liebe entzieht, es wird immer jemanden geben, auf den ich bauen kann: auf mich selbst. Alles kann mir genommen werden, aber nicht meine Würde: *No matter what they take from me, they can't take away my dignity.*

Susanne lernte es, sich selbst zu lieben, als sie feststellte, dass sie nicht wusste, wann sie sich selbst zum letzten Mal etwas Gutes getan und verwöhnt hatte. Worauf sie sich selbst liebevoll bekochte und das Essen zelebrierte mit Silberbesteck, Musik, Kerzen und ihrem besten Porzellan. Helga demonstrierte die neu entdeckte Liebe zu sich selbst am rigorosesten von allen, indem sie Aktfotos von sich machte. Ja, ich bin verlassen und betrogen worden, ja, ich bin Anfang sechzig – aber schaut her: Ich bin schön! Attraktiv! Liebenswert! Auch ohne dich.

## *Luctor et Emergo*

Helgas Beispiel zeigt wie kein anderes, wie sehr man über sich selbst hinauswachsen und zu einem neuen Ich finden kann. Sie hat sich als Frau komplett neu definiert, völlig neue Seiten an sich entdeckt und die Freiheit lieben gelernt. Was sie nie für möglich gehalten hat, ist eingetreten: Auch mit Mitte sechzig kann man noch ein neues, ein lebenswertes Leben beginnen.

Durch Verlust ein anderer oder eine andere werden: Alle Menschen in diesem Buch haben diese Metamorphose durchgemacht. Schritt für Schritt ist es ihnen gelungen, sich wieder zu öffnen, um das Leben fortan allein zu meistern. In Etappen haben sie vorsichtig ihre Fühler ausgestreckt, sind allein ins Kino oder in ein Restaurant gegangen und allein in den Urlaub gefahren. Auch wenn sie sich dazu regelrecht zwingen mussten. Thomas zum Beispiel sah es als Herausforderung, als Mutprobe, dass er sich in seinem Stammlokal demonstrativ an einen Fenstertisch setzte und ein mehrgängiges Menü durch- und aushielt, samt Espresso. Wie ein Sieger hat er das Lokal wieder verlassen, als hätte er einen Wettkampf gewonnen.

*Luctor et Emergo* heißt der Wappenspruch der niederländischen Provinz Zeeland, die durch den Kampf gegen das Wasser geprägt ist: Ich kämpfe, und ich komme wieder nach oben. Mit anderen Worten, wir gehen nicht unter, wir lassen uns nicht unterkriegen. Er passt auch sehr schön für das Ringen, das bei einer Trennung durchgestanden wird. Siehe da – ich kämpfe, und ich komme wieder nach oben. Das Wasser mag mir bis zu den Lippen gestanden haben, aber ich bin wieder aufgetaucht.

## *Einsichten*

Ist das Selbstwertgefühl gestärkt, hat der Schmerz nachgelassen, kann das Geschehene eingeordnet und die Zusammenhänge erkannt werden. Susanne hat Unmengen an Literatur verschlungen, um zu begreifen, was geschehen war und warum es geschah. Andere führten unzählige Gespräche, suchten Hilfe bei einem Psychotherapeuten. Auch dafür gibt es keinen Masterplan, jeder muss seinen eigenen Weg finden. Aber alle sind zu einer Reihe von universellen Einsichten gekommen.

## *It takes two to tango*

Die wichtigste: Eine Trennung wird nie einseitig, sondern immer gemeinsam verursacht, beide tragen dafür die Verantwortung.

*It takes two to tango* – es braucht auch dazu immer zwei. Wer verlassen wird, rekonstruiert seine Trennung gerne als Opfergeschichte – was für ein Betrug ist mir da widerfahren! Was für ein Verrat! Aber es gibt nicht nur Opfer und Täter, es ist nicht schwarzweiß. »Alles hat mit allem zu tun, die Dinge widerfahren einem nicht bloß, man schafft sie selbst«, hat Frieder erkannt. Es kann Jahre dauern, um zu dieser Einsicht zu gelangen. Erst recht, wenn man wie Maria keine Antworten bekommt auf brennende Fragen, weil sich der Partner entzieht. Aber auch Maria hat die Zusammenhänge erkannt, die großen Linien, als die Zeit ihr den dafür nötigen Abstand geschenkt hatte. Die Erfahrung, dass die Zeit so manche Antwort auf offene Fragen parat hat, macht man oft erst aus ganz großer Distanz.

## *Es hat nicht gereicht*

Ohne Antworten weiterzuleben, macht eine Trennung noch schwerer, als sie es ohnehin schon ist. Maria hat es trotzdem geschafft. Sie ist und war pragmatisch genug, um sich irgendwann ganz nüchtern einzugestehen: Für mich hätte es gereicht, ich war zufrieden – aber der andere war es nicht. Warum genau, das werde ich nie erfahren. Aber für ihn war es nicht genug. Für ihn hat es nicht gereicht. Sonst wäre er ja nicht gegangen.

Viele müssen nach einer Trennung mitansehen, wie ihre Expartner eine neue Liebe finden und mit ihr das, was sie ihnen ganz offensichtlich nicht geben konnten. Aber das bedeutet nicht, dass die Männer und Frauen, die nun ihre Position einnehmen, besser sind – und sie selbst schlechter, weil sie in dieser Hinsicht scheinbar versagt haben. Susanne hat das sehr schön auf den Punkt gebracht: »Sie ist nicht besser als ich. Sie ist nur besser für ihn.«

## *Festhalten an Idealbildern*

Eine weitere wichtige Einsicht, zu der viele in diesem Buch gelangt sind: Sie haben ihre Beziehung idealisiert und romantisiert. Sie sahen die Kluft nicht, die sich zwischen Anspruch und Wirklichkeit aufgetan hatte.

Für Susanne ist Tobias jahrelang der Ritter auf dem weißen Pferd geblieben, der Traummann, auf den sie nichts kommen ließ, obwohl er sie belog und betrog. Sie musste sich erst ent-täuschen, um zu erkennen, dass ihre große und einzigartige Liebe nicht so groß und einzigartig war, wie sie glaubte.

Britta wollte um jeden Preis ein zweites Kind, weil ihr das Idealbild der perfekten Familie über alles ging. Und Michael hat zwei Jahre gezweifelt, ob er sein Schneewittchen verlassen sollte oder nicht. Erst als er erkannte, dass es die Frau, zu der er zurückkehren wollte, schon lange nicht mehr gab, war er fähig zu gehen.

## *Kinder*

Nicht allen in diesem Buch ist es gelungen, die Kinder aus ihren Streitereien herauszuhalten. Dabei gibt es auch hier eine goldene Grundregel: Kinder sind und bleiben loyal – sowohl dem Vater als auch der Mutter gegenüber. Es nützt nichts zu versuchen, sie vor den eigenen Karren zu spannen und den anderen anzuschwärzen und schlechtzumachen. Damit wird nur eines erreicht: Man beschert ihnen ein riesengroßes Loyalitätsproblem. Dessen war sich Thomas bewusst, der Zahnarzt aus Fürstenfeldbruck: Er hätte sich lieber die Zunge abgebissen und hat so manche böse Bemerkung heruntergeschluckt.

Ein extrem schwieriger Balanceakt ist das, erst recht, wenn zu den eigenen Kindern die aus einer neuen Beziehung hinzukommen. Dann gilt es, alle gleich zu behandeln und niemanden vorzuziehen. Davon kann Linda ein Lied singen, die sich auf einmal um gleich fünf Kinder zu kümmern hatte. Sie versuchte, sie immer klar und deutlich zu informieren und nichts zu beschönigen. Gleichzeitig wollte sie ihnen klarmachen, dass die Familie trotz Trennung nach wie vor intakt und lediglich größer geworden war. Und zwar ohne den einen Vater gegen den anderen auszutauschen, im Gegenteil: Lindas Ziel war es, ihren eigenen beiden Töchtern den Vater zu erhalten – und dem Vater die Töchter. Sie hielt ihn über alle Entwicklungen auf dem Laufenden und bezog ihn ein – egal, ob sich die eine Tochter beim Sport das Knie aufgeschlagen hatte oder die andere die Mathearbeit vermasselt hatte. Sie wollte den Vater ihrer Kinder nicht ins Abseits drängen und erreichte letztendlich, dass sowohl ihr Exmann als auch die beiden Töchter erkannten: »Das mit Mama und Papa ist vorbei, aber die Familie gibt es noch immer.«

Doch um das hinzukriegen, muss man sich mit seinem Expartner gut verstehen und normaler Kontakt möglich sein. Oder zumindest, wie bei Thomas, ein Waffenstillstand geschlossen werden. Aber wie geht das?

## *Kann man anständig verlassen?*

Linda, das vermeintliche »Luder«, war so konsequent, erst die alte Beziehung zu beenden, bevor sie die neue anging. Ihr Entschluss war klar, ihr Ziel stand fest. Michael hingegen hat gehadert und gezweifelt: *Shall I stay or shall I go?* Sein Beispiel zeigt, wie schwer eine Trennung auch für die sogenannten Täter ist. Er leidet noch heute darunter.

Mit Hilfe eines Sprichwortes hat er deutlich zu machen versucht, was sein allergrößter Fehler war: »Weichliche Ärzte hinlassen stinkende Wunden.« Er selbst war so ein weichlicher, so ein sanfter Arzt. Weil er zu einem klaren, sauberen Schnitt nicht fähig war, weil er zweifelte und seinem Schneewittchen die Hoffnung ließ. »Dadurch habe ich sie unnötig gequält.« Wer sich trennen will, sollte das Messer lieber einmal gut und sauber ansetzen, anstatt viele kleine Schnitte und Verwundungen anzurichten.

Aber ganz egal, wie anständig und fair die »Verlasser« sich zu verabschieden versuchen: Weh tut es immer, furchtbar weh – das lässt sich nicht vermeiden. Sie fügen einem anderen Menschen immensen Schmerz zu – nicht irgendeinem Menschen, das wäre schon schlimm genug, nein, einem, den sie einst geliebt haben und den viele in einer anderen Form immer noch lieben und für den sie sich, wie auch immer, noch verantwortlich fühlen. Darum kommt kein »Täter« herum. Und die Verantwortung für diesen Schmerz zu tragen, das ist nicht leicht. Michael ist daran fast zerbrochen.

Wer den Entschluss gefasst hat, die Beziehung zu beenden, hat einen riesigen Vorsprung. Der Verlassene ist oft ahnungslos, mit Vielem mag er rechnen, aber nicht damit. Darum braucht er

Zeit – sehr viel Zeit. Um Schmerz, Enttäuschung, Wut und Trauer zu bewältigen. Linda hat das erkannt und sich deshalb jahrelang in Nachsicht und Geduld geübt. Erst dann hatten die Wogen sich geglättet, erst dann war Zeit für Nuancen und Zwischentöne. So lange hat sie auch das Getuschel und Spießrutenlaufen einfach ausgehalten, hocherhobenen Hauptes und mit geradem Rücken. Sie betrachtete es als Preis, den man als »Verlasser« zahlt.

Was sie ebenfalls aushielt, waren Vorwürfe und Beschimpfungen: Wie eine Art Sandsack gab sie ihrem Noch-Ehemann die Möglichkeit, seinen Schmerz und seine Verzweiflung loszuwerden. Dazu muss man stark sein, das kann nicht jeder. Aber so weit, sich dem einstigen Partner völlig zu entziehen, sollte man nicht gehen. Für ein klärendes Gespräch zur Verfügung zu stehen, ist das Mindeste, was man tun kann – auch wenn es nur bei einem bleibt. So viel Mumm, so viel Rückgrat sollte man haben. Weil der andere Antworten verdient. Das hat Marias Beispiel gezeigt.

Was dabei manchmal Wunder wirken kann: Verständnis für den Schmerz des anderen zu zeigen. Ein aufrichtiges »Es tut mir leid«. Ein klares »Ich weiß, was ich dir angetan habe. Ich weiß, wie weh ich dir getan habe«. Die Rolle des Trösters oder gar Heilers allerdings ist anderen vorbehalten – das ist keinesfalls Aufgabe der »Verlasser«, auch wenn das Bedürfnis noch so groß ist. Sie sollten sich auch davor hüten, in falsche Schuldgefühle abzudriften. Als Täter trägt man die Verantwortung für den Schmerz, den man dem anderen zugefügt hat. Nicht aber dafür, wie der Verlassene mit diesem Schmerz umgeht. »Was er damit macht, ist seine Sache«, hat Linda sich immer wieder vor Augen geführt, um nicht von falschen Schuldgefühlen erdrückt zu werden. »Ich bin nicht dafür verantwortlich, wenn er beschließt, sich zugrunde zu richten.«

Deshalb hat es keinen Sinn, aus Schuldgefühlen oder gar Mitleid zu bleiben oder zurückzukehren. Oder sich aufgrund von Selbstmorddrohungen nicht zu trauen loszulassen. Richten lässt sich eine Beziehung auf diese Weise nicht. Das hat Michaels Geschichte gezeigt. Bis heute versucht er, sich zu »entschulden«. Auf diese Weise kann er mit seinen Schuldgefühlen umgehen. Er nimmt Rücksicht auf seine Exfrau Dani, schützt und schont sie und unterstützt sie auch finanziell, damit es ihr zumindest in materieller Hinsicht nicht schlechter geht als vor der Scheidung.

## *Freund oder Feind*

Können Entliebte Freunde werden? Trotz des Schmerzes, trotz der tiefen Kränkungen, die sie sich zugefügt haben? Nicht alle konnten, nicht alle wollten es. Aber ausgeschlossen ist es keineswegs, das zeigt das Beispiel von Linda: Sie brauchte dazu unendlich viel Nachsicht, Geduld und Verständnis, aber sie hat es geschafft. Mit ihrem Exmann Hans kann sie heute freundschaftlich umgehen. Und Hans versteht sich auch mit seinem Nachfolger Marcel so gut, dass die beiden manchmal zusammen ein biertje trinken. Obwohl Linda ihn einst für diesen Mann sitzengelassen hat. Unfassbar? Unvorstellbar? Linda belehrt uns eines Besseren.

Noch eins drauf setzt das Beispiel von Frieder und Britta. Sie hat ihn nach Strich und Faden betrogen, so jedenfalls die Schwarzweißversion, aber noch heute kann sich keiner der beiden vorstellen, dass der andere völlig aus dem eigenen Leben verschwindet. Weil Frieder die Zusammenhänge erkannt hat und mit ihnen seinen Anteil am Scheitern seiner Ehe. Er war nicht nur Opfer, Britta war nicht nur die Böse. Eine Partnerschaft haben sie nicht mehr, sie würden es, wie sie selbst sagen, als Paar keinen einzigen Tag mehr zusammen aushalten. Aber eine Beziehung haben sie noch immer. Ihre beiden Geschichten sind die einzigen, die uns die beiden Seiten ein und derselben Medaille zeigen. Weil sie sich so richtig und so gut wie kein anderes Paar getrennt haben.

## *Verzeihen*

Sie waren sogar fähig, sich einen Verzeihabend zu gönnen, mit dem sie ihr Entlieben besiegelten. Ohne das Gute und Schöne, das ihre Beziehung mit sich gebracht hat, wegzuwerfen. Das Schlechte ließen sie einfach stehen, sie konnten es sich verzeihen. Denn, wie Frieder betonte: »Verzeihen heißt ja nicht gutheißen.«

## *Großzügigkeit*

Der Musiker aus Bremen ist ein Vorbild dafür, wie viel man auch als »Opfer« zum guten Verlauf einer Trennung beitragen kann. Denn Frieder hat das getan, was man von einem, der belogen und betrogen worden ist, am wenigsten erwartet – er ist über seinen eigenen Schatten gesprungen und hat versucht, großzügig zu sein. Es braucht viel, um sich als »Opfer« in Großzügigkeit zu üben, es ruft als erste spontane Reaktion oft regelrechte Entrüstung hervor: »Was, ich? Nach allem, was er / sie mir angetan hat, soll ich mich ihm / ihr gegenüber jetzt etwa auch noch großzügig erweisen? *No way!*«

Ganz anders Frieder: Als er merkte, dass ein Rosenkrieg auszubrechen drohte, den er unter allen Umständen vermeiden wollte, hat er als Erstes versucht, die Spannungen zu beseitigen, indem er sich großzügig erwies. Achtung und Respekt statt Missgunst und Rachegelüste. Wer nur auf Rache aus ist, kann nicht einlenken und Kompromisse schließen. Und darunter leiden mit Sicherheit die am meisten, die es am wenigsten verdienen: die Kinder.

## *Schütze dein Herz vor Hass!*

Aber nicht nur wegen der Kinder ist es erstrebenswert, gut und ohne Rosenkrieg aus einer Trennung hervorzugehen – auch um seiner selbst willen, um des eigenen Seelenfriedens willen. Um sich nicht von Hass und Groll zerfressen zu lassen.

Schon allein deswegen, weil es sehr viel Energie kostet, Groll und Hass zu hegen – Energie, die man viel besser dafür gebrauchen kann, nach vorne zu schauen.

## *Love after love*

Wer nur zurückschaut, sieht nicht, was kommt – und für die meisten in diesem Buch kam das, was sie für unmöglich gehalten hatten: neues Liebesglück. Dazu allerdings mussten sie sich erst öffnen und dem Glück eine Chance geben. »Weil es einem ja nicht einfach so in den Schoß fällt«, weiß Thomas, der seine jetzige Partnerin kennenlernte, als er sich ein zweites Mal traute, in einem Singleclub Urlaub zu machen. Susanne ging im Internet auf die Suche – und zwar ganz pragmatisch. Wachsamer ist sie in ihrer zweiten Ehe geworden, achtsamer, auf der Hut: »Ich wache über unsere Herzensnähe.« Denn Susanne versucht, aus ihren Fehlern zu lernen. So wie alle anderen in diesem Buch, so wie vermutlich alle Trennungserfahrenen. Und dieses Wissen wollen sie weitergeben. Deshalb waren sie ja bereit, uns ihre Geschichte zu erzählen, und haben Intimstes preisgegeben. Damit auch andere aus ihren Fehlern lernen – sowohl bei der Trennung als auch beim Neuanfang.

## *Hochrisikofaktor Schweigen*

Wie kann man eine (neue) Beziehung vor einer (erneuten) Trennung schützen?

So unterschiedlich die hier geschilderten Schicksale auch sein mögen, einen Fehler haben alle Beteiligten gemacht und eingesehen: Sie haben zu oft geschwiegen, anstatt den Mund aufzumachen. Die Unfähigkeit, echten Kontakt zu haben und gut zu kommunizieren, Wünsche und Bedürfnisse auszusprechen, Irritationen und Ärgernisse anzusprechen, wirklich zuzuhören und zu begreifen, was der andere sagt – diese Unfähigkeit, dieses große Schweigen zieht sich wie ein roter Faden durch das ganze Buch. Das Schweigen der Paare.

Frieder und Britta hatten seit fast zehn Jahren keinen Sex mehr – aber verloren kaum ein Wort darüber, er hielt es einfach aus, sie suchte sich Liebhaber. Auch ihr Wunsch nach einem zweiten Kind wurde nicht wirklich besprochen. Er ließ sie machen, und sie fragte nicht weiter nach. Im Alleingang versuchte sie ihr Ziel zu erreichen.

Maria und Rolf schwiegen, als sie ihr Sternenkind kurz nach

der Geburt verloren hatten, sie waren noch nicht einmal mehr fähig, ihre Trauer zu teilen. Und wenn man in einer Beziehung Leid und Schmerz nicht mehr teilen kann, ist das ein deutliches Warnsignal dafür, dass etwas nicht stimmt.

Thomas und Babs waren außerstande, zum Kern des Problems, der großen Unzufriedenheit von Babs, vorzudringen. Erst wollte Thomas diese Unzufriedenheit nicht wahrnehmen, dann nahm er sie nicht ernst genug. Er war nicht ahnungslos, er hat nicht richtig hin- und sämtliche Warnschüsse überhört.

Linda hat ihrem ersten Mann Hans detailliert erzählt, wie schön das Treffen mit ihrer Jugendliebe verlaufen war. Zu schön eigentlich, fand sie selbst, *te fijn*. Normalerweise hätte Hans zumindest stutzen müssen. Doch er hörte nicht hin. Weil es ihn nicht interessierte? Weil ihn seine Frau nicht (mehr) interessierte?

Michael wünschte sich eine Partnerin, die ihm nicht nur Fürsorge schenkte, sondern auch Kraft und Mut – eine, die ihn anspornte. Aber hat er das seinem Schneewittchen jemals gesagt? Weder mit seiner ersten noch mit seiner zweiten Frau hat er sich jemals gestritten, auch deshalb, weil er, wie er selbst sagt, konfliktscheu ist und die Konfrontation meidet. Deshalb hat er sich in seiner ersten Ehe lieber erniedrigen lassen, anstatt seine Grenzen zu bewachen und den Mund aufzumachen. Auch Streiten ist Kommunizieren.

Wenn wir uns so oft aus- und anschweigen, anstatt miteinander zu reden – ist es dann ein Wunder, wenn wir irgendwann nur noch eine organisatorische Einheit sind und nichts weiter als den Alltag gemeinsam bewältigen? Ist es dann verwunderlich, wenn uns – wie es Erich Kästner in seinem Gedicht über die *Sachliche Romanze* beschrieben hat – die Liebe abhanden kommt so »wie andern Leuten ein Stock oder Hut«?

## *Hochsicherheitsfaktor Reden*

Experten sind sich einig: Wenn die Bedürfnisse die gleichen sind, wenn man gleich viel oder gleich wenig erwartet, dasselbe Bildungsniveau hat, wenn Wertvorstellungen und Ziele identisch sind, Interessen und Leidenschaften geteilt werden können – dann hat es ein Paar leicht(er). Aber wann ist das schon so? Das ist der Idealfall, alles passt.

Am Anfang, hat Thomas gesagt, sollte man deshalb besonders genau hingucken. Aber gerade dann fällt es uns besonders schwer: Wenn man verliebt ist und die Hormone Karussell mit einem fahren, will man Störfaktoren nicht wahrhaben, dann sagt man sich: »Alles halb so wild.« Oder wir sind so vermessen zu glauben, dass wir das ändern können. »Das geht vorbei. Das werde ich ihm / ihr noch abgewöhnen.«

Britta hat ihre Beziehung zu Frieder als eine Ehe von Nord- und Südpol beschrieben. Eigentlich wusste sie von vornherein, dass sie und Frieder sich in fast allem diametral gegenüberstehen und andere Auffassungen haben. Geheiratet hat sie ihn trotzdem. Das ist das andere Extrem, der Gegenpol zum Idealfall, bei dem fast alles übereinstimmt. Die meisten Paare befinden sich irgendwo dazwischen, müssen sich immer wieder zusammenraufen, um zusammenzubleiben.

Ihnen können wir eigentlich nur eines ans Herz legen: Macht den Mund auf! Redet miteinander! Kehrt nichts unter den Teppich! Traut euch, die Konfrontation anzugehen, sprecht aus, was euch ärgert und nicht passt. Sagt, was ihr euch wünscht, streitet euch und bewacht eure Grenzen: »Stopp! Das hier ist eine rote Linie! Du gehst zu weit.«

So wird aus dem Hochrisikofaktor Schweigen ein Hochsicherheitsfaktor. Denn wenn uns beim Schreiben dieses Buches eines klargeworden ist, dann das: Gute Kommunikation, Offenheit und Transparenz sind das A und O einer jeden guten Beziehung. Das würden wir Ihnen, liebe Leserinnen und Leser, gern mit auf den Weg geben.

Sie können damit gerade so gar nichts anfangen? Sie haben weiß Gott Besseres zu tun, als an eine neue Beziehung zu denken, und halten das sowieso für utopisch? Weil Sie noch mittendrin in der Trennung stecken? Weil der Weg so endlos lange und steinig scheint und der Berg an Schmerzen, der sich vor Ihnen auftürmt, unüberwindbar?

Wir alle – angefangen bei Susanne und Thomas über Helga und Michael bis hin zu uns, Dieter und Kerstin – können Ihnen das nur bestätigen: Ja, der Schmerz tut höllisch weh und will nicht aufhören. Ja, der Weg ist steinig und kein Ende in Sicht. Auch wir dachten manchmal: Das halten wir nicht länger aus, das schaffen wir nicht, das wird niemals wieder gut.

Aber wir haben es geschafft. Es ist gut geworden. Wir sind daran nicht zerbrochen, und wir sind auch nicht zynisch und verbittert geworden.

Lasst es uns mit Oscar Wilde halten, dem irischen Lyriker, Dramatiker und Bühnenautor: *»Everything is going to be fine in the end. If it's not fine it's not the end«*, soll Wilde einmal gesagt haben: »Am Ende wird alles gut. Und wenn es nicht gut ist, ist es nicht das Ende.«